स्तानिस्लाव्स्की

भूमिका की संरचना

(क्रिएटिंग ए रोल)

स्तानिस्लाव्स्की
भूमिका
की संरचना
(क्रिएटिंग ए रोल)

भाषांतर

डॉ. विश्वनाथ मिश्र

वाणी प्रकाशन

पेपरबैक प्रथम संस्करण : 2001
पेपरबैक द्वितीय संस्करण : 2018
पेपरबैक तृतीय संस्करण : 2019
पेपरबैक चतुर्थ संस्करण : 2020
पेपरबैक पंचम संस्करण : 2023

वाणी प्रकाशन

4695, 21-ए, दरियागंज, नयी दिल्ली 110 002

फ़ोन : +91 11 23273167 फ़ैक्स : +91 11 23275710

शाखाएँ

अशोक राजपथ, पटना 800 004, बिहार
कॉफ़ी हाउस कैम्पस, महात्मा गांधी मार्ग, इलाहाबाद 211 001, उत्तर प्रदेश
महात्मा गांधी अन्तरराष्ट्रीय हिन्दी विश्वविद्यालय, वर्धा 442 001, महाराष्ट्र
36/ए, शेक्सपीयर सरणी, रानी बिरला गर्ल्स कॉलेज के पास, कोलकाता 700 017, प. बंगाल

www.vaniprakashan.com
marketing@vaniprakashan.in
sales@vaniprakashan.in

Stanislavski : Bhoomika ki Sanrachna
Translated by Dr. Vishwanath Mishra

ISBN : 978-93-87648-69-2
Criticism/Theatre

मूल्य : ₹ 295

सिटी प्रेस, दिल्ली-110 095 में मुद्रित

वाणी प्रकाशन का लोगो मक़बूल फ़िदा हुसेन की कूची से

बंधुवर मोहन महर्षि
के लिए

अनुक्रम

पुरोवाक्

स्तानिस्लाव्स्की की तीसरी महत्त्वपूर्ण पुस्तक 'भूमिका की संरचना' आपके हाथों में है। रूसी भाषा के संस्करण में इसे नाम दिया गया है 'ऐन ऐक्टर्स वर्क ऑन ए रोल' ('एक अभिनेता का भूमिका पर कार्य')। स्तानिस्लाव्स्की ने आत्मकथा में अपने रंग-जीवन का विवरण देने के साथ-साथ, अपने रंग-दर्शन, विशेष रूप से अपने अभिनय सम्बन्धी विचारों के विकास की कहानी कही है। उसके बाद उन्होंने अमेरिका के हैपगुड-दम्पति के सहयोग से एक विस्तृत पुस्तक लिखी थी 'ऐन ऐक्टर्स वर्क ऑन हिमसेल्फ़ इन दि क्रिएटिव प्रोसेस ऑफ़ एक्स्पीरिएंस' ('अभिनेता का आत्म-निर्माण : अनुभव की रचनात्मक प्रक्रिया')। इस पुस्तक का प्रकाशन दो भागों में हुआ : पहले भाग का नाम दिया गया 'ऐन ऐक्टर प्रिपेयर्स' अर्थात् 'अभिनेता का आत्म-निर्माण'। इसमें उन्होंने अभिनय को रचनात्मक कला माना है। कवि, चित्रकार, मूर्त्तिकार आदि अनुभूति से ओत-प्रोत होकर जब आत्माभिव्यक्ति को तत्पर होते हैं, तो कला की सृष्टि होती है। अभिनेता में मूलतः तो अभिनय में सहज रुचि होती है; लेकिन उसे हर वस्तुस्थिति के अनुरूप, रंगमंच पर जाकर अभिनय करना होता है। इसलिए यह प्रश्न स्वाभाविक है कि वह अपनी अन्तःप्रेरणा को कैसे जगाये। स्तानिस्लाव्स्की ने 'अभिनेता का आत्म-निर्माण' में इसी वस्तुस्थिति को स्पष्ट किया है। उनका पहला परामर्श इस बिन्दु पर विचार-विमर्श है कि 'अगर' मैं नाटक का वह चरित्र होऊं तो...? उसके बाद आरम्भ होती है कल्पना की प्रक्रिया। अभिनेता के लिए यह आवश्यक हो जाता है कि वह मूल-चरित्र के बाह्य तथा आन्तरिक स्वरूप पर अपना ध्यान केन्द्रित करे; अपनी मांसपेशियों को तनाव-मुक्त करे; अपने मूल-चरित्र के विकासक्रम की इकाइयाँ खोजे और उनके उद्देश्य निर्धारित करे; अपने मन में सत्य के प्रति चेतना जगाये और उसके प्रति निष्ठावान हो; अपनी भावात्मक स्मृतियों को जगाये; सम्प्रेषण की दिशा में अग्रसर हो; और मूल-चरित्र के साथ पूर्ण तादात्म्य स्थापित करके

उसी के अनुरूप कार्य करे। इन सारी प्रक्रियाओं का परिणाम यह होगा कि वह चेतन से अचेतन की ओर बढ़ने की मनोवैज्ञानिक तकनीक समझ लेगा; और फिर रंगमंच पर वह नहीं, उसके रूप में मूल-चरित्र ही दिखायी देगा।

स्तानिस्लाव्स्की ने अपने अभिनय-दर्शन की इस प्रथम पुस्तक के बाद, पूर्वलिखित वृहद् पुस्तक के दूसरे खण्ड 'बिल्डिंग ए कैरेक्टर' अर्थात् 'चरित्र की रचना प्रक्रिया' का प्रकाशन करवाया। इस पुस्तक का अंग्रेज़ी संस्करण भी हैपगुड-दम्पति के सहयोग से ही तैयार हुआ था। इस पुस्तक के रूसी भाषा के संस्करण में, उसे नाम दिया गया था 'ऐन ऐक्टर्स वर्क ऑन हिमसेल्फ़ इन दि क्रिएटिव प्रोसेस ऑफ़ फ़िज़िकल कैरेक्टेराइज़ेशन' ('अभिनेता का आत्म-निर्माण : भौतिक चरित्र-चित्रण की रचनात्मक प्रक्रिया')। इसके प्रारंभ में भौतिक रूपायन की बात कही गयी है। उसके बाद शरीर के विभिन्न अंगों को सक्रिय करने के लिए अनेक प्रकार के व्यायामों, नट-क्रीड़ाओं, नृत्य, अस्त्र-शस्त्रों के संचालन आदि का परामर्श दिया गया है। फिर वाणी के उपयोग और वाचन के सम्बन्ध में कुछ परामर्श दिये गये हैं। उनके बाद वाचन में ताल, लय की प्रतिष्ठा, सतर्कता और सातत्य के निर्वाह, नियंत्रण और अनुशासन के सम्बन्ध में सुनिश्चित निर्देश हैं। रंगमंच पर अभिनेता अपने आचार-व्यवहार को कैसे आकर्षक बनाये, इसके विषय में भी महत्त्वपूर्ण सूत्र दिये गये हैं। रंगमंच के आचार-शास्त्र का निरूपण भी इस खंड में किया गया है। साथ ही यह भी बताया गया है कि बाहरी चेष्टाओं का यह विवरण अन्तर्मन के प्रकाशन में कैसे सहायक होता है।

ये दोनों पुस्तकें अभिनय के लिए अपेक्षित मनोविज्ञान और उसके बाह्य प्रकाशन पर पर्याप्त प्रकाश डालती हैं। लेकिन स्तानिस्लाव्स्की तब तक अपने नाट्य-दर्शन को व्यावहारिक रूप देने के सम्बन्ध में स्वतंत्र रूप से किसी पुस्तक की रचना नहीं कर सके थे। अतः उनके सम्पादकों ने सन् 1916 से लेकर 1937 तक विभिन्न नाटकों का निर्देशन करते हुए उन्होंने जो कुछ लिखा था उसे एकत्र किया और फिर उनमें से तीन नाटकों ग्रिबायेदव के 'व्रो फ़्रॉम विट्', शेक्सपीयर के 'ऑथेलो' और गोगोल के 'दि गवर्नमेंट इंस्पेक्टर' के प्रदर्शन नोट्स को 'क्रियेटिंग ए रोल' ('भूमिका की संरचना') की संज्ञा देकर प्रकाशित किया। 'वो फ़्रॉम विट्' के लिए लिखी गयी पाण्डुलिपि अपूर्ण है। कहा जाता है कि उसे उन्होंने कुछ समय अपनी सहायिका श्रीमती गुरेविच की सुपुत्री को सन् 1916 से सन् 1920 के बीच लिखवाया था। उस समय तक उन्होंने अपने लेखन में कथात्मक पद्धति नहीं अपनायी थी, अतः उस नाटक के प्रदर्शन के सम्बन्ध में उन्होंने सीधे-सीधे अपनी बात कही है। इस नाटक की

प्रदर्शन-पद्धति की विवेचना में, 'मास्को आर्ट थियेटर' की आधारभूत कार्य-पद्धति–नाट्य-पाठ का गहराई से और अनुसन्धानशील मनोवृत्ति से अध्ययन, विभिन्न चरित्रों के आन्तरिक जीवन की संकल्पना, उनका बाह्य-रूपायन और फिर रंगमंच पर उनका अवतरण–अपनाई गई है। स्तानिस्लाव्स्की के जीवनीकार बेनेदेत्ती ने लिखा है कि वे बड़े प्रयोगशील, अपने सहयोगी अभिनेताओं की क्षमताओं को समझने वाले, उन्हें अपनी मौलिकता के प्रदर्शन के लिए प्रोत्साहित करने वाले निर्देशक थे; फिर भी वे अपने रंग-दर्शन को यथासम्भव सुरक्षित रखने का प्रयास करते थे।

'भूमिका की संरचना' के दूसरे नाटक शेक्सपीयर के 'ऑथेलो' के प्रदर्शन के लिए उन्होंने सन् 1930 और 35 के बीच, रंग-संकेत तैयार किये थे। उन्हें पढ़ने से लगता है कि उस समय तक वे अपनी मनोवैज्ञानिक-तकनीक से आगे बढ़कर भौतिक चेष्टाओं के प्रदर्शन पर विशेष बल देने लगे थे। गोगोल के 'दि गवर्नमेंट इंस्पेक्टर' के प्रदर्शन के लिए, सन् 1936-37 में तैयार नोट्स और भी आगे की बात कहते हैं। अपने इस ग्रन्थ के परिशिष्ट में नाट्य-प्रदर्शन के सम्बन्ध में उन्होंने एक सुनिश्चित योजना दी है। यही रंग-दर्शन के क्षेत्र में उनका अन्तिम महत्त्वपूर्ण आलेख कहा जा सकता है।

स्तानिस्लाव्स्की ने रंगमंच के अपने अभिनेता और निर्देशक दोनों ही रूपों को लेकर जो कुछ लिखा है, उसकी चरम-परिणति हमें उनकी इसी पुस्तक में देखने को मिलती है। यही पुस्तक सर्वप्रथम प्रकाशित हो रही है, इसलिए उनके पूर्व ग्रन्थों की विषय-वस्तु की चर्चा मुझे आवश्यक प्रतीत हुई।

इस पुस्तक के प्रकाशन के लिए मैं बंधुवर रामगोपाल बजाज का सर्वाधिक आभारी हूँ, जिन्होंने गहरी रुचि लेकर मेरे इन भाषान्तरों के प्रकाशन का भार उठाया है। उनके सहयोगी, रंगमंच को पूर्णतः समर्पित प्रियवर प्रो. देवेंद्रराज अंकुर ने भी इस ग्रन्थ के प्रकाशन में मुझे पूरे मन से योग दिया है। इस संदर्भ में मैं विशेष रूप से आभारी हूँ महेश आनन्द का, जिन्होंने प्रस्तुत भाषान्तर के साथ-साथ स्तानिस्लाव्स्की की पुस्तकों के अन्य रूपान्तरों को भी पढकर प्रकाशन-योग्य बनाया है। इस कार्य में सुरेश धींगड़ा का सहयोग भुलाया नहीं जा सकता। उन्होंने कठिन परिश्रम से मूल आलेख के साथ मिलाते हुए न केवल मेरे भाषान्तर को यथास्थान और यथोचित संशोधित किया है, वरन् रूसी भाषा के विद्वानों की सहायता से रूसी शब्दों की वर्तनी में भी आवश्यक संशोधन किये हैं।

यह पुस्तक इन सभी के सहयोग से प्रकाश में आ रही है। ये सभी सज्जन मेरे आत्मीय हैं। मैं मन से इन सभी के मंगलमय भविष्य की कामना

करता हूँ। मुझे विश्वास है कि इनका स्नेह, सान्निध्य, सहयोग और आत्मीयता का स्पर्श मुझे निरन्तर मिलता रहेगा।

आज से कोई बीस वर्ष पहले मेरुदण्ड में विकार होने से मेरा दाहिना हाथ प्रभावित हुआ था जिससे लिख पाना सम्भव नहीं रहा। इसलिए स्तानिस्लाव्स्की की पुस्तकों के भाषान्तरों को सर्वेशचंद्र शर्मा ने लिपिबद्ध किया है। उन्होंने एक प्रकार से मेरे दाहिने हाथ की भूमिका निभायी है। उनके प्रति भी मेरी शुभकामनाएँ!

18 मार्च, 2001

विश्वनाथ मिश्र

47/4, कबीर मार्ग
क्ले स्क्वायर, लखनऊ-226001

भाग : एक

ग्रिबायेदव : वो फ़्रॉम विट

स्तानिस्लाव्स्की ने प्रस्तुत अध्ययन 'वो फ़्रॉम विट' (1916-1920) को केंद्र में रखकर किया है। इसी अध्ययन से उन्हें अभिनय के विभिन्न पक्षों का चिन्तन करने की दिशा मिली। उनका यह चिन्तन कालान्तर में 'ऐन ऐक्टर प्रिपेयर्स' तथा 'बिल्डिंग ए कैरेक्टर' के रूप में रंगकर्मियों के सामने आया। यह दिलचस्प तथ्य है कि वर्तमान अध्ययन में प्रस्तुत अनेक विचार बाद के अध्ययनों में पुख़्ता हुए। इन विचारों में आए सूक्ष्म परिवर्तन स्तानिस्लाव्स्की की रचनात्मक कल्पना का प्रमाण प्रस्तुत करते हैं।

अध्ययन–अवस्था

भूमिका की संरचना के प्रारम्भिक कार्य को स्तानिस्लाव्स्की ने तीन अवस्थाओं में विभाजित किया है : भूमिका का अध्ययन, उसमें जीवन की प्रतिष्ठा और उसका भौतिक रूपायन।

भूमिका से पहला परिचय

भूमिका से परिचित होना अपने आप में प्रारम्भिक अवस्था है। उसका आरम्भ नाटक के पहले पाठ के प्रारम्भिक प्रभावों से ही होता है। इस सर्वाधिक महत्त्वपूर्ण क्षण को स्त्री और पुरुष के प्रथम मिलन के समान कहा जा सकता है–उन दो लोगों की पहली भेंट, जिन्हें प्रेमी और प्रेमिका बनने का सौभाग्य मिलता है।

प्रारम्भिक प्रभावों में कुँवारेपन की ताज़गी होती है; वे अप्रत्याशित और सीधे होते हैं। अक्सर वे अभिनेता के कार्य पर स्थायी छाप छोड़ते हैं। प्रारम्भिक प्रभावों को बीज के समान माना जा सकता है। अभिनेता अपने कार्य में चाहे कितनी ही विविधताएँ और परिवर्तन क्यों न लाए, अपने प्रारम्भिक प्रभावों के गम्भीर अनुभव से वह अक्सर इतना आकर्षित होता है कि उन्हें उस स्थिति में भी पकड़े रहना चाहता है, जब उसे मालूम होता है कि भूमिका को विकसित करने में उनका कोई उपयोग नहीं है। इन प्रभावों की शक्ति, गहराई और स्थायित्व के कारण नाटक से पहले परिचय को लेकर उसका विशेष सावधान रहना ज़रूरी हो जाता है।

इन प्रारम्भिक प्रभावों को मनोजगत् में भली प्रकार अंकित करने के लिए अभिनेता का भीतर से बड़ा ग्रहणशील होना और उचित मानसिक अवस्था में होना बहुत ज़रूरी है। उन्हें भावात्मक रूप में केन्द्रित तो होना ही चाहिए; इसके बिना रचनात्मक प्रक्रिया संभव ही नहीं है। एक अभिनेता को यह पता होना चाहिए कि कलात्मक अनुभूतियों को ग्रहण करने के लिए मन को किस प्रकार

तैयार किया जाता है और अपनी अन्तश्चेतना को किस प्रकार उन्मुक्त किया जाता है। इसके साथ ही यह भी ज़रूरी है कि नाटक के पहले पाठ के लिए बाहर के वातावरण को समुचित बनाया जाये। इस अवसर को एक विशेष उत्सव जैसा रूप दिया जाना चाहिए; अगर व्यक्ति अपनी आत्मा में उल्लास की भावना भरना चाहता है, तो उसे अपने आध्यात्मिक और भौतिक दोनों ही रूपों में उल्लास से परिपूर्ण होना चाहिए।

स्वच्छ और ताज़े प्रभावों को ग्रहण करने की सबसे बड़ी बाधा पूर्वाग्रह होता है। हम पर लोगों के जबरन पड़े प्रभाव से ही पूर्वाग्रह की उत्पत्ति होती है। प्रारम्भ में और जब तक अभिनेता नाटक विशेष के साथ अपने निज का सम्बन्ध स्थापित नहीं करता और उसकी भूमिका परिभाषित नहीं हो जाती तथा उसके भाव सुनिश्चित हो विचारों में प्रतिष्ठित नहीं हो जाते, उस पर अन्य लोगों के प्रभाव पड़ने का–विशेष रूप से ग़लत प्रभावों का–ख़तरा बना रहता है। इसलिए नाटक से अपने प्रथम परिचय के समय, अभिनेता को यह कोशिश करनी चाहिए कि वह कोई बाहरी प्रभाव ग्रहण न करे।

अगर अभिनेता के मन में, किसी नाटक के चरित्रों को लेकर, उनके जीवन की बाहरी और भीतरी परिस्थितियों के सम्बन्ध में कोई सवाल उठता है, तो उसे दूसरों से मदद लेने से पहले स्वयं उसके उत्तरों की खोज करनी चाहिए। उसे याद रखना चाहिए कि किसी और व्यक्ति की तुलना में उसके अपने विचार कहीं अधिक अच्छे हैं, स्तानिस्लाव्स्की का तो यह कहना है कि वे किसी अन्य के अत्यन्त विलक्षण विचार से भी कहीं अधिक अच्छे हैं। दूसरे का विचार केवल तभी ग्राह्य हो सकता है, जब वह उसकी अपनी भावनाओं को किसी प्रकार की हानि पहुँचाए बिना धारणा में कुछ जोड़ता हो।

अभिनेता की भाषा में 'जानने' का पर्याय 'अनुभव' है, इसलिए नाटक के प्रथम पाठ के समय उसे अपनी रचनाशील भावनाओं को स्वच्छन्द छोड़ देना चाहिए। नाटक से पहले परिचय के समय वह जितनी अधिक भावना और हृदय के स्पन्दनों और अनुभूतियों का समावेश कर सकता है, उसकी संवेदनाओं, उसकी रचनाशील इच्छाशक्ति, बुद्धि, भावात्मक स्मृति को नाट्य-पाठ की सूखी शब्दावली से मिलने वाला प्रभाव उतना ही अधिक होगा; उतनी ही अधिक उसके देखने-सुनने तथा बिम्बों, मनःचित्रों, संवेदनात्मक स्मृतियों तथा अन्य प्रवृत्तियों और रचनाशील कल्पना की व्यंजना अर्थात् सांकेतिकता होगी। अभिनेता की कल्पना अपनी अदृश्य रंगपेटिका से नाट्य-लेखक के पाठ को बड़े स्वच्छन्द स्वरूपों और रंगों से सुशोभित करती है।

अभिनेताओं के लिए उस दृष्टिकोण को समझना महत्त्वपूर्ण है जिससे नाट्य-लेखक परिचालित है। जब वे इसे समझ लेते हैं, तो उसका पठन उन्हें अपने साथ बहा ले जाता है। वे तब अपने चेहरे की माँसपेशियों को नियंत्रित नहीं कर पाते और पाठ के अनुरूप चेहरा बनाने अथवा मूक-अभिनय करने को विवश हो जाते हैं। वे अपनी सहज प्रवहमान गतिविधियों को अनुशासित नहीं कर पाते। वे शान्त नहीं बैठ सकते। वे नाटक के पाठक के पास, और पास पहुँचते चले जाते हैं, जैसे उस ओर उन्हें कोई धकेल रहा हो।

स्तानिस्लाव्स्की ने इसके बाद नाटक का मंचन करने वाले पाठक के लिए कुछ हिदायतें दी हैं। सबसे पहले तो उसे चित्रात्मक प्रणाली की विवेचना से बचना चाहिए जो नाटक के विभिन्न खंडों की व्यक्तिगत व्याख्या और उसके बिम्बों को अभिनेताओं पर जबरन लादने को मजबूर कर सकती है। उसे स्वयं को नाटक के मूल विचार और उसके आन्तरिक कार्य-व्यापार के विकास की मुख्य रेखा की सुस्पष्ट विवेचना तक ही सीमित रखना चाहिए। यह कार्य भी उसे नाटक में अन्तर्निहित तकनीकी मदद से करना चाहिए।

प्रदर्शन के लिए प्रथम पाठ के समय नाटक को उसके आधारभूत तत्त्वों, उसके सारांश, उसके विकास की मुख्य रेखा की पूरी समझ के साथ, बड़ी सहजता और स्पष्टता से प्रस्तुत किया जाना चाहिए। वह व्यक्ति जो नाटक पढ़ रहा है, उसे नाटककार के प्रस्थान-बिन्दु, उसके विचार, उसकी भावनाओं अथवा उन अनुभवों को, जिनके लिए वह नाटक लिखा गया है, समझाते हुए पढ़ना चाहिए। नाटक के उस प्रथम प्रस्तुतीकरण के अवसर पर उस पाठक को नाटक में मानवीय चेतना को जीवन के उद्घाटन की मुख्य रेखा के साथ-साथ चलने में हर अभिनेता को प्रोत्साहित और निर्देशित करना चाहिए।

उस पाठक को विशेष अनुभवी साहित्यिक व्यक्तियों से यह सीखना चाहिए कि किसी रचना की अन्तश्चेतना, उसके भावों की आधारभूत रेखा को, तात्कालिक रूप से कैसे ग्रहण किया जाये। साहित्य के अध्ययन का समुचित अनुभव रखने वाला व्यक्ति, जिसे साहित्यिक कृतियों की आधारभूत विशेषताओं का भली प्रकार संज्ञान हो, नाटक की संरचना, उसके प्रस्थान-बिन्दु, रचना के लिए प्रेरित करने वाले भावों और विचारों को तुरन्त ही पकड़ लेगा। यह सामर्थ्य एक अभिनेता के लिए बहुत सहायक होती है, लेकिन तभी तक जब तक वह स्वयं नाटक की अन्तरात्मा में उतरते हुए उसे बाधक नहीं बनने देता।

वे बड़े ही सौभाग्य के क्षण होते हैं जब एक अभिनेता अपनी सम्पूर्ण चेतना, अपने मन और अपनी भावनाओं से किसी नाटक के अन्तर्निहित मन्तव्य को

तुरन्त ही समझ लेता है। प्रसन्नता की इन्हीं विरल परिस्थितियों में सभी नियमों और पद्धतियों को भूल जाना और स्वयं को नैसर्गिक रचनाशीलता की शक्ति के आगे समर्पित कर देना कहीं अधिक अच्छा होता है, लेकिन ऐसे अवसर बहुत विरल होते हैं और व्यक्ति केवल उन पर निर्भर नहीं रह सकता। वे अवसर उन घड़ियों की भाँति ही विरल होते हैं, जिनमें कोई अभिनेता किसी महत्त्वपूर्ण रेखा की दिशा को, नाटक के आधारभूत भाग को, उन महत्त्वपूर्ण तथ्यों को तुरन्त पकड़ लेता है जिनके आधार पर वह सुनियोजित अथवा रूपायित होता है। पहले पाठ के अवसर पर अधिकांशतः यही होता है कि केवल एकल क्षण अभिनेता के भाव-जगत में अपनी छाप बना पाते हैं। बाकी सब धुँधला, अस्पष्ट और बाहरी बना रहता है। प्रभावों के शेष अंश, अनुभूतियों के शेष खण्ड, मरुभूमि की मृग-मरीचिका अथवा चारों ओर घिरे हुए अंधकार के बीच प्रकाश के बिन्दु की तरह आभासित होते हैं।

स्तानिस्लाव्स्की ने सवाल उठाया है कि हमारी भावनाओं से उत्तप्त होकर नाटक के कुछ भाग क्यों सजीव हो उठते हैं, जबकि शेष सभी हमारी बौद्धिक स्मृति में केवल चिपके रह जाते हैं? यह क्यों होता है कि जब हम पहले प्रकार के अनुभवों को याद करते हैं तो हम विस्मय-विभोर और प्रसन्न हो उठते हैं तथा सुकुमारता, प्रफुल्लता और प्यार की भावना से परिपूर्ण हो उठते हैं, जबकि बौद्धिक स्मृतियाँ हमें भावनारहित, ठण्डा और कुछ कह पाने में सर्वथा असमर्थ बना देती हैं?

यह इसलिए होता है क्योंकि जो स्थल जीवन के तात्कालिक स्पन्दनों से भरे होते हैं वे हमारे अनुकूल होते हैं और हमारी भावनाओं से परिचित भी; जबकि अँधेरे स्थल हमारी प्रकृति के विरोधी होते हैं।

आगे चलकर जैसे-जैसे हम उस नाटक से अधिक परिचित और उसकी भावनाओं के सन्निकट होते जाते हैं, जिसे पहले हम अंशों के रूप में ही ग्रहण करते हैं, हम देखते हैं कि प्रकाश के बिन्दुओं की संख्या बढ़ जाती है और वे विस्तृत होकर एक-दूसरे में समाहित होते चले जाते हैं। यह प्रक्रिया तब तक चलती रहती है, जब तक कि सम्पूर्ण भूमिका ही आलोकित नहीं हो जाती। वे प्रकाश-बिन्दु अँधेरे के पटल के बीच बने छोटे-से छेद से उतरती हुई सूर्य-किरणों के समान होते हैं; वे अँधेरे में पहले तो थोड़े प्रकाशित स्थल का निर्माण करते हैं; लेकिन जब अँधेरा बनाये रखने के लिए लगाये गये परदे हटा दिये जाते हैं और दरवाज़े खोल दिये जाते हैं तो अँधेरा बिल्कुल बाहर निकल जाता है और पूरा कमरा प्रकाश से आप्लावित हो उठता है।

पहले पाठ में कोई नाटक कभी-कभार ही समझ में आ पाता है। अक्सर उसे अनेक प्रकार से पढ़ना होता है। बहुत से नाटक ऐसे होते हैं जिनका आध्यात्मिक सारतत्त्व इतना गहरे जमा हुआ होता है कि उसे खोदने के लिए कड़ी मेहनत करनी पड़ती है। शायद उसका मूलभूत विचार इतना जटिल होता है कि उसे बड़ी कोशिश से समझा जा सकता है या उसकी संरचना इतनी जटिल और दुर्बोध होती है कि हम उसे खण्ड-दर-खण्ड ही समझ सकते हैं, और वह भी तब, जब उसकी शारीरिक संरचना को टुकड़े-टुकड़े करके पढ़ते हैं। हमें ऐसी रचना का वैसे ही सामना करना होता है जैसे किसी वर्ग पहेली का, उसमें तब तक रुचि नहीं जागती, जब तक वह सुलझ नहीं जाती। उसे बार-बार पढ़ना होता है और हर बार उसे फिर से पढ़ते समय कुछ समय पहले जो स्थापना हो जाती है, वही हमारा मार्ग-निर्देशन करती है।

स्तानिस्लाव्स्की को इस बात का बड़ा खेद है कि बहुत से अभिनेता नाटक के प्रथम पाठ के प्रभावों की महत्ता को नहीं समझते और उनकी ओर बिल्कुल ध्यान ही नहीं देते। वे इस सम्बन्ध में बड़ी लापरवाही बरतते हैं और रचनात्मक प्रक्रिया में उसके महत्त्व को बिल्कुल स्वीकार नहीं करते। कितने लोग ऐसे मिलेंगे जो नाटक के पहले पाठ के लिए गम्भीरता के साथ तैयारी करते हैं? वे बड़ी तेज़ी से तथा जहाँ भी सम्भव होता है उसे पढ़ते हैं—रेल में, बस में यात्रा करते हुए या अपने खाली समय में। यह वे इसलिए नहीं करते कि वे नाटक को समझना चाहते हैं, वरन् इसलिए करते हैं ताकि स्वयं को किसी स्थूल भूमिका में देखने की कल्पना कर सकें। इन परिस्थितियों में वे रचना का एक महत्त्वपूर्ण अवसर खो देते हैं। इस हानि की कभी भरपाई नहीं हो सकती; क्योंकि बाद में पढ़ने पर रचना की अन्तःप्रेरणा को जगाने के लिए ज़रूरी कौतूहल का तत्त्व उन्हें प्राप्त नहीं हो पाता। लापरवाही के कारण पहले प्रभावों की ग़लत आकृतियों को मिटा पाना वैसे ही सम्भव नहीं होता, जैसे खोये हुए कौमार्य को फिर से नहीं पाया जा सकता। इसलिए यह बहुत ज़रूरी है कि अभिनेता प्रथम पाठ के समय विशेष रूप से सावधान रहे और नाटक की आधारभूत चेतना को अच्छी तरह समझने की कोशिश करे।

विश्लेषण

स्तानिस्लाव्स्की ने प्रारम्भ की इस महत्त्वपूर्ण अवस्था का दूसरा चरण विश्लेषण की प्रक्रिया को माना है। विश्लेषण का सामान्य अर्थ है पृथक्करण अर्थात् विभिन्न नाटकीय तत्त्वों को अलग-अलग करना। इस पृथक्करण को

सामान्यतः बौद्धिक प्रक्रिया माना जाता है। साहित्य, दर्शन, ऐतिहासिक अनुशीलन तथा दूसरी प्रकार के अनुसंधानों में यह प्रक्रिया बौद्धिक ही होती है; लेकिन कला के क्षेत्र में यह भावात्मक होती है। विश्लेषण प्रक्रिया के माध्यम से इसी भावना के साथ अभिनेता अपनी भूमिका को अधिक गहराई से समझता है। इसी प्रक्रिया से वह नाटक के सम्पूर्ण कार्य-व्यापार और उसके विभिन्न भागों से भी परिचित होता है।

रचना-प्रक्रिया से जुड़ी इस अनुभूति अथवा विश्लेषण में ज्ञान की भूमिका का विशेष महत्त्व है। इसी भावात्मक अनुशीलन से व्यक्ति उपचेतना के क्षेत्र में गहरे उतरता है। किसी व्यक्ति अथवा चरित्र के जीवन का नब्बे प्रतिशत भाग इसी उपचेतना का अंग होता है और वह बड़ा ही मूल्यवान होता है। अभिनेता भी अपने व्यक्तित्व के नब्बे प्रतिशत अंश को अपनी रचनात्मक अन्तःप्रेरणा, कलात्मक मनोवृत्ति और अगोचर गतिविधियों में प्रयोग में लाता है : बुद्धि की प्रक्रिया तो उसके जीवन में मात्र दस प्रतिशत ही होती है। स्तानिस्लाव्स्की ने रचनाशीलता की दृष्टि से इस विश्लेषण की प्रक्रिया के पाँच उद्देश्य माने हैं :

1. नाट्यलेखक की रचना का अध्ययन;

2. नाटक में और स्वयं उसकी अपनी भूमिका में रचनात्मक प्रयोग के लिए आध्यात्मिक या अन्य प्रकार की सामग्री की खोज;

3. स्वयं अभिनेता में उपलब्ध इस तरह की सामग्री, यथा—विभिन्न ऐन्द्रिक सम्वेदनों की व्यक्तिगत स्मृतियाँ, उसकी भूमिका की भावना के अनुरूप भावात्मक स्मृति, बौद्धिक संस्मरण आदि की खोज;

4. रचनाशील चेतन और विशेष रूप से अचेतन भावनाओं की अवधारणाओं के लिए अभिनेता की अन्तरात्मा को तैयार करना;

5. उत्तेजना की सर्वथा नवीन वृत्तियों और भूमिका की अन्तरात्मा के लिए स्थान-स्थान पर एकदम सजीव सामग्री प्रदान करनेवाले और नाटक के प्रथम पाठ के समय अस्पष्ट रह गये रचनात्मक उत्प्रेरकों की खोज।

पुश्किन नाटककार से अपेक्षा करता है और स्तानिस्लाव्स्की अभिनेता से कि 'उसमें भावनाओं की ईमानदारी और प्रदत्त स्थितियों में सत्य प्रतीत होनेवाली अनुभूतियाँ हों'। इसीलिए उनका कहना है कि विश्लेषण का उद्देश्य प्रदत्त परिस्थितियों का अध्ययन और उन्हें नाटक की भूमिका के लिए तैयार करना होना चाहिए, जिससे उनके माध्यम से बाद में अभिनेता की भावनाएँ, अन्तःप्रेरणा की ईमानदारी और उसकी अनुभूतियाँ ज़िन्दगी की सच्चाई लिये हुए हों।

इस उद्देश्य की सिद्धि के लिए यही काफ़ी है कि अभिनेता अधिक नहीं तो अपनी अन्तःशक्ति के केवल दसवें भाग का ही उपयोग करे। जैसा कि सामान्यतः जीवन में होता भी है, हमारी बुद्धि का भी केवल उतना अंश ही कार्य करता है; उसी की सहायता से भावनाओं को सक्रिय करना चाहिए। उसके बाद जब हमारी भावनाएँ अभिव्यक्त होने की अवस्था में हों तो उनकी दिशा समझी जाए और फिर उसे रचनाशीलता के सही रास्ते पर चलाया जाए। इसका आशय यह है कि हमें अपनी अवचेतन और आंतरिक रचनाशीलता को चेतन और प्रारम्भिक क्रिया से परिचालित होने देना चाहिए। चेतना के माध्यम से अचेतन की ओर चलने को ही स्तानिस्लाव्स्की ने रंग-कला और उसके रचनाशिल्प का मूलमंत्र कहा है।

अब सवाल उठता है कि रचनात्मक प्रक्रिया में भीतर से उठ रही भावना को जगाने के लिए बुद्धि का उपयोग कैसे किया जाये?

स्तानिस्लाव्स्की के अनुसार इस कार्य के लिए सर्वश्रेष्ठ मित्र और समर्थतम उत्प्रेरक तत्त्व रचनात्मक ऊर्जा अथवा उत्साह है; इसलिए 'विश्लेषण' में सबसे पहले इसी का प्रयोग किया जाना चाहिए। यह रचनात्मक उत्साह ही है जिसके कारण दृष्टि, ध्वनि, चेतना एवं कला का परिष्कृत बोध भी वहाँ पहुँच जाता है, जहाँ तत्काल पहुँचना सम्भव नहीं। अन्ततः हमारी रचनात्मक भावना और उसके प्रस्तुतीकरण में हमारे सभी तत्त्वों की अन्तश्चेतना समाहित हो जाती है। तभी वे भूमिका और नाटक के बाह्य रूप को ही नहीं वरन् आन्तरिक और आध्यात्मिक संरचना भी हमें प्रदान कर देते हैं जिसमें हमारे चेतन और अचेतन प्रयासों से प्राप्त सभी कुछ समाहित हो जाता है।

नाटक अथवा भूमिका के सचेतन स्तर धरती की परतों और विभिन्न स्तरों की रचना करने वाली बालू मिट्टी और चट्टानों आदि के समान होते हैं। ये स्तर व्यक्ति की अन्तश्चेतना में जितने गहरे उतरते जाते हैं, उतने ही अधिक अचेतन होते जाते हैं। बहुत नीचे उतरने पर, अन्तश्चेतना में गहरे उतरने पर अदृश्य मानवीय वृत्तियाँ और आवेग से परिपूर्ण भावनाएँ मिलती हैं, जैसे धरती के केन्द्रबिन्दु में पिघला लावा और आग मिलती है। यही अतिपरम चेतना का क्षेत्र है जो जीवन-शक्ति का संचार करने वाला केन्द्र है, अभिनेता का परम पवित्र 'अहम्', कलाकार का मानवीय रूप और अन्तश्चेतना का रहस्यमय स्रोत है। इस प्रकार हमें नाट्यलेखक द्वारा प्रस्तावित परिस्थितियों की जानकारी (अनुभूति) मिलती है। कलाकार को सचेतन रूप में इन वस्तुओं का बोध नहीं होता, लेकिन वह अपनी सम्पूर्ण चेतना के साथ उसका अनुभव कर सकता है।

बाहरी परिस्थितियों का अध्ययन

इस प्रकार विश्लेषण प्रक्रिया की रेखा नाटक के बाहरी रूप से आरम्भ होती है जो लेखक के लिखित-मुद्रित पाठ से हमारी चेतना को उपलब्ध होती है। वहाँ से फिर वह नाटक में अन्तर्निहित आध्यात्मिक तत्त्व–उस अदृश्य वस्तु तक जाती है, जिसे नाट्यलेखक ने अपनी रचना के भीतर रखा था। वस्तुतः उस तत्त्व तक अधिकांशतः हमारी उपचेतना की ही पहुँच होती है। इस तरह हम बाहरी खोल से भीतर के केन्द्र तक, नाटक के बाहरी साहित्यिक स्वरूप से भीतर की आध्यात्मिक सार-वस्तु तक जाते हैं। इसी तरीके से हम नाटककार द्वारा प्रस्तावित परिस्थितियों को जानने और फिर अनुभव करने तक की यात्रा करते हैं, जिससे हम बाद को वास्तविक भावनाओं को अथवा उन भावनाओं और सचमुच वास्तविक लगने वाली भावनाओं को जान सकते हैं और उनका अनुभव भी कर सकते हैं।

स्तानिस्लाव्स्की का कहना है कि नाटक के बाहरी रूप के विश्लेषण की शुरुआत में हमें पहले शाब्दिक पाठ को लेना चाहिए। उससे हमें पहले प्रयास में ही नाट्यलेखक द्वारा सुझायी गयी परिस्थितियों की जानकारी हो जायेगी। विश्लेषण आरम्भ करते समय भावनाओं में हमारी विशेष रुचि नहीं होती–वे अगोचर होती हैं और उन्हें परिभाषित करना मुश्किल होता है–लेकिन नाट्यलेखक द्वारा संकेतित परिस्थितियाँ भावनाओं को जगा सकती हैं।

नाटक की बाह्य परिस्थितियों में व्यक्त जीवन में उसके तथ्यों को पढ़ना सबसे अधिक आसान होता है। नाट्यलेखक ने जब रचना की थी तो छोटी-से-छोटी परिस्थिति और प्रत्येक तथ्य महत्त्वपूर्ण था। नाटक के जीवन की अविच्छिन्न शृंखला में हर एक तथ्य एक ज़रूरी कड़ी था। फिर भी सारे तथ्यों को तुरन्त ही पकड़ पाना सम्भव नहीं होता। वे तथ्य जिन्हें हम तुरन्त ही उनके सारतत्त्व के रूप में ग्रहण कर लेते हैं, अन्तःप्रेरणा से हमारे मनोजगत् में अंकित हो जाते हैं। कुछ और तथ्य जिन्हें हम तुरन्त नहीं पकड़ पाते, जिन्हें हम खोज नहीं पाते अथवा जो हमारी भावनाओं से जुड़ते नहीं, अनजाने, भूले-भुलाए रह जाते हैं अथवा नाटक के ऊपर भार रूप में अलग-अलग हवा में लटके रहते हैं। लेकिन यह सब नाटक के प्रारम्भिक प्रभावों के ग्रहण और उन्हें आत्मसात करने की प्रक्रिया में अवरोध उपस्थित नहीं करता।

प्रश्न यह है कि इन परिस्थितियों से बचा कैसे जाए? नाटक के बाहरी स्वरूप के अध्ययन की जानकारी का रास्ता कैसे खोला जाए? स्तानिस्लाव्स्की

ने लिखा है कि नेमिरोविच दान्चेन्को ने उन्हें एक बड़ा ही आसान और सहज समझ में आने वाला तरीका बताया था। वह है नाटक की विषयवस्तु को फिर से कहना-सुनना। अभिनेता उपस्थित तथ्यों को उनके अनुक्रम और एक-दूसरे के साथ उनके बाहरी भौतिक सम्बन्धों को भीतर से समझे और फिर उन्हें लिखे। नाटक से परिचय के प्रारम्भिक क्षणों में व्यक्ति को उसकी विषयवस्तु के सम्बन्ध में जो जानकारी होती है उसके विज्ञापनों में अथवा संक्षिप्त परिचय-पत्रकों में जो कुछ कहा जाता है, उससे बेहतर हम नहीं कह सकते। नाटक के और उसकी विषयवस्तु के बढ़ते अनुभव के साथ, यह तरीका केवल उसके तथ्यों को इकट्ठा करने और उनमें पारस्परिक सम्बन्ध बनाने में ही मदद नहीं करता, वरन् उनके अन्तर्निहित तथ्यों और पारस्परिक निर्भरता तक भी पहुँचाता है।

स्तानिस्लाव्स्की ने इसके बाद नेमिरोविच की बतायी हुई उस प्रक्रिया को व्यावहारिक रूप में प्रदर्शित करने के लिए अपने देश के सर्वाधिक लोकप्रिय नाटककार ग्रिबायेदव के नाटक 'वो फ़्रॉम विट' का उदाहरण देते हुए उसके पहले अंक के विभिन्न तथ्यों की सूची प्रस्तुत की। उनका कहना है कि ये सारे प्रसंग मिलकर उस नाटक के वर्तमान काल की रचना करते हैं। फिर उन्होंने लिखा है कि कोई वर्तमान बिना अतीत के संभव नहीं है। वर्तमान तो सम्भवतः अतीत से ही प्रवाहित होता है। अतीत ही वह मूल है, जिससे वर्तमान का वृक्ष ऊपर उठता है। एक अभिनेता को इसलिए यह बराबर अनुभव करना चाहिए कि उसके पीछे उसकी भूमिका का अतीत है और वह उसको अपने वस्त्राभरणों के समान लादकर ही चलता है।

इसी प्रकार वर्तमान भविष्य की सम्भावना, उसके स्वप्नों, अनुमानों और उससे सम्बन्धित संकेतों के बिना नहीं होती।

वर्तमान अतीत और भविष्य के बिना, बिना आरम्भ और अन्त के मध्य के समान होता है, पुस्तक का एक अध्याय संयोग से उससे फाड़ लिया गया है और पढ़ा जा रहा है। अतीत और भविष्य के सपने मिलकर ड़ी वर्तमान की रचना करते हैं। इसलिए यह बड़ा ज़रूरी है कि अभिनेता अपने मूल चरित्र के अतीत की स्मृति जगाए और उसके भविष्य के सम्बन्ध में हमेशा सोचता रहे। ये दोनों प्रक्रियाएँ उसे प्रोत्साहित करेंगी। उनसे उसे अपने मूल चरित्र के पूरे और जीवन्त स्वरूप के निर्माण में सहायता मिलेगी। भविष्य के जो स्वप्न हैं वे अभिनेता को, रंगमंच पर उसके सभी कार्य-व्यापारों के माध्यम से आगे ले जायेंगे। इसलिए यह ज़रूरी है कि वह नाटक से, स्वप्नों से भविष्य के संकेतों

का चयन करे। भूमिका के वर्तमान स्वरूप के साथ उसके अतीत और भविष्य का यह सीधा सम्बन्ध रूपायित चरित्र के अन्तरंग जीवन के लिए बहुत अधिक सामग्री प्रदान करता है। स्तानिस्लाव्स्की का स्पष्ट निर्देश है कि यदि अभिनेता अपनी भूमिका के अतीत और भविष्य का सहारा लेता है तो वह उसके वर्तमान स्वरूप को अधिक शक्ति के साथ ग्रहण कर सकेगा।

नाटक में अतीत और भविष्य के संकेतों के अतिरिक्त तथ्यों को सामाजिक परिस्थितियों के साथ जोड़ने वाले संकेत भी होते हैं : अभिनेता को उनके भीतर भी गहरे उतरना चाहिए। नाटक के जीवन का निर्माण करने वाली परिस्थितियों का अध्ययन केवल उसके वास्तविक पाठ से ही नहीं, वरन् उसकी अनेक प्रकार की टीकाओं, सम्बन्धित साहित्यिक कृतियों, उस काल के ऐतिहासिक दस्तावेजों आदि से भी किया जाना चाहिए। इस प्रक्रिया को व्याख्यायित करने के लिए भी स्तानिस्लाव्स्की ने फिर 'वो फ़्रॉम विट' नाटक को उठाया है और उसके सामाजिक स्तर को उजागर करने वाले तथ्यों की सूची दी है।

स्तानिस्लाव्स्की ने आगे लिखा है कि इस प्रक्रिया के पूरी होते-होते नाटक के साहित्यिक स्वरूप का अध्ययन होना चाहिए। यह अध्ययन तत्काल सम्भव नहीं हो पाता। उसके लिए और अधिक अनुशीलन की अपेक्षा होती है। आरम्भ में हम सामान्य शब्दावली में रूप-विधान, रचना-शैली, शब्दावली की संयोजना और छन्द-विन्यास में रुचि ले सकते हैं। इस सन्दर्भ में भाषा की शोभा, गद्य-विधान की विलक्षणता, छन्द-योजना की सुकुमारता, लय की तीव्रता और शब्दों के समुचित प्रयोग में रुचि ली जा सकती है।

अध्ययन के इस विधान में नाटक का उसके अंगभूत भागों में विभाजन उसकी संरचना को समझने, उसके विभिन्न विभागों के समन्वय और सामंजस्य, उसकी गरिमा, सुसंयोजना, विकास की सतर्कता, उसके कार्य-व्यापार की दृश्यात्मक गुणवत्ता, प्रतिपाद्य की नवीनता, नाट्य-चरित्रों के चित्रण, उनके अतीत, उनके भविष्य के संकेतों के अनुशीलन की दृष्टि से होना चाहिए।

नाटककार की मौलिकता का सुरुचि के साथ अध्ययन, अभिप्रायों की संकल्पना, सांयोगिक क्रियाओं के कारणों की खोज, अपनी प्रक्रिया में नाटक के अन्तर्निहित अभिप्राय और मानवीय चेतना को उद्घाटित करने वाले के लिए होनी चाहिए। नाटक के बाहरी रूप का अन्तर्निहित वस्तु के साथ सन्तुलन और मूल्यांकन अपेक्षित है।

नाटक के और भीतर उतरते हुए हम उसके कलात्मक तल में पहुँचते हैं, जिसमें नाटकीयता, शिल्प-कौशल, दृश्य-योजना और निर्माण से सम्बद्ध रूप-विधान

और संगीतात्मकता के अनेक उपतल हैं। नाटककार ने परिवेश, दृश्यबंध, कमरों की व्यवस्था, वास्तु-विधान, प्रकाश-योजना समूहन, आंगिक चेष्टाओं, आचार-व्यवहार के सम्बन्ध में जो कुछ कहा है, उसे खोजकर लिख लेना चाहिए। इसके अतिरिक्त निर्देशक नाटक के सम्बन्ध में जो कुछ कहता है तथा दृश्य की संकल्पना कर जो कुछ बताता है, उसे बड़े ध्यान से सुनना चाहिए। नाटक के मंचन के लिए जो भी सामान इकट्ठा किया गया है उसे देखना चाहिए। उस सामान को इकट्ठा करने में भी भाग लेना चाहिए। निर्देशक और दृश्य के संकल्पनाकार जब संग्रहालयों, चित्र-दीर्घाओं तथा उस काल के पुराने भवनों में जायें तो उनके साथ जाना चाहिए। अन्ततः उस काल की डायरियों और अभिलेखों का भी गहराई के साथ अध्ययन करना चाहिए। इस सारी जानकारी के लिए यह भी ज़रूरी है कि अभिनेता खुद नाटक का उसकी कलात्मकता, रूप-विधान, वास्तु-संरचना और अन्य तत्त्वों की दृष्टि से अध्ययन करे।

नाटक के इस बाहरी स्वरूप के विषय में जानकारी के लिए जो विपुल सामग्री अभिनेता इकट्ठी करे वह बाद में उसके रचनात्मक कार्य में पिसाई के अनाज का कार्य करेगी।

बाहरी परिस्थितियों को जीवन्त बनाना

अब तक जो सामग्री इकट्ठी की गयी है, वह मात्र बाहरी परिस्थितियों से सम्बद्ध है। स्तानिस्लाव्स्की ने सवाल उठाया है कि उसमें प्राण-प्रतिष्ठा कैसे की जाए? उसे जीवन्त कैसे बनाया जाये? उनका कहना है कि इस सूखी, नीरस सामग्री को रचनात्मक प्रक्रिया में बदलने के लिए उसे आध्यात्मिक जीवन और विषयवस्तु प्रदान करनी होगी, नाटकीय तथ्यों और परिस्थितियों की जड़-प्रवृत्तियों को सजीव और जिजीविषा जगाने में समर्थ बनाना होगा। इसके लिए ज़रूरी है कि उसके प्रति नाटकीय दृष्टि को मानवीय बनाया जाये, तथ्यों और घटनाओं के सूखे विवरणों में जीवन की चेतना का संचार किया जाये, क्योंकि जो जीवनमय है, केवल वही सजीवता प्रदान कर सकता है। इसलिए नाट्यलेखक ने जो परिस्थितियाँ प्रस्तावित की हैं, उन्हें फिर से जीवनमय बनाना होगा।

स्तानिस्लाव्स्की के अनुसार यह रूपान्तरण नाट्यकला की एक प्रमुख शक्ति—कलात्मक कल्पना से सम्भव होता है। इस बिन्दु पर पहुँचकर नाट्यकर्म तर्क के तल से ऊपर उठकर कलात्मक स्वप्नों के क्षेत्र में पहुँच जाता है।

प्रायः प्रत्येक मनुष्य तथ्यात्मक जीवन ही जीता है, लेकिन वह अपनी कल्पना का जीवन भी जी सकता है। अभिनेता की नैसर्गिक प्रवृत्ति कुछ ऐसी

होती है कि वह इस कल्पना के जीवन को कहीं अधिक स्वीकृति और रुचि के साथ जी लेता है। उसकी कल्पना दूसरे व्यक्ति के जीवन को अपने पास खींच सकती है, उसे अपना सकती है तथा पारस्परिक और उत्तेजनात्मक गुणों एवं प्रवृत्तियों की खोज भी कर सकती है। अपनी रुचि के अनुरूप एक विश्वसनीय अस्तित्व की रचना करना वह जानती है, इसलिए वह कलाकार के हृदय के पास ही होती है; जीवन का सुन्दर लगने वाला और आह्लादित करने वाला स्वरूप उसके लिए विशेष अर्थ रखता है। उसका जीवन अपनी प्रकृति से बड़े निकट की आत्मीयता लिये हुए होता है।

काल्पनिक जीवन की संरचना स्वेच्छा से, अभिनेता की अपनी इच्छाशक्ति के सहारे होती है और वह उस आध्यात्मिक सामग्री की, जो उसके पास है अथवा जो उसने अपने भीतर इकट्ठी की है, रचनात्मक सघनता के अनुपात में होती है। वह उसके पास ही होती है, वांछित होती है। वह अचानक बाहर से ग्रहण की गयी नहीं होती। वह कभी उसकी भीतर की इच्छाओं के विरुद्ध नहीं होती और न भाग्य की किसी चपेट का नतीजा ही होती है, जैसा कि आम ज़िन्दगी में अक्सर होता रहता है। यह सब अभिनेता के लिए काल्पनिक जीवन की रोज़-रोज़ की ज़िन्दग़ी की सच्चाई को कहीं अधिक आकर्षक बना देता है। इसलिए यह कोई ताज्जुब की बात नहीं कि उसका सपना उसकी रचनात्मक प्रकृति में वास्तविक और सबल प्रतिक्रिया उत्पन्न करता है।

एक अभिनेता को अपने सपनों को प्यार करना आना चाहिए; और उसे यह भी जानना चाहिए कि उनका कैसे इस्तेमाल किया जाये। वस्तुतः कल्पना सबसे अधिक महत्त्वपूर्ण रचनात्मक क्षमता है। कल्पना के बिना रचनाशीलता का अस्तित्व हो ही नहीं सकता। वह भूमिका जो कलात्मक कल्पना के क्षेत्र से गुज़री ही नहीं है, कभी मन को मोहित नहीं कर सकती। अभिनेता को यह जानकारी होनी चाहिए कि वह हर प्रकार के विषयों को लेकर अपने मन की स्वच्छन्द उड़ान का उपयोग कैसे करे। उसे यह जानना चाहिए कि किसी उपलब्ध सामग्री के आधार पर एक वास्तविक जीवन की संरचना अपने कल्पनालोक में कैसे करनी चाहिए। बच्चे की भाँति उसे यह समझ होनी चाहिए कि किसी खिलौने के साथ कैसे खेला जाए और उस खेल का आनन्द कैसे लिया जाये। अभिनेता को अपने स्वप्न की संरचना के लिए तब तक पूरी स्वतन्त्रता है, जब तक कि वह नाटककार के आधारभूत विचार और विषयवस्तु से दूर नहीं भटकता।

कल्पनामय जीवन के और उसके कलात्मक व्यापार के अनेक पक्ष हैं। हम

अपनी भीतर की आँखों का उपयोग सभी प्रकार के दृश्यात्मक बिम्बों, जीवन्त प्राणियों, मनुष्य के चेहरों, उनकी भंगिमाओं, भू-परिदृश्यों, भौतिक संसार की वस्तुओं, दृश्य-विधानों तथा इसी प्रकार की अन्य वस्तुओं को देखने में कर सकते हैं। अपने भीतर के प्राणों का उपयोग हम सभी प्रकार की राग-रागिनियों, कण्ठ-स्वरों, स्वर-विधानों आदि को सुनने में कर सकते हैं। अपने संवेदन और भावात्मक स्मृति के संकेतों पर हम विभिन्न वस्तुओं का कल्पना में अनुभव कर सकते हैं।

कुछ अभिनेताओं में देखी गयी वस्तुओं और कुछ अभिनेताओं में सुनी गयी वस्तुओं के प्रति रुचि होती है। पहली कोटि के अभिनेताओं में अन्तर्दर्शन की सामर्थ्य विशेष रूप से होती है और दूसरों में भीतर से सुनने की संवेदना कहीं ज़्यादा होती है। स्तानिस्लाव्स्की ने कहा है कि दृश्यात्मक बिम्बों की सहायता से काल्पनिक जीवन की आसानी से संरचना करने वाले पहली श्रेणी में आते हैं। दूसरी कोटि के अभिनेता अपने प्रदर्शन में ध्वनि के बिम्बों की सहायता लेते हैं।

हम इन सभी दृश्यात्मक, ध्वन्यात्मक अथवा अन्य प्रकार के बिम्बों में रुचि ले सकते हैं। एक ओर खड़े हुए, सीधे कुछ करने की किसी प्रवृत्ति का बिना अनुभव किये, निष्क्रिय रूप से उन बिम्बों का आनन्द ले सकते हैं। कहने का आशय यह है कि निष्क्रिय कल्पना में हम खुद अपने स्वप्नों के द्रष्टा हो सकते हैं, अथवा हम सक्रिय कल्पना के माध्यम से उन सपनों में सक्रिय रूप से भागीदार हो सकते हैं।

स्तानिस्लाव्स्की ने उसके बाद कल्पना के निष्क्रिय स्वरूप को लिया है। वह कैसे कार्य करती है, यह दिखाने के लिए उन्होंने 'वो फ़्रॉम विट' नाटक के पावेल फ़ामूसव के चरित्र को लिया है। इस सम्बन्ध में उन्होंने उस नाटक के कार्यकाल सन् 1820 की वास्तु-कला और गृहसज्जा के सम्बन्ध में जो सामग्री इकट्ठी की थी, उसका विश्लेषण किया। कोई भी अभिनेता जिसमें निरीक्षण की सामर्थ्य और मनःप्रभावों को ग्रहण कर उन्हें याद रखने की क्षमता है, जिसने व्यापक रूप में देखा, पढ़ा और अनुशीलन किया है तथा यात्राएँ की हैं, उस मकान का रूप जिसमें फ़ामूसव रहे हैं और अपनी संकल्पना को एक साथ रख सकता है।

हमारे जीवन की सारी वास्तविक या काल्पनिक स्मृतियाँ जो हमने नाटक का विश्लेषण करते हुए और अन्य जगहों और समयों में इकट्ठी की हैं, हमारी पुकार पर फिर से हमारे पास आ जाती हैं और अपनी-अपनी जगह ग्रहण कर

लेती हैं। और वे हमारे लिए सन् 1820 के एक सम्भ्रान्त, पुराने, निजी मकान के स्वरूप को फिर से निर्मित कर देती हैं। हम जैसे ही यह करते हैं, काल्पनिक वस्तुएँ अपनी-अपनी जगहों पर आ जाती हैं और धीरे-धीरे पूरा स्थान बड़ा ही परिचित और प्यारा परिवेश ग्रहण कर लेता है। सब मिलकर हमारे जाने बिना ही उस भवन के आन्तरिक स्वरूप की संरचना कर देते हैं। इस काल्पनिक जीवन में अगर कोई वस्तु ठीक नहीं लगती, विरसता उत्पन्न करती है, तो हम तुरन्त ही पुनः एक नया भवन बना सकते हैं या पुराने को ही फिर से नया रूप दे सकते हैं अथवा सहज रूप में उसमें सुधार कर सकते हैं। कल्पना के इस जीवन का लाभ यह है कि उसमें कोई बाधा नहीं आती, देरी नहीं होती; कुछ भी असंभव नहीं लगता। जो चीज़ उसे अच्छी लगती है, उसके पास होती है, उसका वांछित तुरन्त पूर्ण ही हो जाता है।

इस भवन का दिनभर में कितनी ही बार निष्क्रिय आनन्द लेते हुए अभिनेता उसकी छोटी-से-छोटी बारीकी से भी सुपरिचित हो जाता है। हमारी दूसरी नैसर्गिक प्रवृत्ति हमारा स्वभाव और आदत ही होती है; जो कुछ बाकी रह जाता है वह उसे भी पूरा कर देती है।

इसके बाद स्तानिस्लाव्स्की ने कहा है कि एक खाली मकान सचमुच बड़ी ही बोरियत उत्पन्न करता है : उसके भीतर कुछ लोग होने ही चाहिए। कल्पना उन्हें भी बनाने की कोशिश करेगी। पहले-पहल तो ख़ुद दृश्यबन्ध ही लोगों को पैदा करने में संलग्न होता है। वस्तुओं का संसार अक्सर उन आत्माओं को प्रतिबिम्बित करता है, जिन्होंने उस संसार की रचना की थी—उस घर में रहने वाले लोगों की।

सुनिश्चित रूप से देखा जाये तो हमारी कल्पना तुरन्त ही इन लोगों की अथवा उनके व्यक्तिगत स्वरूप की रचना नहीं करतीं, वह बस इतना ही करती है कि वे जो कपड़े पहनते हैं, जैसे अपने बालों की रचना करते हैं, उन्हें वैसे ही दिखा देती है। हम अपने मन की आँखों से देखते हैं कि अपने ढंग के कपड़े पहने हुए वे कैसे चलते-फिरते हैं; यद्यपि अभी हमें उनके चेहरों का कभी आभास नहीं हुआ। कभी-कभी हम खाली जगह को बड़ी ही धुँधली रेखाकृतियों से भर देते हैं।

स्तानस्लाव्स्की ने उसके बाद अपनी कल्पना का शब्दचित्र अंकित किया है। उनकी नज़र जैसे ही उठती है, एक मामूली आदमी की आकृति बड़ी विलक्षण तीव्रता के साथ उभरती है। अपने मन की आँखों से वे उसका चेहरा, उसकी आँखें, उसकी आंगिक चेष्टाएँ बहुत साफ़-साफ़ देखते हैं। उनके मन

में सवाल उठता है कि क्या वह उसी नाटक का कोई मामूली चरित्र है? नहीं, वह तो वह प्रसन्नचित्त नाविक है, जिसे उन्होंने समुद्र के किनारे नाव पर जाते हुए देखा था। वह फ़ामूसव के भवन में कैसे आ गया? बड़ा ही विलक्षण अनुभव है। एक अभिनेता की कल्पना में क्या और भी ऐसी ही आश्चर्यभरी घटनाएँ घटित होंगी?

अन्य चरित्रों को अभी तक कोई व्यक्तित्व, व्यक्तिगत विशेषताएँ और गुण नहीं मिले हैं, उन्हें सामाजिक स्थिति और जीवन-क्षेत्र में स्थान भी बड़े सामान्य और केवल धुँधले रूप में ही मिले हैं : माता, पिता, गृहस्वामिनी, बेटी, बेटा, संरक्षिका, सेवक, सेविका, सन्देशवाहक आदि के रूप में सुस्पष्ट नहीं है। फिर भी इन आकृतियों के लोग घर में रूपायित हो रहे हैं। वे सामान्य मनोदशा बताते हैं, परिवेश का निर्माण करते हैं, यद्यपि इस समय वे मात्र सहायक ही लग रहे हैं।

उस घर के जीवन को और अधिक नज़दीक से देखने के लिए अभिनेता के लिए यह ज़रूरी है कि वह एक या दूसरे कमरे का दरवाज़ा थोड़ा-सा खोले, उसके किसी भाग में प्रवेश करे, भीतर जाये, जैसे खाने के कमरे में, भण्डार में, गैलरी से होकर उस कमरे में जहाँ खाने-पीने का सामान रखा है, रसोईघर में, सीढ़ियों से ऊपर। खाने के समय सेविकाएँ दिखायी दे रही हैं। मालिक के घर के फ़र्श गन्दे न हों इसलिए उन्होंने जूते उतार रखे हैं। प्याले, तश्तरियाँ हाथ में लिये हुए वे इधर-उधर आ-जा रही हैं। खानसामा की वेशभूषा दिखायी देती है, यद्यपि अभी उसका चेहरा साफ़ नहीं हुआ है। अपनी गुरुता समझते हुए अपने सहायक से वह तश्तरियाँ ले रहा है, उन्हें स्वाद के लिए चख रहा है और अपनी महिमा को समझते हुए उन्हें मालिक के सामने खाने की मेज़ पर रखने के लिए ले जा रहा है। घर के और नौकरों-चाकरों की वेशभूषा भी गलियारों में और सीढ़ियों पर दिखायी दे रही है। कोई एक नौकर मज़ाक में पास से गुज़र रही नौकरानी को छेड़ भी देता है।

उसके बाद अभिनेता को अपने मनोजगत् में उस घर में आते हुए ग़रीब-अमीर मेहमानों, उनके भोले-भाले बच्चों के जीवन्त परिधान दिखायी देते हैं। वे फ़ामूसव के अध्ययन कक्ष में ले जाये जाते हैं और वे झुककर अपने मेज़बान को सलाम करते हैं, उसके हाथों को चूमते हैं। बच्चे वे कविताएँ सुनाते हैं, जो उन्होंने इस अवसर के लिए तैयार की हुई हैं। मेज़बान उन्हें उनके हितैषी महामहिम व्यक्ति के रूप में मिठाइयाँ और उपहार देते हैं, आदि-आदि।

रात उतर आयी है। अभिनेता को लगता है कि जैसे वह बड़े कमरे में

किसी के चप्पलों की आवाज़ सुन रहा हो। कोई फिसलकर गिरता है। घना अँधेरा और मौन। जब-तब दूर से चौकीदार की आवाज़ सुनायी देती है, फिर दूर से आती हुई किसी रेलगाड़ी की आवाज़।

अब तक फ़ामूसव के घर का बाहरी स्वरूप और उसके आचार-व्यवहार का आभास मिला। उस घर के अन्तरंग जीवन भावों और विचारों की अनुभूति भी तो होनी चाहिए। उसके लिए जीवन्त व्यक्तियों की अवतारणा वांछनीय है; लेकिन वहाँ तो अभी तुम्हारे और उस विलक्षण वातावरण के अतिरिक्त पूरे घर में कोई जीवन्त आत्मा नहीं है। इसके लिए विभिन्न वस्त्राभूषणों में जो चारों तरफ चलते-फिरते दिखायी दे रहे हैं, बड़ी व्यवस्थित कोशिश से उनमें जीवन का संचार करना है : इसके लिए स्वयं अपनी जीवन-शक्ति की उनमें स्थापना करनी होगी। स्तानिस्लाव्स्की का कहना है कि यह प्रक्रिया उनके लिए बड़ी ही कारगर रहती है, वे अपने को नाट्यकाल के केश-विन्यास और वेशभूषा में उस भवन में, उसके गलियारे में, नाट्य-कक्ष में, रिहाइशी कमरे में, पुस्तक-भवन में आता-जाता देखते हैं। वे अपने को खाने की मेज़ पर बड़ी जीवन्तता से परिपूर्ण वेशभूषा पहने हुए गृहस्वामिनी की बगल में बैठा हुआ देखते हैं। उस सम्मानित स्थान में अपने को पाकर उन्हें बड़ी प्रसन्नता होती है। लेकिन जब वे अपने को किसी नौकर-चाकर के साथ खड़ा हुआ पाते हैं तो अपने को अपदस्थ देखकर व्याकुल हो उठते हैं।

इस प्रकार वे अपनी कल्पना के लोगों के साथ सहानुभूति का अनुभव करने लगते हैं। यह अच्छा संकेत है। निश्चय ही सहानुभूति अनुभूति नहीं है, लेकिन उस दिशा में उठा कदम ज़रूर है। इस प्रयोग से प्रोत्साहित होकर वे कल्पना करते हैं कि अपनी वेशभूषा में खड़े फ़ामूसव तथा अन्य चरित्रों के कन्धों पर उन्होंने अपना सिर रख दिया है। वे अपने युवाकाल की कल्पना करते हैं और अपने उसी उमर के सिर को उसी आयु के चरित्र के कन्धों पर रख देते हैं। वे मानसिक रूप से रूप-रचना करते हैं और उसे विभिन्न नाटकीय चरित्रों के अनुरूप बनाते हैं। उन्हें फिर वे उसी भवन के निवासियों के रूप में देखते हैं, नाट्यलेखक ने जिनकी अवतारणा की थी, लेकिन इस सारे प्रयोग में उनके हाथ असफलता ही आती है। दूसरे व्यक्तियों के कन्धों पर अपना सिर रखने का यह प्रयोग असफल होता है। उन्हें लगता है कि अपने कार्य की इस अवस्था में, इस प्रयास में वे फ़ामूसव भवन के विभिन्न लोगों की वेशभूषा, रूपाकार आदि की भली प्रकार संकल्पना नहीं कर पाये। उन्हें यह असफलता वस्तुतः निष्क्रिय निरीक्षण के कारण मिलती है। उन्हें लगता है कि इस प्रक्रिया से वे फ़ामूसव के

घर के लोगों की रूप-रचना, परिधान और बाहरी स्वरूपों को अच्छी तरह से नहीं देख पायेंगे। इस विषय में सोच-विचारकर वे इस निष्कर्ष पर पहुँचते हैं कि सक्रिय निरीक्षण के साथ उन्हें उन चरित्रों को वास्तव में वर्तमान में देखना चाहिए। उन्हें ठीक अपने अगल-बगल अनुभव करना चाहिए। किसी वस्तु का अनुभव केवल उसको देखने-सुनने से नहीं, वरन् उनके अपने पास होने से मिलता है। इससे भी अधिक उनमें यह समझ उत्पन्न होती है कि निकटता की संचेतना की संप्राप्ति, उनका वास्तविक अनुभव डेस्क के पास कुर्सी पर बैठकर नाटक के मूल पाठ के पढ़ने से ही सम्भव नहीं है। यह ज़रूरी है कि फ़ामूसव के अपने परिवार के लोगों से कैसे सम्बन्ध हैं, उनका मानसिक चित्र बनाया जाये। यह कार्य भी कल्पना की सहायता से ही सम्भव हो सकता है लेकिन उसमें कल्पना को निष्क्रिय के स्थान पर सक्रिय भूमिका का निर्वाह करना होगा।

हम अपने स्वप्नों के द्रष्टा हो सकते हैं और उससे आगे बढ़कर उनमें सक्रिय भाग भी ले सकते हैं। इसका आशय यह है कि मानसिक रूप से हम अपने को परिस्थितियों और परिवेश के अनुरूप अनुभव कर सकते हैं। कालान्तर में जब होने की भावना पर बल होता है, तो अपने सपनों की चारों ओर की परिस्थितियों में हम मुख्य सक्रिय व्यक्तित्व बन सकते हैं। हमारे मानसिक रूप में कुछ करने, इच्छाएँ रखने, कोशिश करने आदि से लक्ष्य प्राप्त किया जा सकता है।

यही तो कल्पना का सक्रिय पक्ष है।

अन्तरंग परिस्थितियों की संरचना

नाटक के जीवन की आन्तरिक परिस्थितियों की संरचना, विश्लेषण की सामान्य प्रक्रिया तथा पहले से इकट्ठी की गयी सामग्री जीवन के संचरण-कार्य का ही विस्तार है। अब यह प्रक्रिया और गहरे उतरती है—बाहर के और बौद्धिक क्षेत्र से भी नीचे उतरकर आन्तरिक आध्यात्मिक जीवन में जाती है। यह अभिनेता की रचनात्मक भावनाओं की मदद से ही संभव होगा।

भावात्मक दर्शन के इस पक्ष की कठिनाई यह है कि अभिनेता नाटक के मूल पाठ, भूमिका की शब्दावली के माध्यम से अपनी भूमिका तक नहीं पहुँचता और न बौद्धिक विश्लेषण अथवा ज्ञान के अन्य सचेतन साधनों के माध्यम से उसे प्राप्त करता है, वरन् निज के संवेदनों, निज की वास्तविक भावनाओं, व्यक्तिगत जीवन के अनुभव से उस अवस्था को संप्राप्त करता है।

स्तानिस्लाव्स्की के अनुसार यह सब करने के लिए उसे अपने को उस

घर के केन्द्र में ही बिठाना होगा; उसे व्यक्तिगत रूप में वहाँ होना होगा। मात्र द्रष्टा के रूप में स्वयं को रखने से काम नहीं चलेगा, जैसे वह पहले कर रहा था। उसकी कल्पना को निष्क्रियता छोड़कर सक्रिय होना होगा। यह वस्तुतः नाट्य-प्रदर्शन की तैयारी की कालावधि का बड़ा ही कठिन और महत्त्वपूर्ण मनोवैज्ञानिक क्षण है। इसके लिए बड़े ही असाधारण मनोयोग की ज़रूरत है। यह क्षण है जिसे रंगकर्मियों की शब्दावली में 'मैं हूँ' होना कहा जाता है; यह वह बिन्दु है जहाँ 'मैं' नाट्यकार ने जो परिस्थितियाँ प्रस्तावित की हैं, उनके साथ संलग्न होना आरम्भ करता है। जहाँ लगता है कि 'मैं' बिल्कुल उनमें शामिल हो रहा हूँ। लेकिन यह अधिकार तुरन्त ही नहीं मिल जाता, धीरे-धीरे कोशिश से मिलता है।

स्तानिस्लाव्स्की ने इसके बाद 'वो फ़्रॉम विट' नाट्य-रचना को लेकर इस सारी प्रक्रिया को बड़ी सूक्ष्मता के साथ व्याख्यायित किया है।

अब दूसरा सवाल उठता है कि फ़ामूसव के भवन और सभी लोगों के जीवन के अनुभव के लिए, विशेष रूप से उनके साथ अपना खुद का सम्बन्ध बनाने के लिए निज के अनुभव का उपयोग कैसे किया जाये। यह बड़ा ही जटिल काम लगता है। यह प्रयास तो लगभग एक पूरे नाटक की रचना करने जैसा ही होगा, लेकिन उनका विचार इतनी दूर तक जाने का नहीं है। उनके लिए तो बस यही काफ़ी होगा कि फ़ामूसव के घर के छायाभासों के बीच वे जीवन्त आत्माओं का अनुभव करने लगें। यह ज़रूरी नहीं है कि ग्रिबायेदव द्वारा संकल्पित चरित्रों को ठीक वैसे ही उतारा जाये; फिर भी उनका विश्वास है कि उनकी अपनी भावनाएँ, उनकी अपनी कल्पना और उनकी सारी कलात्मक प्रकृति उससे प्रभावित होगी जो कुछ अब तक किया गया है। उनकी सुनिश्चित धारणा है कि ये जीवन्त व्यक्ति अंशतः ही सही, उन प्रवृत्तियों को लिये हुए होंगे जो ग्रिबायेदव के चरित्रों में प्राणों का संचार कर रहे हैं।

स्तानिस्लाव्स्की कहते हैं कि इन जीवन्त व्यक्तियों से मिलने के लिए उन्हें फ़ामूसव के घर के निवासियों, उनके परिवार के सदस्यों और मित्रों से कल्पना के सहारे बहुत बार मिलना-जुलना होगा। तब कहीं वे किसी दरवाज़े को खटखटाने और उस घर के भीतर प्रवेश पाने की अनुमति पा सकेंगे।

नाटक के ताज़ा-ताज़ा पाठ के प्रभाव को लेकर फ़ामूसव के घर के अन्तरंग लोगों में से पहले वे उन लोगों से मिलेंगे जिनसे लेखक ने उनका परिचय कराया है। मैं विशेष रूप से गृहस्वामी, खुद पावेल फ़ामूसव से सबसे पहले मिलना चाहूँगा, फिर उस घर की युवा महिला सोफ़िया से, फिर लीज़ा मोलचालिन

तथा औरों से।

यह प्रक्रिया क्योंकि भौतिक रूप में सम्भव नहीं है, मुझे उसके लिए और रास्ते खोजने होंगे। अन्ततः, लोग एक-दूसरे से शब्दों और आंगिक चेष्टाओं के माध्यम से ही बातचीत नहीं करते, वरन् मुख्यतः तो इच्छा-शक्ति की अदृश्य किरणों और दो आत्माओं के बीच जो संवेदन प्रवाहित होते हैं उनके माध्यम से बातचीत करते हैं। भावना, भावना को समझ लेती है, जैसे एक आत्मा दूसरे को जान लेती है। इस सम्बन्ध में और कोई रास्ता ही नहीं है। किसी जीवन्त वस्तु के आत्मतत्त्व को समझने के लिए उसके गुणों को और सबसे अधिक उसके साथ अपने सम्बन्ध को समझा जाना चाहिए।

स्तानिस्लाव्स्की ने इसके बाद इस दिशा में अपनी कोशिशों का विवरण भी दिया है :

"मैं अपनी इच्छा अथवा भावनाओं की, अपने व्यक्तित्व के एक भाग की ही किरणों को उसकी (फ़ामूसव की) ओर बढ़ाता हूँ और फिर उसकी अन्तरात्मा के एक भाग को ग्रहण करता हूँ। अन्य शब्दों में मैं किरणों को देने और लेने का एक अभ्यास कर रहा हूँ। फिर भी मैं क्या उससे ले और क्या उसे दे सकता हूँ, जबकि फ़ामूसव स्वयं अभी तक अस्तित्ववान नहीं है, अभी तो उसमें आत्मतत्त्व भी नहीं है? हाँ, यह सही है कि उसका अस्तित्व नहीं है, लेकिन मैं एक बड़े घर के प्रधान के रूप में उसकी स्थिति को जानता हूँ, उसकी तरह के लोगों को जानता हूँ, उसके सामाजिक समुदाय की मुझे जानकारी है, यद्यपि अभी मैं उसे एक व्यक्ति के रूप में नहीं जानता हूँ। यहाँ मेरा व्यक्तिगत अनुभव मेरी मदद करता है; वह मुझे याद दिलाता है कि उसके बाहरी रूप, व्यवहार, आदतों, उसकी बच्चों जैसी गंभीरता, उसकी गहरी निष्ठा, भक्ति संगीत के प्रति उसके आदर भाव पर निर्णय लिया जाये तो वह भली प्रकृति के सुपरिचित व्यक्ति जैसा लगेगा–रुचिकर, लेकिन बड़ा ही हठी, सनकी, जिसकी रूप-रचना में उसके ज़मीदार होने का बर्बर तथ्य भी समाहित है।

यह सब यद्यपि उस व्यक्ति की आत्मा में उतरने और उसे समझने में मदद नहीं कर सकता, फिर भी वह फ़ामूसव के प्रति सही दृष्टि के निर्माण में मुझे समर्थ तो बनाता ही है। अब मैं यह जानता हूँ कि उसके आचार-व्यवहार तथा उसके सनक-भरे क्रिया-कलापों को कैसे ग्रहण किया जाये। कुछ देर के लिए यह दृश्य मुझे अभिभूत कर लेता है, लेकिन फिर वह छिटकने लगता है। मेरा ध्यान भटकता है। मैं अपनी चेतना को अपने हाथ में लेता हूँ और फिर ध्यान लगाता हूँ, लेकिन जल्दी ही मैं कपास ओटने लगता हूँ; मेरे विचारों से

फ़ामूसव निकल जाता है। फिर भी मैं इस प्रयोग को थोड़ा-बहुत सफल समझता हूँ और उससे प्रोत्साहित होकर उस नाटक के सोफ़िया आदि अन्य चरित्रों के सम्बन्ध में घटना प्रवाह को लेकर उनके आचार-व्यवहार के सम्बन्ध में सोचने लगता हूँ।

स्तानिस्लाव्स्की ने इसके बाद लिखा है कि इस सबके फलस्वरूप उनके मनोजगत् में एक हलचल होने लगती है। अब वे अपने को विभिन्न नाटकीय चरित्रों के पास अथवा उनसे बातचीत करते हुए ही नहीं देखते। वे स्वयं अपने को क्रियाशील देखते हैं। उनका सिर, उनकी भावनाएँ, उनकी इच्छाशक्ति, उनकी कल्पना सभी विशेष व्यस्त हो उठते हैं, जैसे कि यह सब वास्तविक जीवन में घटित हो रहा हो। इस प्रयोग से प्रोत्साहित होकर वे एक और प्रयोग करने का निश्चय करते हैं, लेकिन इस बार अचेतन वस्तुओं के साथ नहीं, जीवन्त व्यक्तियों के साथ।

यह करने के लिए वे एक बार फिर फ़ामूसव के पास जाते हैं। वह अभी तक एक बालक को गायन सिखा रहा है और अपनी सोने की वेशभूषा में ही संगीत का अभ्यास कर रहा है। वे उस बूढ़े सनकी को उत्तेजित करने का निश्चय करते हैं। वे उसके कमरे में प्रवेश करते हैं और उसके दूसरे छोर पर बैठ जाते हैं। वे कोई बहाना खोजकर उस बूढ़े आदमी से तर्क करने और उसे चिढ़ाने का निश्चय करते हैं। इस सम्बन्ध में छेड़छाड़ आरम्भ हो जाती है। यह नया कार्य उन्हें बड़ा महत्त्वपूर्ण लगता है। वे उसे और आगे बढ़ाते हैं, लेकिन इस बार उनके मन में एक निश्चित उद्देश्य है। वे फ़ामूसव के सम्बन्धियों और दोस्तों के बीच एक वैवाहिक सम्बन्ध की घोषणा करते हैं। उनका यह प्रयोग बहुत सफल होता है, यद्यपि यह सफलता हमेशा एक ही स्तर की नहीं होती। अब उन्हें उन सभी व्यक्तियों के जीवन-स्वरूप की जानकारी है, जिनके साथ वे बातचीत कर रहे हैं। हर नयी प्रक्रिया के साथ उनके मन में उस घटनाक्रम के चित्रविधान में स्वयं उपस्थित होने की कल्पना सुदृढ़ होती जाती है।

इस प्रक्रिया का कुछ और विवरण देने के बाद स्तानिस्लाव्स्की ने लिखा है कि इन प्रयोगों ने मुझे उस मनोदशा में पहुँचा दिया था जिससे 'मैं हूँ' अर्थात् 'मैं ख़ुद उन परिस्थितियों के बीच हूँ' की भावना सजग हो जाती है। उन्हें भली प्रकार यह विश्वास हो जाता है कि सामान्य आचार-व्यवहार काफ़ी नहीं होगा; कुछ घटनाएँ होनी चाहिए। इस रीति से हम उस काल्पनिक जीवन में केवल जीने ही नहीं लगते, वरन् और लोगों की भावनाओं की, अपने साथ उनके सम्बन्ध की और उनके अपने साथ के सम्बन्ध की अच्छी जानकारी भी हो जाती है।

हम अन्य लोगों के विषय में यह जान लेते हैं कि कब वे सुखी हैं और कब दुःखी। रोज़-ब-रोज़ ज़िन्दगी की सघनता में, लोगों से मिलने, घटनाओं का सामना करने के लिए एक साथ मिलकर जाने, एक-दूसरे के सामने खड़े होने, कोशिशें करने, जूझने, अपने लक्ष्य तक पहुँचने अथवा चूक़ जाने में हमें केवल अपने होने की ही जानकारी नहीं होती, वरन् उन और लोगों के साथ अपने सम्बन्ध और जीवन के वास्तविक तथ्यों की भी समझ पैदा होती है।

जब स्तानिस्लाव्स्की ने काल्पनिक क्रिया-कलाप में स्वयं को पूरी तरह से समाहित कर दिया, निरन्तर हो रही घटनाओं के संघर्ष में जब वे पूर्णतः संलग्न हो गये, तो उन्हें लगा कि उनमें कुछ विलक्षण रूपान्तरण हो गया है।

स्तानिस्लाव्स्की ने इसके बाद लिखा है कि रंगकर्म के अभ्यास की इस अवस्था में अभिनेता आन्तरिक परिस्थितियों के पूरे मूल्य को बड़ी आत्मीयता के साथ समझने लगता है। उस मनोदशा में ज़िन्दगी की बाहरी तथा भीतरी घटनाओं के प्रति व्यक्तिगत दृष्टिकोण तथा और लोगों के साथ पारस्परिक सम्बन्धों का समायोजन होता है। अगर किसी अभिनेता को रचनाशीलता और मनोदशा की आन्तरिक तकनीक पर और उस अवस्था में 'मैं हूँ' पर अधिकार है, अगर उसे किसी सजीव वस्तु की वास्तविक अनुभूति है, और अगर वह अपनी कल्पना की छायाकृतियों के साथ चल-फिर सकता और उनसे बातचीत कर सकता है, तो वह बाहरी और भीतरी परिस्थितियों में जीवन का संचार करने, भूमिका की जीवन्त-चेतना में श्वास-प्रक्रिया जगाने में समर्थ हो सकता है। अन्य शब्दों में कहा जाये, तो नये नाटक के अध्ययन की पहली अवस्था में ही वह उस लक्ष्य को पा लेगा, जिसे पाने के लिए वह प्रयासरत था। तथ्य और लोग बदल सकते हैं। अभिनेता ख़ुद अपनी कल्पना से जिन लोगों की कल्पना करता है, उनके स्थान पर यदि उसे और लोग दे दिये जायें, तो भी वह उनमें जीवन का संचार करने की योग्यता रखता है और यह उसके आगे के कार्य में भी एक महत्त्वपूर्ण पक्ष होगा।

स्तानिस्लाव्स्की के अनुसार विलक्षण रूपान्तरण के इस क्षण के साथ हमारे कार्य का पहला पक्ष अस्थायी रूप में पूरा हो जाता है। इस कार्य के पूरा हो जाने पर अभिनेता की अन्तरात्मा के खेत को जोतने की प्रक्रिया ने ज़मीन को रचनात्मक भावनाओं और अनुभूतियों को उत्पन्न कर देने के लिए तैयार कर दिया है। अभिनेता द्वारा किए गए नाटक के अभी तक के विश्लेषण ने नाटककार द्वारा प्रस्तावित परिस्थितियों को जीवन्त बना दिया है। इनमें 'भावनाओं की सच्चाई' अब सहज रूप में उत्पन्न हो सकती है। इसका यह मतलब नहीं समझा

जाना चाहिए कि अभिनेता ने जो कुछ अब तक किया है, उसकी ओर उसे फिर से नहीं लौटना होगा। इस सारे कार्य को अभी और आगे बढ़ाना जारी रखना होगा, अनन्त रूप में विकसित करना होगा, जब तक कि वह अपनी भूमिका की अन्तर्वस्तु से पूरी तरह से परिपूर्ण न हो उठे।

तथ्यों का मूल्यांकन

नाटक की आन्तरिक संरचना के बहाने उसके विभिन्न तथ्यों के मूल्यों के निर्धारण का जो कार्य हमने अभी पूरा किया है, अब हमें उसी को आगे बढ़ाना है। इसी के फलस्वरूप अन्तःरूपान्तरण सम्भव हुआ था। फ़र्क इतना ही है कि अब तक हमारा कार्य नाटक की रूपात्मक विविधता में मूलतः रोचकता की खोज रहा है; लेकिन अब हमें नाटक के उस व्यापक स्वरूप को देखना है जिसकी नाटककार ने रचना की है।

स्तानिस्लाव्स्की के अनुसार नाटक की बाहरी और भीतरी परिस्थितियों में सीधा सम्बन्ध होता है। वास्तव में नाटकीय चरित्रों का अन्तरंग जीवन, उनके जीवन की बाहरी परिस्थितियों में और नाटक के तथ्यों में छिपा होता है। उनका मूल्यांकन अलग-अलग बहुत कठिन है। अगर नाटक के बाहरी तथ्यों में गहरे उतरकर, उसकी कथावस्तु के अन्तर्निहित तत्त्व को समझकर, ऊपरी सतह से केन्द्रबिन्दु तक पहुँचकर समग्र रूप से अन्तर्वस्तु का अवगाहन किया जाए तो अनिवार्यतः हम नाटक के अन्तरंग जीवन में पहुँच जायेंगे।

इस प्रक्रिया को व्याख्यायित करने के लिए स्तानिस्लाव्स्की ने 'वो फ्रॉम विट' के बाहरी तथ्यों को फिर से उठाया है, ख़ुद उनके लिए नहीं, वरन् जो कुछ उनमें छिपा है उसे समझने के लिए। उनका कहना है कि उन्हें फिर नयी रोशनी में ताज़ी दृष्टि से देखा जाना चाहिए; हम अपनी नयी रचनाशील मनोदशा 'मैं हूँ' के साथ फ़ामूसव के घर-बार की नयी अवस्था को देखें। लेकिन अब हम पहले की अपेक्षा कहीं अधिक तैयारी और व्यावहारिक अनुभव के साथ तथ्यों की ओर जा रहे हैं, उन्हें समझ रहे हैं, अनुभव कर रहे हैं।

स्तानिस्लाव्स्की ने उसमें चात्स्की की भूमिका स्वीकार की थी। वे धीरे-धीरे अपनी भूमिका से सम्बन्धित तथ्यों को समझने और फिर उनके मूल्यांकन में लगते हैं। वे समझते हैं कि इसके लिए अपनी भूमिका से सीधे सम्बन्धित तथ्यों को समझना ही काफी नहीं होगा, उन्हें फ़ामूसव के घर की जीवन की सारी व्यवस्था की जानकारी होनी चाहिए।

इस चिन्तन-प्रक्रिया में पहले दो प्रेमियों सोफ़िया और मोलचालिन के

मिलन का दृश्य आता है। अपनी भावनाओं और अनुभव के तराज़ू में इन तथ्यों को तौलने के लिए वे अपने को मानसिक रूप से उस अभिनेत्री की भूमिका में रखने की कोशिश करते हैं, जिसे सोफ़िया के रूप में उतरना है; और उसी के नाम में वे भूमिका में जीने की कोशिश करते हैं। वे 'मैं हूँ' की भावना को लेकर खुद से पूछते हैं : "मेरे अन्तरंग जीवन की परिस्थितियाँ क्या हैं, मेरे व्यक्तिगत जीवन्त विचार, इच्छाएँ, क्षमताएँ क्या हैं? अगर मैं स्त्री हूँ और मोलचालिन के साथ सम्बन्ध को लेकर सोफ़िया के रूप में खड़ी हूँ, तो क्या सोचूँ-विचारूँगी और क्या करूँगी?"

लेकिन उनके भीतर हर वस्तु विरोध करने लगती है : "वह तो मात्र कार्ड-बोर्ड का बना प्रेमी है—एक अवसरवादी, एक छोटा कर्मचारी।" वह उनके भीतर विद्रोह जगाता है। कोई भी सम्भव परिस्थितियाँ, अगर वे स्त्री हों तो, मोलचालिन के प्रति सोफ़िया के मन में जो भावना है उसे ग्रहण करने के लिए मजबूर नहीं कर सकेंगी। निश्चय ही अगर वे स्त्री हों तो भी वे उन भावनाओं, स्मृतियों या कोई प्रभावपूर्ण सामग्री जुटा पाने में असमर्थ ही रहेंगे जिससे कि वे सोफ़िया की भूमिका को जीवन्त बना सकें। इस वस्तुस्थिति में उन्हें इस भूमिका को छोड़ना पड़ेगा।

जब उनकी तर्कबुद्धि कार्य कर रही होती है, तो उनकी कल्पना भी सो नहीं रही होती। अदृश्य रूप में वह उन्हें फ़ामूसव के घर-बार के चारों ओर के सुपरिचित जीवन से आच्छादित कर लेती है; वह उन्हें सोफ़िया के जीवन की परिस्थितियों में जीने को मजबूर करती हैं। वह उन्हें तथ्यों की सघनता के बीच धकेल देती है, जिससे कि वस्तुओं के केन्द्र में पहुँचकर उनकी अपनी इच्छा, उनकी अपनी भावनाओं, उनके अपने तर्क और अनुभव के आवेग, उन तथ्यों के महत्त्व और विशेषताओं को समझने के लिए उन्हें मजबूर कर देते हैं। उनकी कल्पना इस ताज़े दृष्टिकोण से एक नया औचित्य, आन्तरिक व्याख्या और नाटककार द्वारा प्रदत्त तथ्यों तक पहुँचने का मार्ग खोजने की दिशा में उन्मुख करती है।

उनकी कल्पना उन्हें सुझाव देती है कि अगर पालन-पोषण एवं फ़्रांसीसी उपन्यासों के अध्ययन ने सोफ़िया को इतना बिगाड़ दिया है कि उसे मोलचालिन जैसे महत्त्वहीन और छोटे कर्मचारी के प्रति स्नेह भाव का प्रदर्शन अच्छा लगता है, तो फिर क्या किया जाये?

यह बात उनके मन में विद्रोह का भाव जगाती है और उन्हें लगता है कि यह विकारों से भरी कैसी परिस्थिति है, जो मन में तिरस्कार की भावना जगाती

है। इन भावनाओं से भला प्रेरणा कैसे ली जा सकती है? ये तो प्रतिवाद की भावना जगाती हैं।

अब स्तानिस्लाव्स्की अपनी भूमिका के चरित्र चात्स्की के सम्बन्ध में सोचते हैं : क्या यह सम्भव है कि उसका जैसा व्यक्ति ऐसी दुष्प्रवृत्ति वाली सोफ़िया से प्यार कर सके? वे इस पर विश्वास नहीं कर पाते। उन्हें लगता है कि सोफ़िया का यह विकृत रूप तो चात्स्की के व्यक्तित्व को धूसर और नाटक के पूरे विन्यास को भी नष्ट करता है। उन्हें जब यह दिखायी देने लगता है कि इस दृष्टि से वे अपनी भावनाओं के अनुरूप रास्ता नहीं बना सकते, तो उनकी कल्पना नये प्रयोजन और अन्य परिस्थितियों की खोज करने लगती है। यह स्थिति उनमें किसी और तरह की प्रतिक्रियाएँ उत्पन्न करेगी।

उनकी कल्पना उन्हें लुभाती हुई कहती है कि अगर मोलचालिन वास्तव में एक असाधारण व्यक्ति हो, ठीक वैसा जैसा कि सोफ़िया उसके विषय में कहती है–काव्यात्मक, सौम्य, स्नेही, संवेदनशील, सहानुभूति की भावना से युक्त और सबसे अधिक बड़ी ही सहज प्रकृति का और परम कृपालु, तब तो वह मोलचालिन नहीं होगा, वरन् कोई और व्यक्ति होगा जो बहुत ही भला होगा। उनकी कल्पना सहमत होकर कहती है, यह तो बहुत अच्छा है; लेकिन इस प्रकार के व्यक्ति के प्रति किसी के मन में प्यार की भावना जागना क्या संभव है? उनका सारा भाव-विन्यास उखड़ जाता है।

उनकी कल्पना तब बड़े आग्रह के साथ उनसे कहती है कि तुम्हें यह नहीं भूलना चाहिए कि हर आदमी, विशेष रूप से दुष्प्रवृत्ति की औरत आत्मप्रशंसा की शिकार होती है; वह सोचती है–'मैं वैसी नहीं हूँ' जैसी वह वास्तव में है, वरन् वह वैसी है, जैसी मैं होना चाहती हूँ'। यह खेल जब मोलचालिन जैसे व्यक्ति के साथ चलेगा, जो प्रत्यक्षतः उस पर ईमानदारी से विश्वास कर लेता है जो कुछ उससे कहा जाता है तो क्या होगा? किसी ऐसी स्त्री के साथ जिसे हर कोई अपमानित कर रहा हो, अपने लिए यह समझ लेना कि वह बड़ी ही दयालु, सुमेधा से सम्पन्न और काव्यात्मा से ओतप्रोत है, उसके लिए कितने आनन्द का विषय होगा।

स्तानिस्लाव्स्की की यह सोच कुछ देर चलती है। फिर वे कहते हैं कि सोफ़िया के चरित्र की यह व्याख्या तो नाटककार की धारणा के सर्वथा विरुद्ध और मनमानी है। लेकिन फिर उनका मन कहता है कि यह तो सही नहीं है। नाटककार तो सोफ़िया के प्रवंचनापूर्ण स्वरूप को आगे लाना चाहता है तथा मोलचालिन की झूठी निर्लज्जता को भी प्रदर्शित करना चाहता है।

तभी कल्पना फिर सजग हो उठती है और कहती है कि साहित्य के

अध्यापकों पर विश्वास मत करो, स्वयं की भावनाओं और अपनी अनुभूतियों पर निष्ठा रखो।

अब सोफ़िया और मोलचालिन के बीच, प्रेम सम्बन्ध का तथ्य उनके मन में यह विश्वास जगा देता है कि उसका एक समुचित आधार है। वह उनके मन में फिर सजीव हो उठता है और मानने योग्य भी लगता है। उस प्रेम सम्बन्ध की सच्चाई पर अब वे विश्वास करने लगते हैं। उन्होंने जो भावात्मक विश्लेषण किया है, उससे उनका पहला उद्देश्य पूरा हो गया है। इसने उनके मन में चात्स्की की भूमिका के अनुरूप नाटक की महत्त्वपूर्ण आन्तरिक परिस्थितियों की रचना कर दी है। इसके साथ ही सोफ़िया और मोलचालिन के बीच सच्चे स्नेह के तथ्य भी प्रकाशित हुए हैं और बहुत से दृश्य भी स्पष्ट हुए हैं। उसने सोफ़िया और मोलचालिन के बीच स्नेह की पूरी रेखा तथा उस प्यार में बाधा बनने वाली परिस्थितियों को व्याख्यायित कर दिया है। स्तानिस्लाव्स्की ने लिखा है कि वह बिजली के जीवन्त तार के समान है, जो नाटक के साथ जुड़े अन्य सभी भागों में करेंट दौड़ाता है।

अब अचानक फ़ामूसव प्रवेश करता है और उन प्रेमियों के मिलन को देखता है। सोफ़िया बड़ी मुश्किल में पड़ जाती है और स्तानिस्लाव्स्की कहते हैं कि वे स्वयं को उसकी जगह रखकर सोचते हैं, तो भावात्मक उत्तेजना को किसी प्रकार रोक नहीं पाते।

फ़ामूसव जैसे तानाशाही मनोवृत्ति वाले पात्र के अचानक आँखों के सामने आ जाने पर जब कोई व्यक्ति ऐसी उलझनभरी परिस्थिति में हो तो उसे लगेगा कि कोई बड़ा कठोर और असम्भावित कदम उठाया जाने वाला है जो उस व्यक्ति के विरोधी का सन्तुलन पूरी तरह से बिगाड़ देगा। ऐसी स्थिति में विरोधी की पूरी जानकारी होनी चाहिए; उसकी व्यक्तिगत विशेषताओं का ज्ञान होना आवश्यक है। स्तानिस्लाव्स्की का कहना है कि अभी वे फ़ामूसव को पूरी तरह से नहीं जानते। नाटक के अपने पहले पाठ को याद करके उसके सम्बन्ध में कुछ संकेत मात्र ग्रहण कर पा रहे हैं। न तो निर्देशक से और न उनकी भूमिका करने वाले अभिनेता से उन्हें कोई सहायता मिलेगी। वस्तुतः वे भी उन्हीं की भाँति इस सम्बन्ध में अनजान हैं। उनके सामने बस एक ही रास्ता है कि वे अपने लिए उस चरित्र को परिभाषित करें। उसकी व्यक्तिगत विचित्रताओं, इस बूढ़े और स्वेच्छाचारी व्यक्ति के आन्तरिक स्वरूप को समझें। अब तक उसके सम्बन्ध में जो जानकारी उन्हें है, अपने साहित्यिक अध्ययन में जो कुछ उन्होंने जाना है, उसके आधार पर उनका मन उन्हें बताता है कि वह अफ़सरशाह है

तथा किसानों को दास और स्वयं को उनका मालिक समझता है।

उनकी कल्पना प्रज्वलित हो उठती है और उन्हें लगता है कि उन्होंने फ़ामूसव को अच्छी तरह समझ लिया है। फिर उन्हें लगता है कि सोफ़िया तो नायिका है, जीवन की संघर्षपूर्ण परिस्थितियों के बीच अपने लिए मार्ग बनाती है।

उनका मन सवाल उठाता है, 'तो क्या?' वे जवाब देते हैं, "क्योंकि केवल नायिका ही बड़ी शान्ति और आत्मविश्वास के साथ किसी निरंकुश तथाकथित महामहिम व्यक्तित्व की पूँछ को मरोड़कर अपनी अँगुलियों में लपेट सकती है। उनके मन की उत्तेजना भरी उड़ान में प्राचीन एवं नवीन दृष्टिकोणों के बीच संघर्ष प्रकट हो रहा था। प्यार की स्वतंत्रता तो होनी ही चाहिए! यह नया विषय है!"

उनका मन फिर कहता है कि क्या होगा अगर पता चले कि फ़ामूसव अपनी वंश-परिपाटी और वर्ग-परम्परा को बनाये रखकर राजकुमारी मारीया एलक्स्येव्ना की अनुकम्पा पाने के लिए ही अपने दबदबे का प्रदर्शन-भर कर रहा था।

फिर एक और नयी उड़ान जागती है, "क्या होगा अगर फ़ामूसव बड़ा ही भला और वयोवृद्ध, अतिथि-सत्कार में तत्पर, जल्दी ही नाराज़ लेकिन फिर आसानी से शान्त हो जाने वाला व्यक्ति हो। क्या होगा अगर वह ऐसा बाप है जिसे उसकी बेटी नाक पकड़कर चला सकती है?" इस वस्तुस्थिति में तो सब-कुछ बदल जायेगा; तब तो जो विषम परिस्थिति उत्पन्न हो गयी है उससे छुटकारा बड़ा ही आसान होगा। विशेष रूप से सोफ़िया के लिए, जो अपनी दिवंगत माँ की तरह बड़ी ही चंट और चालाक है। वह ऐसे मालिक से बड़ी ही आसानी से निपट सकती है।

फ़ामूसव के व्यक्तित्व की जो यह रूपरेखा बनी है, उसके आधार पर उससे सम्बन्धित अन्य दृश्यों और उसके साथ बातचीत की भी परिकल्पना की जा सकती है।

स्तानिस्लाव्स्की का कहना है कि इसी प्रकार नाटक के अन्य चरित्रों—चात्स्की, मोलचालिन आदि की भी परिकल्पना की जा सकती है; तथा उनसे सम्बन्धित दृश्यों, वार्ताओं, क्रिया-कलापों आदि के भी अनुमान लगाये जा सकते हैं। अभिनेता नाटक के तथ्यों और घटनाओं को संप्रेषित करते हुए अनजाने ही उनकी अन्तर्वस्तु की संरचना में अपने निज के अनुभवों को संप्रेषित करता रहता है। उसकी स्वयं की जीवन्त आत्मा भूमिगत नदी की भाँति प्रवाहित होती रहती है। अभिनेता यह प्रक्रिया भली प्रकार सम्पन्न कर सके, इसके लिए यह ज़रूरी

है कि अभिनेता ने अपने चारों ओर के जीवन को भली प्रकार देखा और समझा हो। जितना व्यापक और गम्भीर अनुभव होगा, उसके मनोजगत में जितने जीवन्त प्रभाव और स्मृतियाँ संगृहीत होंगी, उतनी ही सूक्ष्मता से वह सोच सकेगा और अनुभव कर सकेगा। उतना ही विशद, विविधतापूर्ण और सारगर्भित उसकी कल्पना का जीवन होगा। वह तथ्यों और घटनाओं को जितनी गहराई से समझेगा, उतनी ही स्पष्टता के साथ नाटक के बहिरंग एवं अन्तरंग जीवन को, अपनी भूमिका को भी समझ सकेगा। प्रतिदिन और व्यवस्थित रूप से कल्पना के इस अभ्यास से एक ही विषय पर निरन्तर चिंतन से, नाटक द्वारा प्रस्तावित परिस्थितियाँ उसके लिए बड़ी स्वाभाविक बन जायेंगी। कल्पना के इस निरन्तर अभ्यास के सहारे ये सभी प्रवृत्तियाँ उसकी द्वितीय प्रवृत्ति बन जायेंगी।

अभिनेता इस प्रक्रिया को भली प्रकार सम्पन्न कर सके, इसके लिए नाटक के तथ्यों, परिस्थितियों और उनसे सम्बन्धित व्यक्तियों की सही समझ तथा उनके बहिरंग और अन्तरंग जीवन का समुचित ज्ञान आवश्यक है। नाटकीय तथ्यों की समझ को प्राप्त करने के लिए नाटककार ने जो अलग से एक जीवन खड़ा किया है, उसे अपना बना लेना बहुत ज़रूरी है। उन तथ्यों का मूल्य-निर्धारण करने से नाटक के पाठ में छिपी अन्तरंग जीवन की पहले और विभिन्न चरित्रों की मूलभूत प्रवृत्तियों को समझने की कुंजी मिल जाती है।

स्तानिस्लाव्स्की ने इसी सन्दर्भ में आगे कहा है कि यह समझना भूल होगी कि नाटक के तथ्यों और घटनाओं का मूल्यांकन एक ही बार में और वह भी सभी के लिए सुनिश्चित हो जाता है। कार्य जैसे-जैसे आगे बढ़ता है, यह ज़रूरी होता जाता है कि वैसे-वैसे ताज़ा मूल्यांकन किया जाता रहे। यह नाटक की अन्तर्वस्तु में कुछ-न-कुछ जोड़ता रहता है। इसके अतिरिक्त अभिनेता को अपनी भूमिका और संरचना को दोहराते समय हर बार नया मूल्यांकन करना चाहिए। आदमी कोई मशीन नहीं है। वह हर बार जब किसी भूमिका को प्रस्तुत करता है, तो उसे वैसे ही अपने भीतर अनुभव नहीं कर सकता। वह एक ही रचनात्मक उत्प्रेरणा से हर बार आन्दोलित नहीं होता। उसक़ा आज का मूल्यांकन ठीक वैसा ही नहीं होता, जैसा कल का रहा था। उसकी परिकल्पना में बड़े सूक्ष्म और बड़ी ही मुश्किल से पकड़ में आनेवाले परिवर्तन होंगे। इन उत्प्रेरकों की शक्ति उनकी नवीनता और असम्भाव्यता में निहित होती है।

संयोग की सभी असंख्य जटिलताएँ—जलवायु, तापमान, प्रकाश, भोजन, बाहरी तथा अन्तरंग परिस्थितियों का समन्वय, किसी-न-किसी अंश में अभिनेता की मनोदशा को प्रभावित करते हैं। फलतः अभिनेता की मनोदशा तथ्यों के साथ

उसके सम्बन्ध को प्रभावित करती है। इन बदलती हुई जटिलताओं से लाभ उठाने की उसकी सामर्थ्य, नये दृष्टिकोण से अपनी उत्प्रेरणा को सदा ताज़ा बनाने की उसकी योग्यता आदि सभी अभिनेता की अपनी आन्तरिक तकनीक के महत्त्वपूर्ण अंग हैं। इस प्रवृत्ति के बिना अभिनेता कुछ प्रदर्शनों के बाद अपनी भूमिका में रुचि खो सकता है। वह तथ्यों से, जीवन्त घटनाओं से अपना लगाव भी खो सकता है और उनके महत्त्व के प्रति उसकी चेतना भी ग़ायब हो सकती है।

भावात्मक अनुभव की अवस्था

प्रदर्शन के लिए तैयारी करने के बाद की अवस्था रचनात्मक प्रक्रिया की है। स्तानिस्लाव्स्की ने पहली अवस्था को कोर्टशिप अर्थात् पूर्वराग या प्रेमियों के प्रणय-निवेदन का समय कहा है। इसी अलंकार योजना को आगे बढ़ाते हुए उन्होंने दूसरी अवस्था को प्यार की परिपूर्णता की अवस्था कहा है। जब प्रेमियों का संयोग होता है, वे एकात्म होते हैं, तो अभिन्न हो जाते हैं और फिर उसका फल देखने को मिलता है। स्तानिस्लाव्स्की ने इसके बाद नेमिरोविच की संकल्पना प्रस्तुत की है : किसी पौधे को उगाने के लिए ज़मीन में उसका बीज बोना होता है। वह बीज विकसित होता है और फिर उसमें भविष्य में होने वाले पौधे की जड़ें उत्पन्न होती हैं। बिल्कुल इसी प्रकार नाटककार की रचना का 'बीज' अभिनेता की आत्मा में आरोपित किया जाता है। वह विघटन की अवस्था से गुज़रता है; फिर जड़ उत्पन्न होती हैं, जिससे नयी संरचना रूप ग्रहण करती है। वह प्रत्यक्षतः तो अभिनेता की रचना लगती है, लेकिन अन्तश्चेतना की दृष्टि से वह नाटककार की सन्तान होती है।

स्तानिस्लाव्स्की का कहना है कि पहले तैयारी की अवस्था में प्रदत्त परिस्थितियों का निर्माण होता है। उसके बाद इस दूसरी अवस्था में भावनाओं की सच्चाई की भूमिका के हृदय, उसके आन्तरिक बिम्ब, उसके आध्यात्मिक जीवन की संरचना होती है। भूमिका का यह भावात्मक अनुभव, हमारी रचनात्मक प्रक्रिया का मूलाधार एवं सर्वाधिक महत्त्वपूर्ण पक्ष होता है।

भूमिका में जीने और उसे अनुभव करने की यह मानसिक प्रक्रिया मनुष्य की नैसर्गिक प्रकृति द्वारा अनुशासित, भौतिक और आध्यात्मिक नियमों पर आधारित है। वह भावनाओं की सच्चाई और नैसर्गिक शोभा को भी उद्घाटित करती है। सवाल उठता है कि वह कैसे उत्पन्न और विकसित होती है और उसमें स्वयं अभिनेता के रचनात्मक कार्य का कितना योग होता है?

आन्तरिक आवेग और आन्तरिक चेष्टाएँ

स्तानिस्लाव्स्की ने इसके बाद 'वो फ्रॉम विट' को फिर उठाया है। उनका कहना है कि पहले अध्ययन की अवधि में उन्होंने फ़ामूसव के घर-परिवार के जीवन की परिस्थितियों के बीच होने और उन्हें जीने की प्रक्रिया का अनुशीलन किया था। कल्पना के सहारे उन्होंने कुछ तथ्यों और घटनाओं को अपने सामने देख-सुनकर, घर के निवासियों से मिलकर और उनके बारे में जानकर, उनकी भावनाओं का अनुभव कर, उनके साथ सीधे संवाद स्थापित कर उनके बीच जीने का एक व्यक्तिगत मानवीय आधार बना लिया था। इस प्रक्रिया में उन्होंने अपने को अपने से सर्वथा अनजान बना लिया था और उस लक्ष्य की ओर कुछ इच्छाएँ, कुछ भावावेग अनुभव करने लगे थे, जिन्होंने स्वयं को बलपूर्वक स्थापित कर लिया था।

स्तानिस्लाव्स्की ने इस मनोव्यापार को व्याख्यायित करने के लिए फ़ामूसव के घर की अपनी सुबह की यात्रा का स्मरण किया है जब वह गा रहा था : अब वे अपने को उसके कमरे में केवल उसके साथ ही नहीं अनुभव करते, उसके चारों ओर की जीवन्त वस्तुओं की उपस्थिति और उसके भावों की चेतना ही केवल उन्हें अनुभूत नहीं होती, पास की कुछ वस्तुओं के प्रति कुछ इच्छाओं और भावावेगों की भी उन्हें जानकारी होती है। कुछ समय के लिए ये इच्छाएँ बड़ी ही आसान लगती हैं : वे चाहते हैं कि फ़ामूसव उनकी ओर कुछ ध्यान दे। इस इच्छा को पूरा करने के लिए वे समुचित शब्दों और क्रियाओं की खोज करते हैं। उदाहरण के लिए, उनके मन में उस बूढ़े आदमी को चिढ़ाने का भाव आता है, क्योंकि वे जानते हैं कि वह नाराज़ होने पर बड़ा ही हास्यास्पद लगने लगता है।

इन रचनात्मक भावावेगों के बाद स्वभावतः वे भावावेग जागते हैं जो क्रियाशीलता की ओर ले जाते हैं। लेकिन भावावेग अभी क्रियात्मक नहीं बना है। भावावेग तो भीतर उठने वाली एक ऊर्जा होता है—एक इच्छा जो अभी सन्तुष्ट नहीं हुई है, जबकि कार्य या तो बाहरी व्यापार होता है या भीतरी जो इच्छा की सम्पूर्ति करता है। भावावेग आन्तरिक प्रक्रिया की प्रेरणा देता है और आन्तरिक प्रक्रिया अन्ततः बाहरी चेष्टा को सम्भव बनाती है, लेकिन इस समय तो यह बड़े ही दूर की बात है।

"इस समय तो 'मैं' सत्यता की ओर ले जाने वाले अपने भावावेगों को लेकर फ़ामूसव के परिवार के जीवन की किसी घटना के भावात्मक अनुभव की

कल्पना के साथ अपने देखे-सुने किसी विषय को लक्ष्य में रखकर एक उद्देश्य के संपूर्ति के साधनों की खोज कर रहा हूँ। इस प्रकार जब 'मैं' सोफ़िया और मोलचालिन के स्नेह-प्रसंग के दृश्य की, जिसे फ़ामूसव ने बाधित कर दिया था, याद करता हूँ तो अपने को सोफ़िया की भूमिका में रखकर उस वस्तुस्थिति से छुटकारे का रास्ता खोजता हूँ। सबसे पहले मैं अपनी घबराहट को छिपाने के लिए प्रशान्त मुद्रा ग्रहण करना चाहता हूँ। इसके लिए ज़रूरी है कि मैं अपने में आत्मनियंत्रण की भावना को जगाऊँ, एक कार्य-योजना सोचूँ। मुझे स्वयं को फ़ामूसव से सामंजस्य स्थापित करने का रास्ता भी तलाशना होगा और उसकी वर्तमान मनोदशा को दृष्टि में रखते हुए मुझे उसके पास पहुँचना भी होगा। मैं उसे ही अपना लक्ष्य बनाता हूँ। वह जितना नाराज होता है, मैं उतना ही शांत होने की कोशिश करता हूँ। वह जैसे ही शान्त होता है, मैं पहले अपनी विमूढ़ता, फिर उलाहने और फिर शिकायत भरी नज़र से उसे उकसाने की कोशिश करता हूँ। इसी बीच सभी प्रकार के सूक्ष्म, आन्तरिक समायोजन मेरे भीतर उत्पन्न होते हैं : सम्पन्न मन की चतुराई एवं नटखट प्रवृत्ति, भावों की जटिलता सक्रिय करने वाले अप्रत्याशित आन्तरिक भावावेग, जिन्हें केवल प्रकृति ही प्रदान कर सकती है और केवल अन्तःप्रेरणा ही जिन्हें प्रोत्साहित करना जानती है।''

स्तानिस्लाव्स्की ने इसके बाद लिखा है कि मैं जैसे ही अपने भीतर इन स्पन्दनों को सक्रिय होता हुआ अनुभव करता हूँ, मैं भौतिक रूप में नहीं, अपने भीतर की कल्पना में क्रियाशील हो उठता हूँ।

उनकी कल्पना उनकी भावनाओं से पूछती है; ''तुम क्या करोगे, अगर तुम सोफ़िया की वस्तुस्थिति में हो?'' वे तत्काल जवाब देते हैं कि मैं अपने मुख पर किसी फ़रिश्ते जैसी मुद्रा ग्रहण कर लूँगा।

इसके बाद उनकी कल्पना बात आगे बढ़ाती है : उनका भाव-जगत उत्तर देता है कि मैं बड़ी दृढ़ता के साथ अपने को शान्त रखूँगा। अपने पिता को जो भी कड़े शब्द और बेहूदी बातें वे कहना चाहें, कहने दें, यह सब उनकी बेटी के लिए फ़ायदेमन्द रहेगा, जो बहुत बिगड़ चुकी है। जब वह बूढ़ा आदमी अपना सारा ज़हर उगल चुकेगा, अपने अत्यधिक शोर मचाने से घरघराने लगेगा और भावना के आवेग से थक जाएगा, जब उसके अन्तर्मन की छाती के भीतर उसकी स्वाभाविक अच्छाई, आलस्य की भावना, प्रशान्त भावना के प्रति प्यार के अतिरिक्त कुछ बचेगा ही नहीं, तब वह एक हत्थेदार कुर्सी में अपनी साँस को स्थिर करने तथा अपने पसीने की बूँदों को सुखाने के लिए, खुद को मौन रहने का आदेश देगा और दिव्य भले आदमी की तरह मुद्रा ग्रहण करने की

कोशिश करेगा।

स्तानिस्लाव्स्की ने सोफ़िया के रूप में यह कल्पना-विलास और आगे बढ़ाया है। वे सोफ़िया के रूप में अपने मालिक के साथ यथासम्भव सम्बन्ध सामान्य बनाने में सफल हुए हैं। फ़ामूसव ने यह जानना चाहा है कि वह उसके भवन में ही मोलचालिन से इतनी आत्मीयता के साथ क्यों मिली थी?

सोफ़िया अपने दिव्य स्वरूप में पूछती है कि फिर मैं और कहाँ मिलती। स्तानिस्लाव्स्की ने सोफ़िया के रूप में उस बूढ़े, सम्भ्रान्त व्यक्ति से कहा है कि उसने उसे उस स्वागत कक्ष में, जहाँ पियानो रखा है, जाने से मना किया था। उससे यह भी कहा गया था कि युवा पुरुष से उसका वहाँ मिलना उचित नहीं होगा। इसके अलावा वह जगह बहुत ठण्डी है, क्योंकि उस कमरे को उसके पहले दिन गरम नहीं किया गया था। इस वस्तुस्थिति में अगर वह युगलगान का अभ्यास यहाँ नहीं कर सकती तो क्या, अपने कमरे में करना चाहिए।

"यहाँ कोई वाद्ययंत्र नहीं है। मैंने लिज़ा को आदेश दिया था कि वह सारे समय यहीं रहे, जिससे कि वह उस नौजवान के साथ अकेली न रह जाये और उसके लिए पिताजी...मेरा पक्ष लेने के लिए कोई माँ नहीं है। कोई ऐसा व्यक्ति भी नहीं है जो मुझे समझाये-बुझाये। मैं तो एक अनाथ हूँ...बेचारी मैं! हे भगवान्! मौत ही मेरी मुक्ति है!"

स्तानिस्लाव्स्की ने इसके बाद लिखा है कि अगर सोफ़िया भाग्यवान होगी तो इतना कहते-कहते उसकी आँखों में आँसू आ जायेंगे, सारी समस्या हल हो जायेगी और वह अपने मालिक की सम्वेदना, उनकी सहानुभूति और अनुकम्पा पा लेगी।

अब तक की व्याख्या के आधार पर स्तानिस्लाव्स्की का कहना है कि इच्छाओं, अन्तःवृत्तियों और भावावेगों के आधार पर कार्य करते हुए वे स्वभावतः उस महत्त्वपूर्ण अवस्था तक पहुँच जाते हैं जिसे आन्तरिक कार्य कहा जा सकता है। वस्तुतः जीवन क्रियाशीलता ही है। इसीलिए नाट्यकला जो जीवन से प्रस्फुटित होती है, अधिकांश में क्रियात्मक है। यह अकारण नहीं है। अंग्रेजी का 'ड्रामा' शब्द उस यूनानी शब्द से उत्पन्न है, जिसका अर्थ है–'मैं करता हूँ।' यूनानी में यह शब्द साहित्य से, नाट्य-लेखन से, कविता से सम्बद्ध है; अभिनेता या उसकी कला से वह सम्बन्धित नहीं है; फिर भी परम्परा से बड़े अंश तक हम उसे इस सम्बन्ध से समन्वित मानते आ रहे हैं। संयोग से नाट्य-कला को 'अभिनेता का कार्य' या 'मौखिक कार्य' मानते रहे हैं और उसमें वाणी के वर्चस्व तथा स्वांग

को स्थान मिलता रहा है। अधिकांश रंगशालाओं में रंगमंच पर कार्य से तात्पर्य ग़लत रूप में बाहरी चेष्टाओं से लिया जाता है। यह सामान्य रूप में माना जाता है कि नाटक में कार्य की विशेष समृद्धि है। अगर लोग आ-जा रहे हैं, विवाह कर रहे हैं या अलग हो रहे हैं, एक-दूसरे की हत्या कर रहे हैं या उनकी प्राण-रक्षा में तत्पर हैं तो यह नाटक के कार्य में वृद्धि करता है। संक्षेप में वह नाटक कार्य-व्यापार की दृष्टि से समृद्ध माना जाता है, जिसमें बड़ी ही चतुरता से सुगठित और रोचक बाहरी कथावस्तु होती है। लेकिन यह बहुत बड़ी भूल है।

रंगमंच पर दृश्यात्मक कार्य-व्यापार का तात्पर्य चलना, इधर-उधर जाना और आंगिक चेष्टाएँ करना मात्र नहीं होता है। रंगमंच पर क्रियात्मकता मात्र हाथ-पैरों अथवा शरीर के अंगों के संचालन में निहित नहीं होती, वरन् आन्तरिक गतिविधियों और भावावेगों में भी होती है। इसलिए यह सदा के लिए फिर से समझ लिया जाना चाहिए कि 'नाटकीय कार्य-व्यापार' वही नहीं है जिसे स्वाँग भरना कहा जाता है। वह ऐसी कोई वस्तु नहीं है जिसे अभिनेता दिखाने का बहाना करता है; वह कोई बाहरी वस्तु नहीं है; वरन् वह तो कुछ आन्तरिक, भौतिकताविहीन, आध्यात्मिक क्रियाशीलता है। वह वस्तुतः स्वतन्त्र प्रक्रियाओं की एक अविच्छिन्न शृंखला से उत्पन्न होती है और उनमें से हर एक में क्रमशः इच्छाओं अथवा भावावेगों का संपुंजन होता है, जिसका लक्ष्य किसी उद्देश्य को पाना होता है।

रंगमंच का दृश्यात्मक कार्य-व्यापार आत्मा से शरीर की ओर, केन्द्र से ऊपरी सतह की दिशा में, भीतर से बाहर की ओर, एक अभिनेता के निकट अनुभूत स्वरूप से भौतिक स्वरूप की ओर होता है। रंगमंच का बाहरी कार्य-व्यापार यदि अन्तःप्रेरित न हो तो औचित्यपूर्ण नहीं होता; अन्तःशक्तियों से उद्भूत नहीं होता, वह आँखों और कानों के लिए मात्र रोचक होता है, वह दृश्य तक नहीं उतरता। भूमिका में निहित मानवीय चेतना में उसका कोई महत्त्व नहीं होता।

इस प्रकार रंगकर्म में अन्तरंग भावावेग एक असाधारण अर्थ ग्रहण कर लेते हैं। रचना के क्षणों में वे हमारी उत्प्रेरक-शक्ति होते हैं और केवल वही रचनात्मकता जो आन्तरिक कार्य-व्यापार से सम्भावित होती है, दृश्यात्मक बनती है। रंगमंच में 'दृश्यात्मकता' का अर्थ आध्यात्मिक चेतना से सम्पन्न कार्य-व्यापार होता है।

कभी-कभी एक अभिनेता निष्क्रियता में विलास करता है, अपनी भावनाओं में अलमस्त हो उठता है। भावविह्वल अवस्था में अपनी दृष्टि खोकर वह सोचता

है कि वह अपनी भूमिका के निजी परिवेश में पहुँच गया है। वह सोचता है कि वह कुछ रचना कर रहा है, अपनी भूमिका को वास्तव में जी रहा है, लेकिन वह निष्क्रिय भावना, चाहे वह जितनी ही ईमानदारी के साथ ग्रहण क्यों न की गई हो, रचनात्मक नहीं होती और वह तब तक दर्शकों के मन तक नहीं पहुँचती, जब तक उसमें वास्तविक आन्तरिक सक्रियता न हो और न वह तब तक नाटक के अन्तरंग जीवन को आगे बढ़ाती है। जब अभिनेता अपनी भूमिका को निष्क्रिय रूप में अनुभव करता है, तो उसकी मनोभावना उसके भीतर ही रह जाती है। बाहरी या भीतरी क्रियाशीलता के लिए वह कोई चुनौती नहीं खड़ी करती। नाटकीय शब्दावली में एक निष्क्रिय-व्यवस्था को आगे बढ़ाने के लिए ही क्रियाशीलता अपेक्षित होती है। किसी विषय या घटना के प्रसंग में सक्रिय सहभागिता से बचना खुद एक कार्य-व्यापार होता है। आलस्य और सुस्ती से भरा कार्य-व्यापार भी निष्क्रिय दशा में सम्पन्न होने वाला एक विशेष प्रकार का कार्य है।

रंगमंच के जीवन के समान वास्तविक जीवन निरन्तर उठती इच्छाओं, महत्त्वाकांक्षाओं, कुछ करने के लिए भीतर से उत्पन्न होती चुनौती और उसके लिए भीतर तथा बाहर की जाने वाली चेष्टाओं से बनता है। ठीक जैसे मोटर अर्थात् गति-यंत्र से निरन्तर दोहराये जाने वाले विस्फोटों के फलस्वरूप एक द्रुतगामी गाड़ी सहज रूप में गतिशील होती है, उसी प्रकार मानवीय इचछाओं के विस्फोटों की यह अविच्छिन्न शृंखला, हमारी रचना-इच्छा को निरन्तर गति प्रदान करती रहती है; वह अभिनेता को उसकी भूमिका के जीवन्त और जैविक अनुभव में सहायता भी करती है।

रंगमंच पर इस रचनाशील अनुभव को जगाने के लिए एक अभिनेता को अपनी भूमिका के दौरान कलात्मक इच्छाओं की आग को बराबर प्रज्ज्वलित रखना चाहिए जिससे कि वे अनुक्रम से मिलती-जुलती आन्तरिक महत्त्वाकांक्षाओं को जागरूक कर सकें। यह प्रक्रिया फिर अपने अनुरूप कुछ करने के लिए आन्तरिक चुनौतियाँ उत्पन्न करेगी; और अन्ततः सक्रियता के लिए भीतर से उठती ये पुकारें मिलती-जुलती बाहरी भौतिक चेष्टाओं के लिए रास्ता पा लेंगी।

स्तानिस्लाव्स्की का मत है कि अभिनेता जब तक रंगमंच पर है, ये सभी इच्छाएँ, महत्त्वाकांक्षाएँ और कार्य-व्यापार रचनाशील कलाकार के रूप में उसके अपने होने चाहिए; भूमिका मूल पाठ के काग़ज़ पर छपे निष्क्रिय शब्द नहीं हैं और न नाट्यलेखक की शब्दावली ही जोकि प्रदर्शन के समय सामान्यतः अनुपस्थित होता है। उन इच्छाओं, आकांक्षाओं आदि को निर्देशक का भी नहीं

होना चाहिए जो नेपथ्य से भी बाहर रहता है। क्या इस बात पर बल देना ज़रूरी है कि एक अभिनेता खुद अपनी वास्तविक भावनाओं को अपनी भूमिका में अनुभव कर सकता है अथवा जी सकता है? क्या कोई आम ज़िन्दगी में अथवा रंगमंच पर किसी और की भावनाओं को लेकर जी सकता है, जब तक कि वह एक अभिनेता या मनुष्य के रूप में अपने शरीर और अन्तश्चेतना में उन्हें आत्मसात् न कर ले? क्या कोई किसी दूसरे व्यक्ति की भावनाओं या संवेदनों, शरीर और आत्मा को उधार ले सकता है और फिर उन्हें खुद अपनी समझकर उनका इस्तेमाल कर सकता है?

स्तानिस्लाव्स्की ने इसका जवाब देते हुए कहा है कि एक अभिनेता अपने को नाट्यलेखक अथवा निर्देशक की इच्छाओं और संकेतों का विषय तो बना सकता है, यान्त्रिक रूप से उन्हें चरितार्थ भी कर सकता है; लेकिन अपनी भूमिका को अनुभव करने के लिए उसे अपनी जीवन्त इच्छाओं को खुद उत्पन्न और क्रियान्वित करके ही उपयोग करना होगा। नाट्यलेखक और निर्देशक अभिनेता को अपनी अपेक्षाएँ सुझा सकते हैं, लेकिन अभिनेता की अपनी प्रकृति में वे अपेक्षाएँ फिर से अवतरित होनी चाहिए जिससे वह उनसे पूर्णतः अनुप्राणित हो जाये : उन्हें उसकी आत्मचेतना का अंग बन जाना चाहिए।

रचनात्मक उद्देश्य

स्तानिस्लाव्स्की ने इस संदर्भ में सवाल उठाया है कि मंच पर कोई कैसे अपनी रचनात्मक इच्छाशक्ति को जगा सकता है? कोई बस, "इच्छा! रचना! अभिनय!" कहकर ही उन्हें सक्रिय नहीं कर सकता। हमारी रचनात्मक भावनाएँ केवल हुकुम से सक्रिय नहीं बनायी जा सकतीं; वे किसी प्रकार की ज़ोर-ज़बर्दस्ती बर्दाश्त ही नहीं करतीं। उन्हें केवल लुभाया जा सकता है। एक बार लुभाये जाने पर वे इच्छा बनने लगती हैं और इच्छा बन जाने पर वे क्रियाशीलता की माँग करने लगती हैं। केवल एक ही वस्तु है, जो हमारी रचनात्मक इच्छा को लुभा सकती है और उसे खींचकर हम तक ला सकती है, और वह है एक आकर्षक लक्ष्य, एक रचनात्मक उद्देश्य। यह उद्देश्य ही रचनाशीलता का उत्प्रेरक, उसे गतिशील करने वाली ऊर्जा है। यह उद्देश्य ही हमारी भावनाओं को लुभाने का चारा है। यह उद्देश्य रचनात्मक महत्त्वाकांक्षा को जगाने के लिए इच्छाओं के विस्फोट को सम्भव बनाता है। वह भीतरी संदेशों को भेजता है, जो स्वभावतः और सतर्कता के साथ कार्यरूप में प्रकट होते हैं। यह उद्देश्य ही भूमिका के जीवन्त व्यक्तित्व की शिराओं को स्पन्दन प्रदान करता है।

रंगमंच के और उसके बाहर के जीवन में भी उद्देश्यों की अबाध शृंखला और उनकी उपलब्धि का समायोजन होता है। ये एक अभिनेता की रचनात्मक आकांक्षाओं के पूरे रास्ते में व्यवस्थित सिग्नलों की तरह होते हैं और वे उसे सही दिशा दिखाते हैं। उद्देश्य वस्तुतः किसी संगीत-रचना की स्वरलिपि की भाँति होते हैं। वे अनुक्रम से रागविशेष की रचना करने वाले मापक बनते अथवा शोक, आनन्द तथा ऐसी ही किसी और भावना को जगाते हैं। यह राग या रागिनी ही आगे चलकर, एक संगीत-रूपक अथवा स्वर-माधुरी की रचना करता है, कहना यह है कि भूमिका में एक मानवीय चेतना के जीवनमय स्वरूप की सृष्टि होती है और अभिनेता की अन्तरात्मा फिर उसी का गायन करती है।

स्तानिस्लाव्स्की के अनुसार इस प्रकार के उद्देश्य तर्कशील, सचेतन, हमारी बुद्धि द्वारा संकेतित हो सकते हैं, अथवा वे भावात्मक, अचेतन, स्वेच्छा से, अन्तःप्रेरणा से स्वयं उत्पन्न हो सकते हैं।

कोई सचेतन उद्देश्य रंगमंच पर बिना भावना या इच्छा के भी प्रस्तुत किया जा सकता है, लेकिन वह सूखा, अनाकर्षक तथा दृश्यात्मक सामर्थ्य से रहित होगा और इस प्रकार वह रचनात्मक प्रयोजनों के लिए अग्राह्य भी होगा। जो उद्देश्य भावनाओं से उत्तप्त अथवा जीवन-शक्ति से परिपूर्ण नहीं है, वह शब्दों की निष्क्रिय अवधारणाओं में सजीवता की किसी विशेषता का संचार नहीं कर सकेगा। वह विरस विचारों को गायन का रूप देने के अतिरिक्त और कुछ भी नहीं कर सकेगा। अगर कोई अभिनेता अपने उद्देश्य को केवल अपनी बुद्धि के माध्यम से ही पा लेता है, तो वह अपनी भूमिका को जी नहीं सकता, उसका अनुभव नहीं कर सकता। वह केवल उसका विवरण ही उपस्थित कर सकेगा। इसलिए वह अपनी भूमिका का वर्णनकर्त्ता हो जायेगा, रचनाकार नहीं बन सकेगा। एक जीवनमय उद्देश्य केवल तभी अच्छा और देखने में प्रभावपूर्ण हो सकता है जब वह जीवन्त भावनाओं और अभिनेता की इच्छा के अनुरूप आकर्षक हो और उन्हें सक्रिय करने में समर्थ हो।

सबसे अधिक रचनात्मक उद्देश्य अचेतन कोटि का होता है, जो तुरन्त भावात्मक रूप में अभिनेता की भावनाओं को अपने अधिकार में ले लेता है और फिर उसे अन्तःप्रेरणा के सहारे नाटक के प्रधान लक्ष्य की ओर ले जाता है। इस प्रकार के उद्देश्य की शक्ति उसकी तात्कालिकता में निहित होती है (भारतीय मनीषियों ने ऐसे उद्देश्यों को सबसे ऊँचे स्तर की लोकोत्तर चेतना कहा है), जो रचनाशील इच्छाशक्ति के लिए चुम्बक की तरह काम करती है और अबाध महत्त्वाकांक्षाओं को जगाती है। इस प्रकार की परिस्थितियों में बुद्धि बस इतना

ही करती है कि उन्हें लिखती और मूल्यांकित करती चले। प्रायः इस प्रकार के उद्देश्य अगर पूरी तरह से नहीं, तो अपने आधे रूप में अचेतन के क्षेत्र में रहने को बाध्य होते हैं। हम बस इतना ही कर सकते हैं कि रचनात्मक प्रकृति को किसी प्रकार बाधित न करना अथवा ज़मीन को तैयार करना सीखें; हम अपने अभिप्रायों और साधनों को खोजने का कार्य करें; इनके माध्यम से हम टेढ़े रास्ते अथवा अप्रत्यक्ष रूप से ही सही, भावात्मक, अतिचेतन उद्देश्यों को पकड़ लेते हैं।

अचेतन उद्देश्य भावनाओं से और स्वयं अभिनेताओं की इच्छा से उत्पन्न होते हैं। वे भीतर से जन्म लेते हैं; उन्हें तब चैतन्य होकर तोला और सुनिश्चित किया जाता है। इस प्रकार अभिनेता के मनोभाव, उसकी इच्छाशक्ति और उसकी बुद्धि सभी रचनाशीलता में भाग लेते हैं।

अभिनेता में क्रियाशीलता उत्पन्न करनेवाले उद्देश्यों की खोज या रचना तथा इन उद्देश्यों को वहन करने की क्षमता उत्पन्न करना रंगकार्य की आंतरिक तकनीक का सर्वाधिक विचारणीय विषय है। यह कार्य अनेक प्रकार से किया जा सकता है। इसके लिए भूमिका में उतरे अभिनेता की प्रकृति के सर्वथा अनुकूल रीति अपनायी जानी चाहिए जो उसे सर्वाधिक रचनाशीलता की दिशा में लगा सकती है। यह कैसे सम्भव हो सकता है, यह समझाने के लिए एक उदाहरण दिया गया है।

स्तानिस्लाव्स्की कहते हैं कि मान लो चात्स्की सोफ़िया को यह समझाना चाहते हैं कि मोलचालिन और स्कलोज़ब में से कोई उसके उपयुक्त जीवनसाथी नहीं हो सकता। जब तक कि इस विश्वास भावना के पीछे ऊष्मा नहीं है, वह बाहरी, मात्र शाब्दिक, विरस और अविश्वसनीय बना रहेगा। अभिनेता आश्वस्त नहीं हो सकेगा। वह मात्र भौतिक बाहरी चेष्टाओं से गुज़रेगा; इससे उसमें भावनाओं की ईमानदारी और सच्चाई पर विश्वास नहीं उत्पन्न होगा। यद्यपि इस विश्वास के बिना एक अभिनेता अपनी भूमिका का अनुभव ही नहीं कर सकता—ठीक वैसे ही जैसे कि अपनी भूमिका की सच्चाई को अनुभव किये बिना वह अपनी भावनाओं के प्रति निष्ठावान नहीं हो सकता।

स्तानिस्लाव्स्की ने स्वयं अपने लिए चात्स्की की भूमिका चुनी थी। इसीलिए वे कहते हैं कि वह क्या चीज़ है जो चात्स्की के रूप में अपने उद्देश्यों के प्रति ऐसा विश्वास जगायेगी कि स्वयं उनके मन में सक्रिय होने की हर इच्छा जाग उठेगी? क्या यह चीज़ सोफ़िया जैसे मनमोहक, असहाय और अनुभवरहित व्यक्ति का मोलचालिन जैसे दयनीय और नगण्य व्यक्ति अथवा दुष्प्रकृति के

स्कलोज़ब की बगल में दिखायी देना होगी? लेकिन अभी तो इन व्यक्तियों का अस्तित्व ही नहीं, कम से कम अभी वे स्तानिस्लाव्स्की को वास्तविक रूप में तो क्या, कल्पना में भी दिखायी नहीं दे रहे हैं, वे उन्हें जानते भी नहीं हैं। फिर भी अपने अनुभव से वे यह जानते ही हैं कि एक सुन्दर, सुशील युवती का स्कलोज़ब जैसे अनगढ़ प्रकृति के बेवकूफ़ के साथ अथवा भीतर से खाली मोलचालिन जैसे अवसरवादी के साथ विवाह में अपना बलिदान करते देखकर उत्पन्न भावना उनके मन में दया की, अपमान की और सौन्दर्य-चेतना की बर्बादी का भाव जगायेगी। इस प्रकार के एक अस्वाभाविक और असुन्दर संयोग की सम्भावना एक व्यक्ति की अन्तःप्रवृत्ति को जगायेगी; यह इच्छा किसी भी व्यक्ति के मन में होगी कि एक अनुभवरहित बालिका को ऐसा ग़लत कदम उठाने से रोका जाये। इस तरह की इच्छा उत्पन्न होने पर यह कभी कठिन नहीं होगा कि उसकी अन्तःवृत्ति उत्तेजित हो उठे, जो अवसर आने पर समुचित इच्छा और स्वयं क्रियाशीलता को भी प्रज्वलित करेगी।

स्तानिस्लाव्स्की ने तब सवाल उठाया है कि उन अन्तःवृत्तियों में क्या होगा? उन्होंने फिर अपने को चात्स्की की भूमिका में रखकर कहा है कि सबसे पहले वे सोफ़िया के मन में उसके प्रति अपनी सद्भावना में विश्वास जगाने की कोशिश करेंगे जिससे वे उसमें अपने प्रति प्रथमतः आश्वस्ति का भाव जगा सकें। उसके बाद वे यथासम्भव एक विशद चित्र बनाने की कोशिश करेंगे जिसमें सोफ़िया के अपने कोमलकांत व्यक्तित्व के साथ स्कलोज़ब की अनगढ़ प्रकृति का अन्तर स्पष्ट हो सके; उसे यह भी समझ में आ सके कि उसमें और बड़ी ही छिछली और नीच प्रकृति के मोलचालिन में कितना फ़र्क है। मोलचालिन के सम्बन्ध में जो कुछ कहा जायेगा, उसमें बड़े ही व्यावहारिक कौशल की ज़रूरत होगी क्योंकि सोफ़िया बड़े ही विश्वास के साथ, रंगीन चश्मे से अत्यधिक भव्य रूप में देख रही है। सोफ़िया को और भी अधिक विशदता से यह लगना चाहिए कि उनका अपना मन, उसके जीवन में जो दुर्योग घटित होने वाला है उसे लेकर कितना चिंतित है। उसके भविष्य को लेकर उसके मन में जो डर है, वे चाहेंगे कि उसे अंनुभव कर वह भयभीत हो उठें कि जिस रास्ते पर वह जा रही है वह उसके लिए गलत है; वह रुके और फिर सोचे-विचारे। उसके मन में विश्वास जगाने की हर रीति, उसके पास पहुँचने का हर उपाय बड़ी ही कोमल भावना से संचरित, बड़े ही दुलार और आत्मीयतापूर्ण दृष्टि से समन्वित होना चाहिए। उन सभी बाहरी तथा भीतरी चेष्टाओं तथा सारी अन्तर्वृत्तियों की गणना भी नहीं की जा सकती जो उस व्यक्ति के मन में अपने आप उमड़ पड़ेंगी, जो अपनी

कोशिशों से स्वयं को ख़ुद ब ख़ुद बर्बाद करने को तत्पर एक अनुभवहीन बालिका को बचाना चाहता है।

शरीर और आत्मा चेतन अथवा अचेतन उद्देश्यों को भीतर और बाहर दोनों पक्षों में परिपूर्ण करते हैं। इसलिए वे भौतिक और मनोवैज्ञानिक दोनों ही हो सकते हैं।

स्तानिस्लाव्स्की ने इसके बाद उदाहरण के रूप में फ़ामूसव के परिवार के एक अन्य प्रसंग को काल्पनिक रूप में लेकर यह स्पष्ट किया है कि भौतिक और मनोवैज्ञानिक दोनों ही प्रकार के उद्देश्यों को एक-दूसरे के साथ भीतर से बँधा हुआ होना चाहिए। यह बन्धन निरंतरता लिये हुए, क्रमिक और सतर्कता की भावना से परिपूर्ण होना चाहिए। अक्सर ऐसा होता है कि मानवीय भावना की सतर्कता में कोई अतार्किक वस्तु आ जाती है : पूरी सावधानी के बाद भी संगीत के सामंजस्यपूर्ण विधान में अक्सर बेसुरापन उत्पन्न हो जाता है, लेकिन रंगमंच पर बड़ा ज़रूरी होता है कि तारतम्य और सतर्कता बनी रहे। कोई भी घर की पहली मंज़िल से दसवीं मंज़िल पर एकदम क़दम नहीं रख सकता। उस कार्य के तारतम्य तथा तार्किकता बनाये रखने में ही भौतिक और मनोवैज्ञानिक उद्देश्यों की शृंखला का निर्वाह हो पाता है।

इसी प्रकार मंच पर अपने सामने खड़े व्यक्ति में विश्वास जगाने के लिए उद्देश्यों की एक शृंखला को पूरा करना ही होगा। उस व्यक्ति के ध्यान को आकर्षित करना होगा; तुम्हें जानना होगा कि उसके मन में क्या है। उसके भीतर क्या पल रहा है, उसे समझना होगा; और तब अपने भावों और विचारों को उस तक पहुँचाने के लिए, अपने को उसके अनुकूल बनाकर कई तरीक़ों की खोज करनी होगी। संक्षेप में कहा जाये तो तुम्हें मनोवैज्ञानिक उद्देश्यों और आन्तरिक चेष्टाओं की शृंखलाओं को सम्पन्न करना होगा, जिससे कि तुम अपने साथी में अपने विचारों के प्रति विश्वास पैदा कर सको और अपनी भावनाओं से उसे प्रभावित कर सको।

चरित्र की आकांक्षाओं और कार्यों के अनुरूप रंगमंच पर रूपायित किए जा रहे सभी भौतिक तथा सहज मनोवैज्ञानिक उद्देश्यों का सटीकता के साथ निर्वाह बहुत आसान नहीं है। कठिनाई यह है कि अभिनेता जब मूल चरित्र के शब्द बोल रहे होते हैं, केवल तभी उन्हें यह लगता है कि वे वही हैं और उसका अन्तरंग जीवन जी रहे हैं। वह जैसे ही बोलना बन्द करता है, मंच को उस व्यक्ति को सौंप देता है जो उसके साथ अभिनय कर रहा है और तब भूमिका के चरित्र

का भीतरी धागा टूट जाता है। जब यह होता है, तब अभिनेता भौतिक और मनोवैज्ञानिक उद्देश्यों की तार्किक माला को तोड़ देता है और उनकी जगह और चीज़ों को रख देता है, तो वह मूल चरित्र के जीवन को खण्डित कर देता है। भूमिका के वे सभी क्षण जो रचनात्मक उद्देश्यों एवं भावनाओं से नहीं भरे होते, अभिनेता के लटकों और घिसी-पिटी नाटकीय परिपाटियों को बुलावा देते हैं। जब हमारी आध्यात्मिक और भौतिक नैसर्गिक प्रवृत्तियों को बलपूर्वक रोका जाता है, जब हमारी भावनाएँ अव्यवस्थित हो जाती हैं तो हम ईमानदारी से अपनी भूमिका का निर्वाह नहीं कर पाते।

भूमिका की स्वरलिपि

स्तानिस्लाव्स्की ने इसके बाद भावात्मक अनुभूति की प्रक्रिया को जगाने के सूत्रों को समझाने के लिए उदाहरण के रूप में एक विशिष्ट भूमिका की स्वरलिपि उपस्थित की है। 'वो फ़्रॉम विट' के अभ्यास की चर्चा चल रही है, इसलिए उन्होंने उसमें अपने लिए जो चात्स्की की भूमिका चुनी है, उसे ही उठाया है। उन्होंने यह जानने की कोशिश की है कि जब वे इस भूमिका को अपने लिए स्वीकार करते हैं तो उनके मनोजगत् में किन भौतिक एवं सहज मनोवैज्ञानिक उद्देश्यों की शृंखला का आविर्भाव होता है। तब वे कल्पना करते हैं कि जब मैं सन् 1920 के मास्को में फ़ामूसव परिवार की विशिष्ट परिस्थितियों के बीच होऊँगा तो क्या-क्या देखना, सुनना और करना होगा।

वे लिखते हैं कि अभी मैं स्वयं हूँ—अभी उन्होंने चात्स्की की भावनाओं और अनुभूतियों को अपने मनोजगत् में उतारा नहीं है। वे अभी बहुत दूर से लौटे हैं; और अपने घर न जाकर, एक भारी-भरकम कोच पर, जिसे चार घोड़े खींच रहे हैं, एक बड़ी कोठी के फाटक पर पहुँचते हैं, जो उनके लिए दूसरे घर जैसी है। अब उनकी कोच रुकती है और वे चौकीदार को कहते हैं कि वह उस भवन का फाटक खोले।

उसके बाद स्वरलिपि की विभिन्न इकाइयाँ आरम्भ होती हैं। उनके मन में सवाल उठता है कि इस घड़ी वे क्या चाहते हैं? उनका मन जवाब में कहता है कि सोफ़िया से उनके मिलने की घड़ी जल्दी से जल्दी आ जाये जिसका कि वे लम्बे समय से सपना देखते रहे हैं। लेकिन अभी तो यह सम्भव नहीं है। चौकीदार आयेगा, फाटक खोलेगा, तभी वे इस दिशा में आगे बढ़ सकेंगे। गाड़ी में बैठे-बैठे यही विचार-क्रम चल रहा है।

चौकीदार आता है, उन्हें पहचानता है और तुरन्त फाटक खोलता है। वे

सोचते हैं कि उन्हें उससे बड़ी आत्मीयता के साथ बातचीत करनी चाहिए। इस आचार-विचार को सम्पन्न करने के बाद वे उस कोठी के दरवाज़े तक पहुँचते हैं। दरबान उन्हें सलाम करता है, दरवाज़ा खोलता है, वे घर के पालतू कुत्तों का स्वागत गीत सुनते हैं, उन्हें चुमकारते है। घर के प्रधान सेवक और भाण्डारी से उनकी भेंट होती है : उनके साथ सलाम-बंदगी का आदान-प्रदान होता है। अब वे जल्दी-से-जल्दी अपनी बात सहेली सोफ़िया से मिलना चाहते हैं। वे उस भवन के भीतरी कमरों में प्रवेश करते हैं, अपनी बहन जैसी बाल सहेली से मिलकर उसे बाँहों में भर लेना चाहते हैं। उनके मन में उसके प्रति जो भावनाएँ इकट्ठी हो गयी हैं, उन सबको अभिव्यक्त करना चाहते हैं। जब वे यहाँ से गये थे, तब वह 14 साल की थी और अब 17 साल की है। उसमें बड़ा ही विलक्षण परिवर्तन आ गया है। वे सोच रहे थे, वे एक बालिका से मिलेंगे लेकिन अब तो वह पूरी युवती हो गयी है।

स्तानिस्लाव्स्की ने इसके बाद लिखा है कि इस सारी संकल्पना का निर्माण, इस स्वरलिपि का लेखन उन्होंने अतीत की अपनी स्मृतियों और अपने व्यक्तिगत अनुभवों के आधार पर किया है। वे जानते हैं कि ऐसे अवसर पर अत्यधिक आश्चर्य की भावना मनुष्य को आच्छादित कर लेती है। उन्हें याद है कि जब कुछ असम्भावित सामने आता है तो उलझन की बेढंगी भावना उत्पन्न हो जाती है; लेकिन अगर वे एक जानी-पहचानी मुद्रा, आँखों की चमक, होंठों और भौंहों की भंगिमा, कंधों और अंगुलियों की चेष्टाओं, एक सुपरिचित मुस्कान की खोज कर सकते, तब वह अपनी सुप्रिया सोफ़िया को तुरन्त ही पहचान लेते। यह चलता-फिरता शर्म का भाव ग़ायब हो जाता। पहले की सहज वात्सल्य की आत्मीयता फिर से आ जाती और एक नया उद्देश्य सामने आ जाता।

अब नये उद्देश्य के अनुसार नयी स्वरलिपि की रचना आरम्भ होती है। आगे का प्रदर्शन इसी पर आधारित होगा। स्तानिस्लाव्स्की चात्स्की की भूमिका में सोचते हैं कि वे भाई की भावना से उसके प्रति अपने प्यार का प्रदर्शन करेंगे और उसके गाल पर एक चुम्बन भी जड़ देंगे। फिर वे अपनी इस कल्पना को अपने मनोजगत् में रूपायित भी करते हैं। उनके मन में तभी विचार आता है कि उन्हें सोफ़िया के प्रति अपने प्यार का प्रदर्शन कुछ अन्य चेष्टाओं तथा शब्दों में भी तो करना चाहिए। वे मन-ही-मन यह सब करते हैं, लेकिन सोफ़िया का व्यवहार उन्हें बड़ा ही ठण्डा लगता है। उनके इस प्रकार सोचने-विचारने और उसी के अनुरूप करने-कराने का क्रम चलता रहता है। वे सोचते हैं कि उन्हें यह जानने की कोशिश करनी चाहिए कि सोफ़िया के इस प्रकार के ठण्डे

व्यवहार का आखिर कारण क्या है? उसे उन्हें अपनी ओर आकर्षित करना ही चाहिए; फिर इस बड़े उद्देश्य की सम्पूर्ति होती है। उसके बाद सोफ़िया के सम्बन्ध में उसके सम्बन्धियों और परिचितों के विषय में तथा फ़ामूसव-परिवार में उसके मास्को-प्रवास आदि के विषय में बातचीत चलती है। इन सभी को लेकर छोटे-छोटे उद्देश्यों की एक शृंखला बनती है।

अब फ़ामूसव का प्रवेश होता है। वह सोफ़िया के साथ चात्स्की के मेल-मिलाप को बाधित करता है, फिर कुछ और छोटे-बड़े उद्देश्यों और उपउद्देश्यों का क्रम चल पड़ता है। यह सारी प्रक्रिया नाटक के समापन तक स्वरलिपि बन जाती है। उद्देश्य और उपउद्देश्यों की पहली चार इकाइयों को लेकर एक दृश्य बनता है—चात्स्की की सोफ़िया से भेंट। उसके बाद की चार इकाइयों को लेकर दूसरा दृश्य निर्मित होता है : दो आत्मीय व्यक्तियों का मिलन बाधित हो जाता है। अन्य इकाइयों और उद्देश्यों के संपुंजन से तीसरे और चौथे दृश्य बनते हैं और यह क्रम आगे चलता रहता है। इन बड़े-बड़े दृश्यों की माला से अंकों की रचना होती है। ये अंक फिर मिलकर पूरा नाटक बनाते हैं और एक मानवीय चेतना के जीवन के बहुत बड़े तथा महत्त्वपूर्ण संभाग का निर्माण होता है।

स्तानिस्लाव्स्की का कहना है कि अभी जिन उद्देश्यों की सूची को लेकर स्वरलिपि की रचना हुई है, उनमें कोई भी गम्भीर नहीं है। वे बस अभिनेता के शरीर की ऊपरी सतह को ही छूते हैं, उसके मानसिक जीवन के बाहरी स्वरूप को ही अभिव्यक्त करते हैं और उसकी भावनाओं को बड़े ही मामूली रूप में प्रभावित करते हैं। फिर यह सूखे तर्क की उत्पत्ति नहीं, वरन् जीवन्त भावनाओं की संरचना थी। वे कलात्मक प्रवृत्तियों, रचनात्मक संवेदनशीलता, अभिनेता के जीवन के अपने अनुभवों, स्वभावों और उसकी अपनी प्रकृति के मानवीय गुणों से प्रोत्साहित थे। उनमें से हर उद्देश्य में अपनी निरन्तरता, क्रमिक विकास और सतर्कता थी। उन्हें स्वाभाविक उद्देश्य कहा जा सकता है। यदि भौतिक धरातल पर कहा जाए तो इस विषय में कोई सन्देह नहीं कि ऐसे उद्देश्यों पर आधारित ऐसी स्वरलिपि, अभिनेता की मानवीय भावना को उसके चरित्र अथवा भूमिका के वास्तविक जीवन के और भी निकट ले आयेगी।

समय के साथ रिहर्सल और प्रदर्शन में बार-बार दोहराये जाने पर यह स्वरलिपि स्वभाव बन जायेगी। एक अभिनेता इन सभी उद्देश्यों और उनके अनुक्रम का ऐसा अभ्यस्त बन जाता है कि वह स्वरलिपि में निर्धारित कदमों पर चलने के अलावा अपनी भूमिका को संयोजित करने की और कोई धारणा

ही नहीं बना सकता। स्वभाव रचनाशीलता में बड़ी महत्त्वपूर्ण भूमिका का निर्वाह करता है; रचनाशीलता को सम्पन्न करने के लिए वह बड़ा मज़बूत रास्ता बनाता है। स्तानिस्लाव्स्की का कहना है कि वालकोन्स्की के अनुसार कठिन को आदत बना देता है और आदतन आसान चीज़ बड़ी ही सुन्दर हो जाती है। आदत या स्वभाव दूसरी प्रकृति की रचना करते हैं जो एक दूसरे प्रकार की वास्तविकता होती है।

स्वरलिपि अपने आप अभिनेता को भौतिक चेष्टा की ओर ले जाती है।

भीतर के स्वर

अभी हमने चात्स्की की भूमिका की जो स्वरलिपि देखी है, उसके सम्बन्ध में स्तानिस्लाव्स्की का कहना है कि वह अभिनेता की रचनाशील प्रकृति की सारी ज़रूरतों को पूरा नहीं करती। स्वरलिपि तो वस्तुतः ऐसी होनी चाहिए जिसमें आकर्षित करने की सामर्थ्य हो। क्योंकि रचनाशील उत्साह, उत्तेजनात्मक उद्देश्य ही स्वच्छन्द रचनाशीलता और इच्छाशक्ति को प्रभावित करने वाला साधन है। स्तानिस्लाव्स्की के अनुसार इस प्रारम्भिक स्वरलिपि की रचना के अनन्तर अभिनेता का यह प्रयास होना चाहिए कि वह ऐसे उद्देश्यों की खोज करे जो उसकी भावनाओं को बराबर प्रभावित करते रहें और इस प्रकार उसकी भौतिक स्वरलिपि में जिजीविषा का संचार कर सकें। यह रचनाशील स्वरलिपि अभिनेता के बाहरी भौतिक सत्यों से ही उत्तेजित नहीं होनी चाहिए, बल्कि उसमें आन्तरिक शोभा और प्रफुल्लता जगानी चाहिए। रचनात्मक उद्देश्यों से केवल सामान्य अभिरुचि ही नहीं, वरन् भावावेगपूर्ण उत्तेजना, इच्छाएँ, आकांक्षाएँ और चेष्टाएँ उत्पन्न होनी चाहिए। ऐसी चुम्बकीय विशेषताओं से रहित कोई भी उद्देश्य पूर्ण नहीं हो सकता। यह नहीं कहा जा सकता कि हलचल उत्पन्न करने वाला प्रत्येक उद्देश्य अच्छा और उपयुक्त होता है तथा भूमिका की रचनात्मक स्वरलिपि के लिए सहायक सिद्ध होता है। फिर भी यह तो कहा ही जा सकता है कि कोई भी विरस उद्देश्य बिल्कुल प्रयोग के योग्य नहीं है।

स्तानिस्लाव्स्की ने इसी विचार-परम्परा को दृष्टि में रखते हुए कहा है कि आओ, अब चात्स्की की भूमिका की स्वरलिपि में गहराई लायी जाये, उसे उस ओर ले जाया जाये जिसे सागर की भीतरी धारा कहा जाता है, जहाँ पनडुब्बियाँ प्रवहमान होती हैं। वह अभिनेता की अपनी प्रकृति के उसके अन्तरंग जीवन के स्रोत के सन्निकट होती है : वह जो भूमिका का 'मैं' है, उसका रहस्यमय और अन्तरंग केन्द्र उसके और भी सन्निकट होता है। यह प्रक्रिया सम्पन्न

करने के लिए क्या करना होगा? क्या हम उद्देश्यों को और सम्पूर्ण तथा सहज मनोवैज्ञानिक स्वरलिपि को बदल दें जो कि भूमिका को उसका बाहरी जीवन प्रदान कर रही है, फिर भी अनिवार्य नहीं है। सवाल उठता है कि अगर गहराई जोड़ दी जाय तो क्या वे बने रहेंगे? वे बने तो रहते हैं लेकिन वे नया सार-तत्त्व ग्रहण कर लेते हैं। अभिनेता के अन्तरंग जीवन, उसकी आन्तरिक मनोदशा, वह मनःस्थिति, जिसमें हर एक उद्देश्य सक्रिय होता है, बदल जाते हैं; उसकी नयी आन्तरिक मनोदशा उसे फिर से ताज़ा कर देती है, उसके उद्देश्यों को अभिरंजित कर देती है; अर्थ को गहराई और नया आधार प्रदान कर देती है; उनमें आन्तरिक सम्प्रेरणा भर देती है। इसी बदली हुई आन्तरिक अवस्था अथवा मनोदशा को स्तानिस्लाव्स्की ने भीतर का स्वर कहा है। अभिनेताओं की शब्दावली में इसे भावनाओं का बीज कहा जाता है।

जब एक भूमिका की स्वरलिपि में गहराई जोड़ दी जाती है तो तथ्य और उद्देश्य इस अर्थ में बदल जाते हैं कि आन्तरिक प्रवृत्तियाँ मनोवैज्ञानिक संकेत और भीतर का एक प्रस्थानबिन्दु उसके साथ जुड़ जाते हैं। वे सभी वस्तुएँ, जो स्वरलिपि के भीतर का स्वर होती हैं, उसके औचित्य को एक सुदृढ़ आधार प्रदान करती हैं।

स्तानिस्लाव्स्की इस प्रतिज्ञा के साथ यह सोचते हैं कि चात्स्की की भूमिका को दृष्टि में रखते हुए उन्हें ख़ुद से सबसे पहले क्या पूछना चाहिए? क्या कुछ बदल जायेगा अगर बाहर से लौटने पर उनके मन में सोफ़िया के प्रति एक सामान्य मित्र की भावना के स्थान पर उत्कट प्रज्वलित प्यार का भाव हो? स्वरलिपि तो कुछ वैसी ही बनी रहेगी, लेकिन उसका बीज-भाव बदल जायेगा। प्यार की भावना की इस नयी चेतना के साथ स्वरलिपि अपनी गहराई में आलोकित हो उठेगी; वह अधिक महत्त्वपूर्ण अन्तर्वस्तु और एक बिल्कुल नया रंग ग्रहण कर लेगी। चात्स्की की भूमिका के साथ इन परिवर्तनों को समाहित हो जाना चाहिए। इसके लिए नयी परिस्थितियों का निर्माण अनिवार्य होगा। चात्स्की दूर से वापस आया है, उसके मन में सोफ़िया के प्रति केवल दोस्ती का भाव ही नहीं है, वह उसका वाग्दत्त है। उसके मन में सोफ़िया के प्रति उसे उत्क्षिप्त कर देने वाली प्यार की भावना है। वह उसकी पूजा करता है। सवाल उठता है कि स्वरलिपि में क्या कुछ बदल जायेगा और क्या पहले जैसा बना रहेगा?

इस प्रकार वह भौतिक स्वरलिपि, जिसे अभिनेता ने यांत्रिकता के साथ पूर्णता तक पहुँचा दिया था, अब और गहरी हो जायेगी। नयी भावना उसे और

परिपूर्ण बना देगी और उसमें मनोभौतिक विशेषता उत्पन्न हो जायेगी। यह सब सीधे प्रयास से सम्पन्न होगा; जो प्रारम्भिक कार्य किया गया है उससे ही सम्भव होगा : इस सम्बन्ध में ज़रूरत बस यही है कि जिस भावावेग को रूपायित किया जाना है, उसे समझा जाये; और इस प्रसंग में प्यार की भावना को समझने की अपेक्षा है।

स्तानिस्लाव्स्की ने इस सम्बन्ध में विचार करते हुए लिखा है कि इस सम्बन्ध में सबसे पहले जिस भावना को रूपायित करना है, उसके विकास की दिशा का रेखांकन करना चाहिए। अभिनेता को उस मनोभाव के अंगभूत भावों को समझना और फिर अनुभव करना चाहिए। उसे फिर उसके प्रदर्शन की पूरी योजना बनानी चाहिए, जो किसी चित्र-फलक के समान होगी, जिस पर रचनात्मक भावनाओं को चेतना के साथ या अचेतन रूप में कसीदा करके उसकी रहस्यमय और जटिल आकृतियाँ काढ़नी होंगी। इस प्यार की भावना को कैसे समझा जा सकता है? उसकी योजना बनाने के लिए किससे मार्गदर्शन लिया जाये?

स्तानिस्लाव्स्की के सामने उस समय समस्या प्यार के मनोभावों को समझने की थी। उन्होंने लिखा है कि प्यार की भावना को वैज्ञानिक रूप से परिभाषित करना मनोवैज्ञानिकों का कार्य है। कला विज्ञान नहीं है। लेकिन कलाकार को कोई भावना रूपायित करने के लिए सामान्य जीवन और विज्ञान, दोनों से ही रचनात्मक सामग्री इकट्ठी करनी होती है। इसके साथ ही रचनाशील क्षणों में कलाकार का स्वभाव अपनी भावनाओं, संवेदनाओं और मनोभावों के प्रयोग करने का होता है। स्तानिस्लाव्स्की सोचते हैं कि उन्हें इस समय प्यार की भावना का कोई विस्तृत अध्ययन नहीं करना है। उन्हें तो केवल इस भावना की सामान्य, संक्षिप्त और संवेदनशील रूपरेखा बनानी है, जिसका आधार उन्हें अपने मस्तिष्क में नहीं वरन् मन में मिलेगा। यही रूपरेखा उनकी रचनात्मक प्रकृति को चात्स्की की भूमिका के लिए सूक्ष्मतर आन्तरिक, मनोभौतिक स्वरलिपि तैयार करने में सहायता करेगी।

स्तानिस्लाव्स्की को चात्स्की की भूमिका की प्यार की भावना के विषय में विचार करते हुए लगा था कि कोई भी भावना पौधे के रूप में उत्पन्न और विकसित होती है। पहले बीज होता है, वह प्रस्फुटित होता है, उसमें नीचे जड़ें निकलती हैं, अंकुर उठता है, शाखाएँ-प्रशाखाएँ बनती हैं; पत्तियाँ, फूल और फल उत्पन्न होते हैं। उनका स्पष्ट विचार है कि भौतिक क्षेत्र में एक विशेष अनुक्रम में तार्किकता है, न्याय प्रणाली है, लेकिन उसका अतिक्रमण नहीं किया

जा सकता। मनुष्य के मनोजगत् में भी वैसा ही एक सुव्यवस्थित विधान है। अगर सामान्य जीवन में और रंगमंच पर भी उस सुनिश्चित विधान का उल्लंघन किया जाता है, तो भावना का स्वरूप बिगड़ जायेगा।

मनुष्य के मनोजगत् के सम्बन्ध में स्तानिस्लाव्स्की का कहना है कि भावात्मक रूप में अनुभव की गयी वस्तुओं का विधान जटिल होता है—वह विभिन्न प्रकार की भावनाओं, अनुभवों और मनःस्थितियों का सम्पूर्ण समाहार होता है। ये सभी अंगभूत भाग केवल असंख्य और विविध रूपात्मक ही नहीं होते, वरन् एक-दूसरे के विरोधी भी होते हैं। प्यार के मनोभाव में अक़्सर नफ़रत, तिरस्कार, प्रशंसा, उपेक्षा, चिन्ता, समर्पण, उलझन और लज्जा के भाव भी होते हैं।

स्तानिस्लाव्स्की ने इस अर्थ में मानवीय भावनाओं की तुलना मनकों की राशि से की है। उनका कहना है कि सामान्य स्वर का विन्यास विभिन्न वर्णों तथा लाल, नीले, सफेद, काले आदि अलग-अलग मनकों की असंख्य राशि के रंग-समायोजन से होता है। एक साथ रखे और मिला दिये जाने पर वे मनकों की राशि को भूरी, हल्की नीली या पीली भंगिमा का सामान्य स्तर प्रदान कर देते हैं। सम्पूर्ण मनोभाव का निर्माण मनकों की राशि से भूरे, हल्के नीले अथवा पीले रंग को लेकर होता है। इस प्रकार किसी भी मनोभाव में अनेक भावनाओं का समायोजन होता है। एक माँ अपने प्यारे बच्चे को बड़ी निर्ममता से मारती है क्योंकि वह किसी सवारी के नीचे आने वाला था। वह अपने बच्चे को पीटते समय इतनी नाराज़ क्यों है? इसलिए क्योंकि वह उसे प्यार करती है और डरती है कि कहीं वह उसे खो न दे। वह बच्चे को इसलिए पीटती है कि वह भविष्य में खतरे से न खेले। उसकी अपरिमित प्यार की भावना के साथ क्षणभर के लिए नफ़रत भी उत्पन्न हो जाती है। माँ अपने बच्चे को जितना प्यार करती है, ऐसी परिस्थितियों में उतना ही उससे नफ़रत करती और मारती भी है।

स्तानिस्लाव्स्की का कहना है कि मनुष्य के मनोजगत् का अगर भलीभाँति अध्ययन किया जाये तो उनमें स्वयं और उनके अंगभूत विभिन्न विभागों में भी परस्पर-विरोधी वृत्तियाँ होती हैं। उदाहरण के लिए मोपासां के नायकों में से एक आत्महत्या कर लेता है क्योंकि वह आसन्न द्वन्द्वयुद्ध से भयभीत है। वह साहसी है, निश्चय के साथ कार्य करने में समर्थ है, लेकिन वह अपनी कायरता के कारण द्वन्द्वयुद्ध से बचने के लिए आत्महत्या करता है। इस प्रकार हर भूमिका में इसी प्रकार के अलग-अलग घटक होते हैं, जो सम्पूर्ण भावना को उत्पन्न करते हैं, जो अनुक्रम में रूपायित किये जाने वाले चरित्र को आन्तरिक

और आध्यात्मिक बिन्दु प्रदान करते हैं। स्तानिस्लाव्स्की ने इसी मनोवैज्ञानिक अध्ययन के आधार पर लिखा है कि चात्स्की की भूमिका में उसके मन में सोफ़िया के लिए जो प्यार है, उसकी संरचना केवल प्रणय-प्रसंगों को लेकर ही नहीं हुई है बल्कि परस्पर-विरोधी भावनाओं और चेष्टाओं वाले क्षणों से भी हुई है जो अपने सम्पूर्ण समाहार में मिल-जुलकर प्यार का मनोभाव बनाते हैं। अन्य भावनाओं के रूप-विधान में भी इसी प्रकार का समायोजन देखने को मिलता है। इसीलिए यह ज़रूरी है कि जो मनोभावनाओं को रूपायित करना चाहता है, उसकी रंगपट्टिका, उसकी स्वरलिपि बड़ी समृद्ध, बहुरंगी और विविध रूपात्मक हो। इसलिए किसी भावना को रूपायित करने के लिए अभिनेता को केवल उस मनोभाव के सम्बन्ध में ही नहीं सोचना चाहिए, उन भावनाओं को भी ग्रहण करना चाहिए जो उसकी रूप-रचना करती हैं। मनोभाव विशेष को वह जितना अधिक विस्तार देना चाहता है, उसी के अनुरूप विविधरूपात्मक और परस्पर-विरोधी भावनाओं की उसे खोज करनी चाहिए। मानवीय भावनाओं के स्वर-ग्राम की सीमाएँ बड़ी विस्तृत होती हैं और उसके लिए अभिनेता को अपनी रंगपट्टिका को बढ़ाना चाहिए। इसलिए अगर वह भले आदमी का प्रदर्शन कर रहा है तो उसे उसमें बुरा क्या है उसकी खोज करनी चाहिए; अगर वह किसी बुद्धिमान चरित्र का रूपायन कर रहा है तो उसकी बौद्धिक कमज़ोरी ढूँढ़नी चाहिए; अगर वह किसी विनोदी प्रकृति के व्यक्ति का अभिनय कर रहा है तो उसके गम्भीर पक्ष को खोजे। किसी मनोभाव को विस्तार देने की रीतियों में से यह एक है। अगर तुम जिस रंग को चाहते हो, वह तुम्हें तुरन्त नहीं मिल पाता तो उसके लिए तुम्हें और भी अधिक परिश्रम करना चाहिए।

मानवीय भावनाएँ सहज रूप में उत्पन्न और विकसित होने के साथ ही अपनी चरमावस्था पर नहीं पहुँच जातीं वरन् उसमें लम्बा समय लगता है। अँधेरी भावनाएँ अनदेखे और धीरे-धीरे आलोक ग्रहण करती हैं; और ऐसा ही विपरीत दिशा में भी होता है। इसलिए उदाहरण के रूप में ऑथेलो का मन सभी प्रकार की प्रसन्नता, आलोकमयी और स्नेहमयी भावनाओं से देदीप्यमान हो रहा है, मानो किसी चमकीली धातु पर सूरज की किरणें प्रतिबिंबित हो रही हैं; तभी यहाँ-वहाँ अचानक अँधेरे स्थल दिखायी देते हैं। यही संदेह के पहले क्षण हैं। ये अँधेरे स्थल बढ़ते हैं और स्नेही स्वभाव के ऑथेलो का आलोकित मन दुर्भावनाओं से बदरंग हो उठता है। ये छायाएँ लम्बी होती हैं, बढ़ती हैं और अन्ततः उसका आलोकित मन अँधेरे से लगभग आच्छादित हो जाता है।

आरम्भ में ईर्ष्या के बड़े छोटे-छोटे संकेत थे, अब केवल कुछ क्षणों में उसके कोमलकान्त स्नेह की भावना से आश्वस्त स्वरूप की याद आती है। अन्ततः ये क्षण भी चले जाते हैं और उसकी सम्पूर्ण आत्मा पूर्णतः अँधेरे से आच्छादित हो जाती है।

स्तानिस्लाव्स्की ने इसी प्रसंग को आगे बढ़ाते हुए लिखा है कि रंगमंच पर अक्सर हर चीज़ मानवीय भावनाओं की प्रकृति के घोर विरोधी रूप में घटित होती है। अभिनेता प्यार में तुरन्त डूब जाते हैं। पहले ही मौके पर ईर्ष्यालु हो उठते हैं। बहुत से तो इतने भाले होते हैं कि वे यह विश्वास कर लेते हैं कि मानवीय भावनाएँ, वे चाहे प्यार हों, ईर्ष्या हों या कंजूसी, कारतूस या बमों की तरह होते हैं, जिन्हें अभिनेता अपने मनोजगत् में सहज रूप से पौधे की तरह जमा सकता है। कुछ ऐसे अभिनेता भी हैं जो मानवीय भावनाओं के एक या दूसरे रूप को उसके बिल्कुल ही आदिम स्वरूप में प्रकट करने में कुशल होते हैं। उस सांगीतिक अथवा अतिनाटकीय ठहरी हुई स्वर-भंगिमा को याद करें जिसके साथ जुड़ी है घुँघराले बालों के साथ एक फ़रिश्ते जैसा दिखायी देने की चेष्टा!

प्यार, बस प्यार ही उनकी विशेषता है, रंगमंच पर जिसे दिखाया जाना है—कुछ सोचते हुए, सपना देखते हुए दिखायी देना, बराबर दिल पर हाथ दबाये हुए प्यार का प्रदर्शन करते हुए इधर-उधर चलते-फिरते, नायिका को बाँहों में भरते और चुम्बन करते हुए, बड़ी ही संवेदनशील मुस्कान के साथ मरते हुए, माफ़ किये जाने के लिए आख़िरी दलील देते हुए। अगर संयोग से उस भूमिका में प्यार से असम्बद्ध अंश हैं, आदमी की ज़िन्दगी के मामूली अंश हैं, तब या तो बोलने की सामर्थ्य बिल्कुल ही काम नहीं करती अथवा उन भागों का इस्तेमाल वे अपनी नाटकीय विशेषताओं के प्रदर्शन के लिए करते हैं। ऐसा चेहरा बनाते हैं जैसे दिखाना चाहते हों कि वे ध्यानमग्न हैं। वे अभिनेता जो नाटकों में वीरोचित भूमिकाएँ करते हैं वे भी कुछ इसी प्रकार के प्रदर्शन करते हैं; ऐसा ही नाटकों के तथाकथित नीतिवादी तथा अपने को बड़ा उदात्त प्रकट करने वाले पिता भी करते हैं। संगीत रूपकों के बड़बोले चरित्र भी कुछ ऐसा ही करते हैं, जिनका सामान्य कार्य मंच पर नफ़रत का प्रदर्शन होता है। ये अभिनेता रंगमंच पर हमेशा षड्यंत्र, नफ़रत करते हैं अथवा अपने बच्चों को बचाने की फ़िक्र में रहते हैं, चाहे वे जो कुछ भी करें।

स्तानिस्लाव्स्की का कहना है कि इस प्रकार के नेताओं का नज़रिया मानव-मनोविज्ञान और भावनाओं की ओर नौसिखिया, एकपक्षीय और एक ही रास्ते पर चलने वाला होता है। उनके प्यार का प्रदर्शन बस प्यार से, ईर्ष्या का

ईर्ष्या से, नफ़रत का नफ़रत से, दुःख का दुःख से, आनन्द का आनन्द से होता है। उनके प्रदर्शन में कोई विषमता प्रदर्शित करने वाले, आन्तरिक सूक्ष्मताओं पर आधारित पारस्परिक सम्बन्ध आदि नहीं दिखाई देते।

चात्स्की जब लम्बे प्रवास के बाद घर लौट रहे हैं तो सबसे पहले और सबसे बड़ा उद्देश्य उसके मन में अपनी सुप्रिया सोफ़िया को जल्दी-से-जल्दी देखने का है। इसीलिए वे लौटने पर अपने घर न जाकर सीधे फ़ामूसव-भवन जाते हैं। उसके फाटक तक पहुँचने पर कोचवान तो फाटक खुलवाने के लिए चला जाता है और वे कोच में बैठे-बैठे अपनी प्रिया से मिलने की बात बड़ी उतावली से सोचते रहते हैं।

फाटक अभी पूरी तरह से खुलता भी नहीं कि वे जल्दी से उस भवन के परिसर में प्रवेश कर जाते हैं। रास्ता पार कर भवन के द्वार तक पहुँचते हैं। द्वारपाल का अभिवादन स्वीकार करते हैं। बड़ी त्वरा के साथ भवन में प्रवेश करते हैं। घर का कुत्ता पहले तो भौंकता है लेकिन फिर कुछ जाना-पहचाना व्यक्ति समझकर उनके पैरों के चारों ओर घूमने लगता है। वे उसे चुमकारते है; आगे बढ़ते हैं तो भाण्डारी और मुख्य परिचारक से भेंट होती है। उनकी तेज़ गति को देखकर वे बड़ी ताज्जुब-भरी दृष्टि से देखते हैं और फिर स्तम्भित हो जाते हैं। वे सोचते हैं कि उन्हें इन दोनों से अभिवादन का आदान-प्रदान करना चाहिए। फिर सोफ़िया के विषय में पूछना चाहिए : वह कहाँ है? वह स्वस्थ और सानन्द तो है? क्या वह ऊपर है? उनके जवाब सुनने के बाद आगे बढ़ने पर वे देखते हैं कि सोफ़िया उनके सामने खड़ी है। वहाँ वही तो है! नहीं, वह कोई और है। वह तो दूसरी सोफ़िया है।

अब उनके मन में एक दूसरा उद्देश्य जन्म लेता है। उन्हें सोफ़िया का अभिवादन करना चाहिए। उससे कुछ कहना चाहिए और फिर उसे उस बदले हुए रूप में देखना चाहिए। लेकिन कैसे? यह तो वासन्ती शोभा लिये हुए नवयुवती सामने खड़ी है। उसके अभिवादन के लिए नये शब्दों, नये सम्बन्ध की खोज की जानी चाहिए? इसके लिए ज़रूरी है कि वे बड़ी सावधानी के साथ सोफ़िया को टटोलने वाली दृष्टि से देखें। उसके परिचित और बड़े ही प्रिय मुख का अवलोकन करें। जब से वे अलग हुए हैं, उसमें बड़ा परिवर्तन आ गया है, उसे तोलें। वे उसे केवल देखते ही नहीं, उसकी अन्तरात्मा का भी दर्शन करना चाहते हैं।

उसी क्षण उनका स्वप्न जागता है और वे सन् 1827 की वेशभूषा में, बड़ी ही मनमोहिनी किशोर बालिका को देखते हैं। कौन है वह? यह मुख तो

सुपरिचित है! कहाँ से आ गया है यह रूप? क्या किसी स्थापत्य कलाकृति से यह उतर आया है? क्या यह कोई व्यक्ति चित्र से उतरा है अथवा उस स्मृति से अवतरित हुआ है जिसे उन्होंने मानसिक रूप से उस काल की वेशभूषा पहनाकर स्थानान्तरित कर लिया है।

स्तानिस्लाव्स्की अपने को चात्स्की की भूमिका में समझते हुए सोफ़िया के इस कल्पित रूप को देखते रहते हैं। उन्हें जो कुछ दिखायी दे रहा है उसमें बड़ी सच्चाई है। उनका ध्यान ठहर जाता है। उनके मन में फिर विस्मय और शायद कुछ अनाड़ीपन का भाव जागता है। यह अनुभूति फिर उन्हें सुदूर अतीत के दिनों में ले जाती है : जब वे बालक थे, उन्हें एक छोटी-सी बालिका मिली। लोग उन्हें एक साथ देखकर मज़ाक़ में कहते थे, "कितनी अच्छी जोड़ी है! शायद ये दोनों एक-दूसरे के साथ विवाह के बन्धन में बँधना चाहते हैं।" उन्हें यह सब बड़ा ऊटपटांग लगता है। उनके बीच ख़तो-किताबत भी चल पड़ी। कुछ सालों बाद वे तो बड़े हो गये, लेकिन वह उनके मन में छोटी बालिका ही बनी रही। कुछ अन्तराल के बाद वे फिर मिले। उन्हें कुछ असाधारण-सा लगा, क्योंकि अब वे एक-दूसरे को बचपन के उसी भोलेपन के साथ नहीं देख सकते थे। वे सोचने लगे कि उससे कैसे बातचीत की जाये।

उनका मन तो उसके प्रति प्यार की भावना से परिपूर्ण हो रहा था, अतः उन्होंने निश्चय किया कि अपने मन में उमड़ रही इस भावना को वे उसका चुम्बन लेकर प्रकट करेंगे। वे अपना मानसिक सन्तुलन खो बैठते हैं और कुछ भीरुता के साथ आगे बढ़कर बड़े अलग ही ढंग से किसी प्रकार उसके गालों को चूम लेते हैं। अब वे सोचते हैं कि उन्हें सोफ़िया को बड़ी प्यार-भरी दृष्टि से देखना चाहिए तथा उसे आत्मीयतापूर्ण दो शब्द भी तो कहने चाहिए।

अब उनके मन में विचार आता है कि चात्स्की के रूप में अपने इस स्नेहभरे व्यवहार के बाद यदि सोफ़िया अपने को परेशान अनुभव करती है, बड़ी ही ठण्डी रहती है और मन की भावना से शून्य उसकी दृष्टि उन्हें विष-डंक जैसी लगती है, तो वे क्या करेंगे?

उनका मन इस सवाल का जवाब भी देता है। वे भीतर ही भीतर संकुचित होते हैं; अपने को आहत अनुभव करते हैं। कड़वाहट की भावना उनमें भर उठती है और उनका मोहभंग उनकी ऊर्जा को कुण्ठित कर देता है। वे जल्दी-से-जल्दी इस मनोदशा से छुटकारा पाना चाहते हैं।

स्तानिस्लाव्स्की ने इसके बाद लिखा है कि अब नयी स्वरलिपि की रचना हो गयी है, चात्स्की के मन में सोफ़िया के प्रति जो प्यार का भाव है और उसे

लेकर उसे जो अनुभव हुआ है, वह सारा अपने वास्तविक रूप में बीत गया है : नाटक के मूलपाठ से उसकी परीक्षा भी ली जा चुकी है और उसे उसके अनुकूल बना लिया गया है। मूलपाठ के ये सारे शब्द स्वरलिपि में अपने आधारभूत रूप में उतर आये हैं। अब जब भौतिक और सहज-मनोतार्किक स्वरलिपि बना ली गयी है, तो नाटक के मूलपाठ पर लौटा जा सकता है। यह प्रयास उद्देश्यों और इकाइयों के चुने जाने के लिए ज़रूरी है। इन दोनों की संरचना उस तार्किक परम्परा के अनुरूप होनी चाहिए जो चात्स्की के प्रेम-भाव को विकसित करने में योग देती है।

स्तानिस्लाव्स्की ने लिखा है कि यह सब करने के लिए अभिनेता को यह जानकारी होनी चाहिए कि अपनी भूमिका के मूल पाठ का वह कैसे विश्लेषण करेगा? उसे यह मालूम होना चाहिए कि कैसे वह उसके सम्पूर्ण विन्यास से अंगभूत इकाइयों, उद्देश्यों, महत्त्वपूर्ण क्षणों को बीनेगा, जो अपने सम्पूर्ण समाहार में मानवीय भावना के साथ जुड़ेंगे। उसे यह जानकारी होनी चाहिए कि इन इकाइयों, उद्देश्यों और महत्त्वपूर्ण क्षणों को मार्गदर्शक के रूप में प्रयुक्त होनेवाले मनोभावों के प्रतिष्ठित रूपाकार के साथ जोड़कर, कैसे अध्ययन किया जा सकता है। उसे यह जानकारी भी होनी चाहिए कि नाट्यलेखक के मूल पाठ से लिये गये इन महत्त्वपूर्ण क्षणों को कैसे जीवन्त आधार और आन्तरिक उत्प्रेरणा प्रदान की जा सकती है। संक्षेप में कहा जाये तो अभिनेता को अपनी भूमिका के मूल पाठ को केवल बाहरी ही नहीं, वरन् उपस्थित भावना के विकास के आन्तरिक रूपाकार के अनुरूप बनाने में भी समर्थ होना चाहिए। उसकी भूमिका के प्रत्येक क्षण की जो भावनाओं की शृंखला है, उसे उचित रूप प्रदान करने की भी उसमें सामर्थ्य होनी चाहिए।

स्तानिस्लाव्स्की ने इसके बाद अपनी पहले बनायी गयी स्वरलिपि और इस नयी स्वरलिपि का तुलनात्मक अध्ययन उपस्थित किया है। यह बताया है कि क्या कुछ बदल गया है और क्या बराबर बना रहा है।

चात्स्की अपनी इस इच्छा में डूबा हुआ है कि जितनी जल्दी सम्भव हो वह सोफ़िया को देख ले। वह रास्ते में मिलने वाले सभी लोगों को सलाम-बन्दगी करता है—फाटक के रक्षक, भवन के द्वारपाल, भाण्डारी, मुख्य परिचारक— चलते-फिरते, बड़े ही यान्त्रिक रूप से आधा-परधा समझते हुए कि वह क्या कर रहा है। यही भूमिका पहले जब वह एक मित्र के रूप में कर रहा था तो उसने इन छोटे-छोटे कार्यों में हर एक को बड़ी ही सावधानी के साथ किया था। बाद में जब उसने प्रेमी का रूप ग्रहण कर लिया है तो उसके पास अपने सुपरिचित कमरों को भी

देखने का समय नहीं है। अपने वांछित लक्ष्य की ओर वह तेज़ी से बढ़ता है। वह कूदकर ज़ीने की चार-चार पैड़ियों पर चढ़ जाता है। मित्र के रूप में उसने ठीक इसके विपरीत किया था—परिसर के चौकीदार भवन के द्वारपाल से मिलने और सुपरिचित भवन के विभिन्न कक्षों को देखने में उसने कहीं अधिक समय और ध्यान दिया था; लेकिन यह जो नयी स्वरलिपि बनी है उसमें भीतर का स्वर-विन्यास केवल चौड़ा ही नहीं, गहरा भी हो गया है, क्योंकि इसमें मित्र का स्वर और प्यार में डूबे व्यक्ति का स्वर, दोनों ही मिले-जुले हैं।

निष्कर्ष रूप में यह कहा गया है कि इस प्रकार स्वर-विन्यास जितना गहरा होता है, अभिनेता के मन के वह उतना ही निकट, अधिक शक्ति-सम्पन्न, भावावेगपूर्ण तथा अन्तर्गर्भित हो जाता है। उतना ही अधिक वह व्यक्तिगत उद्देश्यों को अपने में फैलाता, परस्पर जोड़ता है—इस सीमा तक कि वे भूमिका के अंगभूत बन जायें। इसी बीच स्वरलिपि में उद्देश्यों और इकाइयों की संख्या घटती रहती है, लेकिन उनकी गुणवत्ता और उनकी अन्तर्वस्तु बढ़ती रहती है।

चात्स्की को लेकर किया गया यह कार्य भली प्रकार स्पष्ट करता है कि एक भूमिका की वही भौतिक और वही मनोतार्किक स्वरलिपि अगर भावात्मक रूप में विविध अधिकाधिक गहरे स्वरों में अनुभव की जाये तो वह सभी रचनात्मक बिन्दुओं पर एक अभिनेता के मनोजगत् के अधिक-से-अधिक पास सक्रिय हो उठती है।

भूमिका के ये अन्तरंग तत्त्व एकजुट होकर जब उसकी अनेक प्रकार की भीतरी और बाहरी परिस्थितियों से जुड़ते हैं; तो अनन्त प्रकार की विविधता का आविर्भाव होता है। वे सभी मिल-जुलकर भावात्मक अनुभूति का एक लम्बा पैमाना बनाते हैं; और फिर अपने आप अनजाने ही भावना के बहुरंगी, इंद्रधनुषी विरोध, आन्तरिक नवीनताओं के बीच पारस्परिक सम्बन्ध ग़ायब हो जाते हैं : सब-कुछ बड़ा ही सपाट और एकरस हो जाता है। हर चीज़ बस, एक ही रंग में दिखायी देती है। खलनायक सभी काले होते हैं, लोक-हितैषी सभी श्वेत, हर भावना के लिए अभिनेता के पास बस एक ही विशेष रंग होता है। ठीक वैसे जैसे चित्रकार किसी अहाते के घेरे को रंगते हैं, अथवा बच्चे चित्रों को रंगते हैं। फलस्वरूप अभिनय अपने सामान्य रूप में ही दिखायी देता है। इस तरह के अभिनेता सामान्य रूप में ही प्यार का प्रदर्शन करते हैं, 'सामान्य रूप में' ही ईर्ष्यालु होते हैं, 'सामान्य रूप में' ही नफ़रत करते हैं। वे मानवीय भावना की अंगभूत जटिलताओं को बड़े प्राथमिक साधनों से और अधिकांश में बाहरी संकेतों से रूपायित करते हैं।

स्तानिस्लाव्स्की ने अभिनय के इस रूप को व्यावहारिक रूप में समझाने के लिए आगे लिखा है कि अक्सर एक अभिनेता दूसरे से पूछता है कि वह ऐसे और कुछ इस प्रकार के दृश्य को कैसे प्रदर्शित कर रहा है? वह दूसरा जवाब देता है, 'आँसुओं से' या 'हँसी से', 'प्रसन्नता से' या 'आश्चर्य से'। वे यह कभी नहीं सोचते कि वे मनोव्यापार के विषय में नहीं, बल्कि केवल उसके बाहरी परिणामों का प्रदर्शन ही कर रहे हैं। अभिनेता को यह निश्चित रूप से समझना चाहिए कि मनोभाव की मूल प्रकृति क्या है, उसके स्वरूप को समझना चाहिए जिसके आधार पर उसे प्रदर्शित किया जायेगा। अभिनेता मनुष्य की अन्तश्चेतना और प्रकृति के मनोविज्ञान को जितनी अच्छी तरह समझेगा, अपने अवकाश के समय में जितना उनका अध्ययन करेगा, उतना ही वह मनुष्य के मनोभावों की आन्तरिक गहराइयों में प्रवेश कर सकेगा और इसी आधार पर जिस भूमिका का उसे प्रदर्शन करना है, उसकी स्वरलिपि उतनी ही विस्तृत, जटिल और विविधता लिए हुए होगी।

अभिनेता की अन्तश्चेतना का छोटे से छोटा अंश भी स्वरलिपि से सराबोर हो उठता है, वह उसे सम्मोहित करती है और फिर उसे गहरे, बड़े ही गहरे रूप में अपने अधिकार में ले लेती है। क्रमशः हम अन्तरतम गहराइयों में पहुँचते हैं, जिसे बीज रूप या रहस्यमयी आत्मचेतना कहा जाता है। यही वह मनोभूमि है जहाँ मानवीय मनोभावनाएँ अपने आदिम रूप में रहती हैं, यहीं मानवीय भावनाओं की प्रज्वलित भट्ठी में, जो मामूली हलका और उथला है, राख हो जाता है तथा अभिनेता की रचनात्मक प्रकृति के आधारभूत जीवन्त तत्त्व ही शेष रहते हैं।

चरम उद्देश्य और आद्यन्त कार्य-व्यापार

स्तानिस्लाव्स्की का कहना है कि इसी नाभिकीय केन्द्र में भूमिका का यह मूल रूप और स्वरलिपि के शेष सभी उद्देश्य समाहित हो जाते हैं जैसे एक चरम उद्देश्य में सब घुल-मिल गये हों। यही अन्तर्निष्ठ सार-तत्त्व है, सब कुछ अपने में समेटे हुए लक्ष्य, उद्देश्यों का उद्देश्य, भूमिका की सारी स्वरलिपि का केन्द्रीभूत रूप और उसकी सभी छोटी-बड़ी इकाइयों का सारांश। चरम उद्देश्य में नाटक के सभी आशय, अन्तरंग अभिप्राय तथा सभी उप-उद्देश्य भी निहित होते हैं। इस एक चरम उद्देश्य को पाने के प्रयास में हम कुछ और भी महत्त्वपूर्ण, अतिचेतन, अकल्पनीय वस्तु तक पहुँच जाते हैं, जो कि स्वयं लेखक ग्रिबायेदव की अन्तरात्मा है, वह वस्तु जिसने उन्हें लिखने की प्रेरणा दी थी और जो

अभिनेता को प्रदर्शन के लिए प्रेरित करती है।

स्तानिस्लाव्स्की ने लिखा है कि केवल प्रतिभावान कलाकार ही चरम उद्देश्य की इस भावात्मक अनुभूति को ग्रहण कर पाने में समर्थ हो पाते हैं; वे नाटक की आत्मा को अपने में पूरी तरह आत्मसात् कर लेते हैं और नाट्यलेखक के साथ अपना तादात्म्य भी स्थापित कर लेते हैं। लेकिन कुछ कम योग्य और प्रतिभा वाले कलाकार चरम लक्ष्य को कुछ कम सीमा तक ग्रहण करके सन्तुष्ट हो जाते हैं।

महान् उद्देश्यों में भावनाओं और उद्देश्यों की विपुल राशि अन्तर्निहित होती है। वे गंभीर विषयवस्तु से परिपूर्ण होते हैं। उनमें आध्यात्मिक दृष्टि तथा जीवन्त ऊर्जा होती है। अभिनेता की अन्तर्निहित आध्यात्मिक मनोभूमि में जब एक चरम उद्देश्य आरोपित होता है, तो वह स्वभावतः और खुद-ब-खुद भूमिका के बाहरी तल पर हज़ारों अलग-अलग छोटे-छोटे उद्देश्यों की रचना कर लेता है। यह चरम उद्देश्य ही एक अभिनेता के जीवन और भूमिका का मूलभूत आधार होता है तथा और सभी छोटे-छोटे उद्देश्य उसके अंगभूत होते हैं; उसके अनिवार्य परिणाम और उस एकमात्र आधारभूत उद्देश्य के प्रतिबिम्ब।

फिर भी एक रचनाशील उद्देश्य अपने आप में रचनात्मक नहीं होता। उसमें रचनाशीलता तब आती है जब उसे पाने के लिए कोशिश होने लगती है। यह क्रियाशीलता ही तो रचनात्मकता का सारतत्त्व है। उसे भूमिका या नाटक का आद्यन्त कार्य-व्यापार कहा ज़ाता है। यह आद्यन्त व्यापार अगर चरम उद्देश्य की ओर अग्रसर होता है, तो अभिनेता को चरम उद्देश्य की सक्रिय उपलब्धि कराता है। इस प्रकार चरम उद्देश्य और आद्यन्त कार्य-व्यापार रचनाशील लक्ष्य और रचनात्मक कार्य का प्रतिनिधित्व करते हैं, जिनमें सभी अलग-अलग छोटे-बड़े उद्देश्य, इकाइयाँ और भूमिका की क्रियाएँ समाहित होती हैं। चरम उद्देश्य ही नाटक का सारतत्त्व होता है। आद्यन्त कार्य-व्यापार वह विशिष्ट स्वरलहरी होता है, जो पूरी नाट्य-रचना में आदि से अन्त तक प्रवहमान होती है। ये दोनों मिलकर अभिनेता की रचनाशीलता और उसके प्रयासों का मार्गदर्शन करते हैं।

प्रत्येक नाटक और प्रत्येक भूमिका में एक चरम उद्देश्य और कार्य की आद्यन्त रेखा अन्तर्निहित होती है जो व्यक्तिगत भूमिकाओं और सम्पूर्ण नाट्यरचना के जीवन का आवश्यक स्वरूप अपने में लिए हुए होती हैं। आद्यन्त कार्य-व्यापार की जड़ों को स्वाभाविक भावावेगों में धार्मिक, सामाजिक, राजनीतिक, कलात्मक, रहस्यमयी तथा अन्य भावनाओं में खोजा जाना चाहिए। मनुष्य की

प्रकृति में सर्वाधिक विकसित गुण-दोषों, अच्छाई-बुराई तथा उसमें निहित रहस्यमय रूप को अनुशासित करने वाले तत्त्व में भी ये जड़ें मिलती हैं। हमारे बाहरी और भीतरी जीवन में जो कुछ भी होता है, जो कुछ हमें चारों ओर से घेरे हुए है, वह सभी रहस्यात्मक सम्बन्ध में महत्त्वपूर्ण है। अक्सर वह हमारे अचेतन से भी जुड़ा होता है। वह नाटक के मूल विचार, हमारी अन्तर्निहित आकांक्षाओं और कार्य-व्यापार की आद्यन्त रेखा से भी सम्बन्धित होता है। कार्य-व्यापार की यह आद्यन्त रेखा और कुछ नहीं, हमारी मानवीय अन्तश्चेतना ही है। अक्सर जीवन में और रंगमंच पर भी आद्यन्त रेखा अपने को अनजाने ही प्रकट कर देती है। स्तानिस्लाव्स्की का कहना है कि अगर अभिनेता नाट्य-रचना की आद्यन्त-रेखा से अलग होता है तो वह बहुत बड़ी भूल कर बैठेगा। इसलिए उसको पूरे नाट्य-प्रवाह में उसके साथ बराबर सम्बन्ध बनाये रखना चाहिए।

अभिनेता को इस सन्दर्भ की महत्ता को समझते हुए यह भलीभाँति जान लेना चाहिए कि जीवन्त, मनोवैज्ञानिक उद्देश्यों की स्वरलिपि कैसे बनायी जा सकती है। उसे सब कुछ को समाहित करने वाले एक चरम उद्देश्य को पूरी तरह आत्मसात करते हुए सम्पूर्ण स्वरलिपि की रचना करनी चाहिए और फिर उसे पाने के लिए सक्रिय होना चाहिए। चरम उद्देश्य, आद्यन्त कार्य-व्यापार और उनकी उपलब्धि, सभी को एकत्र कर, भूमिका की जीवन्त भावात्मक प्रक्रिया के साथ जोड़ना चाहिए। इस प्रकार अपनी भूमिका को जीने की प्रक्रिया में, अपनी भूमिका की स्वरलिपि की रचना, एक चरम उद्देश्य का निर्धारण और उसकी सक्रिय उपलब्धि, कार्य की आद्यन्त रेखा के माध्यम से, समन्वित हो जाते हैं।

फिर भी, वास्तविक जीवन की भाँति रंगमंच पर कोई भी गतिविधि, कोशिश या कार्य-व्यापार बिना विघ्न-बाधाओं के सम्पन्न नहीं हो पाते। हमारे सामने अनिवार्य रूप से और लोगों की प्रतिक्रियाएँ, और लोगों की कोशिशें आ जाती हैं अथवा विरोधी घटनाएँ खड़ी हो जाती हैं अथवा इसी प्रकार की और रुकावटें उत्पन्न हो जाती हैं। जीवन तो अनवरत संघर्ष है। कोई उसमें जीतता है तो कोई हारता है। रंगमंच पर भी इसी प्रकार आद्यन्त कार्य-व्यापार के बर-अक्स भी आद्यन्त विरोधी कार्य-व्यापारों की शृंखला होती है। इन परस्पर-विरोधी कार्यों की टकराहट से ही नाटकीय परिस्थितियाँ बनती हैं और विभिन्न चरित्रों का निर्माण होता है। इन दो परस्पर-विरोधी आद्यन्त कार्य-व्यापारों का परस्पर द्वन्द्व और संघर्ष ही तो नाटकीय वस्तुस्थिति बनता है। नाटक के हर एक लक्ष्य की संप्राप्ति अभिनेता की शक्तियों के भीतर से होनी चाहिए अन्यथा वह उसे आगे नहीं ले जा सकेगी। इसके विपरीत वह उसे भयभीत

करेगी। उसकी भावनाओं को अपंग बना देगी और स्वयं प्रकट होने के स्थान पर नाटकीय लटकों और अभिनय की तिकड़मों को उत्पन्न करेगी। हम रंगमंच पर अक्सर यही होता देखते हैं। उद्देश्य जब तक अपने को भावना के प्रभावपूर्ण स्तर पर बनाये रखता है, अभिनेता अपनी भूमिका को सच्चाई के साथ जीता है, लेकिन जैसे ही वह अपनी पहुँच के बाहर किसी जटिल उद्देश्य को अपने सामने रखता है, उसकी भूमिका की स्वाभाविक भावना खण्डित हो जाती है और उसका स्थान बाहरी तनाव, झूठी भावनाएँ और अभिनय के लटके ले लेते हैं।

कुछ ऐसा ही तब भी होता है जब एक उद्देश्य सन्देह उत्पन्न करता है, अनिश्चय की भावना जगाता है और अपनी रचनाशील इच्छाशक्ति के प्रयास को बाधित कर देता है। सन्देह रचनाशीलता का दुश्मन है। अपनी भूमिका की जीने की प्रक्रिया को वह रोक़ देता है। इसलिए यह बहुत ज़रूरी है कि अभिनेता अपने उद्देश्यों को बड़ी सावधानी के साथ देखता रहे, उन्हें रचनाशीलता के सार-तत्त्व इच्छाशक्ति को विचलित करनेवाली अथवा उसकी महत् आकांक्षाओं को कमजोर करने वाली बातों से बचाये रखे।

परम चैतन्य

अभिनेता जब रचनाशीलता की सभी रीतियों और रास्तों को पूरा कर लेता है, तो वह ऐसी सीमा-रेखा पर पहुँचता है, जिसके आगे मानवीय चेतना नहीं जा सकती है। वहीं से अचेतन का, अंतःप्रेरणा का चरित्र आरम्भ होता है जो कि बुद्धि, भावनाओं और विचार को नहीं, रचनात्मक मनोव्यक्तियों को उपलब्ध होता है। कोई अभिनेता संस्कारित तकनीक के सहारे के बिना उस तक नहीं पहुँच सकता। कलाकार की नैसर्गिक प्रवृत्ति को ही वह सुलभ होती है।

स्तानिस्लाव्स्की को इस बात का दुःख था कि नाट्यकला में यह अचेतन क्षेत्र प्रायः उपेक्षित रहा है क्योंकि अधिकतर अभिनेता स्वयं को सतही अनुभूतियों तक ही सीमित रखते हैं और दर्शक भी मात्र बाहरी प्रभावों से ही सन्तुष्ट हो जाते हैं। फिर भी कला का सारतत्त्व और उसकी रचनाशीलता का मूल स्रोत मनुष्य की आत्मा में बहुत गहरे छिपा होता है। हमारी आध्यात्मिक चेतना के केन्द्र में हमारा अबोधगम्य, अतिचेतना के क्षेत्र में, हमारा 'रहस्यमय' अर्थात् आत्मचेतना और स्वयं अन्त-प्रेरणा भी रहते हैं। यही तो हमारी सर्वाधिक महत्त्वपूर्ण आध्यात्मिक सामग्री का भाण्डारघर है।

स्तानिस्लाव्स्की ने उसे सर्वथा अगोचर कहा है और उसे हमारी चेतना से,

अधिकार से मुक्त माना है। उसे वे शब्दों, परिभाषा से परे मानते हैं और यह भी कहते हैं कि उसे न देखा-सुना जा सकता है, न किसी इन्द्रिय के सहारे जाना जा सकता है। सच तो यह है कि चेतन साधनों के माध्यम से उस जीवन्त आत्मा की सभी बारीकियों को समझा भी नहीं जा सकता है। उदाहरण के रूप में देखें तो अन्तरात्मा हेमलेट के मनोजगत् जैसी ही जटिलताएँ लिये हुए है। उसकी बहुत-सी रंग-भंगिमाएँ, प्रेतात्माओं के छायाभास, भावनाओं के संकेत केवल अचेतन, रचनाशील, भीतर की सहज-बुद्धि की पहुँच के ही भीतर होते हैं।

सवाल उठता है कि उस तक कैसे पहुँचा जाये? भूमिका की, अभिनेता की, दर्शक की गहराइयों की कैसे थाह ली जाये? यह केवल प्रकृति की सहायता से ही किया जा सकता है। रचनाशील परम चैतन्य के रहस्यमय स्थलों की चाभियाँ, मानवीय चेतना से सम्पन्न अभिनेता की नैसर्गिक प्रकृति के पास ही होती है। केवल प्रकृति ही चमत्कार का प्रदर्शन कर सकती है। उसके बिना भूमिका का मूल पाठ एकदम जीवनरहित और स्पन्दनहीन हो जाता है। संक्षेप में कहा जाये तो इस संसार में केवल प्रकृति ही रचनाकार है और उसमें ही जीवन की सर्जना की सामर्थ्य होती है।

भावना जितनी अधिक सूक्ष्म होती है उतनी ही वह उस परम चैतन्य के पास पहुँचती है, प्रकृति के समीप आती है और फिर उतनी ही अधिक चेतना से दूर होती जाती है। परम चेतना का आरम्भ जहाँ से होता है वहाँ वास्तविकता अथवा अति स्वाभाविकता समाप्त हो जाती है—वहाँ प्रकृति बुद्धि के अनुशासन से मुक्त हो जाती है। वह परम्पराओं से, पूर्वाग्रहों से तथा बलाधिक्य से भी छुटकारा पा लेती है। इस प्रकार अचेतन की ओर स्वाभाविक पहुँच का मार्ग चेतन से होकर जाता है। परम चैतन्य तक जो अवास्तविक है, पहुँचने का रास्ता स्वाभाविकता की अतियथार्थता के बीच से होकर ही जाता है। कहने का आशय यह है कि वह प्रकृति के भीतर होकर और उसके सामान्य, हठवादिता से मुक्त और रचनाशील जीवन के भीतर से होकर गुज़रता है।

भारतीय योगी जो उपचेतन तथा परम-चेतना के क्षेत्र में चमत्कार उत्पन्न कर सकते हैं, इस सम्बन्ध में बड़े ही व्यावहारिक परामर्श दे सकते हैं। वे भी सचेतन, प्रारम्भिक साधनों के माध्यम से अचेतन की ओर, भौतिक से आध्यात्मिकता की ओर, यथार्थ से अयथार्थ की ओर तथा प्राकृतवाद से अरूप की ओर बढ़ते हैं। स्तानिस्लाव्स्की का सुझाव है कि एक मुट्ठी भर विचारों को लो और उन्हें यह कहते हुए उपचेतन के बारे में फेंक दो कि मेरे पास इनके

लिए समय नहीं, इसलिए तुम (मेरे उपचेतन) उनके साथ जो भी ठीक समझो, करो। इसके बाद तुम सोने चले जाओ। जब तुम जागो तो पूछना : 'क्या वह तैयार है?' जवाब होगा : 'अभी नहीं।' एक और मुट्‌ठी भरकर विचारों को लो और फिर उन्हें उसी बोरे में फेंक दो, और फिर टहलने चले जाओ। जब तुम लौटो, तो पूछो : "क्या वह तैयार है?" जवाब अब भी यही : "नहीं।" इसी प्रकार चलता रहेगा। लेकिन अन्ततः तुम्हारा उपचेतन कहेगा, "मैं तैयार हूँ।" तब वह तुम्हारा दिया हुआ काम पूरा करके देगा।

न जाने कितनी बार, जब हम सोने को जाते हैं या टहलने को निकलते हैं, तो हम बड़े संघर्ष की भावना से भरकर एक राग या रागिनी, विचार या नाम या पते को याद करते हैं। हम खुद से कहते हैं : "सुबह साँझ से कहीं अधिक बुद्धिमान है; और हम जब सुबह उठते हैं, तो यह पाते हैं कि हमने जो कुछ चाहा था, वह हमें मिल गया है। हमारे उपचेतन तथा परमचेतन का कार्य, दिन हो या रात, कभी नहीं रुकता। जब हमारा शरीर और हमारी सारी चेतना आराम कर रही होती है अथवा जब हमारे विचार और हमारी भावनाएँ हमारी प्रतिदिन की चिन्ता से विचलित हो जाती हैं, तो भी हमारे उपचेतन और परम चेतन सक्रिय रहते हैं। लेकिन हमारे भीतर कार्य की जो प्रगति होती रहती है, हमें उसकी जानकारी नहीं होती क्योंकि वह हमारे चेतन मन की पहुँच के बाहर होती है।

अभिनेता को अपनी उपचेतना से इसी प्रकार का संवाद स्थापित करने के लिए यह जानना चाहिए कि "कुछ मुट्‌ठीभर विचारों को लेकर उन्हें उपचेतन के बोरे में कैसे फेंका जाये?" उसकी परम चेतना का भोजन, रचनाशीलता की सामग्री उन मुट्‌ठीभर विचारों में ही होती है। उनके भीतर क्या होता है और उन्हें कहाँ पाया जा सकता है? वे सूचना, ज्ञान और अनुभव से बने होते हैं—उस सारी सामग्री से जो हमारी स्मृतियों में इकट्‌ठी और संगृहीत होती रहती है। इसीलिए यह बड़ा ज़रूरी है कि अभिनेता निरन्तर अपनी स्मृति के इस भाण्डारघर को अध्ययन, अनुशीलन, निरीक्षण, पर्यटन से भरता रहे और समाज में, धर्म के क्षेत्र में, राजनीति में तथा जीवन के अन्य रूपों में जो कुछ चल रहा है, उससे सम्बन्ध बनाये रहे। जब वह अपने इन मुट्‌ठीभर विचारों को अपने चेतन में भर रहा हो तो उसे बहुत जल्दबाज़ी नहीं करनी चाहिए, उसे बड़े धीरज के साथ इन्तज़ार करना चाहिए; अन्यथा जैसा योगी कहते हैं, वह उस बेवकूफ़ बच्चे की तरह होगा जिसने ज़मीन में एक बीज को बोया और हर आधा घण्टे के बाद उसे खोदकर देखा कि उसने जड़ें बना ली हैं या नहीं?

स्तानिस्लाव्स्की ने इसके बाद लिखा है कि अभिनेता जो भी कार्य अपने

लिए या अपनी भूमिका के लिए करता है, उसका लक्ष्य होता है जीवन्त भावनाओं के उद्‌भव और विकास के लिए तथा परम चेतना के क्षेत्र में सोयी हुई अन्तःप्रेरणा को जगाने के लिए भूमि तैयार करना। कुछ लोगों का विश्वास है कि अन्तःप्रेरणा इस ओर बिना ध्यान दिये कि अभिनेता क्या कर रहा है, अपने आप जाग उठती है और अपनी रचनाशील मनोदशा उपलब्ध करा देती है; लेकिन अन्तःप्रेरणा तो बड़ी ही बिगड़ी हुई जीवधारिणी है। वह तो केवल तैयार की गयी परिस्थितियों में ही प्रकट होगी और उनसे किसी प्रकार का भी विचलन उसे डरा देगा तथा वह परम चेतना की गुफाओं में जाकर छिप जायेगी।

इस विषम परिस्थिति से बचने के लिए स्तानि़स्लाव्स्की ने सलाह दी है कि इससे पहले कि अभिनेता परम चेतना और अन्तःप्रेरणा के सम्बन्ध में सोचे, उसे अपनी समुचित मनोदशा बनाने में इतनी दृढ़ता के साथ लग जाना चाहिए ताकि वह किसी और को बर्दाश्त ही न कर सके; वह कुछ ऐसा प्रयास करे कि वह उसकी दूसरी प्रकृति, उसका स्वभाव बन जाये। इससे भी अधिक उसे यह सीखना चाहिए कि उसकी भूमिका के लिए जो परिस्थितियाँ दी गयी हैं, उन्हें वह पूरी तरह से अपना बना ले। केवल तभी उसकी बड़ी सुकुमार-सी अन्तःप्रेरणा अपने छिपे हुए दरवाज़ों को खोलेगी, आज़ादी के साथ बाहर निकलेगी और अपनी रचनाशीलता को सक्रिय करने की पूरी सामर्थ्य को अपने अधिकारपूर्ण हाथों में ले लेगी।

अब हम भूमिका के प्रदर्शन की तैयारी की दूसरे बड़े दौर के अन्त में आ गये हैं। सवाल उठता है कि हमें क्या कुछ मिला है? अगर पहला दौर रचना की इच्छा को सक्रिय करने के लिए मनोभूमि तैयार करने का विश्लेषण था, तो यह दूसरा दौर भावात्मक अनुभव के विकास और रचना की इच्छा को सचेष्ट करने का रहा है। उसने हमारी आकांक्षा और रचनाशील सक्रियता के आन्तरिक मनोवेग को सजग कर दि‍ा है और इस प्रकार हमें बाहरी भौतिक चेष्टा तथा भूमिका के वास्तविक रूपायन के मार्ग पर चलने को तैयार कर दिया है।

भौतिक रूपायन–अवस्था

स्तानिस्लाव्स्की ने 'वो फ़्रॉम विट्' के प्रदर्शन की तैयारी के इस तीसरे चरण के आरम्भ में पहले दौर को आलंकारिक शब्दावली में उन दो व्यक्तियों का पहला परिचय कहा है, जो प्रेमी और प्रेमिका हो जायेंगे और दूसरे चरण को उनके विवाह और गर्भाधान का रूप दिया है; तीसरे चरण को उसी उपमान योजना को आगे बढ़ाते हुए उन्होंने जन्मोत्सव और यौवन की चेतना का विकास बताया है। उनका कहना है कि अब जब हम अपनी इच्छाओं, उद्देश्यों और महत्त्वाकांक्षाओं की रचना कर चुके हैं, हम उन्हें कार्यरूप में परिणत करने की दिशा में आगे बढ़ सकते हैं।

केवल आन्तरिक रूप में ही नहीं, वरन् बाहरी रूपों में भी अपने विचारों और भावों के संप्रेषण के शब्दों और गतिविधियों का प्रयोग करते हुए अथवा सहज रूप में अपने उद्देश्यों को भौतिक रूप प्रदान करते हैं।

स्तानिस्लाव्स्की का कहना है कि भूमिका के रंगमंच पर रूपायन की यह प्रक्रिया रंगमंच पर अनेक रूपों में सम्पन्न हो सकती है। अभिनेता रंगमंच पर रूपायित हो रहे जीवन की परिस्थितियों को बदल सकता है, एक नये चरम उद्देश्य और विश्वास के लिए वह उसे अपने में ही खोज सकता है, वह अपने को कार्य की नाटक में प्रारंभ से लेकर अन्त तक खिंची मुख्य रेखा को समर्पित कर सकता है, फिर से जगायी गयी भावनाओं को वह किसी-न-किसी तरीके से समायोजित कर सकता है, उन्हें वह एक तरह का और फिर दूसरी तरह का अनुक्रम दे सकता है। वह अपनी भूमिका में ऐसे स्वभावों को विकसित कर सकता है और भौतिक रूपायन की ऐसी रीतियाँ अपना सकता है, जो उसके लिए सजातीय न हों, और वह अपने आचार-व्यवहार, अपने बाहरी स्वरूप को भी बदल सकता है। यह सब अभिनेता को सामाजिकों के सामने हर भूमिका में बड़े अलग-अलग रूपों में प्रदर्शित करना होता है। लेकिन वह हमेशा अपने 'आत्मरूप' में ही बना रहेगा। वह अपने अधिकार से रंगमंच पर अभिनय

करता है। यद्यपि जिस भूमिका का वह रूपायन कर रहा है, उसके अनुरूप बनने के लिए स्वयं को रूपांतरित भी कर सकता है।

स्तानिस्लाव्स्की इसके बाद अपने को चात्स्की की भूमिका में रखकर यह सोचना आरम्भ करते हैं कि अगर कोच में बैठे हुए हों तो उनके मन में क्या कुछ होगा? वे इस तथ्य के मतलब को समझने और तोलने की कोशिश करते हैं कि यदि वे दूर देश से लम्बे समय के बाद घर लौटे हों तो उनके मन में क्या होगा? इस सवाल का जवाब देने के लिए वे सोचते हैं कि उन्हें गहराई के साथ और व्यापक रूप में अपने लौटने के तथ्य का फिर से मूल्यांकन करना होगा। उन्हें लगता है कि उनकी ज़िन्दगी में जब ऐसे मिलते-जुलते तथ्य आये हैं, तो उनसे और स्वयं अपने अनुभव से जो जानकारी उन्हें हुई है, उसे फिर से संतुलित करना चाहिए। वे अक्सर बड़ी दूर से और लम्बे समय के बाद मास्को लौटे हैं और तब उन्होंने आज की तरह ही थिएटर आने के लिए गाड़ी ली है। उन्हें यह स्पष्ट रूप से याद आ रहा है कि अपने थिएटर के साथियों से मिलने की संभावना को लेकर वे कितने खुश हो जाया करते थे, क्रेमलिन को देखकर गाड़ी के परिचालक से बात करके वे कितने प्रसन्न हो उठते थे। अपनी पितृभूमि की हवा उन्हें कितनी मीठी और अनुकूल लगने लगती थी।

स्वदेशानुराग की भावना से इस प्रकार ओतप्रोत होकर वे खुद से दूसरा सवाल करते हैं : अलेक्ज़ैण्डर चात्स्की को क्या लगेगा, अगर वह फ़ामूसव और सोफ़िया से मिलने के लिए लौट रहा हो। अपने को उसके स्थान पर रखकर पहले उन्हें बड़ा बेढंगा-सा लगता है, ऐसा लगता है जैसे अपना संतुलन खो रहे हों। कोई किसी अन्य व्यक्ति की भावना का कैसे अन्दाज़ लगा सकता है? कैसे वह किसी और की काया में प्रवेश कर सकता है, अपने को उसकी जगह रख सकता है? वे जल्दी ही अपने प्रस्तावित सवाल को वापस ले लेते हैं और उसके स्थान पर दूसरा सवाल रख देते हैं : "लोग क्या करते हैं, जब वे प्यार की भावना में डूबे होते हैं, वर्षों के अन्तराल के बाद लौटते हैं, अपने सपनों की रानी को देखने के लिए गाड़ी में बैठे चल रहे होते हैं?" जब उन्होंने सवाल को इस रूप में रखा, तो वे चौंके नहीं, फिर भी यह उन्हें बड़ा ही रूखा, अस्पष्ट और सामान्य-सा लगा और इसलिए उन्होंने जल्दी ही उसे नया रूप प्रदान कर दिया। वे क्या करेंगे अगर वे जैसे कि अब बाहर से आकर किसी गाड़ी पर बैठे हों, लेकिन थिएटर की ओर नहीं वरन् 'उससे' मिलने जा रहे हों और कोई बात नहीं, उसका नाम सोफ़िया हो या और कुछ हो।

यह विचार-परम्परा फिर आगे बढ़ती है। हर आदमी के जीवन में 'वह'

होती है—कभी गोरी, कभी साँवली, कभी वह बड़ी विलक्षण और मनमोहिनी, लेकिन एक प्रकार की ऐसी रूपसी कि व्यक्ति किसी भी क्षण फिर से प्यार की भावना में डूब जाये। वे किसी भी और व्यक्ति की तरह अपनी उस आदर्श प्रिया के विषय में सोचते हैं और शायद बड़ी आसानी से अपने भीतर सुपरिचित भावनाओं और मनोवेगों को जागता हुआ अनुभव करते हैं।

अब वे घोड़ागाड़ी पर बैठे हुए अपने को भौतिक रूप में चात्स्की में रूपान्तरित करना चाहते हैं, फिर भी अपने को प्रथमतः और मूलतः अपने खुद के रूप में बनाये रखना चाहते हैं। वे सोचते हैं कि कैसे वे घोड़ागाड़ी में बैठे हुए अपनी वर्तमान परिस्थिति में अपनी भूमिका की काल्पनिक वस्तुस्थितियों के साथ अपना सम्बन्ध बना सकते हैं? वे कैसे अपना कार्य आरम्भ करें, प्रतिदिन की वास्तविकता के बीच रहना और जीना शुरू करें? कैसे वे उसे अपनी भूमिका के जीवन के साथ जोड़ें? इसके लिए सबसे पहले उन्हें 'मैं हूँ'... की मनोदशा स्थापित करना चाहिए। इस समय वे यह सब कल्पना में नहीं, वरन् वास्तविक ज़िन्दगी में कर रहे हैं। फ़ामूसव के काल्पनिक भवन में नहीं, वरन् घोड़ागाड़ी पर बैठे-बैठे कर रहे हैं।

अब वे कोशिश करते हैं कि अपनी उस प्रिया को सन् 1820 के मास्को में फ़ामूसव भवन के परिवेश में प्रतिरोपित करें। वह फ़ामूसव और सोफ़िया होने के साथ-साथ चात्स्की की कल्पना की रूप की रानी ही क्यों न हो। उनका मन, उनकी स्मरणशक्ति उसके बाद उस सारी सामग्री की फिर से संरचना करने लगती है, जो उन्होंने अपने पहले प्रयास में अपनी भूमिका की मानसिक स्वरूप की संरचना में इकट्ठी की थी। फ़ामूसव के भवन की सुपरिचित, बाहरी और भीतरी परिस्थितियाँ फिर से जाग उठती हैं और उन्हें चारों ओर से घेर लेती हैं। उन्हें लगता है जैसे वे ठीक उनके बीच में हैं और फिर वे वहीं जीने लगते हैं। उसके बाद, घण्टा-दर-घण्टा दिनभर वहाँ का जीवन कैसा होगा, यह सब उनके मन में जागने लगता है। इस प्रकार वे फ़ामूसव के भवन में अपने जाने को अर्थ और औचित्य प्रदान कर देते हैं।

इसी चिन्तन-क्रम को आगे बढ़ाते हुए उनके मन में सवाल उठता है कि अगर वे उससे मिलने जा रहे हैं तो फ़ामूसव-भवन के उसी परिवेश में वे क्या करेंगे। वे अपने भीतर देखते हैं और उन्हें अपनी ही मूलभूत अन्तःवृत्तियों के बीच में जवाब मिलता है। उन्हें प्यार की भावना में डूबे व्यक्ति की सुपरिचित उत्तेजना और धैर्यहीनता याद आती है। उन्हें लगता है कि उत्तेजना और धीरज का अभाव बहुत बढ़ने पर उनके लिए गाड़ी में शान्त बैठे रहना बड़ा मुश्किल

हो जायेगा। ऊर्जा का एक प्रबल स्पन्दन उनके भीतर जाग उठेगा और उन्हें लगने लगेगा कि उसे उन्हें समुचित दिशा देकर कार्यरूप में परिणत करना चाहिए। अब उन्हें लगता है कि उनके आन्तरिक जीवन की मुख्य उत्प्रेरक शक्तियाँ जाग उठी हैं और वे उनके मन में उठे सवालों का जवाब देने को तत्पर हैं : वे उससे कैसे मिलें? वे अपनी प्रिया से क्या कहें और क्या करें कि यह मिलन स्मरणीय हो जाये।

विचार-परम्परा चल पड़ती है : वे उसके लिए कोई बुके खरीदें? मिठाई लें? यह सब तो बड़ा मामूली है! क्या वह कोई सुन्दरी रूपाजीवा है, जिसके लिए उपहार सुमन और कोई मिठाई ले जाने की प्राथमिक योजना बनाई जाये? वे सोचते हैं कि क्या उसके लिए दूर से आने पर उन्हें कोई भेंट ले जानी चाहिए? यह तो और भी बुरा होगा! उनके मन में विचार आता है कि वे कोई फेरीवाले या विक्रेता तो नहीं हैं कि उसे पहली बार देखते ही उसके सामने भेंट की वस्तुओं का ढेर लगा दें, जैसे कि वह आत्मीया नहीं, प्रेमिका मात्र है। इन छोटे विचारों तथा विरस भावनाओं से उनका मुख म्लान हो जाता है। फिर भी वे यह सोचते रहते हैं कि मिलने पर उसे किस प्रकार उसका अभिनन्दन करना चाहिए? वे उसे अपना सम्पूर्ण मन समर्पित कर देंगे, उसके चरणों पर प्रणत हो जायेंगे। 'दिन अभी निकला ही हुआ है और मैं बड़े समर्पण की भावना से तुम्हारे आगे खड़ा हूँ।' चात्स्की के अपने शब्द उनकी वाणी से फूट पड़े। उसके प्रथम दर्शन पर इस प्रकार के अभिनन्दन से अधिक और कोई अच्छा ढंग हो ही नहीं सकता।

स्तानिस्लाव्स्की ने आगे लिखा है कि चात्स्की की भूमिका को ये शब्द जो अब तक उन्हें बड़े अरुचिकर लगे थे, अचानक बड़े ही ज़रूरी और अच्छे लगने लगे। उन्हें बोलते हुए रंगमंच पर सामान्यतः उनके साथ चलने वाली विनय मुद्रा अब उन्हें किसी प्रकार नाटकीय नहीं, वरन् बड़ी स्वाभाविक और समुचित लगने लगती है। उस क्षण उन्हें उन शब्दों के भावात्मक प्रभाव और अन्तरंग मनोभावों का भली प्रकार अनुभव हुआ जिन्होंने ग्रिबायेदव की उन पंक्तियों को लिखने की प्रेरणा दी थी।

इसी सन्दर्भ में उन्होंने सोचा कि अगर उन्हें उसके सुन्दर चरणों पर अपने को समर्पित करना ही है, तो खुद को यह महसूस होना चाहिए कि मैं उसके लिए भली प्रकार योग्य हूँ। वे वास्तव में इस योग्य हैं कि खुद को उसे समर्पित कर देंगे? उनका प्यार, उनकी निष्ठा, अपने आदर्श के प्रति उनकी अविराम पूजा की भावना—सभी विशुद्ध हैं और उसके योग्य हैं। लेकिन तभी

उनके मन में सवाल उठता है कि वे स्वयं में क्या हैं? वे देखने में सुन्दर नहीं हैं और न उनमें पर्याप्त काव्य चेतना ही है। वे चाहते हैं कि वे और भी भले होते, अधिक सुसंस्कृत होते। यहाँ वे प्रयत्न करके सीधे खड़े हो जाते हैं। अपनी मुखमुद्रा को अच्छा बनाने की कोशिश करते हैं। भव्य रूपभंगिमा की तलाश करने की वांछा मन में जागती है। फिर वे खुद को यह सोचकर संतोष देते हैं कि मैं औरों से बुरा नहीं हूँ। वे चलते-फिरते लोगों से अपनी तुलना करते हैं। सौभाग्य से उन्हें चारों ओर विकलांग लोग ही दिखायी देते हैं।

कुछ शरीर तथा कुछ मन से विकलांग लोगों को देखने के बाद, वे चात्स्की के संवादों का अनुशीलन करने लगते हैं। उन्हें अपने भीतर उन शब्दों की भावात्मक प्रतिक्रियाएँ मिलने लगती हैं, कुछ-कुछ वैसी ही अनुभूति होने लगती है जैसे ग्रिबायेदव को उन्हें लिखते हुए हुई होगी। इस प्रकार उत्पन्न हुए सुपरिचित परिवेश की जब निकट से परीक्षा आरम्भ होती है, तो वे पुरानी चीज़ें, जिनसे हम थक चुके थे और जिन्हें देखना भी हमने छोड़ दिया था, अचानक नयी और असम्भावित चीज़ों की तुलना में अधिक प्रभावशाली हो उठती हैं। रास्ते पर चलते हुए जो भी चीज़ें दिखाई देती हैं, उनका प्रभाव दूर से तत्काल आतिशी शीशे से छनकर आया हुआ लगता है और उसके साथ उनकी स्वदेशानुराग की भावना और अधिक बढ़ती जाती है। उन्हें लगता है कि वह ज़िन्दगी के कड़वेपन का अनुभव नहीं था, वरन् आत्मा की मनोव्यथा थी, अपने देश रूस के प्रति अत्यधिक प्यार की भावना, उसकी गहरी समझ कि उसमें क्या मूल्यवान है और कौन-से अभाव हैं, जिसने कि चात्स्की को उनकी निन्दा करने पर मजबूर किया था जो उनके देश के जीवन को बिगाड़ रहे थे और उसके विकास में बाधा डाल रहे थे।

यह विचार-प्रवाह चल ही रहा था कि रास्ते में उन्होंने एक प्रसिद्ध विमानचालक को देखा और फिर उसे अभिवादन भी किया। वह व्यक्ति कभी-कभी कार-दौड़ में भी भाग लिया करता था। पहले तो यह उन्हें अपनी भूमिका-संदर्भ में काल-दोष लगा, लेकिन फिर उन्होंने सोचा कि किसी के प्यार में डूबे हुए व्यक्ति का चचेरा भाई वायुयानचालक नहीं हो सकता? क्या कोई देशप्रेमी दूरदेश से अपने घर लौटते समय मोटर-दौड़ में भाग लेने वाले व्यक्ति से नहीं मिल सकता? यह भेंट फिर उन्हें स्वाभाविक लगने लगी, लेकिन फिर एक बड़ा ही विचित्र अनुभव उन्हें हुआ। उन्होंने जिस ढंग से उस व्यक्ति को नमस्कार किया, उसमें उन्हें अपना व्यवहार सहज नहीं लगा। वह बहुत बदला हुआ था। उनके मन में सवाल उठा कि क्या वह वैसा ही नहीं था जैसा कि

चात्स्की ने वास्तव में किया होता?

इस संकल्पना के साथ एक और विलक्षण अनुभव उन्हें हुआ, उन्होंने बड़ी सहजता के साथ जब उस व्यक्ति का अभिवादन किया तो उनके मन में एक विशेष प्रकार की कलात्मक संतोष की भावना क्यों उत्पन्न हुई? उनके हाथ में अनजाने ही एक विशेष प्रकार की गतिशीलता आयी जो प्रत्यक्षतः उन्हें बड़ी सही लगी। क्या वह इसलिए सही थी कि उस चेष्टा के लिए सोचने-विचारने का उनके पास समय नहीं था और वह सीधे अन्तःप्रेरणा से उत्पन्न हो गयी थी? उन्हें लगा कि इस प्रकार की अनजानी चेष्टा को याद रखना बिल्कुल बेकार होगा। वह या तो फिर आयेगी नहीं अथवा वह अपने आप ही अनजाने आ जायेगी। अगर वह इसी प्रकार बार-बार आयेगी तो आदत बन जायेगी और उनकी भूमिका के उस भाग में स्थायी हो जायेगी। फिर उन्हें लगा कि यदि यह वास्तव में हो जाये तो ठीक वरना इसके लिए उन्हें खुद उस चेष्टा को याद करने की कोशिश नहीं करनी चाहिए, उल्टे उस सामान्य स्थिति का स्मरण करना चाहिए जिसमें वह उत्पन्न हुई थी। यही प्रक्रिया तब सम्पन्न होती है, जब किसी भूले हुए विचार या स्वरलहरी को याद किया जाता है। उसे जितनी दृढ़ता से याद किया जाता है, वह उतनी ही शिद्दत से हमसे छिपती है। लेकिन उसकी जगह यदि हम उन परिस्थितियों की स्पष्टता के साथ याद करें, जबकि वह विचार पहली बार उत्पन्न हुआ था, तो वह अपने आप हमारे स्मृति-पटल पर फिर से जीवित हो उठेगा।

यही सब सोचते-विचारते उनकी घोड़ागाड़ी रंग-संस्थान तक पहुँच गयी और उन्होंने भीतर प्रवेश किया। उस समय वे अपने को भीतर से उत्तप्त अनुभव कर रहे थे, रिहर्सल के लिए पूरी तरह से तैयार। अपनी भूमिका को उन्होंने भली प्रकार तोल लिया था और उन्हें लग रहा था कि वे स्तानिस्लाव्स्की नहीं, वरन् चात्स्की हैं। उनका 'मैं हूँ' का मूल मंत्र चरितार्थ हो रहा था।

रंग-संस्थान में प्रवेश करने के अनन्तर वे रिहर्सल के कमरे में पहुंचे और सभी लोगों के साथ एक बड़ी मेज़ के पास बैठ गये। नाटक का पाठ आरम्भ हुआ। पहला अंक पढ़ा गया। निर्देशक महोदय ने अपनी भौंहें सिकोड़ीं। सभी की आँखें नाटक पर गड़ी हुई थीं। सभी बड़े ताज्जुब में थे--घबराये हुए, उलझन से भरे, भ्रान्ति की भावना से परिपूर्ण। किसी में आगे पढ़ने की इच्छा नहीं रही। हाथ की किताब उन्हें परेशान करने लगी। बिना किसी जीवन्त कारण के वहाँ बैठे रहना उन्हें अनर्गल लगने लगा। सबको लगने लगा कि जैसे उन्हें पानी में ढकेल दिया गया हो। बड़े परिश्रम के साथ पढ़कर और रात-रात जागकर जो

कुछ उन्होंने तैयार किया था, वह सब बेकार लगने लगा।

लेकिन स्वयं स्तानिस्लाव्स्की को लगता है कि उनका मनोविज्ञान औरों से अलग है। उनके मनोजगत् में जिस व्यक्ति को उन्हें रूपायित करना है, उसका बिम्ब अपने भावनात्मक और भौतिक, दोनों ही स्वरूपों में जाग रहा है। उन्हें अपनी भूमिका के सम्पूर्ण अन्तरंग जीवन का भान है। लेकिन तभी अपने अन्य सहकर्मियों के साथ उन्हें लगता है कि उनके मन का वह जीवन विधान टूटकर टुकड़े-टुकड़े हो गया है, उसे फिर से मनोजगत् में जोड़ना असम्भव होगा। फिर जीवन का और भी बिगड़ा हुआ स्वरूप उनके मन में उभरने लगता है। उन्हें लगता है कि समृद्ध रचनाशीलता को लेकर जो इकट्ठा हुआ था, वह अभिनेता की सस्ते क़िस्म की तिकड़मों, आदतों, घिसे-पिटे कार्यक्रमों, कुंठित वाणी और जबर्दस्ती खड़े किये गये स्वर-विन्यास में बदल गया है। घर पर बड़े प्रयत्न के सहारे जो सामंजस्यपूर्ण विधान उन्होंने खड़ा किया था, वह सारा विनष्ट हो गया है और सब कुछ अराजकतापूर्ण और पूरी तरह से अव्यवस्थित हो गया है। अपने पर फिर से नियंत्रण स्थापित कर पाना उनके लिए संभव नहीं हो पा रहा है। उन्हें लग रहा था कि बड़ी कोशिशों से जो स्वरलिपि उन्होंने बनायी थी, वह विनष्ट हो गयी है और उसे फिर से बनाने की प्रक्रिया शुरू करनी होगी। पहले कभी जब नाटक का पहला पाठ हुआ था तो उन्हें लगा था कि वे तो सुशिक्षित अभिनेता हैं, लेकिन अब उन्हें लगता है कि वे असहाय नौसिखिया की तरह हैं। तब वे पूरे विश्वास के साथ अपनी भूमिका का अभिनय प्रचलित रीतियों से प्रदर्शन कर सकते थे और उन्हें यह भी लगता था कि वे अपनी कला में माहिर हैं, लेकिन अब वे जब बड़े बेमन से अपनी भूमिका को रूपायित करने की कोशिश कर रहे थे, तो उन्हें लग रहा था कि अभी तो वे मात्र छात्र ही हैं। सवाल उठता है कि यह सब कैसे हो गया?

स्तानिस्लाव्स्की ने हैरानी उत्पन्न करने वाले इस सवाल का बड़ा ही साफ़ और आसान जवाब दिया है। एक अभिनेता रंगमंच पर चाहे कितने लम्बे समय तक क्यों न रहा हो, इस प्रकार की असमर्थता के प्रसव-पीड़ा जैसे क्षण अनिवार्यतः आते ही हैं। कितने ही वर्ष वह रंगमंच पर सक्रिय क्यों न रहा हो, कितना ही अनुभव उसे क्यों न हो, इन रचनाशील सन्देहों और कष्टों से, जिन्हें इस समय अनुभव किया जा रहा है, कभी छुटकारा नहीं मिल सकेगा। चाहे कितनी ही बार यह मनोदशा क्यों न उत्पन्न हुई हो, वह फिर से आयेगी, वह हमेशा भयंकर लगेगी, तीव्र निराशा उत्पन्न करेगी, जब तक यह सन्देह का भाव बना रहेगा।

कोई भी अनुभव, समझाने की कोई भी कोशिश, अभिनेता के मन में यह विश्वास पैदा नहीं कर सकती कि भूमिका की भावात्मक अनुभूति का रचनात्मक कार्य और उसके बाद उसका भौतिक रूपायन, अचानक, एक साथ पूरी तरह से किया जा सकता हैं। वह धीरे-धीरे छोटे-छोटे अंशों में ही सम्पन्न होना चाहिए। जैसा कि कहा जा चुका है, सबसे पहले भूमिका का मानसिक रूप से अनुभव किया जाता है। उसके बाद ही रातों जाग-जागकर उसका एक काल्पनिक बिम्ब में रूपायन होता है, फिर और संचेतना के साथ अध्ययन कक्ष के शान्त वातावरण में, कालान्तर में, अन्तरंग रिहर्सलों में और फिर कुछ दर्शकों के सामने, सपरिधान रिहर्सलों की एक पूरी शृंखला में, अन्ततः अनेकानेक प्रदर्शनों में उसे व्यवस्थित किया जाता है। हर बार वही कार्य प्रारम्भ से सम्पन्न होता है।

अब सवाल उठता है कि जो भूमिका घर पर अन्तरंग रिहर्सल में तैयार की गयी है, उसकी फिर से कैसे रचना की जाये? निर्देशक ग्रिबायेदव तो पहले ही यह घोषणा कर चुके हैं कि अभी लोग ग्रिबायेदव के मूल पाठ पर कार्य करने के लिए तैयार नहीं हैं। समय के पहले नाटक के शब्दों के साथ उलझना और उनकी शक्ति को कम करना ठीक नहीं है। इसीलिए उन्होंने यह कहा है कि नाटक का आगे पाठ अभी रोक दिया जाना चाहिए।

नाटक का शाब्दिक पाठ, विशेष रूप से एक प्रतिभावान नाट्य-लेखक की रचना, स्वयं लेखक के भावों और विचारों की सुस्पष्ट, सूक्ष्म और सामर्थ्य की मूर्त अभिव्यंजना होता है। वस्तुतः एक-एक शब्द के भीतर एक भावना और एक विचार अन्तर्निहित होता है, जिसे लेकर ही वह शब्द उत्पन्न हुआ था और वही उसके होने का औचित्य सिद्ध करता है। खाली शब्द सारहीन अवधारणा होते हैं। मूँगफली के उन दानों जैसे जिन पर बेसन लिपटा हुआ न हो। वे प्रयोग के योग्य नहीं होते तथा वास्तव में हानिकारक होते हैं। वे भूमिका को अपने बोध से नीचे गिरा देते हैं। संकल्पना को धुँधला कर देते हैं। उन्हें तो कूड़ा-कर्कट समझकर फेंक दिया जाना चाहिए। जब तक कि अभिनेता आलेख के हर शब्द में किसी जीवन्त भाव या विचार को भर देने में समर्थ नहीं हो जाता, भूमिका का मूल पाठ निर्जीव ही बना रहता है।

किसी प्रतिभावान की रचना में एक भी फ़ालतू क्षण या भावना नहीं होती, इसलिए किसी अभिनेता द्वारा अपनी भूमिका के लिए रचित स्वरलिपि में पूरी तरह से ज़रूरी केवल वे ही भावनाएँ होनी चाहिए जो चरम उद्देश्य और कार्य-व्यापार को आद्यन्त चरितार्थ करती हों। जब अभिनेता इस प्रकार की

स्वरलिपि और अन्तरंग बिम्ब की रचना कर लेता है, केवल तभी नाटक का मूल पाठ अभिनेता की रचनाशीलता के प्रतिमान के अनुरूप प्रकट हो पाता है। एक प्रतिभावान लेखक का नाटक अपने अनुरूप स्वरलिपि की माँग करता है। जब तक यह वस्तुस्थिति नहीं उत्पन्न हो जाती, तब तक शब्द या तो अधिक होते हैं या कम रह जाते हैं, भावनाओं का या तो आधिक्य हो जाता है अथवा वे कम रह जाती हैं।

इसी वस्तुस्थिति को स्वीकार करते हुए स्तानिस्लाव्स्की का कहना है कि किसी प्रतिभावान लेखक के नाटक के कुछ शब्द अगर फ़ालतू लगते हैं तो इसका मतलब है कि अभिनेता की स्वरलिपि अभी पूरी तरह से बनी नहीं है और इस बात की जरूरत है कि रंगमंच पर वास्तविक रचनात्मक व्यापार द्वारा उसे समर्थ बनाया जाये। किसी नाटक के अन्तर्निहित रहस्य, उसके विचार और भावनाओं की खोज अपने आप में काफ़ी नहीं है—अभिनेता को उन्हें जीवन्त शब्दावली में रूपान्तरित करने में समर्थ होना चाहिए। वास्तव में महान रचना का मूल पाठ बड़ा ही घनीभूत होता है, लेकिन यह वस्तुस्थिति उसे पूर्णतः गम्भीर और अर्थ से पूर्ण बनाने में बाधा नहीं बनती। उसका बाहरी रूप और उसकी रचना-पद्धति एक-दूसरे के अनुरूप होनी चाहिए। उसकी स्वरलिपि भी बड़ी ठोस होनी चाहिए। वह रूप जो उसका संवहन करता है, पूरी तरह से भरा-पूरा होना चाहिए और जो भौतिक बिम्ब विधान है, वह बड़ा ही विशद, तीक्ष्ण और पूर्णतः सारगर्भित होना चाहिए।

जब कोई अभिनेता अपनी रचनाशीलता में मूलपाठ की विलक्षणता के प्रतिमान के अनुरूप बन पाता है, तो उसकी भूमिका के शब्द बड़े ही सार्थक और परम आवश्यक सिद्ध होते हैं। वे शाब्दिक रूपायन का सरलतम स्वरूप बन जाते हैं जिसके सहारे वह अपनी अन्तरंग स्वरलिपि के माध्यम से अपनी रचनाशील भावनाओं को भली प्रकार अभिव्यक्त कर सकता है। तब किसी और नाट्यलेखक के शब्द एक अभिनेता के अपने शब्द बन जाते हैं और सम्पूर्ण आलेख अभिनेता के लिए सर्वोत्तम स्वरलिपि बन जाता है। तब ग्रिबायेदव जैसे विलक्षण नाटककार की असामान्य छन्द-योजनाएँ तथा लयात्मक शब्दावली, केवल सुने जाने पर ही आनन्द की भावना जगाने के लिए नहीं, बल्कि भावों की तीव्रता और पूर्णता के साथ सम्प्रेषण के लिए तथा अभिनेता की स्वरलिपि में जो कुछ भी अन्तर्निहित है, उसके संवहन के लिए भी ज़रूरी लगती है।

सामान्यतः नाटक की पंक्तियाँ अभिनेता के लिए उसकी रचनाशीलता की तैयारी के अन्तिम क्षणों में अनिवार्य हो जाती हैं, जब वह सारी आन्तरिक

सामग्री को इकट्ठी करके उसे सुनिश्चित क्षणों की श्रृंखलाओं में स्फटिक-सा पारदर्शी बना लेता है और उसकी भूमिका का भौतिक रूपायन चारित्रिक भावनाओं की अभिव्यक्ति की विभिन्न रीतियों को क्रियान्वित करने लगता है।

इतना सब लिखने के बाद स्तानिस्लाव्स्की को लगता है कि वे अभी उस अवस्था तक पहुंचे नहीं हैं। उस उपस्थित अवस्था में नाटक का असंस्कारित आलेख केवल बाधक ही बनता है। अभिनेता अभी तक स्वयं को उसके पूरे अथवा गम्भीर अथवा एकदम थका देने वाले मूल्यांकन में असमर्थ पाता है। उसकी भूमिका अभी तक भौतिक रूपायन की खोज की अवस्था में ही है, उसकी स्वरलिपि अभी तक रंगमंच पर परीक्षित नहीं हुई है। अतिरिक्त भावनाएँ तथा अभिव्यंजना की फ़ालतू रीतियाँ इसीलिए अभी अनिवार्यतः सामने आ जाती हैं। नाटककार का शुद्ध आलेख बड़ा ही संक्षिप्त लगता है और अभिनेता उसे और शब्दों से, यथा 'अच्छा' और 'अब' जैसे प्रक्षेपों से भर देते हैं।

इस वस्तुस्थिति को देखकर स्तानिस्लाव्स्की को अक्सर यह लगा कि भौतिक रूपायन की प्रक्रिया के आरम्भ में अभिनेता अपनी हदों का अतिक्रमण कर देता है और अपनी रचनात्मक भावनाओं के संप्रेषण के लिए किसी भी और हर प्रकार के साधन का अत्यधिक प्रयोग करने लगता है; यथा—जो कुछ वह कहता है, उसमें शब्दों, वाचन, अंग-भंगिमाओं, गतिविधि, क्रियाओं, मौखिक अभिव्यंजनाओं का बाहुल्य हो जाता है। इस अवस्था में अभिनेता जो कुछ भी अपने भीतर अनुभव करता है उसे अभिव्यक्त करने के लिए किसी भी साधन को छोड़ना नहीं चाहता। उसे लगता है कि प्रत्येक एकल क्षण के भौतिक रूपायन में जितनी अधिक रीतियों और साधनों को अधिकाधिक विकल्पों के साथ वह प्रयोग करता है, उतना ही उसका भौतिक रूपायन अपने आप और अधिक सारगर्भित और भरा-पूरा हो जाता है। लेकिन इस खोज के समय, लेखक के केवल विरोधी प्रकृति के शब्द ही नहीं, उसकी अपनी बनायी स्वरलिपि और मुश्किल से विकसित भावनाओं की अभिव्यंजना भी बड़ी स्थूल हो उठती है।

इस विचार-विमर्श के बाद स्तानिस्लाव्स्की को निर्देशक द्वारा नाटक के आलेख के पढ़े जाने को रोक देना बड़ा ही उचित लगता है। निर्देशक तब उन्हें और उनके साथियों को अपनी रुचि के प्रसंगों पर, आशु अभिनय के लिए निमंत्रित करता है। भूमिका के मिलते-जुलते भावों, विचारों, कार्यों और बिम्बों के लिए भौतिक अभिव्यंजना खोजने की ये कोशिशें प्रारंभिक अभ्यासों जैसी लगती हैं। उनकी सहायता से और उनके साथ नयी परिस्थितियाँ जोड़ने के माध्यम से उन्हें प्रत्येक भावना की प्रकृति, उनके अंगभूत भाग, उनकी तार्किकता

और परम्परा का अनुभव होने लगता है। स्तानिस्लाव्स्की को लगता है कि जब वे आशु अभिनय आरम्भ करते हैं, तो लक्ष्य होता है भीतर से उठने वाली सभी आकस्मिक इच्छाओं, उद्देश्यों को सक्रिय होने की अवस्था तक पहुँचाना। ये इच्छाएँ और उद्देश्य पहले-पहल नाटक के विश्वसनीय मान लिये गये तथ्यों से नहीं, वरन् वास्तविक परिस्थितियों–जो रिहर्सल के समय अभिनेता को घेरे हुए होती हैं–लिये जाने चाहिए। उसके आन्तरिक आवेग सहज रूप में उसके भीतर रूप ग्रहण करने के साथ अत्यधिक तात्कालिक उद्देश्यों तथा आशु अभिनय के चरम उद्देश्य को भी उत्प्रेरित कर देते हैं। फिर भी अभिनेता जब यह कर रहा होता है तो उसे लेखक द्वारा प्रस्तावित परिस्थितियों को भूलना नहीं चाहिए। वे वही हैं, जिनके भीतर से अभिनेता पहले ही गुज़र चुका है और जिन्हें वह किसी भी स्थिति में छोड़ना नहीं चाहेगा, क्योंकि वह अपनी भूमिका को भावात्मक रूप में अनुभव करते समय ही उनके अत्यन्त निकट आ गया था।

इस प्रक्रिया के आगे बढ़ने पर अभिनेता को लगता है कि वह अपने चारों ओर की वास्तविक परिस्थिति के बीच जीना आरंभ कर रहा है। सांथ ही वह भूमिका के अतीत, वर्तमान और भविष्य के रूपों के प्रभाव में है और जिस चरित्र को वह रूपायित कर रहा है उसके अनुरूप आन्तरिक मनोवेगों से वह परिपूर्ण है।

चात्स्की यह सोचते हैं कि यह प्रक्रिया कैसे संपन्न की जा सकती है? उन्हें लगता है उन्हें अपनी वास्तविक परिस्थितियों–मास्को आर्ट थिएटर की देहलीज़ में रिहर्सल–तथा सन् 1820 के मास्को में फ़ामूसव-भवन की परिस्थितियों के साथ और चात्स्की के जीवन के साथ भी सम्बन्ध स्थापित करना चाहिए, यह जीवन स्वयं उनका अपना जीवन ही होना चाहिए–नाटक के नायक के जीवन की परिस्थितियों के बीच व्यवस्थित, उसके अतीत, वर्तमान और भविष्य की संभावनाओं को अपने में समेटे हुए। अपने को चात्स्की के जीवन की मानसिक और भावात्मक परिस्थितियों में रख लेने से पहले यह प्रक्रिया मुश्किल नहीं थी, लेकिन अब समकालीन जीवन की परिस्थितियों और आज की वास्तविकताओं के बीच उन्हें कैसे रखा जाये? वे सोच रहे थे कि मास्को आर्ट थिएटर में अपनी उपस्थिति को वे कैसे सार्थक बनायें। वे सोच नहीं पा रहे थे कि कैसे रिहर्सल करने में अपनी उपस्थिति दर्ज करते हुए चात्स्की के जीवन की मिलती-जुलती परिस्थितियों से भी अपना सम्बन्ध बनाये रखें।

तभी उन्हें लगा कि यह नया रचनात्मक उद्देश्य सबसे पहले तो उनके आन्तरिक जीवन की उत्प्रेरक शक्तियों–उनकी इच्छाशक्ति, बुद्धि और भावनाओं–

को सक्रिय करता है और फिर कल्पना को भी जगा देता है। अब कल्पना ने भी कार्य आरम्भ कर दिया है। उनकी कल्पना ने सुझाव दिया कि चात्स्की के जीवन की परिस्थितियों में होते हुए भी, मास्को आर्ट थिएटर के अभिनेताओं के बीच उनके अपने मित्र क्यों नहीं हो सकते? उनका मन ज़ोर देकर कहता है कि ऐसा न होना ही ताज्जुब की बात होगी। चात्स्की जैसे लोगों की भी तो कला में अभिरुचि हो सकती है। अगर चात्स्की सन् 1820 से सन् 1830 तक रहे होते तो वे उन देशभक्तों के समुदाय के बीच ही रहे होते, जिनके बीच अनेक अभिनेता और खुद मिख़ाइल शेप्किन भी थे। अगर चात्स्की आज जीवित होते, तो निश्चय ही उनके संस्थान में समय-समय पर आते रहते और अभिनेताओं में भी कुछ उनके मित्र होते। तभी अपने मानस-चक्षुओं से वे देखते हैं कि कुछ लोग बैठे हुए हैं, ठीक वैसे ही जैसे वास्तविक जीवन में होते हैं, वे मास्को आर्ट थिएटर के अभिनेता हैं।

तभी उन्हें उन व्यक्तियों के बीच एक आदमी बैठा हुआ दिखाई देता है। उन्हें वह अभिनेता नहीं लगता, वरन् सारस जैसी दुबली-पतली टाँगों वाला साँवला आदमी दिखाई देता है। उस साँवले आदमी के सम्बन्ध में अनेक विचार उनके मन में आते-जाते रहते हैं, लेकिन अन्ततः वह उन्हें बड़ा ही अनाकर्षक लगता है और वे चाहते हैं कि वे उसके प्रति अपने विरोध की भावना को प्रकट करें। उनके मन में तब सवाल उठता है कि यह कैसे किया जाये? शब्दों का प्रयोग करें तो उसे बड़ा बुरा लगेगा। तो क्या हाथों का प्रयोग किया जाये? आंशिक चेष्टाओं का या क्रियाओं का? वे उसे लेकर किसी झगड़े में नहीं पड़ना चाहते। वे केवल अपनी आँखों और अपने मुख की मुद्रा से अपने मन के भावों को प्रकट करते हैं। यह अकारण नहीं कहा गया है कि आँखें मन का दर्पण होती हैं। हमारी आँखें ही हमारे शरीर का सर्वाधिक प्रभावशील अंग हैं। जीवन की आन्तरिक अथवा बाह्य अभिव्यक्तियों की प्रतिक्रिया सबसे पहले उन्हीं में देखने को मिलती है। आँखों की भाषा ही सर्वाधिक मुखर, सूक्ष्म, सीधी और उसके साथ ही सबसे कम मूर्त्त होती है। इसके साथ ही वह बड़ी आसान भी होती है। शब्दों की तुलना में हम अपनी आँखों से कहीं अधिक शक्ति के साथ कह सकते हैं, फिर भी आँखों से जो कुछ कहा जाता है उससे नाराज़गी का कोई कारण नहीं बनता, क्योंकि वह केवल एक सामान्य मनोदशा, भावना के एक सामान्य रूप को ही संप्रेषित करता है—मूर्त्त विचारों और शब्दों को नहीं, जिन्हें लेकर आपत्ति खड़ी की जा सकती है।

अपनी आवश्यकता को समझकर वे अपनी आँखों की सहायता लेने को

तत्पर होते हैं। यह समझते हुए कि आरम्भ में जहाँ तक सम्भव हो कुछ करने से, गतिविधि से और शब्दों से बचना चाहिए जिससे कि मांसपेशियों की विनाशक अराजकता उत्तेजित न हो। जब उन्हें किसी भौतिक चेष्टा का सहारा लिये बिना अपनी भावनाओं की अभिव्यक्ति के लिए एक द्वार मिल जाता है, उनके अभिनय को एक रीति मिल जाती है, तब वे अपने को मांसपेशियों के तनाव से मुक्त अनुभव करते हैं। वे पूर्णतः प्रशान्त हो जाते हैं और किसी वस्तुस्थिति को अभिव्यक्त करने के लिए मशीन बन जाने के स्थान पर वे मात्र मानवीय चेतना का स्वरूप ग्रहण कर लेते हैं, तब उन्हें चारों ओर सब चीज़ें सहज और स्वाभाविक दिखायी देने लगती हैं। वे अपने को वहाँ शान्त बैठे हुए उस साँवले आदमी की हरकतों को देखते रहते हैं, भीतर ही भीतर हँसते रहते हैं और अपनी भावनाओं को छिपाने की कोशिश नहीं करते वरन् उन्हें स्वच्छन्द रूप में प्रकट होने देते हैं।

स्तानिस्लाव्स्की ने आगे चलकर लिखा है कि आँखों के अतिरिक्त मुख की मुद्राएँ, आंगिक चेष्टाएँ और अनेक प्रकार की अनुकरणशील प्रवृत्तियाँ भी भूमिका की भौतिक अभिव्यंजना में सहायक होती हैं। आँखें जो कुछ नहीं कर पातीं, वाणी उसे उठा लेती है और फिर शब्दों में, स्वर-विन्यास में, वाचन की विभिन्न प्रणालियों में उसे अभिव्यक्त करती है। अपनी भावनाओं और विचारों की व्याख्या करने के लिए तथा उन्हें अधिक शक्ति प्रदान करने के लिए व्यक्ति आंगिक चेष्टाओं और गतिविधियों का सहारा लेता है जो उन्हें विशद और चित्रात्मक बना देती हैं। यह भौतिक व्यापार व्यक्ति की रचनात्मक इच्छाशक्ति के प्रयास से ऊपर उठता है और जीवन्त तथ्य में परिवर्तित हो जाता है। आँखों और मुख की भाषाएँ इतनी सूक्ष्म होती हैं कि वे भावों, विचारों और अनुभूतियों को माँसल गतिविधियों में प्रकट कर देती हैं जो अन्यथा मुश्किल से दिखाई देती हैं। ये माँसपेशियाँ पूरी तरह से भावना के सीधे अधिकार में होनी चाहिए। आँखों और चेहरे की माँसपेशियों का कोई भी हठात् या यांत्रिक तनाव–चाहे वह वितृष्णा से, उत्तेजना से, स्नायविक ग्रन्थि से अथवा शक्ति के किसी अन्य रूप से प्रकट हुआ हो–वाचन के इस सूक्ष्म तथा मुश्किल से दिखाई देने वाले रूप को विनष्ट कर देता है।

इसलिए स्तानिस्लाव्स्की की सलाह है कि अभिनेता का पहला विचारणीय विषय अपने सुकुमार दीखते चेहरे के उपकरणों को मांसपेशियों की अराजकता से बचाये रखने का होना चाहिए। यह कार्य व्यवस्थित अभ्यास से बीजारोपित

विरोधी आदतों को छोड़ने से सम्पन्न हो सकता है। अपनी बुरी आदतों को तब तक जड़ से उखाड़ फेंकना असम्भव है, जब तक कि व्यक्ति उनके स्थान पर कुछ और अच्छी, अधिक सच्ची और स्वाभाविक वृत्तियों को न रख दे।

आँखों के बाद स्तानिस्लाव्स्की ने अनुभूतियों की अभिव्यंजना का दूसरा सक्रिय केन्द्र मुख और उसकी अनुकरणात्मक चेष्टाओं को माना है। यहाँ यह जोड़ा जा सकता है कि केवल अनुकरणात्मक ही नहीं, हमारा मुख अपनी रचनात्मक चेष्टाओं से भी अनुभूतियों को अभिव्यक्त करता है। हमारा चेहरा आँखों की अपेक्षा कम सूक्ष्म है, लेकिन अधिक मूर्त्त है और उपचेतन तथा परम चेतना के सन्देशों को पर्याप्त मुखरता के साथ संप्रेषित करता है। मुख की अनुकरणात्मक तथा रचनाशील चेष्टाओं के साथ नियंत्रण के अभाव का खतरा और भी अधिक होता है। चेहरे का तनाव और उसकी बनावटी चेष्टा एक मनोभाव की सारी पहचान को बिगाड़ देते हैं। इस ख़तरे के विरुद्ध लड़ना बहुत ज़रूरी है ताकि मुख की अभिव्यंजना आंतरिक भावनाओं के साथ अपना सीधा सम्बन्ध बनाये रख सके और उन्हें सटीकता के साथ तथा तुरंत संप्रेषित कर सके।

जब अभिनेता अपनी आँखों और चेहरे की अभिव्यंजना के सूक्ष्म साधनों को यथासीमा प्रयोगशील बना ले तब वह अपनी वाणी, ध्वनियों, शब्दों, स्वर-विन्यासों और वाचन की विभिन्न भंगिमाओं का प्रयोग आरम्भ कर सकता है। निश्चय की भावना उत्पन्न करने के लिए शब्दों के भीतर और शब्दों के बीच ऐसा बहुत कुछ है जिसे मौखिक अभिव्यंजना, आँखों और मनोवैज्ञानिक विरामों के द्वारा संप्रेषित किया जा सकता है, लेकिन वह सब जो मूर्त्त है, चेतन है, व्यक्तिगत है, उसकी अभिव्यंजना के लिए शब्दों का इस्तेमाल बहुत ज़रूरी है। जब विचारों और भावों को किसी विशेष रूप में प्रकट करना हो तो उनके संप्रेषण के लिए शब्दों का प्रयोग मजबूरी और परम आवश्यक बन जाता है। वाणी और वाचन के क्षेत्र में तनाव और प्रदर्शन के लटकों के प्रयोग का ख़तरा भीतर से उठता है। वाणी का जो तनाव है, वह ध्वनि-उच्चारण और स्वर-विन्यास को बिगाड़ देता है तथा उन्हें अनगढ़ और लोचरहित बना देता है। उनके साथ लड़ना ही होता है, जिससे कि वाणी और वाचन आन्तरिक भावनाओं के पूर्ण नियंत्रण में रहें—वे वस्तुतः उनकी सीधी, सटीक और अनुशासित अभिव्यंजना होती हैं।

अलग-अलग उद्देश्य, इकाइयाँ और अन्ततः पूरी स्वरलिपि जब सुस्पष्ट हो जाती है, तब इच्छाओं और आकांक्षाओं को प्रभावपूर्ण रूप देने के लिए एक स्वाभाविक ऊर्जा उत्पन्न हो जाती है। अभिनेता बिना उसे जाने ही कार्य

आरम्भ कर देता है। कार्य स्वभावतः सारे शरीर के सक्रिय होने की माँग करता है और शरीर से ठीक वही माँग होने लगती है, जैसे कि पहले आँखों और चेहरे से हुई थी। उसे सर्वाधिक सूक्ष्म और अत्यधिक प्रभावपूर्ण आंतरिक भावनाओं के प्रति भली प्रकार सक्रिय होना ही चाहिए और फिर उन्हें पूरी मुखरता से संप्रेषित करना चाहिए। शरीर को हठात् बल-प्रयोग और मांसपेशियों के तनाव से बचाना बड़ा ज़रूरी है। यही कारण है कि भूमिका के भौतिक अवतरण को उस समय तक रोके रहना ज़रूरी है जब तक कि भूमिका के विभिन्न आन्तरिक पक्ष पूर्वतः व्यवस्थित और इतने सबल न हों कि वे आँखों और मुख की अभिव्यंजनाओं को पर्याप्त नियंत्रित कर सकें। जब यह अन्तिम नियंत्रण अंतरंग भावनाओं के सीधे प्रबंधन में आ जाता है तो बनावटी युक्तियों, तरक़ीबों की मारक-शक्ति का ज़हरीला असर एकदम कम हो जाता है।

जब शरीर सक्रिय तो होता है, लेकिन नियंत्रण में नहीं होता, जब भावनाओं के आन्तरिक सारांश का गहराई से वह अनुभव होता है, जब उभारे गये आन्तरिक उद्देश्य सजग हो उठते हैं, अभिनेता को फिर उन्हें सक्रिय ही रहने देना चाहिए, तब स्वतः रचनाशीलता के भौतिक व्यापारों के रूप में उसे सक्रिय करने के लिए एक अन्तःप्रेरित स्वाभाविक ऊर्जा उत्पन्न होगी।

स्तानिस्लाव्स्की ने इसके बाद अभिनेता को सावधान किया है कि वह बराबर याद रखे कि बनावटी उपायों और तनावों के साथ संघर्ष से और प्रतिबन्धों से उसे कुछ नहीं मिलेगा। हम अपने शरीर को कुछ हरकतें करने से रोक ही नहीं सकते, लेकिन हम उसे सौन्दर्य की बाहरी अभिव्यंजना के पथ पर सक्रिय होने के लिए राजी अवश्य कर सकते हैं। अगर हम एक स्टेन्सिल जैसे कार्य और एक प्रकार के तनाव के स्थान पर उसे प्रतिबन्धित करने की कोशिश करेंगे, तो दस प्रकार के तनाव उत्पन्न हो जायेंगे। यह एक प्रकार का नियम है कि खाली स्थान को बनावटी तरक़ीबें भर देती हैं—ठीक वैसे ही जैसे खाली मैदान में अनचाहे बीज झाड-झंखाड़ खड़ा कर देते हैं। एक आंगिक चेष्टा जो खुद अपने लिए ही की जाती है, एक व्यक्ति की आंतरिक भावना को सहज-स्वाभाविक नहीं, वरन बलात् अभिव्यक्ति होती है।

किसी अभ्यस्त शरीर और उसकी मांसपेशियों के यांत्रिक स्वभाव बड़े ही सबल और ज़िद्दी होते हैं। वे गहरी इच्छा से काम करने वाले निहायत बेवकूफ़ गुलाम जैसे होते हैं और अक्सर दुश्मन से भी अधिक ख़तरनाक होते हैं। काम करने के बाहरी तरीके और यांत्रिक, बनावटी विधियाँ असाधारण तेज़ी से सामने आ जाती हैं और लम्बे समय तक साथ चलती रहती हैं। मनुष्य की,

विशेष रूप से एक अभिनेता की मांसल यादें बड़ी विकसित और सुदृढ़ होती हैं, जबकि ठीक इसके विपरीत उसकी भावात्मक स्मृतियाँ, संवेदनाओं की स्मृतियाँ और भावात्मक अनुभव बड़े क्षणभंगुर होते हैं।

अभिनेता के लिए यह बड़े ही दुःख की बात होती है कि उसके शरीर और आत्मा के बीच, उसके अन्तरंग व्यापार और उसकी बाहरी गतिविधियों के बीच कोई व्यवधान खड़ा हो। यह उसके लिए बड़े दुःख का विषय होता है कि उसके शारीरिक उपकरण उसकी मनोभावनाओं को झूठा बना दें और ग़लत रास्ते पर रख दें। किसी बेसुरे वाद्ययंत्र पर बजाये जाने पर राग-रागिनी की स्थिति भी तो ऐसी ही होती है। अनुभूति जितनी सच्ची होती है, उसकी असंगत अभिव्यंजना उतनी ही कष्टकर हो जाती है।

स्तानिस्लाव्स्की ने आगे कहा है कि भूमिका और मनोभाव का शारीरिक अवतरण सटीक ही नहीं वरन् सुन्दर, गरिमामय, रागात्मक, रंगीन और सुव्यवस्थित भी होना चाहिए। आखिर उदात्त को मामूली साधनों से, संभ्रान्त को अनगढ़ रीतियों से, सुन्दर को विरूपताओं से अभिव्यक्त भी कैसे किया जा सकता है? सड़कछाप गायक, ख़राब बेला-वादक के लिए स्ट्राडीवारियस जैसे वायलिन की ज़रूरत नहीं होती, अपनी भावनाओं को अभिव्यक्त करने के लिए एक साधारण वायलिन उसके लिए काफ़ी होगा, लेकिन पगनीनी जैसे महान वादक के लिए स्ट्राडीवारियस ज़रूरी है। अभिनेता की आन्तरिक रचनाशीलता जितनी अधिक सारगर्भित है, उतनी ही रमणीय उसकी वाणी होनी चाहिए, उसकी शब्दावली उतनी ही संपन्न होनी चाहिए, उसकी मौखिक गतिविधियाँ उतनी ही अभिव्यंजनाशील होनी चाहिए, उसका शरीर उतना ही गरिमामय होना चाहिए। किसी अन्य कलात्मक रूप की भाँति, रंगमंच का रूपायन केवल तभी अच्छा होता है जब वह सच्चा हो और उसके साथ ही अपने कलात्मक रूप में उस रचना के अन्तर्निष्ठ सारांश को भली प्रकार अभिव्यक्त करता हो। उसके बाहरी रूपाकार को उसके अन्तर्निहित सारतत्त्व के समान होना चाहिए। अगर वह रूपायन असफल है तो दोष उस आन्तरिक रचनाशीलता की भावना में है जिसने उसे उत्पन्न किया है।

अब तक भूमिका की आन्तरिक स्वरलिपि के लिए, उस बिम्ब के लिए जिसमें उसका सारतत्त्व निहित हो, भौतिक रूप खोजने की बात की गयी है, लेकिन प्रत्येक जीवन्त जैविक विधान का एक बाहरी रूप और एक भौतिक शरीर भी होता है, जो रूप-सज्जा का उपयोग करता है, जिसकी विशेष वाणी, बोलने का अपना एक ढंग और स्वर-विन्यास होता है। उसके चलने-फिरने,

आचार-व्यवहार, आंगिक चेष्टाओं आदि के भी अपने विशेष तरीके होते हैं।

किसी भूमिका के रूपायन का सचेतन प्रयास उसके बाहरी स्वरूप की संरचना से, कल्पना के सहारे तथा भीतर की आँखों, कानों आदि के सहयोग से आरम्भ होता है। अभिनेता को नाटक के जिस चरित्र का रूपायन करना है उसके बाहरी रूप, वेशभूषा, चाल-ढाल, गतिविधियों आदि को अपने मन की आँखों से देखता है। वह अपनी बुद्धि से अपनी स्मृति में उदाहरणों की खोज करता है। वह जिन व्यक्तियों को जानता है उनकी आकृतियों को याद करता है। वह कुछ से कुछ विशेष गुण लेता है तथा औरों से कुछ अन्य विशेषताओं को ग्रहण करता है। वह अपना सामंजस्य बनाता है और जो कुछ उसके मन में है, उसके बाहरी स्वरूप की रचना करता है। अगर फिर भी उसे खुद अपने भीतर या अपनी स्मृति में वांछित सामग्री नहीं मिलती, तब उसे उसकी खोज में सायास लगना है। उसे चित्रकार या मूर्त्तिकार की तरह, हर कहीं अपेक्षा के अनुरूप जीवन्त मॉडल (प्रतिमान) की खोज करनी चाहिए, यथा सड़कों पर, थिएटरों में, घरों में, अथवा उन जगहों पर जहाँ विशिष्ट श्रेणियों के, यथा–सैनिक, अफसर, व्यापारी, संभ्रान्त जन, किसान आदि समुदाय मिलते हैं।

स्तानिस्लाव्स्की ने इस सन्दर्भ में सलाह दी है कि प्रत्येक अभिनेता को अपनी भूमिका के बाहरी रूप की संरचना के लिए, अपनी कल्पना को मदद देने के लिए विभिन्न प्रकार की सामग्री इकट्ठी करते रहना चाहिए, यथा–रूप-रचना की सामग्री, सम्पूर्ण आकृति के लिए, वाहन के लिए आदि। इस प्रयोजन के लिए उसे सभी प्रकार की सामग्री इकट्ठा करनी होगी, यथा–फ़ोटोग्राफ, व्यक्ति चित्र, रूप-रचना, विशिष्ट मुख आदि के लिए रेखांकन तथा साहित्यिक रचनाओं में इन सभी के विवरण। उस समय जब कल्पना का प्रवाह थम जाता है, यह सामग्री उसे फिर से जगा देगी और रचनात्मक सुझाव भी प्रदान करेगी, शायद उन सुपरिचित वस्तुओं की याद भी दिलायेगी जो स्मृति में कहीं खो गयी हैं।

कभी-कभी ऐसा भी होता है कि कोई भी सामग्री उपलब्ध नहीं होती, तब सोयी हुई कल्पना-शक्ति को जगाकर सचेष्ट करने के लिए अभिनेता को विशेष प्रयास करने होते हैं। इस वस्तुस्थिति में उसको सलाह दी गयी है कि अभिनेता जिस चेहरे या आकृति की खोज कर रहा है, बड़ी सावधानी के साथ वह उसका रेखाचित्र बनाये–उसका चेहरा-मोहरा, होंठ, अंगुलियाँ, रूपाकृति, कपड़ों की काट-छाँट–सभी का। इस प्रकार का थोड़ी-सी रेखाओं से ही बना चित्र अभिनेता को मूल-चरित्र के बाहरी रूप और उसकी विशिष्ट भंगिमाओं का परिचय देगा।

सामान्यतः अभिनेता इस प्रकार की आकृति बनाने के बाद अपने चेहरे और शरीर में सभी प्रकार की विशिष्ट रेखाओं द्वारा उसे स्थानान्तरित करने की कोशिश करता है।

अक्सर अभिनेता इस आकृति को अपने ही में देखने की कोशिश करता है। वह अपने बालों को सँवारने, भौंहों को चलाने, अपने चेहरे और शरीर की विभिन्न माँसपेशियों को सिकोड़ने आदि अनेक तरह की रीतियाँ अपनाता है। आँखों की भंगिमाओं, चलने-फिरने, आंगिक चेष्टाओं, अभिनन्दन, हाथ मिलाने आदि की अनेक तरक़ीबें अपनाता है। यह प्रयोग रूप-रचना में और आगे बढ़ाया जाता है। वह अनेक प्रकार के नकली बाल धारण करता है। बहुत तरह की दाढ़ी और मूँछें चिपकाता है। अपने शरीर के रंग को बदलने के लिए रंगीन क्रीमों का प्रयोग करता है। चेहरे पर झुर्रियाँ बनाता है। छायांकन करता है। आलोकों को प्रखर करता है। यह तब तक चलता है जब तक कि वह उस रूप को नहीं पा लेता जिसकी वह खोज कर रहा है—कुछ ऐसी वस्तु जिसके प्रयोग से कभी वह खुद भी बड़े ही ताज्जुब में पड़ जाता है। जब बाहरी स्वरूप सजीव हो उठता है, आन्तरिक बिम्ब उसके शरीर, चाल-ढाल और चलने-फिरने के ढंग को पहचान लेता है।

कुछ इसी प्रकार की प्रक्रिया वेशभूषा के सम्बन्ध में भी दोहरायी जाती है। अभिनेता पहले अपनी प्रभावपूर्ण दृश्यात्मक स्थिति में खो जाता है, फिर रेखांकनों, फोटोग्राफ़ों, चित्रों आदि में; और तब फिर अपनी ज़िन्दगी में। वह रेखाचित्र बनाता है, अनेक प्रकार के परिधानों को पहनता है जो तरह-तरह की काट के होते हैं, उन्हें एक साथ जोड़ता है, उनकी भंगिमा बदलता है। यह प्रक्रिया तब तक चलती रहती है जब तक कि अकस्मात् अथवा सचेतन प्रयास से वह उसे मिल नहीं जाता जिसे वह खोज रहा है। कभी-कभी तो वह सर्वथा असंभावित भी होता है।

रंगकर्म की इस विवेचना को समाप्त करते हुए स्तानिस्लाव्स्की ने निष्कर्ष रूप में कहा है कि भूमिका के अवतरण की बाहरी तकनीक का सर्वाधिक विचारणीय विषय अभिनेता के अपने शरीर को पूरी तरह से अपनी भावनाओं के अनुशासन में ले लेने की सामर्थ्य है। फिर भी सर्वाधिक समर्थ भौतिक उपकरण भी बहुत-सी असम्प्रेषणीय, परम चैतन्य, अदृश्य भावनाओं को सम्प्रेषित नहीं कर पाते। वे सीधे आत्मा से आत्मा को सम्प्रेषित होती हैं। लोग अपनी इच्छाशक्ति के सबल प्रभाव से अदृश्य आन्तरिक धाराओं, अपनी अन्तश्चेतना

की किरणों के माध्यम से एक-दूसरे से बातचीत करते हैं। रंगमंच पर इनका सीधा, तात्कालिक और बड़ा सशक्त प्रभाव होता है। ये उन चीज़ों को भी सम्प्रेषित कर देते हैं, जिन्हें न तो शब्द और न आंगिक चेष्टाएँ ही दूसरों तक पहुँचाने में समर्थ होती हैं। अभिनेता को एक भावविशेष का अनुभव होता है और वह जिनके साथ संवाद चल रहा होता है उन्हें उसी भाव में विभोर कर देता है।

स्तानिस्लाव्स्की के अनुसार अभिनेता का यह विश्वास कर लेना कि नाट्यभवन के व्यापक विस्तार में दर्शक जो कुछ देख–सुन रहे हैं, केवल उसी में दृश्यात्मक गुण है, उनकी बहुत बड़ी और गहरी भूल है। थिएटर का अस्तित्व क्या जनसमुदाय की आँखों और कानों की सेवा के लिए ही है? क्या हर उस वस्तु को जो हमारी अन्तरात्मा से गुजरती है, केवल शब्दों, ध्वनियों, आंगिक चेष्टाओं और गतिविधियों से ही प्रकट किया जा सकता है? मानवीय आकांक्षा और भावनाओं का अदृश्य किरणों के माध्यम से सम्प्रेषण बड़ा ही दुर्निवार, संक्रामक और सशक्त होता है। उसका प्रयोग लोगों को मुग्ध करने के लिए, जंगली जानवरों तथा नाराज भीड़ को वशीभूत करने के लिए होता है। तांत्रिक उसी सम्मोहन शक्ति से किसी व्यक्ति को पहले मारते हैं और फिर उसे जीवित कर देते हैं। अभिनेता भी इसी प्रकार अपनी भावनाओं की अदृश्य किरणों के माध्यम से पूरे सभागार को सम्मोहित कर लेने में समर्थ होते हैं।

कुछ लोगों की धारणा है कि जनसमुदाय के बीच संरचना की परिस्थितियाँ अवरोधों से भरी होती हैं, लेकिन स्तानिस्लाव्स्की का कहना है कि वे इस प्रकार के संप्रेषण को प्रोत्साहित करती हैं, क्योंकि प्रदर्शन का माहौल जनसमुदाय की स्नायविक उत्तेजना से संगर्भित होता है और अभिनेता की रचनाशीलता के लिए अत्यन्त ही प्रभावपूर्ण अभिव्यक्ति का मार्ग खोलता है। वहाँ परिव्याप्त सामूहिक भावना अभिनेता की अन्तश्चेतना की विद्युत शक्ति को बढ़ाती है। वह सभागार के वातावरण को बहुत सघन बना देती है और अन्तःधाराओं के प्रवाह को बढ़ा देती है। अभिनेता जब रंगमंच पर मौन अथवा गतिहीन होता है, चाहे वह अँधेरे में हो या प्रकाश में, जाने-अनजाने उसकी भावनाएँ अपनी किरणें विकीर्ण करने लगती हैं। अभिनेता में यह विश्वास होना चाहिए कि ये किरणें ही उन सर्वाधिक महत्त्वपूर्ण, परम चैतन्य, अदृश्य वस्तुओं के लिए सर्वाधिक प्रभावपूर्ण, दुर्निवार, सूक्ष्म और सशक्त साधन हैं, जिन्हें स्वयं नाट्यलेखक भी अपने शब्दों में नहीं रख पाया।

भाग : दो

शेक्सपीयर : ऑथेलो

स्तानिस्लाव्स्की ने 'वो फ़्रॉम विट' के बाद शेक्सपीयर के 'ऑथेलो' के मंचन (1930-33) के बहाने से अभिनय-संकल्पना के व्यावहारिक स्वरूप को स्पष्ट किया है। गुरु-शिष्य संवाद के माध्यम से उन्होंने एक रंगकर्मी का चिंतन अभिव्यक्त किया है। यहाँ स्तानिस्लाव्स्की पहले गुरु तोर्त्सोव की भूमिका में हैं और फिर शिष्य कोस्त्या की भूमिका में। कोस्त्या, वास्तव में, उनके पहले नाम कोन्स्तान्तिन का घरेलू रूप है।

प्रथम परिचय

तोर्त्सोव ने अपने छात्रों के बीच 'ऑथेलो' के प्रदर्शन की तैयारी की व्यावहारिक विवेचना का आरम्भ अपने इस वक्तव्य से किया :

''तुमने अब तक यह तो समझ लिया है कि रंगमंच पर रचनात्मक भावावेग कैसे सक्रिय होता है, इसलिए अब ज़रूरत है एक नाटक की जिसमें तुम सभी की रुचि हो तथा जिसमें तुम सभी या लगभग सभी के लिए काम निकल सके। 'ऑथेलो' सबके मन को बाँध देता है और उसकी भूमिकाओं के रूप बड़े ही विलक्षण हैं...'ऑथेलो' का चुनाव इसलिए भी उचित है क्योंकि उसमें छोटी-छोटी भूमिकाएँ भी हैं और भीड़ के दृश्य भी हैं...

''शेक्सपीयर की यह त्रासदी नये छात्रों के लिए बहुत कठिन और खतरों से भरी हुई है। क्योंकि यह रंग-प्रस्तुति के लिए बड़ी ही जटिल है, इसलिए यह तुम्हें अधकचरी तैयारी और प्रस्तुति से रोकेगी। इस प्रकार के प्रयास तुम्हारी अपनी क्षमताओं, जो अभी पूर्णतः सुव्यवस्थित नहीं, को भी हानि पहुँचायेंगे। तुम देख रहे हो कि मैं तुम्हें इस दुःखान्तकी को अभिनीत करने का आदेश नहीं दे रहा हूँ, हमें उसकी ज़रूरत अपने अध्ययन में इस्तेमाल के लिए केवल सामग्री के रूप में है। इसके लिए हमें कोई और अच्छा नाटक नहीं मिल सका। कलात्मक दृष्टि से इसकी प्रथम श्रेणी की गुणवत्ता के सम्बन्ध में कोई सवाल नहीं है। इसके साथ ही यह दुःखान्तकी अपने अलग-अलग विभागों की व्यवस्था और संरचना में, सानुक्रम विधान में, त्रासद भावनाओं के तार्किक विकास में, अपने कार्य की आद्यन्त रेखा में और अपने चरम उद्देश्य में भली-भांति सुपरिभाषित है।

''एक और व्यावहारिक दृष्टि से भी यह विचारणीय है। रंगकर्म के आरम्भिक विद्यार्थी के रूप में तुम सभी इसके त्रासद स्वरूप के प्रति आकर्षित हो। अधिकांशतः यह आकर्षण इस तथ्य से सम्प्रेषित है कि तुम सभी अभी तक इसकी समस्याओं और माँगों से पूरी तरह परिचित नहीं हो, इसलिए उनके सम्बन्ध में जितनी जल्दी और जितनी आत्मीयता से संभव हो सके, तुम्हें जान

लेना चाहिए, ताकि तुम भविष्य में बिना सोचे-समझे इसके खतरनाक आकर्षणों में बह न जाओ।''

तोर्त्सोव ने इसके बाद स्पष्ट किया कि भूमिका की तैयारी के विषय में हर निर्देशक का अपना दृष्टिकोण होता है और इस कार्य के लिए उसका अपना कार्यक्रम होता है। यह कुछ ऐसी बात है जिसके लिए कोई व्यवस्थित नियम नहीं है। फिर भी इस कार्य की आधारभूत अवस्थाओं और मनोवैज्ञानिक विधि के प्रति अत्यन्त सावधान रहना चाहिए। तुम्हें उन्हें जानना है, और मैं तुम्हारे सामने उनका प्रदर्शन भी व्यवहारतः करूँगा। मैं चाहूँगा कि तुम उन्हें अनुभव करो और फिर अपने व्यक्तित्व से उनकी परीक्षा करो। एक तरह से यह भूमिका की तैयारी की पूरी प्रक्रिया का प्रारम्भिक प्रारूप होगा।

तोर्त्सोव ने आगे समझाया कि इसके अतिरिक्त सभी छात्रों को यह कार्य करने की सभी सम्भव रीतियों की जानकारी और अच्छी समझ होनी चाहिए तथा उन्हें इन रीतियों को अच्छी तरह सीखना भी चाहिए। यह जानकारी इसलिए आवश्यक है कि ज़रूरतों के अनुसार निर्देशक कार्य के विकासक्रम में उसकी परिस्थितियों में परिवर्तन भी करते रहेंगे। यह परिवर्तन अभिनेताओं की अपनी व्यक्तिगत विशेषताओं की दृष्टि से भी किये जाते हैं।

तोर्त्सोव ने इसी दृष्टि से कहा था कि विभिन्न कार्यविधियों को वे खुद प्रदर्शित भी करेंगे। इसी दृष्टि से वे 'ऑथेलो' के कुछ दृश्यों को अलग-अलग रीतियों से दिखाएँगे। पहला प्रयोग तो आधारभूत शास्त्रीय संयोजन की दृष्टि से करेंगे। अन्य प्रयोगों में बराबर संरचना की नयी-नयी विधियों का प्रयोग होगा। इन नवीनताओं की अवतारणा के सम्बन्ध में वे अपने छात्रों को पहले से बताते भी रहेंगे।

तोर्त्सोव ने अगले दिन छात्रों से 'ऑथेलो' के प्रदर्शन के सन्दर्भ में उसे पढ़ने के लिए कहा। अनेक छात्रों ने उन्हें बताया कि यह नाटक उन्होंने पढ़ रखा है। तोर्त्सोव ने तब कहा कि यह तो बड़ा अच्छा है, कोई उसकी विषयवस्तु बताए। किसी ने भी जब कुछ नहीं कहा तो तोर्त्सोव ने कहा, ''क्योंकि किसी जटिल और मनोवैज्ञानिक नाटक की विषयवस्तु बताना वास्तव में बड़ा ही कठिन है, इसलिए कोई उसकी सामान्य बाहरी कथावस्तु ही बताये।'' जब फिर भी कोई कुछ नहीं बोला, तो उन्होंने ग्रीशा से कहा कि वही आरम्भ करे। ग्रीशा ने कहा कि इस कार्य के लिए उस नाटक की अच्छी जानकारी होनी चाहिए। तब तोर्त्सोव ने कहा कि तुमने तो अभी कहा था कि उसकी जानकारी है।

ग्रीशा ने कहा कि मुझे 'ऑथेलो' की पूरी भूमिका की जानकारी है, क्योंकि उसका व्यक्तित्व भी कुछ ऐसा ही है, लेकिन अन्य अनेक भूमिकाओं का मुझे आभास-भर है। तोर्त्सोव ने तब उससे उस नाटक की विषयवस्तु बताने को कहा उसका भी वह कोई जवाब नहीं दे सका। तब उन्होंने वान्या से वही सवाल किया। वान्या ने कहा कि उसने की जो प्रति पढ़ी थी, उसके अनेक पृष्ठ फटे थे। पॉल ने भी इस संदर्भ में अपनी असमर्थता जताई। निकलस ने कहा कि मैंने नाटक देखा तो है, लेकिन वह बड़े ग़लत ढंग से प्रस्तुत किया गया था। वास्या ने बताया कि मैंने चलती ट्रेन में यह नाटक पढ़ा था, इसलिए मेरे मन में सब उलझा-उलझा है। लियो का उत्तर था कि मैंने इस नाटक की आलोचनाएँ पढ़ी हैं और मेरा ज्ञान बस उन्हीं तक सीमित है।

यह सब सुनने के बाद तोर्त्सोव ने कहा कि यह सब तो कुछ ठीक नहीं है। एक श्रेष्ठ कवि की उत्कृष्ट रचना से पहला परिचय एक महत्त्वपूर्ण घटना होनी चाहिए थी, लेकिन उसे कहीं भी, ट्रेन पर बैठे-बैठे अथवा किसी गाड़ी पर सवार होकर निबटा दिया गया। सबसे बुरी बात तो यह रही कि नाटक का पाठ उसे समझने के लिए नहीं, वरन् उससे कोई भूमिका चुनने के लिए किया गया। अगर अभिनेता किसी कालजयी रचना से पहली बार इस प्रकार मिलता है, जिसे कुछ ही समय बाद रूपायित करने की संभावना हो तो किसी भूमिका तक पहुँचने का यह ढंग ठीक तो नहीं? जल्दी ही या कुछ समय बाद जिस भूमिका के साथ तादात्म्य स्थापित किया जाना है और जिसमें अभिनेता को अपने परिवर्तित अहं की खोज करनी है, उसे पहले ही क्षण बड़ी सावधानी के साथ ग्रहण करना चाहिए।

स्तानिस्लाव्स्की का कहना है कि भूमिका से प्रथम परिचय का क्षण अविस्मरणीय होना चाहिए। उसके प्रथम प्रभावों को उन्होंने आगे के रंगकर्म के लिए निर्णायक महत्त्व का माना है। प्रथम पाठ के प्रभावों को अगर समुचित रूप से ग्रहण किया जाता है, तो वे भविष्य की सफलता के लिए मापक का कार्य करते हैं। इस क्षण को खो देना अपूर्व और अपूरणीय क्षति होती है क्योंकि दूसरी बार के पाठ के प्रभाव में विस्मय का वह तत्त्व नहीं होता जिसमें रचनाशीलता की उत्प्रेरक भावना संगर्भित होती है। प्रथम परिचय के समुचित प्रभाव की तुलना में बिगड़े हुए प्रभाव को सँवारना कहीं अधिक मुश्किल होता है। इसलिए यह बहुत ज़रूरी है कि भूमिका से प्रथम परिचय के समय असाधारण रूप से सावधान रहा जाये, क्योंकि यही रचनाशीलता की पहली अवस्था होती है।

स्तानिस्लाव्स्की ने इस सन्दर्भ में सावधान करते हुए आगे कहा है कि किसी कवि की रचना के ग्रहण के प्रथम क्षण को गलत ढंग से पकड़ना बड़ा ही ख़तरनाक होता है, क्योंकि नाटक और भूमिका के सम्बन्ध में वह गलत अवधारणा बना सकता है और इससे भी बुरा यह होता है कि वह उसके सम्बन्ध में पूर्वाग्रह उत्पन्न कर देता है।

नाटक या भूमिका के परिचय के प्रथम क्षण में उत्पन्न हुआ पूर्वाग्रह अनेक प्रकार का हो सकता है : मूलतः वह पक्ष और विपक्ष दोनों ही रूपों में हो सकता है। पूर्वाग्रह के इन दोनों तथा अन्य रूपों को स्पष्ट करने के लिए स्तानिस्लाव्स्की ने आगे लिखा है :

"कल्पना करो कि कैनवस पर खिंची किसी सुन्दर आकृति का एक टुकड़ा तुम काट लेते हो अथवा कोई तुम्हें किसी सुन्दर चित्रांकन के टूटे-फूटे टुकड़े दिखाता है, क्या तुम उनसे पूरे चित्र के सम्बन्ध में जान सकते हो या उसका मूल्यांकन कर सकते हो? यह तो सौभाग्य है कि 'ऑथेलो' अंगभूत अंशों में इतनी परिपूर्ण कलाकृति है, लेकिन अगर स्थिति इसके विपरीत होती, अगर उसकी शीर्षक भूमिका ही मात्र सुलिखित होती और प्रदर्शन के योग्य न होती, तब उस अभिनेता का पूर्वाग्रह उसके प्रति प्रशंसात्मक होता, जिसने भूमिका से ही पूरे नाटक का मूल्यांकन कर लिया होता, लेकिन वह ग़लत होता। इसे स्वीकारात्मक पूर्वाग्रह कहा जा सकता है। अगर वस्तुस्थिति दूसरी दिशा में होती और लेखक नायक को छोड़कर अन्य सभी भागों में सफल होता, तो उससे उत्पन्न ग़लत प्रभाव और पूर्वाग्रह नकारात्मक होते।"

स्तानिस्लाव्स्की ने तर्क पर आगे विचार करते हुए लिखा है कि पूर्वाग्रह कुछ और प्रकार के भी होते हैं। कभी-कभी नाटक के पढ़े जाने के पहले उसके सम्बन्ध में सच्ची-झूठी अनेक प्रकार की टिप्पणियाँ तथा अच्छी-बुरी आलोचनाएँ सुनने को मिल जाती हैं और उसी के आधार पर उसकी समीक्षा होने लगती है। बहुत से लोग समझते हैं कि किसी कलाकृति के मूल्यांकन एवं उन्हें समझने के लिए उसमें जो कमियाँ हैं उन्हें ही खोजा जाना चाहिए। वास्तविकता यह है कि उसके गुणों, उसकी विशेषताओं की खोज कहीं अधिक महत्त्वपूर्ण है। इस सन्दर्भ में सही यह होगा कि उस रचना के सम्बन्ध में जो सामान्य धारणा है, परम्परा से जो कुछ कहा जा रहा है, उससे बचा जाये और अपने अध्ययन से, बड़े मनोयोग के साथ परिशीलन से उसके सम्बन्ध में पूर्ण स्वतंत्र धारणा बनायी जाये।

हम प्रायः देखते हैं कि किसी नये नाटक का पाठ उस पहले व्यक्ति को

दे दिया जाता हैं जो आगे आता है और जिसका गुण केवल यही होता है कि वह ऊँचे स्वर में और बड़ी स्पष्टता के साथ पढ़ लेता है। अक्सर नाट्यालेख उसके हाथों में पकड़ाकर, उसे तुरन्त पढ़ने के लिए कह दिया जाता है। इस पर आश्चर्य नहीं किया जाना चाहिए कि यह आकस्मिक पाठक उस रचना की अन्तर्वस्तु के विषय में बिना कोई धारणा बनाये कुछ ग्रहण करता हुआ और कुछ छोड़ता हुआ पढ़ता चलता है। इस सन्दर्भ में स्तानिस्लाव्स्की ने एक उदाहरण भी दिया है। इसी प्रकार के एक व्यक्ति को एक नाटक की प्रधान भूमिका के संवादों को पढ़ने के लिए कहा गया, उसने बूढ़े की तरह काँपती आवाज में पढ़ना आरम्भ किया।

यह सही है कि लोग उसे उसकी गंभीर प्रकृति के कारण 'बूढ़ा' कह देते थे लेकिन वह अभी युवा था। उस गलत पाठ ने पूरे ही नाटक को विनष्ट कर दिया।

स्तानिस्लाव्स्की ने आदर्श पाठ को भी पूर्वाग्रह की सृष्टि माना है। जब कोई प्रबुद्ध पाठक अच्छे स्वर में, विशद रूप में, संकल्पना के साथ अपनी व्याख्या के अनुरूप नाट्यालेख को पढ़ता है, तो निश्चित रूप से उसका यह पाठ पूर्वाग्रह लिये हुए होता है। नाटक के सम्बन्ध में पाठक की अवधारणा लेखक से बहुत अलग होती है। प्रतिभावान और प्रभावपूर्ण होते हुए भी वह अपनी ही धारणा के अनुरूप उस रचना को पढ़ता है। इस वस्तुस्थिति में उसका पूर्वाग्रह नाट्यरचना के प्रति सराहनापूर्ण हो सकता है, अपनी उस अवधारणा के साथ संघर्ष फिर बड़ा ही कठिन हो जाता है। अभिनेता उस समय बड़ी असाधारण परिस्थिति में होता है। एक ओर तो पाठक के रूप में जो व्याख्या उसने की है उससे सम्मोहित होता है और दूसरे नाटक की जो मूल भावना है, उससे उसका सामंजस्य नहीं हो पाता।

स्तानिस्लाव्स्की ने इस सन्दर्भ में एक और उदाहरण दिया है। कभी-कभी पूर्वाग्रह लेखक भी उत्पन्न कर देता है। अनेक नाट्यलेखक अपनी रचनाओं के विलक्षण पाठक होते हैं और अपने पाठ से अक्सर अपने नाटकों को थोड़ा-बहुत लोकप्रिय बना देते हैं। लेखक के प्रति प्रशंसा के बोलों के बाद वह नाटक बड़े समारोह के साथ रंगकर्मियों को सौंप दिया जाता है, जो विद्युत चेतना से परिपूर्ण होकर उस मनोरम रचना पर कार्य करने लगते हैं, लेकिन जब दूसरी बार पढ़ने पर उन्हें लगता है कि उनके साथ धोखा हुआ है तो उनका कितना मोह-भंग होता है। उस रचना का प्रतिभा से परिपूर्ण भाग जो उनके विशेष उत्साह का कारण बना था, वह वास्तव में पाठक की विशेषता थी और वह उसी के साथ

चला गया, जबकि कम महत्त्व का अथवा कमजोर भाग, जो लेखक का था, नाट्यालेख के रूप में पीछे छूट गया। अब सवाल उठता है कि जो कुछ रोचक एवं प्रतिभसम्पन्न लगा था, उससे कैसे छुटकारा पाया जाये तथा नाट्यालेख के जो प्रतिभारहित और भ्रान्ति से परिपूर्ण पक्ष हैं, उनके साथ कैसे समझौता किया जाये? इस सन्दर्भ में पूर्वाग्रह और भी अधिक सबल होता है और उससे बचने का कोई तरीका भी नहीं होता क्योंकि नाट्यलेखक पूरी तरह से ज़िरहबख़्तर के साथ निरस्त्र सभागार के सामने प्रकट होता है। पाठक श्रोताओं की तुलना में कहीं अधिक सशक्त होता है क्योंकि वह तो अपना रचनात्मक कार्य पूरा कर चुका होता है जबकि श्रोताओं के साथ ऐसी स्थिति नहीं होती। यह कतई आश्चर्यजनक नहीं है कि पहला दूसरे पर विजय प्राप्त कर लेता है और वह बिना किसी आपत्ति के अपने को उसके प्रभाव के आगे समर्पित कर देता है।

स्तानिस्लाव्स्की ने पूर्वाग्रह से बचने के लिए तब भी सावधान रहने के लिए कहा है, जब कोई व्यक्ति अपने घर में, अपने कमरे में अकेला बैठकर पढ़ रहा हो। उसे यह मालूम होना चाहिए कि किसी नाटक को कैसे पढ़े और किसी प्रकार की पूर्व-धारणा को अपने पास न आने दे। फिर भी पूर्वाग्रह पैदा हो जाते हैं। उनका जन्म अरुचिकर व्यक्तिगत प्रभावों और व्यक्तिगत कठिनाइयों को लेकर होता है, जिनका नाटक से कोई सम्बन्ध नहीं होता : मन का कोई दुर्भाव, वह मनोदशा जिसमें सब कुछ बुरा लगता है—आलस्य, उदासीनता, उत्साहहीनता अथवा किसी निजी कारण से पूर्वाग्रह उत्पन्न हो जाता है। फिर बहुत से ऐसे नाटक होते हैं, जिन्हें लम्बे समय तक पढ़ना और फिर से पढ़ना होता है जिससे कि उनकी अंतश्चेतना के भीतर प्रवेश किया जा सके। यह इसलिए होता है क्योंकि वे बड़े दुर्बोध, जटिल और अपनी अन्तर्वस्तु में बहुत सारी उलझनों से भरे होते हैं। इब्सन, मैटरलिंक तथा और भी बहुत-से लेखकों के नाटक ऐसे ही हैं जो आधुनिक कलाओं के क्षेत्र में प्रचलित यथार्थवाद से दूर सामान्यीकरण, रचना-विधान की विलक्षणता, संश्लेषण, विद्रूपता तथा अन्य सभी प्रकार की परिपाटियों की ओर चले जाते हैं। इन रचनाओं की सांकेतिकता के उद्घाटन की आवश्यकता होती है। उनके साथ पहेली सुलझाने जैसा व्यवहार करना होता है। उनके साथ बहुत ही परिश्रम करना होता है, फिर भी यह ज़रूरी नहीं होता कि पहले परिचय के समय ही उनमें ढेर-सारी बौद्धिक प्रक्रियाएं भर दी जायें क्योंकि इससे बड़ी आसानी से यह पूर्वाग्रह पैदा हो जायेगा कि वे नाटक बड़े नीरस हैं। इन नाटकों के अध्ययन में प्रारम्भिक बौद्धिक अभ्यास बड़ा ख़तरनाक होता है। बौद्धिक विश्लेषण की प्रक्रिया तो यों भी बड़ी खराब

धारणाएँ पैदा कर देती है।

स्तानिस्लाव्स्की ने पूर्वाग्रह से बचने के लिए यह भी सलाह दी है कि नाट्यकर्म में तर्कशीलता की जटिलताओं में नहीं उलझना चाहिए क्योंकि वे रचनात्मक अनुभव से दूर ले जाती हैं और शुद्ध बौद्धिक अभिनय और अति नाटकीयता को प्रोत्साहित करती हैं। जो नाटक प्रतीकों और अभिव्यजंना के सुव्यवस्थित विधान की माँग करते हैं, वे अपने प्रथम परिचय के समय विशेष सावधानी की भी माँग करते हैं। वे मुश्किल लगते हैं क्योंकि उनकी संरचना का अधिकांश भाग अतःप्रेरणा और उपचेतना के लिए छोड़ा हुआ होता है। हम प्रतीकों का, अभिव्यंजना के बौद्धिक विधान का या विरूपता का अतिनाटकीयता के साथ प्रदर्शन नहीं कर सकते। उन तक पहुँचने का मार्ग नाटक की मूलभूत अन्तश्चेतना और उसके कलात्मक स्वरूप के बोध के साथ होना चाहिए। इस कार्य में सतर्कता की सबसे कम भूमिका होती है, जबकि कलात्मक अन्तःप्रेरणा, बड़ी भीरु प्रकृति की लेकिन सर्वाधिक महत्त्वपूर्ण होती है। उसे पूर्वाग्रहों से और अधिक नहीं डराया जाना चाहिए।

कोस्त्या ने यह सुनकर आपत्ति खड़ी की थी, "फिर भी बहुत से ऐसे प्रयोग हैं, जिनके विषय में मैंने पढ़ा है कि जब कोई अभिनेता छोटी-छोटी बारीकियों के साथ अपनी भूमिका को तत्काल ग्रहण कर लेता है, तब पहली बार परिचय होने पर ही वह उसे बहा ले जाती है। रंगमंच के रचनात्मक कर्म के विषय में अन्तःप्रेरणा के यही विस्फोट मुझे सर्वाधिक आकर्षित करते हैं—प्रतिभा उनके माध्यम से बड़े विशद रूप में और सम्मोहन के साथ चमक उठती है।"

तोर्त्सोव ने जवाब में व्यंग्य के साथ कहा था, "मुझे भी ऐसा ही सोचना चाहिए। काल्पनिक कथा-प्रसंगों में लोग ऐसा लिखते भी हैं।"

फिर कुछ गम्भीरता के साथ कहा था, "इस बात की पूरी सम्भावना है, लेकिन यह नियम से बहुत दूर की बात है। कला में, जैसे प्रेम के प्रसंग में, आकर्षण तत्काल प्रज्वलित हो उठता है, उससे अधिक उसकी तात्कालिक उत्पत्ति हो नहीं सकती, वह तो तत्काल सम्पूर्णता प्राप्त कर सकता है।"

स्तानिस्लाव्स्की ने इसके बाद अपनी आत्मकथा से इस प्रकार के दो प्रसंगों की चर्चा करने के बाद कहा, "यह बड़ी ही प्रसन्नता का विषय होता है जब अभिनेता का अपनी भूमिका से अथाह साधनों के माध्यम से तत्काल तादात्मय स्थापित हो जाता है। यह (भूमिका को) सीधे अन्तःप्रेरणा से पाने का एक उदाहरण है, जिसमें पूर्व धारणाओं के लिए कोई स्थान नहीं होता। इस प्रकार के प्रसंगों में तकनीक की उपेक्षा करके अपनी रचनात्मक प्रकृति के आगे स्वयं को पूरी

तरह से समर्पित कर देना कहीं अधिक अच्छा होता। लेकिन दुर्भाग्य से इस प्रकार के संयोग बड़े विरल होते हैं—वे अभिनेता के संपूर्ण जीवन में बस एक ही बार घटित होते हैं। उन्हें नियमतः नहीं ग्रहण किया जा सकता।''

स्तानिस्लाव्स्की ने स्वीकार किया है कि रंगकर्म में संयोग की बड़ी भूमिका होती है। उदाहरण के लिए इस वस्तुस्थिति की व्याख्या कैसे की जा सकती है कि एक विशेष नाटक या एक विशेष भूमिका अभिनेता में विकर्षण की भावना जगाती है और उस रूप में कार्य करना उसके लिए असम्भव कर देती है, फिर चाहे उसकी अपनी विशेषताएँ उसे यह सुझाव देती रहें कि इस भूमिका के लिए ही तो मुझे बनाया गया था। अथवा इसके विपरीत—एक अन्य भूमिका जो प्रत्यक्षतः एक अभिनेता विशेष के लिए पूर्णतः अनुपयुक्त लगती है, उसे आकर्षित करती है और वह उसका बड़ा विलक्षण प्रदर्शन भी करता है। यह स्पष्ट है कि इन प्रसंगों में कोई हितकर अथवा अहितकर, आकस्मिक, अचेतन पूर्वाग्रह सक्रिय है, जो अभिनेता को नितान्त अज्ञेय रूप में अच्छे या बुरे ढंग से प्रभावित कर रहा है।

फिर भी ऐसे क्षण होते हैं जब अभिनेता के मन में नाटक के विरुद्ध एक पूर्वधारणा होती है, लेकिन वह उसके अन्तर्निहित सारतत्त्व को समझने में बाधित नहीं होता और रंगमंच पर उसे अभिव्यक्त करने में सक्षम होता है।

इसी प्रकार एक आत्मकथात्मक प्रसंग में स्तानिस्लाव्स्की ने एक निर्देशक का विवरण दिया है जिसने एक नये प्रकार के नाटक के प्रदर्शन की बड़ी विलक्षण संयोजना लिखी थी, जिसे कि वह न तो समझता था और न पसन्द ही करता था। इस प्रसंग में उस निर्देशक की कलात्मक उपचेतना आगे आयी थी और उसने जागरूक रचनात्मक मनोवृत्ति से खुद को अभिव्यक्त किया था। निर्देशक की सचेतन भावनाओं के बावजूद उस नाटक की नयी प्रवृत्ति उसमें जागरूक हो उठी थी और वह रंगमंच पर ले जायी जा सकी थी।

स्तानिस्लाव्स्की ने इसके बाद लिखा है कि ये सभी उदाहरण यह प्रदर्शित करते हैं कि भूमिका से प्रथम परिचय की प्रक्रिया उससे कहीं अधिक ध्यान की अपेक्षा रखती है, जितना उसे स्वभावतः दिया जाता है। दुर्भाग्य से इस सामान्य सत्य को अभिनेता मुश्किल से पहचानते हैं।

ग्रीशा ने अपने स्वभाव के अनुसार बीच में टोककर कहा, ''लेकिन आप जो कह रहे हैं, क्या वह इस ओर इशारा नहीं करता कि किसी अभिनेता को कालजयी अथवा अन्य किसी नाटकीय रचना को इस डर से नहीं पढ़ना चाहिए कि इससे कृति से उनके प्रथम परिचय से बनी धारणा टूटेगी या शायद

कालान्तर में उसे उसमें कोई भूमिका करनी पड़े। आपका यह भी कहना है कि कितनी ही अभिनेता को किसी नाट्य-रचना की आलोचना या टीका, वह चाहे कितनी अच्छी हो, नहीं पढ़नी चाहिए अन्यथा वह झूठी और पूर्वनिर्मित धारणाओं से संक्रमित हो सकता है। लेकिन मुझे क्षमा करें, आप स्वयं को लोगों के विचारों से नहीं बचा सकते। जब वे नये या पुराने नाटकों के विषय में बातचीत करते हैं, तो आप अपने कानों में रुई नहीं ठूँस सकते। आप तो यह भी नहीं कह सकते कि किस नाटक की कब प्रस्तुति होने वाली है।''

यह सब सुनने के बाद तोर्त्सोव ने कहा कि मैं इस सबसे पूरी तरह सहमत हूँ। यह ठीक है कि पूर्वाग्रहों से अपने को बचाना बड़ा मुश्किल है। इसीलिए यह ज़रूरी है कि उनसे बचा जाये या उनके प्रभावों को रोकने का उपाय सीखा जाये। इस सम्बन्ध में उन्होंने आगे कहा :

''सबसे पहले तुम्हें जितने अधिक नाटकों के विषय में संभव हो, हर बात को पढ़ना और सुनना चाहिए। उनकी आलोचनाओं, टीकाओं और उसके सम्बन्ध में प्रकट किये गये विचारों को भी ग्रहण करना चाहिए। यह सब तुम्हारी रचनात्मक सामग्री की संपूर्ति करता है और उसे बढ़ाता है, लेकिन इसके साथ ही तुम्हें अपनी स्वतंत्रता को सुरक्षित रखते हुए पूर्व धारणाओं को अपने से दूर रखना सीखना चाहिए। तुम्हें अपनी राय खुद बनानी चाहिए और दूसरों के विचारों को स्वीकार करने से पूरी तरह से बचना चाहिए। तुम्हें यह जानना चाहिए कि कैसे स्वतंत्र रहा जाये। यह बहुत मुश्किल कला है, जिसे तुम ज्ञान और अनुभव से ही प्राप्त कर सकते हो। इनकी जानकारी किसी नियम के अनुसरण के माध्यम से नहीं वरन् रंगकला की तकनीक के सैद्धान्तिक ज्ञान और व्यावहारिक कार्य से सम्पन्न होगी। यह उपलब्धि विशेष रूप से मूलभूत महत्त्व के व्यक्तिगत चिन्तन में प्रवेश से और वर्षों के लम्बे अनुभव से ही संभव होगी।''

इसी विवेचना को उन्होंने और आगे बढ़ाते हुए कहा है कि धीरे-धीरे अभिनेता नये नाटक के प्रति अपनी धारणाओं को छाँटने में अभ्यस्त हो जायेगा। वह यह भी सीख जायेगा कि कैसे झूठ, अतिरेकपूर्ण और महत्त्वहीन को निरस्त किया जाये और आधारभूत महत्त्व खोजा जाये। इस संबंध में यह भी जानना आवश्यक है कि औरों और खुद को भी कैसे सुना जाये तथा दूसरों के विचारों के बीच अपना रास्ता स्वयं कैसे बनाया जाये। स्तानिस्लाव्स्की का कहना है कि इन प्रक्रियाओं को समझने में विश्व-साहित्य का अध्ययन बहुत अधिक सहायक सिद्ध होगा।

इन प्रक्रियाओं को और अधिक स्पष्ट करने के लिए उन्होंने लिखा है कि जैसे हर जीवित प्राणी में अस्थियों की संरचना होती है, वैसे ही प्रत्येक नाटक के अनेक अवयव होते हैं—हाथ, पैर, दिल, दिमाग़ आदि। एक साहित्यिक प्रशिक्षण-प्राप्त व्यक्ति एक शरीर-वैज्ञानिक की तरह उस संरचना का और प्रत्येक हड्डी तथा जोड़ के रूप का अध्ययन करेगा और उसके विभिन्न अंगों को पहचानेगा। वह उस रचना का विश्लेषण करेगा, उसके साहित्यिक तथा सामाजिक प्रभाव का आकलन करेगा, उसके दोषों को खोजेगा और देखेगा कि मुख्य विषय के विकास में कहाँ वह विचलित अथवा अवरुद्ध होती है। वह नाटक के नये और मौलिक प्रस्थान-बिन्दुओं को ग्रहण करेगा, उसकी बाहरी और भीतरी विशेषताओं को समझेगा। उसकी पंक्तियों की आंतरिक बनावट, चरित्रों, तथ्यों तथा घटनाओं के अन्तर्निहित संबंधों को ग्रहण करेगा। उस नाटकीय रचना के मूल्यांकन में यह सारा ज्ञान, योग्यता और अनुभव असाधारण रूप से महत्त्वपूर्ण है। यह सब याद रखना चाहिए कि इस अध्ययन का जितनी निष्ठा, गहराई और पूर्णता के साथ सम्भव हो प्रयोग करना है। लेकिन यह ध्यान रखना चाहिए कि साहित्यिक विशेषज्ञ अभिनेताओं और निर्देशकों की समस्याओं से, विशेष रूप से सम्बद्ध सवालों के समाधान में हमेशा समर्थ नहीं होते। प्रत्येक नाटक, साहित्यिक रचना के रूप में वह कितना ही सुन्दर क्यों न हो, रंगमंच पर प्रदर्शन के योग्य नहीं होता। रंगमंच की माँगों का, भले ही उनका अध्ययन किया जा सकता है, लेकिन वे किसी आचार-संहिता में सुनिश्चित नहीं है। रंगमंच का कोई व्याकरण नहीं है, इसलिए किसी नयी रचना का विद्वान सहयोगियों की सहायता का लाभ उठाये बिना विवेचित व्यावहारिक रीतियों के आधार पर पहले आकलन होना चाहिए। कोई नया नाटक पढ़ते समय यह ध्यान रखना चाहिए कि कोई गलत धारणा या पूर्वाग्रह हावी न हो जाये।

किसी भी नाटक का पहला अध्ययन इस दृष्टि से विशेष रूप से विचारणीय होता है कि वह आगे होने वाले कार्य को किस सीमा तक प्रभावित करेगा। अपने इस मन्तव्य को स्पष्ट करने के लिए तोर्त्सोव ने अपने छात्रों से 'ऑथेलो' का स्मरण करके यह बताने के लिए कहा कि उसके कौन-से प्रसंग उनके मनोजगत् पर वास्तव में अपनी छाप छोड़ गये हैं। उसके बाद उन्होंने कहा कि उसकी एक भूमिका की रचना के लिए पहली बार का पाठ उनके भीतर जितने गहरे उतर गया है, उसी का उपयोग करना होगा। कौन कह सकता है कि अभिनेता की भावनाओं में उसके वास्तविक जीवन के बीज रूप कुछ तत्त्व

उसकी भविष्य की भूमिका में होंगे। इसके अनन्तर उन्होंने कोस्त्या से कहा कि वह नाटक को और उसके उन विशिष्ट प्रसंगों को याद करे, जिन्होंने उसके मनोजगत् को सर्वाधिक प्रभावित किया है और उसके स्मृति-लोक में कुछ विशेष प्रसंग अंकित कर दिये हैं, जिन्हें मन की आँखें साफ़-साफ़ देख रही हैं और भीतर के कान साफ़ सुन रहे हैं।

कोस्त्या ने उसके बाद अपनी याददाश्त के आधार पर कुछ प्रसंगों को सुनाया। तब तोर्त्सोव ने कहा कि तुम्हें इस बात के लिए कृतज्ञ होना चाहिए कि तुम कुछ एकल क्षणों को अनुभव कर रहे हो, इन प्रसंगों को अपने रंगकर्म में इस्तेमाल करो और उन्हें सुदृढ़ बनाओ।

कोस्त्या ने स्वभावतः यह जानना चाहा था कि सुदृढ़ करने से उनका वास्तव में क्या आशय था?

जवाब मिला, ''तुम्हारी अन्तरात्मा के छोटे से कोने में अब भी भावनाओं की कुछ झलकियाँ हैं, वे तब संगर्भित हुई थीं, जब तुम्हारा नाटक से पहला परिचय हुआ था–वह एक अँधेरे कमरे के रूप में है, जिसकी खिड़कियाँ बन्द हैं। अगर वहाँ कुछ चिटखनियाँ, छेद, दरारें न होतीं तो अँधेरे का पूरा राज्य होता। फिर भी अलग-अलग प्रकाश की रेखाएँ, मोटी या पतली, चमकीली या मद्धिम इस अँधेरे को काट रही हैं और अनेक आकारों के प्रकाश-स्थल बना रही हैं। ये चमकारें अँधेरे को रूपांतरित कर रही हैं। यद्यपि अँधेरे में तुम कुछ वस्तुओं को देख नहीं पा रहे हो, लेकिन उनकी बाहरी रूपरेखा के कुछ आभास से तुम्हें अंदाज़ हो सकता है कि वे वहाँ हैं। अगर तुम केवल किवाड़ों की दरारों को बड़ा कर सकते तो प्रकाशित स्थल बड़े, और बड़े होते जाते और प्रकाश की झलक और मज़बूत हो जाती। अंततः प्रकाश पूरे स्थल को भर देता और सारे अँधेरे को विदा कर देता। ऐसे में कमरे के कोनों में यहाँ-वहाँ छायाओं के अतिरिक्त कुछ भी बचा नहीं रहता।''

तोर्त्सोव ने इतना कहने के बाद स्पष्ट किया कि नाटक के प्रथम पाठ के बाद अभिनेता की मनोदशा का यही चित्र उनके पास है और नाटक के साथ उनका परिचय इसके बाद ही और आगे बढ़ेगा। उन्होंने समझाया कि 'ऑथेलो' से प्रथम परिचय के बाद सभी छात्रों के मन में कुछ ऐसा ही हो रहा है। उनके भावना-लोक और स्मृति-जगत में केवल अलग-अलग स्थानों के अलग-अलग क्षण ही चिपके रह गये। बाकी सब अँधेरे में लिपटा हुआ है और उनकी भावना के क्षेत्र से दूर है। केवल यहाँ-वहाँ कुछ संकेत हैं, जिन्हें वे फिर से पाने की व्यर्थ कोशिश कर रहे हैं। ये फुटकर मनःप्रभाव और भावनाओं के टुकड़े अँधेरे में

झलक रही चमकारों की तरह नाटक में शुरू से अन्त तक छितराये हुए हैं।

तोर्त्सोव ने इसके बाद समझाया कि अभिनेता जब नाटक को और निकट से जानेंगे तो ये क्षण बढ़ेंगे और फिर अन्ततः पूरी भूमिका और नाटक को भर देंगे। इसी सन्दर्भ में उन्होंने यह भी स्पष्ट किया कि इसी प्रकार का रचनात्मक आरम्भ, प्रकाश के चमकारों और अनुभूति के क्षणों का उन्मेष अन्य कलारूपों में भी मिलता है।

तोर्त्सोव ने उसके बाद वान्या, पॉल आदि से 'ऑथेलो' से प्रथम परिचय से मन में जो शेष रह गया था, उसके विषय में पूछा। इस अनुसंधान से यह तथ्य सामने आया कि अधिकांश छात्रों के मन में कुछ विशेष प्रसंग ही शेष रह गये थे और उन्होंने प्रत्येक को लगभग एक ही तरह से प्रभावित किया था। इस जानकारी से अनेक सवाल उठे थे–नाटक के कुछ विशिष्ट स्थल ही क्यों विशेष रूप से भावनाओं को जगाते हैं, जबकि उनसे तार्किक रूप में बँधे हुए कुछ और प्रसंग अपनी कोई छाप नहीं छोड़ पाते? क्यों कुछ विशेष स्थल बड़े ही विशद् रूप में तत्काल भावनाओं को उद्बुद्ध करते हैं और भावात्मक स्मृति को प्रभावित करते हैं, जबकि कुछ सचेतन और बौद्धिक रीति से बड़े ही ठण्डे रूप में स्पर्श कर पाते हैं। तोर्त्सोव ने इसी सन्दर्भ में भावों और विचारों के पारस्परिक सम्बन्ध की व्याख्या की थी–कुछ अनुभव नैसर्गिक रूप में हमें बड़े नजदीक से छूते हैं और कुछ बड़ा ही प्रतिकूल प्रभाव उत्पन्न करते हैं, लेकिन रचनाशीलता कभी-कभी ऐसे स्रोतों से भी जन्म लेती है, जिनमें प्रथम परिचय के समय रचना के अन्तर्निहित तत्त्व के साथ बिल्कुल ही कोई समानता नहीं होती।

एक सच्चा कवि अपनी प्रतिभा के मोतियों को खुले हाथ नाटक में आदि से अन्त तक छितराता है। यही है वह गरम विस्फोटक पदार्थ जो अन्तःप्रेरणा को सचेष्ट कर देता है, यही रचनाशीलता को उत्तेजित करने की सबसे अच्छी सामग्री होती है।

उस रचना की प्रतिभा से परिपूर्ण सुन्दरता, आद्यन्त अपने बाहरी और अन्तर्निहित, दोनों ही रूपों में परिव्याप्त होती है। अगर लेखक ने रचनात्मक ऊर्जा की उत्तेजना नाटक की बाहरी सतह में ही संलग्न की है, तो अभिनेताओं की उसके प्रति रुचि और भावनाएँ भी मात्र सतही ही सिद्ध होंगी। लेकिन अगर भावात्मक समृद्धि गहराई में प्रतिष्ठित की गयी है अथवा उपचेतन के क्षेत्र में छिपी है, तब नाटक और उसके प्रति रचनात्मक उत्साह एवं जीवन्त प्रभाव बहुत गम्भीर होंगे। भावात्मक समृद्धि जितनी गहरे उतरती है, उतनी ही वह रूपायित चरित्रों की वास्तविक मानवीय प्रकृति तथा स्वयं अभिनेताओं के सन्निकट होगी।

यह उत्साह जो कि नाटक के पहले संपर्क के साथ उठने वाला संघर्ष है, अभिनेता और उसकी भूमिका के विभिन्न भागों के बीच अन्तरंग सम्बन्ध का सबसे पहला संसूचक होता है। यह अन्तरंग सम्बन्ध बड़ा ही मूल्यवान होता है क्योंकि वह सीधे अन्तःप्रेरणा से स्वाभाविक रूप में बनता है।

तोर्त्सोव ने अगले दिन अपने छात्रों से कहा कि 'ऑथेलो' के प्रथम पाठ ने उसके स्मृति-लोक में कुछ प्रभाव और छापें छोड़ी हैं, अब उन्हें कुछ ऐसे प्रयास करने चाहिए जिनसे वे और आगे बढ़ें तथा उनमें गहराई आये। इसके लिए सबसे पहले उन्हें पूरे नाटक को बड़ी सावधानी से पढ़ना चाहिए लेकिन इस प्रयास में उन्हें उन गलतियों से बचना चाहिए, जो प्रथम परिचय के समय उनसे हो गयी थीं। इस पाठ में उन्हें उन सभी नियमों का निर्वाह करना चाहिए जो एक लेखक की रचना के किसी भी क्रम के अध्ययन के समय बराबर चलते रहते हैं। यह दूसरा पाठ कुछ इस प्रकार चलते रहना चाहिए जैसे वह पहला ही पाठ हो। यह सही है कि बहुत कुछ सीधा और विशिष्ट प्रभाव अब पूरी तरह से खो गया है और उसे अब फिर से नहीं पाया जा सकता। फिर भी कौन जानता है कि कुछ भावनाएँ फिर से उत्तेजित हो जायें! इस बार जरूरी बस इतना ही है कि नाटक का पाठ नियमानुसार ही आगे बढ़े। उसके बाद उन्होंने उन नियमों के सम्बन्ध में चर्चा आरम्भ की :

"पहले तुम्हें यह निश्चय करना चाहिए कि कहाँ और कब पढ़ा जाये? हर कोई अपने अनुभव से यह जानता है कि वह कहाँ और कैसे सर्वाधिक प्रभाव ग्रहण करता है। एक व्यक्ति अपने कमरे के शान्त वातावरण में पढ़ने में रुचि लेता है, कुछ और लोग यह पसंद करते हैं कि कोई किसी बड़े समुदाय की उपस्थिति में जोर से पढ़े।

"तुम कहीं भी यह दूसरा परिचय प्राप्त करने का निश्चय करो। महत्त्वपूर्ण यह होगा कि एक अनुकूल वातावरण बनाओ, जिसमें तुम अपने मनोजगत् के कलात्मक प्रभावों को प्रसन्नता के साथ ग्रहण कर सको। पाठक के लिए यह ज़रूरी है कि अभिनेताओं को लेखक की रचनात्मक मनोवृत्ति की आधारभूत रेखा, मानवीय चेतना के जीवन की मुख्य रेखा और पूरे नाटक तथा हर भूमिका के सजीव जैविक विधान की दिशा में ले जाने में समर्थ हो। उसे अभिनेता की सहायता करनी चाहिए कि वह तुरन्त अपनी भूमिका की आत्मा में स्वयं अपने अंश, अपनी अन्तरात्मा को प्राप्त कर सके। वस्तुतः तुम्हारा काम अभिनेता को सिखाना, उसकी कला को समझाना और उसे अनुभव कराना है।"

जब नाटक के साथ यह तादात्म्य केवल आंशिक होता है, अथवा किसी अभिनेता का अपनी भूमिका के साथ भावात्मक संपर्क नहीं बन पाता, तब यह ज़रूरी हो जाता है कि उत्साह को बनाने का दुर्वह कार्य उठाया जाये, जिसके बिना रचनाशीलता संभव ही नहीं।

कलात्मक उत्साह रचनाशीलता की उत्प्रेरक शक्ति है। उत्साह के साथ-साथ चलने वाला जागरूक सम्मोहन बड़ा ही सूक्ष्म समीक्षक, गहरा खोजी तथा उन भावनाओं की गहराइयों तक जाने का सबसे अच्छा मार्ग-निर्देशक होता है, जिन्हें सचेतन प्रयास से ही पाया जा सकता है।

नाटक के साथ अपने इस पहले परिचय के बाद अभिनेताओं को अपने कलात्मक उत्साह को और और स्वच्छन्द होने देना चाहिए। उन्हें एक-दूसरे को उस उत्साह से संक्रमित करना चाहिए। उन्हें स्वयं को उस नाटक के साथ बहने देना चाहिए और बार-बार सम्पूर्ण अथवा आंशिक पाठ करना चाहिए। जो अंश उन्हें विशेष रूप से अच्छे लगते हैं, उन पर उन्हें सोचने देना चाहिए। जो नये रत्न और सुन्दर स्थल उन्होंने खोजे हैं, उन्हें एक-दूसरे को दिखाना चाहिए। उन्हें तक-वितर्क करने दो, शोर मचाने और उत्तेजित होने दो। उन्हें स्वयं अपनी भूमिकाओं, अन्य अभिनेताओं की भूमिकाओं और पूरे नाट्य-प्रदर्शन के सम्बन्ध में सपने देखने देना चाहिए। उत्साह—नाटक अथवा अपनी भूमिका के प्रवाह में बह जाना, यही उसके निकट पहुँचने, समझने और वास्तव में जानने का सबसे अच्छा तरीक़ा है। अभिनेता की जागी हुई रचनात्मक भावनाएँ, अचेतन रूप में भूमिका के आरम्भ से लेकर अन्त तक जाँच-पड़ताल करती रहती हैं—उन अनुभूतियों की जिन्हें अभिनेता ने न तो पहले कभी आँखों से देखा है, न कानों से सुना है और न ही तर्कशील दृष्टि से उन्हें लक्षित किया है, लेकिन केवल अचेतन रूप में अपनी उद्दीप्त भावनाओं द्वारा बस उनका अन्दाज़ ही लगाया है।

''अपनी भावनाओं, अपनी इच्छाशक्ति और अपने मन को उद्वेलित करने की क्षमता किसी अभिनेता की प्रतिभा का एक पक्ष है—आन्तरिक तकनीक के मुख्य उद्देश्यों में से एक।''

यह सब सुनने के बाद छात्रों के मन में प्रश्न उठा कि क्या नाटक से परिचित होने की इस प्रक्रिया की विवेचना के लिए 'ऑथेलो' को लेना उपयुक्त है? तोर्त्सोव ने यह तो स्वीकार किया कि इस नाटक के पहले परिचय ने उसके मनःप्रभावों को बहुत बिगाड़ दिया है, इसलिए उसका फिर से अध्ययन बड़ा ही जटिल होगा—इसके साथ ही उसे लेकर जो तकनीकी समस्याएँ उठेंगी, उनके

समाधान के लिए भी बारीकियों में जाना पड़ेगा। इसी दृष्टि से निष्कर्ष रूप में उन्होंने कहा कि इन परिस्थितियों में यह तकनीकी अध्ययन व्यावहारिक और शिक्षाप्रद, दोनों ही होगा। अन्य शब्दों में एक अनजाने और नये नाटक की तुलना में इसीलिए विश्वविख्यात 'ऑथेलो' के माध्यम से बातचीत करना बड़ा ही उपयुक्त रहेगा।

स्तानिस्लाव्स्की ने इसके बाद कोस्त्या के माध्यम से रंगमंच के लिए नाटक के अध्ययन की विशेष पद्धति की विवेचना उपस्थित की। उन्होंने लिखा है कि तोर्त्सोव ने अपनी निजी अवधारणाओं और व्यक्तिगत रुचियों को अपने श्रोताओं पर लादने से बचने के लिए तटस्थ-सी व्याख्या उपस्थित की। उन्होंने पाठ को विवरणात्मक नहीं बनने दिया, क्योंकि उससे वह विरस हो जाता है। उन्होंने नाटक का एक स्पष्टीकरण मात्र प्रस्तुत किया, बीच-बीच एक-आध पंक्ति की, जिसे उन्होंने पूरी रचना के लिए महत्त्वपूर्ण समझा, विशेष व्याख्या उपस्थित की थी। उन्होंने नाटक की कथावस्तु और उसकी संरचना की बड़ी ही मौलिक विवेचना की। अनेक दृश्य और स्थल अब तक अस्पष्ट रहे थे। उनकी ओर ध्यान भी नहीं गया था। उन्होंने उन्हें बड़ा सजीव बना दिया था। उनका वास्तविक स्वरूप और महत्त्व दोनों ही सुस्पष्ट हो गये। यह विलक्षण था कि पढ़ते समय वे किसी भी स्थल पर आन्दोलित नहीं हुए, लेकिन जहाँ भावात्मक सहभागिता की अपेक्षा थी, उन स्थलों की ओर उन्होंने संकेत अवश्य किया।

तोर्त्सोव ने 'ऑथेलो' के आलेख की सुन्दरता की ओर ध्यान आकर्षित किया। उन्होंने कुछ विशिष्ट शब्दों, वाक्यांशों, तुलनात्मक अभिव्यंजना के स्थलों पर रुककर उन पर विशेष रूप से विचार किया। उन्होंने नाटक के कुछ मुख्य स्थलों को विशेष रूप से व्याख्यायित किया। आरम्भ के दृश्य का विशेष महत्त्व बताया और कुछ बड़ी ही मौलिक बातें कहीं। उन्होंने सम्पूर्ण नाटक की संरचना की भी सराहना की। इससे मंच पर उपस्थित की जानेवाली सामग्री विशेष महत्त्वपूर्ण हो उठी। कुछ दृश्यों के आयाम बहुत विस्तृत हो गये। अभिनेता जिन दृश्यों से महत्त्वपूर्ण होने पर भी अप्रभावित रहे थे, उनके प्रति आन्दोलित हो उठे।

कोस्त्या ने तोर्त्सोव के उस नाट्य-पाठ के स्वयं पर पड़े प्रभाव की विशेष चर्चा की। 'ऑथेलो' और 'इयागो' दो परस्पर-विरोधी प्रवृत्ति के नायक हैं, यह उसने पहली बार समझा। उसके पहले 'ऑथेलो' की कथावस्तु में उसे केवल

प्यार और ईर्ष्या की एक रेखा का ही भान था। परस्पर-विरोधी शक्तियों के संघर्ष को लेकर त्रासदी की गाँठ उसके आगे और सघन हो उठी। इसके साथ ही नाटक के कार्यक्षेत्र का भी विस्तार हो गया, लेकिन अभी उसे यह बोध नहीं हो पा रहा था कि नाटककार का वास्तविक लक्ष्य क्या है, फिर भी नाटक आन्तरिक क्रियाशीलता और गतिविधि से भर उठा—एक सार्वभौमिक उद्देश्य की ओर अग्रसर, जो अभी पूर्णतः स्पष्ट नहीं हो पा रहा था।

तोर्त्सोव उसकी इस विवेचना को सुनकर प्रसन्न हो उठे और फिर उन्होंने कहा कि यह ज़रूरी नहीं है कि जो कार्यक्रम उन्होंने निर्धारित किया है वह पूरी तरह से सम्पन्न हो, फिर भी प्रकाशित स्थल का विस्तार तो हो ही गया है।

तोर्त्सोव ने इसके बाद 'ऑथेलो' की कथावस्तु के तथ्यों की शृंखला को अपने-अपने ढंग से बताने के लिए कहा और एक व्यक्ति को सभी छात्रों के विवरणों को लिपिबद्ध करने का भी आदेश दिया।

उनका सामान्य निर्देश था कि नाटक के मूल कार्य की एक रेखा बनाने की दृष्टि से पहले नाटक के विभिन्न तथ्यों का विश्लेषण और फिर उनमें से कुछ का चयन किया जाये। यह कार्य उन्होंने सभी के लिए ज़रूरी बताया, अन्यथा नाटक बन ही नहीं सकेगा। हर नाटक का एक अस्थिविधान होता है, उसकी कोई विकृति पूरे नाटक को विकलांग बना देती है। इस अस्थिविधान को अच्छी तरह से पकड़ा जाना चाहिए—वैसे ही जैसे माँस शरीर को पकड़ता है। अब सवाल उठता है कि नाट्य-रचना के भीतर इस अस्थिविधान को कैसे खोजा जाये?

तोर्त्सोव ने इस सवाल के जवाब के लिए अपने छात्रों से पूछा कि वे कौन-सी वस्तुएँ, परिस्थितियाँ, घटनाएँ और अनुभव हैं जिनके बिना नाटक बनेगा ही नहीं। इस विषय को स्पष्ट करने के लिए उन्होंने 'ऑथेलो' को लेकर अपने सभी छात्रों से सवाल पूछे थे कि वे कौन-सी परिस्थितियाँ या घटनाएँ हैं जिनके बिना नाटक संभव ही नहीं होगा। किसी ने कहा, 'ऑथेलो' की देस्दीमोना के प्रति प्यार की भावना', दूसरे ने कहा, 'दो जातियों के बीच की फूट', तीसरे ने 'इयागो का शैतानी षड्यंत्र' बताया। उसने आगे स्पष्ट किया, 'इयागो की शैतानी, चालाकी, बदले की भावना, महत्त्वाकांक्षा और विद्वेष की भावना।' किसी ने कहा, 'बर्बर मूर की सत्य के प्रति निष्ठा।' यह सब सुनकर तोर्त्सोव ने कहा कि अब इन सब तथ्यों की अलग-अलग परीक्षा की जाये—कौन-सा ऐसा तथ्य होगा जिसके बिना ऑथेलो और देस्दीमोना के बीच का प्यार जागेगा ही नहीं।

कोई भी जवाब नहीं दे पाया और तब तोर्त्सोव ने स्वयं कहा कि एक रूपसी नवयुवती का स्वच्छन्द प्रेम की भावना से आनन्दविभोर हो उठना, मूर और ऑथेलो के सैनिक अभियानों की रोचक अभिरंजित कहानियों के बिना, उनके असमान विवाह के बीच खड़ी असंख्य बाधाओं के बिना, जो स्वप्न-दर्शिनी, विद्रोहशील नवयुवती के मन में अनेक भावनाएँ जगाती हैं, अचानक युद्ध का खड़ा हो जाना, देश की सुरक्षा के लिए एक अभिजात कन्या के साथ उस मूर के विवाह की स्वीकृति को आवश्यक बना देता है।

तोर्त्सोव ने फिर सवाल उठाया कि वह क्या है जिसके बिना दो जातियों के बीच विभेद की स्थिति उत्पन्न नहीं होगी। उन्होंने स्वयं जवाब दिया कि वेनिस के लोगों के दंभ एवं आभिजात्य के अहंकार के बिना, उनके उस विजित प्रजाति के लोगों के प्रति तिरस्कार के भाव के बिना, ऑथेलो जिसका एक सदस्य है, इस निष्ठापूर्ण विश्वास के बिना काले और सफेद रक्त का मिश्रण अपमानजनक है।

तोर्त्सोव ने इसके बाद अपने छात्रों से उस हर वस्तु पर विचार करने के लिए कहा जिसके बिना नाटक, उसकी रूपरेखा संभव ही नहीं होगी, जो प्रत्येक चरित्र के लिए जरूरी है।

एक छात्र ने उत्तर दिया कि हम सबका इस बात पर विश्वास है। तोर्त्सोव ने तब इस प्रकरण को समाप्त करते हुए अपने छात्रों से कहा कि अब वे मज़बूत बुनियाद से बनी परिस्थितियों की इन शृंखलाओं को जान गये हैं, जो उनका मार्गदर्शन करेंगी और उनके रास्ते के सिग्नल उन्हें सही दिशा में ले जायेंगे। लेखक द्वारा प्रस्तावित ये सभी परिस्थितियाँ सभी अभिनेताओं को प्रभावित करती हैं। वे आरम्भ से ही उनकी भूमिका की स्वरलिपि का अंश होनी चाहिए, इसलिए यह बहुत ज़रूरी है कि वे उन्हें अपने मनोजगत् में पूरी तरह बसा लें।

भूमिका के भौतिक जीवन की रचना

तोर्त्सोव ने भूमिका के भौतिक जीवन की रचना के प्रसंग को छूते हुए विद्यार्थियों का ध्यान खींचने के लिए उस मार्ग की ओर इशारा किया जो उन्हें नाटक और भूमिका तक पहुँचाने के लिए एक सीधे, वास्तविक, अन्तःप्रेरित, अंतरंग रास्ते की खोज जारी रखकर मिला था। उनकी वह व्यवस्था भीतरी या बाहरी विशेषताओं के निकट सम्बन्ध पर आधारित है। उसकी योजना भौतिक जीवन की संरचना में अभिनेताओं की मदद करने के लिए की गयी है। वे उसकी व्याख्या एक व्यावहारिक उदाहरण से करते हैं जो कि अनेक पाठों के माध्यम से प्रदर्शित किया जा सकता है।

इस प्रयोग को आरम्भ करते हुए उन्होंने ग्रीशा और वान्या से मंच पर जा 'ऑथेलो' के पहले दृश्य में ब्रोबैन्शियो राजभवन के सामने रोदेरिगो और इयागो के बीच की वार्त्ता का प्रदर्शन करने के लिए कहा।

किसी छात्र ने पूछा कि यह प्रदर्शन बिना किसी आलेख या तैयारी के कैसे प्रस्तुत होगा।

तोर्त्सोव ने जवाब दिया कि वे पूरे नाटक को तो नहीं, लेकिन उसके कुछ अंश को प्रदर्शित कर ही सकते हैं। उदाहरण के लिए, दृश्य रोदेरिगो और इयागो के प्रवेश से आरम्भ होता है। प्रवेश के साथ दोनों वेनिस–निवासी एक ख़तरे की ख़बर देते हैं। इसकी प्रस्तुति तो की ही जा सकती है।

किसी छात्र ने कहा कि यह तो अभिनय नहीं होगा।

तोर्त्सोव ने उत्तर दिया कि यह सोचने में तुम भूल कर रहे हो; वे नाटक के अनुसार अभिनय कर रहे होंगे। निश्चय ही वह सतही रूप में होगा, फिर भी यह काफ़ी मुश्किल है; शायद सबसे अधिक मुश्किल है, वास्तविक मनुष्य के रूप में साधारणतम या सरलतम भौतिक उद्देश्यों को संपन्न करना है।

ग्रीशा और वान्या कुछ-कुछ अनिश्चय के साथ पार्श्व में गये और प्रॉम्प्टर

(संकेतवाचक) के आसन के पास हड़बड़ी के साथ रुकते हुए, मंच के अग्र भाग में आये।

उनके इस व्यवहार को देखकर तोर्त्सोव ने आलोचक के रूप में कहा, "क्या सड़क पर चलने का यही तरीका है? यही अकेला ढंग है जिससे अभिनेता मंच पर चलते हैं। इयागो और रोदेरिगो तो अभिनेता नहीं हैं, चारों ओर कोई भी नहीं है–सड़क खाली है..."

ग्रीशा और वान्या फिर चले तथा मंच पर पहुँचे। उनके इस बार के व्यवहार को देखकर तोर्त्सोव ने कहा :

"अब तुम देख रहे हो कि मैं कितना सही था। जब मैंने कहा था कि हर एकल भूमिका में तुम्हें हर बार आरम्भ से ही हर काम सीखना होगा–कैसे चलो, खड़े होओ और बैठो...अब क्या तुम जानते हो कि तुम कहाँ हो? कहाँ है ब्राबेन्शियो का महल? एक प्रकार का नक़्शा बनाओ–जैसा तुम्हारे मन में आये, उसके अनुसार।"

ग्रीशा और वान्या ने अपनी संकल्पना के अनुसार महल की प्रतीकात्मक व्यवस्था की, लेकिन वह कुछ उपयुक्त नहीं थी। तब तोर्त्सोव ने उन्हें समझाया कि राजमहल मंच के आगे के भाग में बायीं या दाहिनी ओर होना चाहिए, तब वे भवन के सामने होंगे और उनकी छायाकृति दर्शकों की ओर घूमी हुई होगी। अगर वे मंच के ऊपर की ओर जाते हैं तो भी उनके चेहरे का तीन-चौथाई भाग सामाजिकों को दिखायी देता रहेगा। अभिनेताओं को यह भली प्रकार आना चाहिए कि वे रंगमंचीय परम्पराओं का कैसे निर्वाह करें। उनके लिए यह बड़ा ज़रूरी है कि अपनी भूमिका की चरमावस्था में तो जितना अधिक संभव हो, वे ऐसी जगह खड़े हों जहाँ जनता उनका चेहरा देख सके। यह वैसी वस्तुस्थिति है जिसे उन्हें एक बार के लिए नहीं, हमेशा के लिए स्वीकार करना होगा। यह इसलिए बहुत ज़रूरी है क्योंकि अभिनेता का चेहरा यथासंभव दर्शकों की ओर ही होना चाहिए। उसकी स्थिति बदली नहीं जा सकती। अब और कुछ शेष नहीं रह जाता, वस्तुस्थिति के अनुसार बस दृश्यविधान और योजना की स्थिति को ही बदला जा सकता है।

दोनों ही छात्रों ने तब कुर्सियों को मंच के दाहिने भाग में खिसकाया। तोर्त्सोव ने उसे सही बताया और तब कहा कि वे यह हमेशा याद रखें कि हर अभिनेता अपना निर्देशक होता है। यह प्रसंग भी इस विचार का समर्थन करता है।

तोर्त्सोव ने उसके बाद अपने उन दोनों छात्रों की ओर देखकर कहा कि

वे कुर्सियों की ओर क्यों घूर रहे हैं? अन्ततः तो वे ब्राबैन्शियो के महल का प्रतिनिधित्व करती हैं। वही तो लक्ष्य है जिसके लिए वे उस स्थान पर आये हैं। क्या तुम्हें बस वही घूरना है? तुम्हें यह जानना चाहिए कि कैसे अपने लक्ष्य में रुचि ली जाये, उससे संबंधित विषयवस्तु का कैसे आविष्कार किया जाये, कोई क्रिया की जाये। तुम्हें बस अपने से पूछना है कि अगर ये कुर्सियाँ महल की दीवारें हों और मैं यहाँ ख़तरे की ख़बर देने ही आया हूँ तो मैं क्या करूँगा?

वान्या ने खिड़कियों की ओर देखने का सुझाव दिया। क्या कहीं कोई प्रकाश है? अगर एक जगह रोशनी दिखायी देती है तो तुम्हें लगेगा कि कोई वहाँ जाग रहा है। इसका मतलब है कि तुम उस खिड़की के पास जाकर पुकारोगे तोर्स्तोव ने कहा। फिर वान्या को उत्साहित करते हुए जोड़ा कि यह बात तर्कसंगत है, लेकिन अगर उस खिड़की में अँधेरा हो तो? वान्या ने कहा कि मैं दूसरी खिड़की की ओर जाऊँगा, जहाँ रोशनी हो। एक पत्थर मारूँगा, लोगों को जगाने के लिए शोर मचाऊँगा, दरवाजे से चिपककर सुनूँगा।

तोर्सोव ने चिढ़ाते हुए कहा, ''तुम देख रहे हो, कितना कार्य-व्यापार और कितने सरल भौतिक उद्देश्यों को मिला-जुला दिया है तुमने। इस प्रकार तुम्हारे पास तुम्हारी भूमिका की स्वरलिपि की एक तार्किक परम्परा है :

''एक : तुम प्रवेश करते हो, चारों ओर देखते हो, अपने मन में यह विश्वास जगाते हो कि कोई तुम्हें देख या सुन नहीं रहा है।

''दो : तुम महल की सारी खिड़कियों की जाँच करते हो कि कहीं उनमें से किसी से प्रकाश तो नहीं आ रहा है? घर में किसी के होने का संकेत है? अगर तुम्हें मात्र छोटा-सा संकेत मिलता है कि कोई खिड़की के पास खड़ा है, तुम उसका ध्यान अपनी ओर आकर्षित करने की कोशिश करते हो। यह करने के लिए तुम केवल शोर ही नहीं मचाते, इधर-उधर चहलकदमी भी करते हो, अपनी बाँहों को हिलाते हो। अपनी इसी खोज को विभिन्न स्थानों और अलग-अलग खिड़कियों के आगे जारी रखो। यह काम बड़ी सहजता से, स्वाभाविकता के साथ करो, जिससे तुम जो कुछ तुम कर रहे हो, उसकी प्रामाणिकता को अनिवार्यतः और मौलिक रूप में अनुभव कर सको और फिर उसे भौतिक रूप में स्वीकार भी कर सको। जब तरह-तरह के परीक्षणों के बाद तुम्हें लगे कि कोई तुम्हें सुन नहीं रहा है, तब तुम और भी मजबूत और निर्णयात्मक कदम उठाओ।

''तीन : पत्थर के कुछ छोटे-छोटे टुकड़े उठाओ और उन्हें खिड़कियों पर मारो निश्चय ही कुछ लक्ष्य तक पहुँचेंगे...सावधानी के साथ देखो कि कोई

खिड़की पर आता है क्या? अंततः तो तुम्हें एक ही व्यक्ति को जगाना है, वह घर के शेष लोगों को भी जगा देगा। तुम्हें पहले सफलता नहीं मिलेगी, इसलिए तुम्हें और खिड़कियों पर कोशिश करनी होगी। अगर अब भी तुम्हारी कोशिशें बेकार जायें, तो तुम्हें और भी अधिक धैर्य और प्रयासों से काम लेना होगा।

''चार : और शोर करने की कोशिश करो, अपनी दस्तकें और तेज़ करो, अपनी आवाज़ और ऊपर उठाओ, अपने हाथों का इस्तेमाल करो, तालियाँ बजाओ, दहलीज़ के पत्थरों पर अपने पैर पटको या दरवाज़े के पास लटके हथौड़े से धातु की प्लेट पर चोट करो अथवा दरवाज़े की भारी कुंडी खटखटाओ—इससे शोर और तेज़ हो जायेगा।

'' पाँच : अपनी आँखों का इस्तेमाल करो, खिड़कियों में झाँको, अथवा जिस दरवाज़े में ताला लगा है, उसकी दरार से भीतर देखो। अपने कानों का प्रयोग करो, एक कान को दरवाजे में या खिड़की की दराज में लगाओ और बड़ी सावधानी से सुनो।

''छः : एक और बात भी मत भूलना, जो सक्रियता को अधिक आधार देगी। उस ख़तरे की रात में मुख्य बात यह होगी कि रोदेरिगो ही प्रमुख व्यक्ति होगा, लेकिन वह तो इयागो से नाराज़ है। वह उस पर खीझता है और उसे रोकना चाहता है इसलिए ग्रीशा की यह जिम्मेदारी होगी कि वह अनिच्छा से ग्रस्त उस व्यक्ति में विश्वास जगाये जिससे वह उत्तेजना के क्षणों में अत्यधिक सक्रिय भूमिका का निर्वाह कर सके। यह कोई भौतिक नहीं, वरन् साधारण-सा मनोवैज्ञानिक उद्देश्य है।''

स्तानिस्लाव्स्की ने इसके बाद लिखा है कि किन्हीं छोटे और बड़े उद्देश्यों और कार्यों में छिपी बड़ी भौतिक सच्चाइयों की खोज की जानी चाहिए। उन्हें जान लेने के बाद ही भौतिक कार्यों की वास्तविकता में थोड़ा बहुत विश्वास अपने आप पीछे-पीछे चल पड़ता है।

हमारे इस कार्य अर्थात् रंगकर्म में यह निष्ठा ही सर्वाधिक सशक्त चुम्बक होती है, जो भावनाओं को आकर्षित करती है और उनका भीतर से अनुभव कराने में मदद करती है। जब यह विश्वास हो जाता है तो लगता है कि उद्देश्य और कार्य वास्तविक, सजीव और लक्ष्यपूर्ण हो गये हैं। कुछ ऐसे ही उद्देश्यों और कार्यों को लेकर अविच्छिन्न रेखा बनती है लेकिन मुख्य बात अंततः कुछ उद्देश्यों और कार्यों में विश्वास है, अगर वे छोटे हों भी तो कोई बात नहीं।

इसके बाद ग्रीशा और वान्या को निर्देश देते हुए तोर्त्सोव ने कहा, ''अगर तुम केवल उन कुर्सियों के बगल में खड़े रहकर इन पर नज़र डालते हो, तो तुम

निश्चित रूप से असफल होगे और झूठ के बड़े बुरे प्रपंच में फँस जाओगे।

''अच्छा, अब जाओ, फिर से प्रवेश करो और जिन उद्देश्यों और कार्यों की शृंखला अभी तुम्हारे आगे स्पष्ट की गयी है, उसे पूरी तरह से संपन्न करने में लग जाओ। उन्हें उस समय तक दोहराओ, सुधारो जब तक कि ये छोटी-छोटी भूमिकाएँ तुम्हें कुछ वास्तविक वस्तु न लगने लगें, विश्वसनीय और निष्ठा की मांग करने वाली सच्चाई न लगने लगें।''

ग्रीशा और वान्या यह सब सुनने के बाद फिर मंच पर गये, लेकिन वे विश्वसनीय प्रदर्शन नहीं कर पाये। तोर्त्सोव ने पहले उनके कार्य की समीक्षा की और फिर समझाते हुए कहा कि वास्तविक जीवन में ऐसा क्यों होता है कि हमारी ऊर्जा बड़े सटीक रूप में सक्रिय होती है, जबकि मंच पर एक अभिनेता विशुद्ध रूप से नाटकीय विधि से प्रदर्शन करता है। वह अपने उद्देश्यों को और अधिक धुंधला कर देता है और अपने कार्यों को उलझनों से भर लेता है। यह इसलिए होता है क्योंकि पुनः प्रदर्शनात्मक अथवा अनुकरणशील अभिनेता किसी उद्देश्य का अनुभव ही नहीं करता। उसकी सारी रुचि लोगों का मनोरंजन करने में होती है, नाटक के लेखक और अभिनेता उससे कुछ विशेष कार्यों को करने की मांग करते हैं और वह इस बात पर बिना ध्यान दिये कि नतीजा क्या निकलेगा, उन्हें करता रहता है।

तोर्त्सोव ने इसके बाद उनके ऑथेलो के उस प्रारम्भिक दृश्य के प्रदर्शन की समीक्षा की। इयागो और रोदेरिगो अपनी योजना के अनुसार जो कुछ करते हैं, वह अपरिपक्व प्रदर्शन का विषय नहीं है, जैसा कि ग्रीशा और वान्या ने किया। वस्तुतः वह ज़िन्दगी और मौत का सवाल है। इसलिए उन्हें खिड़कियों की तलाश करनी चाहिए थी, भीतर के लोगों को पुकारना चाहिए था—उन कुर्सियों के चारों ओर खिलवाड़ करने के लिए नहीं, वरन् महल के भीतर जो लोग हैं, उनके साथ वास्तविक, सजीव और निकट सम्पर्क बनाने के लिए।

तोर्त्सोव ने ग्रीशा और वान्या के प्रदर्शन की समीक्षा करते समय तीन कमज़ोरियों का विशेष रूप से उल्लेख किया :

1. उनका प्रदर्शन अत्यधिक हलचलों से भरा था, क्योंकि वे मात्र मनोरंजन के लिए कार्य कर रहे थे।

2. उनके प्रदर्शन में अत्यधिक नाटकीयता थी।

3. उनके प्रदर्शन में न तो सतर्कता थी और न कोई अनुक्रम ही था जिसके कारण वह नियंत्रणहीन और अपूर्ण रह गया था।

इन तीनों कमज़ोरियों की विवेचना करके उन्होंने उनसे मुक्ति का मार्ग भी बताया।

ग्रीशा और वान्या यह सब सुनने के बाद फिर मंच पर गये और उस दृश्य को प्रदर्शित करने की उन्होंने कोशिश की। तोर्त्सोव ने उनके प्रदर्शन को बड़ी सावधानी के साथ देखा। उसका उद्देश्य था कि वे दोनों अपनी भौतिक चेष्टाओं को उस चरम बिन्दु तक ले जायें, जहाँ वे खुद उन पर विश्वास कर सकें। जब वे ऐसा नहीं कर पाये तो तोर्त्सोव ने उन्हें रोका। हर बार जब वे ग़लत दिशा में गये तो उन्हें सही रास्ते पर लाने की कोशिश की।

तोर्त्सोव का यह प्रयास भी जब सफल नहीं हुआ तो उन्होंने वान्या को सावधान करते हुए कहा कि उसके ध्यान का केन्द्रबिन्दु मंच पर नहीं, सभागार में है। ग्रीशा से उन्होंने कहा कि वह खुद अपने बारे में ही सोच रहा है जो उसे नहीं करना चाहिए। उन्होंने उसे समझाया कि वह आत्म-प्रशंसा में न लगे। इतनी जल्दबाज़ी न करे, वह ग़लत है। महल के भीतर जो कुछ हो रहा है उसे वह इतनी जल्दी में न तो देख ही सकेगा, न सुन सकेगा। उसे और समय चाहिए। उसे सब कुछ ध्यान से देखना भी तो है। वह बड़े बनावटी ढंग से चलता है। उसमें वास्तविकता की स्वर-माधुरी नहीं है। वह उसे और स्वच्छन्द बनाये। वह किसी उद्देश्य को लेकर चले। अपने लिए या निर्देश्क के लिए नहीं, वरन् लियो के लिए—ब्राबैन्शियो के लिए। परिश्रम की आवश्यकता नहीं, किसी गरिमामय रूप-विधान या प्रभावपूर्ण मुद्रा की ज़रूरत नहीं। स्वाभाविक क्रियाओं में रबड़ की मुहरों जैसी गतिविधियों की मिलावट की ज़रूरत नहीं। हर चीज़ बस अपने उद्देश्य के साथ सामंजस्य बनाते हुए करनी होगी।

तोर्त्सोव बड़े दृढ़ संकल्प के साथ अपने छात्रों को ठोक-पीटकर प्रशिक्षित करने की कोशिश कर रहे थे, जिससे वे अपनी भूमिकाओं की स्वरलिपि के लिए सही स्टेन्सिलों के प्रयोग में समर्थ हो सकें। उनके द्वारा स्टेन्सिल शब्द के प्रयोग को सुनकर छात्र आश्चर्यचकित हो उठे। उन्होंने पूछा भी कि आख़िर बार-बार स्टेन्सिल के प्रयोग का आग्रह क्यों?

तोर्त्सोव ने उत्तर दिया कि स्टेन्सिल अथवा यांत्रिक युक्तियाँ अच्छी और बुरी दोनों ही प्रकार की हो सकती हैं। एक अच्छा अन्तःगर्भित स्वभाव, जो भूमिका की सही दिशा को पकड़ने में मदद करता है—बहुत सहायक होता है। तथ्यतः अगर सभी चीज़ों को करने की एक सुव्यवस्थित आदत बना ली जाए तो प्रदर्शन के लिए थिएटर में पहुँचने पर सब कुछ ठीक ही होगा। अपनी भूमिका की स्वरलिपि के परिव्याप्त स्वरूप में कार्य-व्यापार की आद्यन्त रेखा

एवं चरम उद्देश्य के निर्वाह में अपने उद्देश्य को ताज़ा रखते हुए निरन्तर अभ्यास जारी रखने में वस्तुतः कोई हानि नहीं, वरन् लाभ ही है।

तोर्त्सोव का परामर्श था कि अगर अभिनेता अपनी भूमिकाओं की स्वरलिपि का गणितीय सटीकता के साथ निर्वाह करने का अभ्यास बना लें और उसे इस चरमावस्था तक ले जायें कि वह एक स्टेन्सिल का रूप ग्रहण कर ले, तो यह उनके लिए लाभप्रद ही होगा। तोर्त्सोव ने स्पष्ट कहा कि उस स्टेन्सिल के सम्बन्ध में उन्हें कोई आपत्ति नहीं है, जो एक भूमिका में सच्ची और प्रामाणिक भावनाओं को फिर से भर देता है।

तोर्त्सोव के निर्देशन में बार-बार के अभ्यास से उस दृश्य में काफ़ी सुधार हुआ, लेकिन ग्रीशा का मंच पर चलना भारी-भरकम ही बना रहा। तोर्त्सोव ने तब उसे समझाया कि मंच पर चलना, विशेष रूप से रंगभूमि में प्रवेश करना बड़ा ही मुश्किल काम है। फिर यह ज़रूरी नहीं हो जाता कि अतिनाटकीयता और रूढ़िबद्धता से समझौता कर लिया जाये। अतिनाटकीयता एवं रूढ़िबद्धता का सहारा लेना ग़लत रास्ते पर जाना है और जब तक ये चलते रहेंगे, अभिनेता के लिए अपने प्रदर्शन में विश्वास की प्रतिष्ठा कर पाना संभव नहीं होगा। हमारी शारीरिक प्रकृति किसी भी प्रकार की हठवादिता को स्वीकार नहीं करती। यह सही है कि माँसपेशियाँ तो वही करेंगी जो कुछ उनसे कहा जायेगा, लेकिन उससे रचनाशीलता का मनोभाव नहीं बन पायेगा। वस्तुतः एक छोटा-सा झूठ बाकी के सारे प्रयास को बिगाड़कर बर्बाद कर देगा। अगर सच्चाई से किये गये सारे प्रयासों के बीच एक काला धब्बा अचानक डाल दिया जाता है तो पुश्किन के अनुसार एक बहुत बड़ा दुर्योग घटित हो जाता है और नाटकीय व्यापार का सारा प्रयोजन अतिनाटकीय झूठ का रूप ग्रहण कर लेता है।

स्तानिस्लाव्स्की ने अपने इस विचार को स्पष्ट करने के लिए अपनी आत्मकथा से एक उदाहरण प्रस्तुत किया है : एक रासायनिक भबका (गैस बनाने या अर्क खींचने का पात्र) लो और उसमें कुछ जैविक द्रव्य डालो, फिर उसमें दूसरा जैविक द्रव्य भी डाल दो—वे दोनों मिल जायेंगे। अब उसमें किसी बनावटी रासायनिक द्रव्य की केवल एक बूँद डाल दो : सब कुछ बर्बाद हो जायेगा। उस प्रभाहीन तलछट से चिनगारियाँ उठने लगेंगी और सम्मिश्रण के अन्य संकेत गायब हो जायेंगे। रंगमंच पर इसी प्रकार एक बनावटी ढंग का प्रयास या गतिविधि कृत्रिम रसायन की बूँद जैसा प्रभाव उत्पन्न करती है, वह अभिनेता की अन्य सारी गतिविधियों को बर्बाद और विघटित कर देती है। वह जो कुछ कर रहा है उसकी सच्चाई पर उसका विश्वास टूट जाता है और यह

विश्वास का खो देना उसकी आन्तरिक रचनाशील मनोभावना में अन्य हानिकारक तत्त्वों को उत्पन्न कर देता है—फिर उसका अभिनय रबड़ की मुहर जैसे मनोविज्ञान को लेकर रूढ़िबद्ध हो जाता है।

ग्रीशा के पैरों की ऐंठन को तोर्त्सोव बहुत प्रयत्न करके भी दूर नहीं कर पाते और यह शरीर-विकार उसमें और भी बहुत-सी नाटकीय दुष्प्रवृत्तियाँ उत्पन्न कर देता है जिससे ग्रीशा, जो कुछ वह कर रहा है उसमें विश्वास नहीं उत्पन्न कर पाता। तोर्त्सोव फिर भी निश्चित करते हैं कि उन्हें किसी न किसी प्रकार ग्रीशा को उसकी चाल की कमज़ोरियों से छुटकारा दिलाना ही है। ग्रीशा उनसे परेशान होकर कहता है कि वह पत्थर की मूर्ति की तरह एक स्थान पर बस खड़ा नहीं रह सकता।

तोर्त्सोव उसे फटकारते हुए कहते हैं कि क्या इस बात का यह मतलब है कि वेनिस के सारे लोग पत्थर के बने होते हैं? फिर भी वहाँ के बहुत-से लोग चलते नहीं वरन् बजरे पर यात्रा करते हैं—विशेष रूप से रोदेरिगो जैसे समृद्ध युवक। इसलिए अब वह रंगमंच पर पैरों में ऐंठन के साथ चलने के बदले नहर में बजरे पर बैठकर चलेगा, तब उसके पास समय ही नहीं होगा कि वह पत्थर की मूर्ति बने।

वान्या ने इस संकेत को जल्दी ही पकड़ लिया और फिर बड़े उत्साह से कहा, "अब मैं एक कदम भी पैदल नहीं चलूँगा" और इस घोषणा के साथ वह कुछ कुर्सियों को एक साथ खींचकर उन्हें बजरे का रूप देने लगा, ठीक वैसे ही जैसे बच्चे खेल खेलते हुए करते हैं।

बजरे के भीतर दोनों अभिनेताओं को आराम अनुभव हुआ, स्वयं को एक छोटे-से घेरे में पाकर अपने कार्यक्षेत्र को सीमित समझकर वे प्रसन्न हो उठे। उन्हें लगा कि उसके भीतर उन्हें बहुत कुछ करना है। अनेक छोटे-छोटे भौतिक उद्देश्यों ने उनके ध्यान को सभागार से हटा लिया और मंच पर स्थिर कर दिया। फिर वे अनेक क्रियाओं में संलग्न हो गये। तोर्त्सोव ने बार-बार योजना के अनुसार उनसे कुछ भौतिक चेष्टाएँ करवायीं, जिससे वे उनसे बँध जायें। उस दृश्य में उनकी सक्रियता बढ़ने लगी, लेकिन तभी लियो अनुमानित खिड़की पर प्रकट हो गया। ग्रीशा और वान्या शान्त हो गये, उन्हें यह समझ में ही नहीं आया कि क्या करें।

तोर्त्सोव ने पूछा कि क्या हुआ? ग्रीशा ने जवाब दिया कि अब मेरे पास कहने के लिए कुछ नहीं है। नाटक का मूल पाठ तो उनके पास था ही नहीं।

तोर्त्सोव ने उन्हें समझाया कि उनके पास विचार और भावनाएँ भी तो

हैं, जिन्हें वे शब्दों का रूप दे सकते हैं। बात नाट्यालेख की ही नहीं है—भूमिका की रेखा नाट्यालेख से नहीं, अन्तर्पाठ से ली जाती है। लेकिन सामान्यतः अभिनेता अन्तर्पाठ के भीतर उतरने में आलस्य करते हैं। वे सतह पर बिलौने को बेहतर समझते हैं। नाट्यालेख की अन्तर्वस्तु की खोज में अपनी ऊर्जा बर्बाद करने के स्थान पर वे केवल सुस्थिर शब्दों को उठाते हैं, जिनका वे यांत्रिक रूप में उच्चारण कर सकते हैं।

'ग्रीशा ने क्षमा माँगते हुए कहा कि मुझे याद नहीं है, भूमिका में विचार और भाव किस अनुक्रम से आते हैं।

तोर्त्सोव ने कुछ ऊँची आवाज में पूछा कि इस बात का मतलब क्या है? अभी तो उनके सामने पूरा नाटक पढ़ा गया है। उन्हें समय ही कहाँ मिला है कि वे सब कुछ भूल जायें।

वान्या ने कहा कि उसे नाटक की बस सामान्य रूपरेखा ही याद है। तोर्त्सोव ने कहा कि बोलना तो आरम्भ करो, सब कुछ धीरे-धीरे याद आ जायेगा। ग्रीशा और वान्या ने जब बोलना आरम्भ किया तो उन्हें थोड़ा-बहुत याद आने लगा। यदा-कदा उनकी वाणी पर नाट्यालेख के वास्तविक शब्द भी आ गये।

तोर्त्सोव ने यह सब देखकर बड़ी ही रोचक विवेचना उपस्थित की :

"तुमने स्वयं मेरी पद्धति के रहस्य को उद्घाटित कर दिया है और उसी के अनुसार प्रस्तुति भी कर रहे हो। मूल बिन्दु यह है कि यदि मैं तुमसे 'पाठ' न लेता, तो तुम मुद्रित शब्दों पर अधिक मेहनत करते और उन्हें बिना सोचे-विचारे प्रस्तुत कर देते। इससे तुम उस अन्तर्निहित अभिप्राय पर पहुँचने से चूक जाते, जो तुम्हारी भूमिका को आकार देता है और ऐसा करके तुम एक अप्राकृतिक प्रणाली के अनिवार्य परिणामों का शिकार हो जाते। शब्दों के क्रियात्मक और महत्त्वपूर्ण अर्थ खो जाते और वे यांत्रिक होकर तुम्हारी ज़ुबान पर बाज़ीगरी करने लगते। लेकिन मैंने पहले ही इस गति का निराकरण कर दिया है बल्कि मैंने तुम्हें 'पाठ' से फ़िलवक्त महरूम कर दिया है—उस वक़्त तक के लिए जब तक कि तुम्हारी भूमिका की दिशा तय न हो जाये। मैंने तुम्हारे लिए लेखक के भव्य शब्द बनाकर रखे हुए हैं ताकि उचित समय आने पर तुम उनका बेहतर उपयोग कर सको, वे लड़खड़ाते शब्द-भर न लगें, किसी मूलभूत उद्देश्य की पूर्ति में उनका उपयोग हो सके।"

तोर्त्सोव ने इसके बाद अपने छात्रों को विशेष रूप से सावधान करते हुए कहा कि वे उनके आदेश का पूरी दृढ़ता के साथ पालन करें और जब तक वे

अनुमति न दें, नाटक की पुस्तक को न खोलें। (नाटक के) अन्तर्पाठ को अपने स्वभाव में दृढ़ता के साथ जमाने के लिए तथा अपनी भूमिका की रूपरेखा के निर्माण के लिए जितना भी ज़रूरी है, समझ लें। शब्दों को खुद अपने में अपने लिए अकेले हथियार बन जाने दें, सक्रियता उन्हीं के साथ होनी है और वे ही भूमिका की अन्तर्वस्तु को रूपायित करने का एक बाहरी साधन बनेंगे। जब तक शब्दावली उद्देश्य की अच्छी तरह से संप्राप्ति के लिए सर्वथा ज़रूरी न बन जाये तब तक इन्तज़ार करना चाहिए...जब समय आयेगा तो लेखक की शब्दावली स्वयं प्राथमिक ज़रूरत बन जायेगी। भूमिका के वास्तविक उद्देश्यों के साथ अपना तादात्म्य स्थापित करने के बाद जल्दी ही समझ में आ जाता है कि शेक्सपीयर के प्रतिभाशील शब्दों के माध्यम के अतिरिक्त अभिनेताओं के पास सफलता का कोई और अच्छा साधन नहीं है। जब अभिनेता उत्साह के साथ उन्हें पकड़ने के लिए आगे बढ़ेंगे, तब वे तैयारी के समय के अधकचरे, इधर-उधर खींचे जाते बदरंग तथा जर्जर स्वरूप में नहीं, बल्कि बिल्कुल ताज़े स्वरूप में सामने आते हैं।

तोर्त्सोव ने उन्हें सलाह दी कि नाटक के मूलपाठ के शब्दों को दो महत्त्वपूर्ण कारणों से खज़ाने के रूप में रखना चाहिए : एक, जिससे वे जीर्ण-शीर्ण न हों तथा उनकी चमक न उतरे और दूसरा, नाटक के अन्तर्पाठ में रट-रटकर सीखे गये, यांत्रिक चटर-पटर का समावेश न हो और वह अन्तरात्मा से हीन न हो जाये।

उसके बाद ग्रीशा और वान्या ने अन्तर्पाठ की जो दिशा विकसित की थी उसे उनके भीतर दृढ़ता के साथ जमाने के लिए तोर्त्सोव ने उनसे भौतिक और सहज मनोवैज्ञानिक उद्देश्यों तथा कार्यों का पूरे दृश्य में आदि से लेकर अन्त तक अनुक्रम से विशेष अभ्यास कराया। उन्होंने अपने छात्रों को समझाया कि किसी भावना का प्रदर्शन करने से पहले उसे पहले भली प्रकार समझ लेना चाहिए। अगर मिलने वाली ख़बर दुःखद है तो सोनेवाला अपनी अन्तःप्रेरणा से अपने भीतर यथासंभव अवरोध खड़े कर लेगा, जिससे वह आने वाले दुर्भाग्य से अपने को बचा सके। कुछ ऐसा ही ब्राबैन्शियो के साथ भी होता है–वह उस पर विश्वास नहीं करना चाहता जो वे उससे कह रहे हैं। रात के दुर्योग की जो ख़बर उसे मिली है, उसे वह आत्मरक्षा की भावना के अन्तर्गत पियक्कड़ों की सनक मात्र समझता है। वह उन्हें डाँटता-डपटता है और भगा देता है। यह उन लोगों के प्रयास को जो उसे ख़तरे के प्रति सावधान करना चाहते हैं, बहुत उलझा देता है। वे उसकी ग़लत धारणा को कैसे मिटायें और अपने कथन के प्रति कैसे विश्वास जगायें कि

अभागे पिता को उसकी कन्या के अपहरण का दुर्योग समझ में आ जाये क्योंकि इस वास्तविकता का सामना कर पाना उसके लिए बड़ा ही भयावह है।

तोर्त्सोव ने इस विवरण को कुछ और विस्तार देने के बाद अपने दोनों छात्रों–ग्रीशा और वान्या से कहा कि वे सावधान होकर अपने उद्देश्य का दृढ़ता से निर्वाह करें, फिर भी ग्रीशा उस दृश्य को बिगाड़ देता है। वह बजरे से कूदकर फिर चहलकदमी करने लगता है, लेकिन तोर्त्सोव जल्दी ही उसे नियंत्रित कर लेते हैं। उसे याद दिलाते हैं कि इयोगो को अपने को इस प्रकार प्रकट कर देना उचित नहीं होगा। इसके बदले यह कहीं अधिक अच्छा होगा कि वह आवरण में रहे और किसी छिपने के स्थान से पुकारे जिससे कि वह पहचाना न जा सके। छिपने के सम्भावित स्थान को लेकर घाट और महल के मुख्य द्वार के वास्तुविधानों पर बड़ी लम्बी बहस हुई थी, अभिनेता तो चाहते थे कि कुछ ऐसे कोने हों या भारी-भरकम खम्भे हों जिनके पीछे वे छिप सकें। क्योंकि ग्रीशा फिर चहलकदमी कर रहा था, इसलिए उन्होंने इयागो के अनजाने गायब हो जाने के प्रसंग का लम्बा रिहर्सल भी किया था।

अगले दिन भीड़ के दृश्य का रिहर्सल हुआ था। उस रंग-संस्थान के बहुत से नये शिक्षार्थियों को, जो सभागार के पीछे की पंक्तियों में बड़ी शान्ति के साथ बैठे हुए पहले के अभ्यास को देखते रहे थे, आगे की पंक्तियों में आने के लिए कहा गया। आरम्भ से ही उनके अनुशासन को देखकर बड़ा विस्मय हुआ और अब कार्य के प्रति उनकी निष्ठा को देखकर पहले के छात्र केवल आश्चर्यचकित ही नहीं, बड़े ही विनयशील हो रहे थे। तोर्त्सोव ने उनके साथ कार्य करने को बहुत ही सहज और रुचिकर अनुभव किया था और उन्हें वह एकदम ठीक लगी थी। उन छात्रों को भी वह सब कुछ भली प्रकार समझ में आ रहा था, जो उनसे कराया जा रहा था, निर्देशक और प्रशिक्षकों को बस इतना ही करना था कि उनकी भूलों को सुधारें और घिसी-पिटी युक्तियों को उनसे छोड़ने को कहें। साथ ही उन्हें यह भी समझाना था कि अपनी भूमिका के जो भाग उन्हें अच्छे लग रहे हैं उन्हें पक्का करके अपने भीतर जमा लें। ये सभी नये शिक्षार्थी घर पर अभ्यास करते थे और फिर उसे सुधार और स्वीकृति के लिए कक्षा में प्रस्तुत करते थे।

तोर्त्सोव ने उनसे पूछा कि क्या आप प्रदर्शित होने वाले नाटक को जानते हैं? उन्होंने सैनिक अनुशासन के साथ सभागार को गुंजायमान करते हुए 'हाँ' कहा।

तब उनसे पूछा गया कि आपने पहले दृश्य में क्या देखा था और क्या अनुभव किया था? जवाब में उन्होंने कहा कि दुर्योग की सूचना और फिर भाग-दौड़।

फिर उनसे पूछा गया कि क्या आप इन कार्यों और अनुभवों की वास्तविक प्रकृति को समझते हैं?

उनका सुनिश्चित उत्तर था : हाँ !

तोर्त्सोव ने तब उन नये शिक्षार्थियों में से एक से पूछा कि वे कौन से भौतिक और सहज मनोवैज्ञानिक उद्देश्य तथा कार्य हैं जो उस रात के दुर्योग और उसके पीछे की भाग-दौड़ के इस दृश्य की रचना करते हैं?

जवाब में उन्होंने कहा, "अधसोये हुए यह समझना कि क्या हुआ है, किसी ऐसी बात को स्पष्ट करना जिसका सिर-पैर ही न हो, एक-दूसरे से सवाल पूछना, पहले और बाद में क्या हुआ—उसके विषय में बहस करना, अगर जवाब संतोषजनक न हो तो अपने विचारों को वाणी देना, सहमति तक पहुँचना, जो कुछ भली प्रकार सुआधारित नहीं है, उसकी भली प्रकार परीक्षा करना या उसे सिद्ध करना।"

उसके बाद एक नये छात्र ने भीड़ के उस दृश्य के सभी नाटकीय व्यापारों का बड़ा ही विशद विवरण किया।

एक और नये विद्यार्थी ने कहा कि क्योंकि युद्ध के ऐसे दृश्य के लिए कम ही लोग हैं इसलिए यह ज़रूरी होगा कि घूमकर चलने (वाक एराउण्ड) तथा विविधीकरण (वेरीएगेशन) के दृश्य की आवश्यकता के अनुसार व्यवस्था की जाये।

तोर्त्सोव तुरन्त ही इन दोनों परिभाषिक शब्दों के अर्थ को बताने के लिए तत्पर हो उठे। उन्होंने 'घूमकर चलने' का अर्थ किया—विभिन्न दलों की एक ओर सतत गतिविधि। एक दल को उन्होंने कार्य सौंपा था कि वह महल से बाहर निकले, परस्पर बातचीत हो, लोगों का एक दस्ता बने और फिर वे दाहिनी ओर चले जायें। दूसरे दल को भी यही करना था, लेकिन उसे बायीं ओर जाना था। दोनों दलों को मंच के पीछे जाकर तुरन्त फिर यही व्यवहार दोहराना था, लेकिन उन्हीं चरित्रों के रूप में नहीं, नये बने दस्ते के सदस्य के रूप में इस परिवर्तन का रूपायन करने के लिए मंच के पीछे के भाग में वेशभूषा पहनाने वाले और रंगमंचीय सामग्री लिए हुए नये लोग होंगे। ये लोग उन अभिनेताओं की वेशभूषा के सर्वाधिक देखे जाने वाले विशेष भागों को हटायेंगे तथा उनके हथियार बदलकर दूसरी वेशभूषा और अस्त्र-शस्त्र देंगे, जो पहले वालों से मिलते-जुलते न हों।

इस सन्दर्भ के दूसरे पारिभाषिक शब्द 'विविधीकरण' की व्याख्या करते हुए तोर्त्सोव ने कहा कि अगर एक जन-आन्दोलन एक विशेष दिशा की ओर लक्षित हो, तो एक निश्चित स्थान पर दबाव का प्रभाव उत्पन्न किया जाता है, तब वह सुव्यवस्थित आन्दोलन-सा लगता है; लेकिन जब दो दलों को दो अलग-अलग दिशाओं में इसलिए भेजा जाता है कि वे मिलें, टकरायें, शब्दों का आदान-प्रदान करें, अलग हों और फिर मंच के बाहर चले जायें तो एक हलचल का, अव्यवस्था का और हड़बड़ी का प्रभाव पड़ता है। ब्राबैन्शियो के पास कोई व्यवस्थित सेना नहीं है। विशेष अवसरों पर नौकरों से ही सेना का काम लिया जाता है, इसलिए उनमें कोई सैनिक अनुशासन संभव नहीं है, हर चीज़ क्षणिक स्पन्दन में होती है, बड़ी ही नासमझी के साथ, सब कुछ बड़ी उलझन-भरी गतिविधि से होता है। विविधिकरण कुछ इसी प्रकार की मनोदशा बनाता है।

तोर्त्सोव ने उसके बाद अपने उन नये छात्रों से उनके प्रशिक्षक का नाम पूछा। उन्होंने बताया : पेत्रूनिन और रख़्मानव ने। इसके बाद तोर्त्सोव ने सब छात्रों को सम्मिलित अभ्यास का आदेश दिया।

स्तानिस्लाव्स्की ने लिखा है कि मेरे साथ बैठे पॉल ने यह सब सुनने के बाद अपने साथियों से कहा कि यह सब वस्तुतः पहले से छात्रों को यह सिखाने के लिए किया गया है कि वे भी इन छोटे भाइयों से प्रेरणा लेकर अपनी कार्य-पद्धति में सुधार लायें।

जब वे नये छात्र मंच पर आये थे, तो उन्हें अपने उद्देश्यों में सफल होने के लिए अपने ध्यान को केन्द्रित करने में कुछ समय लगा था। बड़ी ही एकाग्रता के साथ वे कुर्सियों के आगे और पीछे, यह कल्पना करते हुए कि वे महल के भीतर हैं, आये-गये थे। जब वे, जो कुछ करना चाहते थे, उसे नहीं कर पाते थे, तो रुक जाते थे, कुछ सोचते-विचारते थे, कुछ सुधार करते थे और उस काम को पुनः करते थे, जिसे करने में पहले वे असफल हुए थे। तोर्त्सोव उन्हें यह सब करते हुए देखते समय दर्पण की भूमिका निभा रहे थे।

जो कुछ उन्होंने देखा, उसकी समीक्षा करते हुए उन्होंने कहा कि जो कुछ हो रहा है, वह अच्छा तो है लेकिन उसमें बहुत कुछ अतिरंजित है।

उन्होंने आगे कहा कि यद्यपि नये छात्रों ने बिना कुछ विशेष सामग्री के कार्य किया है, फिर भी उनकी सफलता ने उन्हें स्तम्भित कर दिया है। उनके क्रिया-कलाप, गतियाँ, सामग्री को उठाना-रखना इत्यादि सब समझ में आ रहा था। उन्होंने बिना ध्यान दिये किसी भी चीज़ को नहीं उठाया था। हर वस्तु का प्रयोग उन्होंने अपेक्षा के अनुसार किया था। बड़े ही मनोयोग के साथ उनके

प्रयास के फलस्वरूप रंगमंच और सभामंच दोनों ही एक प्रकार की प्रशान्त भावना से भर उठे थे। रंगमंच पर लोग बड़े ही प्रशान्त स्वरों में बोले थे और दर्शक निश्चल, मौन बैठे रहे थे।

उस प्रदर्शन के बीच जब कभी थोड़ा-सा विराम होता था तो तोर्त्सोव अपने किसी एक छात्र से पूछते कि तुम कौन-सी भूमिका कर रहे हो, किसी ने बताया कि वह ब्राबैन्शियो का भाई है, अपराधियों की खोज का संचालन करता है और ऊर्जा से परिपूर्ण तथा अनुशासित है। किसी ने कहा कि वह नाविक है, किसी ने अपने को देस्दीमोना की सेविका बताया, किसी ने अपने परिचारक या परिचारिका होने की बात कही। तोर्त्सोव ने यह सुनकर उनसे कहा कि अब वे उनके आगे पहले दृश्य की भौतिक चेष्टाओं का प्रदर्शन करें।

उनका प्रदर्शन अच्छा ही हुआ था। तब तोर्त्सोव ने उन्हें समझाते हुए कहा कि अगर आप अपनी भूमिका की विकास रेखा का हमेशा अनुसरण करेंगे, प्रत्येक भौतिक चेष्टा को निष्ठा और विश्वास के साथ सम्पन्न करेंगे, तो जल्दी ही अपनी-अपनी भूमिकाओं के भौतिक जीवन के उस विधान का निर्माण कर लेंगे, जिसे स्वरलिपि कहा जाता है। सभी छात्र अपने अनुभव में स्वयं देख रहे हैं कि कैसे उसका सृजन किया जाता है। अगर वे दृढ़ता के साथ कार्य करेंगे, पूरा ध्यान लगायेंगे और इनमें से हर प्रधान आधारभूत उद्देश्य और कार्य का जो सार-तत्त्व है, उसका संश्लेषण करेंगे, तो उन्हें जिस नाटक का प्रदर्शन करना है, उसकी स्वरलिपि मिल जायेगी।

तोर्त्सोव ने उसके बाद अपनी रचना-प्रक्रिया को समझाने के लिए विचारणीय नाटक 'ऑथेलो' को लिया था और उसके प्रथम दृश्य के मुख्य भागों की विवेचना आरम्भ की थी, जिन्हें लेकर उसके प्रदर्शन की स्वरलिपि का सृजन होता है। उन्होंने 'ऑथेलो' के प्रथम दृश्य के कार्य-व्यापार की स्वरलिपि के सृजन के लिए चार आधारभूत उद्देश्य और कार्य माने हैं—पहला उद्देश्य और व्यापार : रोदेरिगो को यह विश्वास दिलाना कि वह इयागो की मदद करे, दूसरा उद्देश्य : ब्राबैन्शियो के भवन के सभी लोगों को उठाना; तीसरा उद्देश्य : उन्हें अपराधियों का पीछा करने में लगाना; चौथा : उन दस्तों की पीछा करने की क्रिया को सुगठित करना।

इसके बाद उन्होंने समझाया कि जब अभिनेता नाटक के इस पहले दृश्य के प्रदर्शन के लिए मंच पर आते हैं तो उन्हें अपने आधारभूत उद्देश्यों और कार्यों की भली प्रकार संपूर्ति करने की बात के अलावा कुछ नहीं सोचना चाहिए। उन्हें भौतिक और सहज मनोवैज्ञानिक प्रकृति से सम्पन्न करने वाले

हर कार्य का, उनकी तार्किकता और सामंजस्य का परीक्षण और उन पर विचार-विमर्श हो चुका है और अध्ययन भी पूरा हो गया है। इसीलिए अब जब उनके आगे उस स्वरलिपि की किसी इकाई का उल्लेख किया जा सकता है, यथा 'ब्राबैन्शियो के भवन के सभी लोगों को जगाना'। वास्तविक जीवन में यह काम कैसे किया जाये, वे यह जानते हैं। अब मंच पर वह कैसे सम्पन्न होगा? अब उन्हें बस इस बात पर ही ध्यान देना चाहिए कि वह मुख्य चरित्रों के लिए और नाटक के प्रधान लक्ष्य के लिए क्या लाभप्रद हो सकेगा? उन्हें इस समय इतना ही करने की ज़रूरत है। वे आरम्भ हो चुके कार्य को रोकें नहीं, हर दिन आयें और अगर पूरे दृश्य का नहीं तो कम से कम उसकी आधारभूत दिशा का अभ्यास तो करते ही रहें। आधारभूत उद्देश्यों और कार्यों को भी अधिक से अधिक सुदृढ़ करते रहना चाहिए। उसी प्रकार सटीक बनाना चाहिए जैसे सड़क के मार्गदर्शक खंभे होते हैं। जहाँ तक बारीकियों में जाने और छोटे-छोटे परिपूरक भागों के ग्रहण और क्रियान्वयन की बात है, उनके सम्बन्ध में अधिक नहीं सोचना चाहिए। बस, आशु अभिनय से ही उनकी हर बार संपूर्ति होने दें।

इसके बाद तोर्त्सोव ने समझाया था कि आशु अभिनय के लिए कोई डरने की बात नहीं। तुम्हारे पास उसके लिए बहुत-सा तैयार माल है और उसे तुम बराबर गंभीरता के साथ पूरी तरह से बढ़ाते रहो, जिससे वह और अधिक आकर्षक बन सके। अन्ततः अच्छे उद्देश्य और कार्य तो वही होते हैं, जो एक अभिनेता को भीतर से प्रेरित करते हैं और रचनाशील होने को उकसाते हैं। हम जब आधारभूत उद्देश्यों के विकास में गहराई में उतर जाते हैं और योजनानुसार कार्य सम्पन्न होने लगते हैं, तो भूमिका की रचना में एक नये अध्याय का आरम्भ हो जाता है।

स्तानिस्लाव्स्की ने भूमिका के भौतिक जीवन के निर्माण के इस प्रसंग का समापन करते हुए लिखा है कि अब वे अपने उसी प्रस्थान-बिन्दु पर लौट आये हैं, जिसे लेकर उन्होंने अपना अन्तिम प्रयोग आरम्भ किया। सवाल यह है कि नाटक तथा भूमिका तक पहुँचने और अधिक स्वाभाविक, सीधा, अन्तःप्रेरित, अन्तरंग मार्ग बनाने के लिए नये तरीक़ों और साधनों की खोज कैसे की जाये?

उनका कहना है कि भौतिक जीवन की संरचना भूमिका के निर्माण का आधार कार्य है, क्योंकि हमारी ही तरह भूमिका की भी भौतिक और आध्यात्मिक दो प्रकृतियाँ होती हैं। सामान्यतः कहा जाता है कि नाट्य-कला का उद्देश्य बाहरी रूप की संरचना नहीं है, वह तो रंगमंच पर होने वाले कार्य-व्यापार के

माध्यम से मानवीय आत्मा के जीवन का निर्माण है। यह बिल्कुल सही है, लेकिन इसी सटीकता की दृष्टि से किसी भी भूमिका पर कार्य का आरम्भ उसके भौतिक जीवन की संरचना के साथ ही होता है।

इसके बाद स्तानिस्लाव्स्की ने इस असंभावित निष्कर्ष के कारण की विवेचना की है। यह सभी जानते हैं कि अगर यह भूमिका अपने आप ही अभिनेता के भीतर रूपायित नहीं होती तो उसके सामने उलटा चलने, बाहर से भीतर जाने के अलावा और कोई रास्ता रह नहीं जाता। यही कार्य वे कर रहे थे। कोई भी छात्र अन्तःप्रेरणा से अपनी भूमिका को अनुभव नहीं कर सका, इसीलिए उन्होंने भौतिक जीवन पर काम शुरू किया। वह बड़ी पार्थिव और इन्द्रियगोचर वस्तु है। यही आदेश, स्वभाव, अनुशासन और अभ्यास से प्रभावित होती है। उसे हाथों में लेना जो सामान्यतः पकड़ के बाहर, क्षणभंगुर और मनमौजी तथा जल्दी से तिरोहित हो जाने वाली भावनाओं की अपेक्षा, संभालना कहीं अधिक आसान है, लेकिन यही सब कुछ नहीं है। उनकी कार्य-पद्धति के कुछ और भी अधिक महत्त्वपूर्ण और छिपे हुए तत्त्व हैं। मनुष्य की अन्तरात्मा उसकी शारीरिक चेष्टाओं से अनुप्रेरित नहीं हो सकती, जब तक कि वे चेष्टाएँ निश्चित रूप से प्रामाणिक, उद्देश्यनिष्ठ और उत्पादक न हों। यह वस्तुस्थिति रंगमंच पर विशेष रूप से महत्त्वपूर्ण होती है, क्योंकि भूमिका वास्तविक जीवन के कार्य की तुलना में दोनों को ही—आन्तरिक और बाहरी व्यवहार की रेखाओं को, कहीं अधिक पास-पास ले आती है और फिर वह मिले-जुले प्रयास से प्रदत्त उद्देश्य को सिद्ध करती है। अभिनय में एक लाभप्रद स्थिति यह है कि दोनों का एक ही मूल स्रोत है और वह है नाट्यरचना, जो उन्हें एक-दूसरे के अनुकूल बनाती है।

अब सवाल यह उठता है कि रंगमंच पर अक्सर बाहरी रूप और मनोविज्ञान के विरोधी प्रभाव देखने को क्यों मिलते हैं? भूमिका की आन्तरिक दिशा घूम-फिर जाती है और उसका स्थान छोटे-छोटे पूर्वाग्रहों के कारण रचनाशीलता से विचलित अभिनेता की व्यक्तिगत दिशा ले लेती है; जबकि वह अपने आप स्वभावतः आगे बढ़ता रहता है। वस्तुतः इसका कारण अभिनय के प्रति उसका रूढ़िबद्ध और घिसा-पिटा दृष्टिकोण है।

स्तानिस्लाव्स्की का कहना है कि भूमिका को भौतिक रूप में पाने का प्रयास रचनाशील मनोभावना के लिए एक प्रकार की संग्राहक बैटरी का काम कर सकता है। "आन्तरिक भावनाएँ और अनुभूतियाँ विद्युत् शक्ति जैसी होती हैं। उन्हें इधर-उधर बिखरा दो तो वे गायब हो जाती हैं लेकिन अपनी भूमिका

के भौतिक जीवन को अपनी अनुभूतियों से भर दो, तो जागी हुई भावनाएँ, तुम्हारी भौतिक चेतना तुम्हारे गहराई के साथ अनुभव किये गये भौतिक कार्यों में भी मूलबद्ध हो जायेंगी।'' वे भीतर रिस जायेंगी, सोख ली जायेंगी। भूमिका के भौतिक जीवन के प्रत्येक क्षण के साथ संबद्ध होकर वे भावनाएँ इकट्ठी हो जाती हैं और इस तरह एक अभिनेता के क्षणभंगुर संवेदनों तथा रचनात्मक भावनाओं को अपने अधिकार में ले लेती हैं। इस ढंग से कार्य करने का सुपरिणाम यह होता है कि भूमिका का बना-बनाया भौतिक जीवन अंतर्वस्तु ग्रहण कर लेता है। भूमिका की भौतिक और आध्यात्मिक दोनों ही नैसर्गिक प्रवृत्तियाँ एक-दूसरे में घुल-मिल जाती हैं। बाहरी व्यवहार आन्तरिक अर्थ ग्रहण कर लेता है। अन्तरंग अनुभूति उसे उष्मा प्रदान कर देती है और फिर वह अनुभूति भौतिक शब्दावली में अभिव्यक्त होने लगती है, उसे बाहरी रूपाकार मिल जाता है।

स्तानिस्लाव्स्की ने भौतिक दृष्टिकोण से कार्य आरम्भ करने का एक और व्यावहारिक कारण बताया है–भावनाओं को सम्मोहित करके जगाने के सर्वाधिक सशक्त कारणों में से एक–उनकी सच्चाई और उनके प्रति हमारी निष्ठा, अभिनेता का रंगमंच पर बस केवल अपने कार्य और सामान्य स्थिति में छोटी-से-छोटी जैविक-भौतिक सच्चाई और उसके शरीर में उठने वाली तात्कालिक भावनाओं को अनुभव करना। इससे वे उसके प्रति प्रामाणिकता के आन्तरिक विश्वास को लेकर अनुक्रियाशील हो उठेंगी। रंगकर्म में हमारी आध्यात्मिक प्रकृति की तुलना में, हमारे भौतिक प्रकृति के क्षेत्र में, वास्तविक सच्चाई तथा उसके प्रति निष्ठा को जगाना तुलनात्मक दृष्टि से बड़ा ही आसान है। एक अभिनेता को अपने भीतर बस विश्वास जगाने की ज़रूरत है। उसकी भूमिका के अंतरंग उद्देश्यों और भावनाओं को ग्रहण करने के लिए उन्मुक्त हो जायेगी अन्यथा अगर वह अपनी भावनाओं के साथ जबर्दस्ती करता है, तो वह उनमें विश्वास जगाये बिना कभी भी अपनी भूमिका को अपने भीतर वास्तविक रूप में अनुभव नहीं कर सकेगा।

स्तानिस्लाव्स्की ने निष्कर्षतः लिखा है कि बाहरी भौतिक चेष्टाओं को भूमिका के आध्यात्मिक जीवन की अन्तरंग विशेषताओं से अनुप्राणित करने के लिए अभिनेता के पास समुचित सामग्री होनी चाहिए। इसे वह नाटक में और अपनी भूमिकाओं से प्राप्त कर सकता है। इसलिए अब यह बड़ा ज़रूरी हो गया है कि नाटक की अन्तर्वस्तु के अध्ययन की ओर विशेष रूप से ध्यान दिया जाये।

नाटक और भूमिका की अध्ययन-प्रक्रिया

स्तानिस्लाव्स्की के अनुसार सबसे अधिक सौभाग्य की बात यह होती है कि पूरी भूमिका अभिनेता के मनोजगत् में अपने आप पूर्णतः रूपायित हो जाये। इस वस्तुस्थिति में वह 'अभिनय की सारी प्रणालियों और तकनीकों को भुलाकर अपने को पूर्णतः मायावी और नैसर्गिक क्षमता को समर्पित कर देता है, लेकिन यह सामान्यतः प्रत्येक के साथ सम्भव नहीं होता। इसीलिए ज़रूरत पड़ती है सब प्रकार के उपलब्ध साधनों को अपनाकर, अपनी कल्पना को जगाकर अपनी भावना को आकर्षित करने की जिससे वे अग़र अपनी पूरी भूमिका में नहीं, तो उसके कुछ अंगों में स्वाभाविक, सीधे और अन्तःप्रेरित जीवन की प्रतिष्ठा कर सके। अभिनेता कभी-कभी अपने इस प्रयास में थोड़ा-बहुत सफल हो जाते हैं, नाटक के कुछ स्थलों में उनका जीवन कौंध उठता है।

शेक्सपीयर के 'ऑथेलो' के माध्यम से भूमिका के रूपायन के सभी सीधे, तात्कालिक और अन्तःप्रेरित रास्तों की विवेचना करने के बाद तोर्त्सोव के सामने समस्या थी कि जो स्थल जीवनरहित रह गये हैं, उनमें प्रकाश के छोटे-छोटे पुंज कैसे उतारे जायें; अभिनेताओं को रंगमंच पर जिन चरित्रों को अवतरित करना है, उनके मनोजगत् को प्रयत्नपूर्वक कैसे उनके भीतर स्थापित किया जाये? उनका कहना है कि इस कार्य को नाट्यालेख के विश्लेषण के माध्यम से सम्पन्न किया जा सकता है।

अब सवाल उठता है कि इस विश्लेषण की प्रक्रिया से क्या हासिल होता है और फिर उसका उद्देश्य क्या है? उसका मूल प्रयोजन तो रचनाशील उत्प्रेरकों की खोज है, जिनके बिना अभिनेता अपनी भूमिका को पहचान ही नहीं सकता। इस विश्लेषण की प्रक्रिया का एक और प्रयोजन है; भूमिका की आत्मा की गहराइयों में उतरना, जिससे उनकी आत्मा के संघटक अंगों को समझा जा सके और उनकी बाहरी तथा आन्तरिक प्रकृति और उसकी मानवीय चेतना के सम्पूर्ण जीवन का भली प्रकार भान हो सके। विश्लेषण की प्रक्रिया

में, भूमिका में, मात्र मानवीय चेतना के जीवन की बाहरी परिस्थितियों एवं घटनाओं का अनुशीलन भी होता है। इस प्रक्रिया में अभिनेता की अपनी अन्तरात्मा में भूमिका की और स्वयं अपनी मिलती-जुलती भावनाओं की खोज की जाती है। यह खोज संवेदनों और अनुभूतियों तथा भूमिका और अपने बीच सम्बन्ध बनाने वाले तत्त्वों के लिए भी होती है। उसमें आध्यात्मिक अथवा अन्य प्रकार की सामग्री को भी ढूँढ़ा जाता है, रचनाशीलता को उत्पन्न करने के लिए जिसकी ज़रूरत होती है।

विश्लेषण की प्रक्रिया के भीतर इस प्रकार विघटन, खोज, परीक्षण, अध्ययन, तोलने, पहचानने, छोड़ने, समर्थन करने के व्यापार सम्पन्न होते हैं। वह नाटक और भूमिका की आधारभूत दिशा, विचारधारा, चरम-लक्ष्य और कार्य की आद्यन्त रेखा का भी उद्‌घाटन करती है। यही वह सामग्री है, जो कल्पना, भावनाओं, विचारों और इच्छा-शक्ति से सम्पोषित होता है।

इस विवेचना से स्पष्ट है कि इस विश्लेषण की प्रक्रिया से अनेक उद्देश्यों की संपूर्ति होती है। लेकिन सबसे पहले, कार्य के आरम्भ में वह सर्वाधिक मूल्यवान मोतियों को खोजने, उन्हें समझने और उनकी उचित कीमत लगाने का कार्य करती है। प्रतिभावान अथवा विलक्षण सामर्थ्य से सम्पन्न लेखक की कृति में जो रचनाशीलता के उत्प्रेरक स्थल हैं, वे ही मोती हैं, जो नाटक के पहले आकस्मिक प्रयास में अनदेखे ही रह गये थे। अभिनेता की प्रतिभा बड़ी ही संवेदनशील होती है। सुन्दर के प्रति वह सक्रिय हो उठती है। रचनात्मक उत्प्रेरक स्वभावतः उसमें रचनाशीलता की मनोभावना जगाते हैं। यह मनःप्रभाव नाटक के अँधेरे चरित्रों पर प्रकाश डालता है और वास्तविक मगर अल्पकालिक संवेदनों को जगाता है। ये आंशिक संवेदन अभिनेता को अपनी भूमिका के निकट ले जाने का कार्य करते हैं। इस प्रकार अभिनेता का पहला उद्देश्य अब उन रचनात्मक उत्प्रेरकों की खोज करना होता है, जिन्हें लेखक ने अपनी कृति में अभिनेता को उत्प्रेरित करने के लिए रत्नों की भाँति सन्निहित कर दिया है।

स्तानिस्लाव्स्की का मानना है कि पहले तार्किकता से आरम्भ करना चाहिए क्योंकि उस पर भावना की तुलना में अधिक आसानी से नियंत्रण स्थापित किया जा सकता है, लेकिन इस कार्य को पूरी तरह से बौद्धिक प्रक्रिया के रूप में नहीं करना चाहिए। हमें अपने मन का प्रयोग पहले करना चाहिए क्योंकि वह स्काउट की तरह टोह लेने के लिए आगे जाता है। तर्कशीलता सभी तलों के अध्ययन से आरम्भ होती है–वह सभी दिशाओं में, नाटक के सभी

संघटक भागों में और अलग-अलग भूमिकाओं में भी उतरती है। वह अग्रिम दस्ते की तरह हमारी भावनाओं के क्षेत्र में नयी सम्भावनाएँ जगाने के लिए नये रास्ते उजागर करती है। तब स्काउटों द्वारा बनाये गये रास्तों पर हमारी रचनाशील भावनाएँ अग्रसर होती हैं; जब खोज पूरी हो जाती है, मन फिर आ जाता है; लेकिन इस बार वह बड़ी ही सीमित नयी भूमिका में सक्रिय होता है। अब वह बाद के, पीछे के रक्षक की तरह कार्य करता है। विजयी भावनाओं को अपने घेरे में लेता है और जो कुछ जीता जा चुका है, उसे सुसंयोजित करता है।

इस प्रकार रंगकर्म में विश्लेषण की प्रक्रिया पूरी तरह से बौद्धिक नहीं है; अन्य बहुत-से तत्त्व, अभिनेता की सभी नैसर्गिक क्षमताएँ, विशेषताएँ उसमें संलग्न हो जाते हैं। इन सभी को यथासम्भव व्यापक स्पेस दिया जाना चाहिए जिसमें वे स्वयं को प्रकट कर सकें। विश्लेषण वह साधन है जिससे नाटक को जाना यानी अनुभव किया जा सकता है। केवल वास्तविक भावात्मक अनुभव के द्वारा ही कोई व्यक्ति भूमिका की मानवीय प्रकृति के रहस्यमय अन्तःस्रोतों तक पहुँचकर उनमें प्रवेश कर सकता है और वहाँ के लोगों की आत्माओं में छिपी हुई अदृश्य बातों को जान सकता है, अनुभव कर सकता है। उन्हें सुनकर, देखकर अथवा अन्तश्चेतना के द्वारा नहीं जाना जा सकता। यह बड़े ही दुर्भाग्य की बात है कि अपनी विरसता के कारण तर्कशीलता कभी-कभी अचेतन अन्तःप्रेरणा का सीधा प्रस्फुटन करने के बावजूद उसकी हत्या कर देती है। वह अक्सर रचनाशीलता के लिए सर्वाधिक मूल्यवान भावनाओं को अपने अधिकार में लेकर कुचल डालती है। इसीलिए विश्लेषण की प्रक्रिया में मन का प्रयोग अत्यधिक सावधानी के साथ सचेत होकर ही किया जाना चाहिए।

स्तानिस्लाव्स्की ने इसके बाद यह स्पष्ट किया है कि किसी वस्तु को मात्र जानने के लिए जानने और फिर उसे प्रयोग के लिए जानने और समझने में बड़ा फ़र्क होता है। पहले प्रसंग में उसे इकट्ठा करने के लिए कोई कमरा नहीं होता; लेकिन दूसरे प्रसंग में जगह पहले से पूरी तरह से तैयार होती है और जो कुछ सीखा जाता है वह तुरन्त ही वहाँ वैसे ही चला जाता है जैसे कि पानी अपने लिए तैयार की गयी नहरों या सरोवरों में चला जाता है।

बिल्कुल यही नाटक के विश्लेषणात्मक अध्ययन में भी होता है। यदि हम विश्लेषण के दौरान मात्र संवेदनों के लिए ही भावनाओं को अनुभव कर रहे हैं तो उसके लिए हमें कम स्पेस अथवा प्रयोग के कम ही अवसर मिलेंगे; लेकिन अगर विश्लेषण से प्राप्त सामग्री हमारी भूमिकाओं के भौतिक जीवन के छिछले प्रवाह को भरने के लिए अथवा उसे जिजीविषा प्रदान करने के लिए

ज़रूरी है, तो नाटक के और स्वयं भूमिकाओं के अध्ययन से जो नयी सामग्री मिली है उसका नाट्य-प्रदर्शन में महत्त्वपूर्ण प्रयोग होगा और वह नाटक के विकास के लिए भूमि को विशेष रूप से उर्वर बनायेगी।

इसके बाद उन्होंने यह स्पष्ट किया कि भूमिका के भौतिक जीवन की स्वरलिपि की रचना नाटक के प्रदर्शन के अभ्यास का प्रारम्भिक कार्य मात्र है; सर्वाधिक महत्त्वपूर्ण कार्य तो उसके बाद शुरू होता है और वह है उस जीवन को तब तक गहरा करना जब तक वह अपने सम्भाव्य निम्न तल तक न पहुँच जाये। वहाँ भूमिका का आध्यात्मिक अर्थात् मनोवैज्ञानिक जीवन आरम्भ होता है, जिसकी रचना नाट्यकला का मुख्य उद्देश्य है। इस सीमा तक यह उद्देश्य तो तैयार हो चुका होता है। इसके बाद उस तक पहुँचना विशेष कठिन नहीं होता। अगर अनुभूतियों तक बिना तैयारी अथवा सहारे के सीधे पहुँचने की कोशिश की जाये, तो उन्हें पकड़ना अथवा उनकी व्यवस्था की सूक्ष्म विषयवस्तु को पूर्णतः ग्रहण करने का प्रयास बड़ा मुश्किल होगा; लेकिन अब जब अपनी भूमिकाओं के भौतिक जीवन की रूपरेखा का सहारा उनके पार्थिव, भौतिक एवं ठोस रूप में अभिनेता के पास आ जाता है, तब उसे हवा में हाथ-पैर चलाने की ज़रूरत नहीं रहती, उसके सामने रास्ता प्रशस्त हो जाता है।

रंगकर्म में अभिनेता को अपने भौतिक स्वरूप का ज्ञान होना एक विलक्षण बात है। वास्तव में यह ज्ञान विकास के लिए बड़ी उर्वरा भूमि है। हर चीज़ जो यहाँ रोपी जाती है, भौतिक जगत् में उसका ठोस आधार होता है। उस पर आधारित कार्य भूमिका को व्यवस्थित करने में विशेष रूप से सहायक होते हैं, क्योंकि उस क्षेत्र में उन छोटी-बड़ी सच्चाइयों को पा लेना बहुत आसान होता है जो रंगमंच पर चल रहे कार्य-व्यापार में विश्वास उत्पन्न करती हैं। प्रायः सभी लोग यह जानते हैं कि सच्चाई और विश्वास भावनाओं के सर्वाधिक सशक्त चुम्बक होते हैं।

तोर्त्सोव ने यह समझाने के बाद अपने छात्रों से कहा कि वे पीछे की बातें सोचें : जब वे अपनी भूमिका के भौतिक जीवन की चेतना के साथ पूरी तरह जी रहे थे, तो क्या उनकी भावनाएँ अप्रभावित रही थीं। अगर वे इस प्रक्रिया में गहरे उतरें और ऐसे समय में उनकी अन्तरात्मा की सक्रियता का अनुशीलन करें, तो वे पायेंगे कि वे अपनी भूमिका के बाहरी जीवन से मिलती-जुलती भावनाओं का अनुभव कर रहे हैं। उन्हें यह भी लगेगा कि उन भावनाओं का उनकी अन्तरात्मा के साथ तार्किक सम्बन्ध भी है।

इस सम्बन्ध में उन्होंने यह भी स्पष्ट किया था कि शरीर सामान्यतः

हमारा आदेश मानता है, लेकिन भावनाएँ बहुत मनमौजी होती हैं। इसलिए अगर वे स्वयं अपनी भूमिका के अनुरूप मानवीय चेतना उत्पन्न नहीं कर पाते, तो उन्हें अपनी भूमिका के भौतिक स्वरूप की संरचना करनी पड़ेगी।

स्तानिस्लाव्स्की का मानना है कि नाटक और उसकी भूमिका के विश्लेषण के माध्यम से सीखने के और भी बहुत से तरीके हैं। हम नाटक की विषयवस्तु का फिर से बयान कर सकते हैं। नाटक के तथ्यों, घटनाओं और लेखक द्वारा प्रस्तावित विभिन्न उपस्थित परिस्थितियों की सूचियाँ बना सकते हैं। हम नाटक को अनेक टुकड़ों में बाँट सकते हैं—उसका विच्छेदन करके उसे अनेक तलों में विभाजित कर सकते हैं। उन्होंने सलाह दी कि सवाल सोचो और उनके जवाब दो; नाट्यालेख को बड़े सटीक अनुपात की शब्दावलियों और विरामों के साथ पढ़ो; उसके विभिन्न चरित्रों के अतीत और भविष्य में झाँको; नाटक के विषय में विचार-विमर्श, तर्क-वितर्क और वाद-विवाद आयोजित करो। हम नाटक के अभ्यास के साथ विभिन्न स्थलों पर प्रकाश के उतरने और प्रकाशित स्थलों के सम्पुंजित होने की प्रक्रिया बड़े निकट से देख सकते हैं। सभी तथ्यों को तोलो और उनका मूल्यांकन करो। नाटक की सभी इकाइयों और उद्देश्यों के लिए नाम खोजो, आदि-आदि। ये सभी विभिन्न प्रकार की व्यावहारिक अध्ययन की प्रणालियाँ नाटक के विश्लेषण की प्रक्रिया के अन्तर्गत आती हैं और ये नाटक और उसकी विभिन्न भूमिकाओं को समझने में हमारी विशेष सहायता करती हैं। तोर्त्सोव ने इसके बाद कहा कि वे इन सारी प्रक्रियाओं को व्यावहारिक रूप में व्याख्यायित भी कर सकते हैं, लेकिन एक नाटक के एक अंक की रिहर्सल के साथ, जो उस समय चल रहा था, यह करना कई उलझनें उत्पन्न कर देगा। अतः वे विश्लेषण की तकनीकी विधियों को धीरे-धीरे उठायेंगे और फिर हर दृश्य के साथ उनका प्रयोग भी करेंगे।

तोर्त्सोव ने अपने उस दिन के पाठ के समापन के बाद अपने छात्रों से कहा कि वे रख़्मानव से 'ऑथेलो' की एक-एक प्रति ले लें। प्रत्येक विद्यार्थी को संस्थान छोड़ने के पहले लेखक के रंगनिर्देशों की प्रतिलिपि तैयार करनी है, फिर उन्हें विभिन्न चरित्रों, संवादों और आत्मकथनों को चुनना है और उनमें चरित्र-चित्रण, पारस्परिक सम्बन्धों, प्रदत्त तथ्यों की व्याख्या और औचित्य का लेखन, कार्य-व्यापार के स्थलों, वेशभूषा, आन्तरिक भावों तथा नाटक के पाठ से हर उस चीज़ के सम्बन्ध में जो कुछ भी निकाला जा सकता है, उसकी

विवेचना के सम्बन्ध में आलेख तैयार करने हैं। उन्होंने छात्रों को रख़्मानोव के निर्देशन में सभी अवतरणों की सामान्य सूची बनाकर उस दिन के पाठ के विवरण के साथ संलग्न करने का निर्देश भी दिया। इतना कार्य हो जाने के बाद छात्रों को अपनी-अपनी पुस्तकें वापस करने के लिए भी कहा गया।

कोस्त्या से कहा गया कि वह उस चित्रकार से मिले, जो दृश्यबंध तथा वेशभूषा के रेखांकन बना रहा है। उसे फिर पहले दृश्य के प्रदर्शन की संयोजना पर भी विचार करने का निर्देश दिया गया है। उसे दूसरी कक्षा के समय लेखक ने जो संकेत दिये थे, उनके सम्बन्ध में अपनी बात भी कहनी थी, इसके बाद ही उसके पास नाटक के प्रदर्शन के लिए सारी सामग्री होने की सम्भावना थी।

रख़्मानव ने छात्रों के बीच पूरे नाटक को उच्च स्वर में पढ़ा। वे नाटक के पाठ में जब किसी ऐसे स्थल पर आते, जहाँ नाटकीय चरित्रों, उनके पारस्परिक सम्बन्धों अथवा मनोविज्ञान प्रदर्शन के विषय में लेखक के निर्देश, नाटक की दिशा, दृश्यबंध आदि के सम्बन्ध में कहा गया हो, वहाँ छात्र उन्हें रोक देते और फिर उस विषय में चर्चा होती। इस प्रक्रिया से छात्रों की टिप्पणियाँ कुल मिलाकर अनेक पृष्ठों की हो गयीं। उन्हें फिर अनेक वर्गों में विभाजित किया गया, यथा–दृश्यबंध, परिधान, लेखक के निर्देश, चरित्र-चित्रण, मनोविज्ञान, विचार तथा और अनेक इस सबको लेकर एक नयी सूची बन गयी और उसे भी अगले दिन तोर्त्सोव के सामने उपस्थित किया जाना था।

स्तानिस्लाव्स्की का मानना है कि लेखक अपने आलेख में प्रदर्शन के लिए ज़रूरी चीज़ों को यथासम्भव लिख देता है और उस सारी सामग्री को व्यवस्थित करने तथा अभिनेता के लिए अपेक्षित सूचना की हर चीज़ को स्पष्ट करने के लिए ज़रूरी संकेत भी रख देता है। इस सारी सामग्री को भली प्रकार समझने के लिए नाटक के अध्ययन की प्रक्रिया में उन्होंने एक अन्य तकनीक अपनाने की सलाह दी है। यह तकनीक अनेकानेक सवालों के उठाने और उनका जवाब खोजने की है।

अध्ययन की इस प्रणाली को स्पष्ट करने के लिए उन्होंने फिर 'ऑथेलो' को ही लिया है। उनका पहला सवाल है : "वह कार्य कब सम्पन्न होता है?" जवाब है : "सोलहवीं शताब्दी में जब वेनिस का प्रजातंत्र फूल-फल रहा था।" दूसरा सवाल : "किस ऋतु में, दिन में या रात में?" जवाब है : "पहला दृश्य ब्राबेन्शियो के महल के सामने शरद् ऋतु का है, जब समुद्र पर तेज़ हवाएँ चल रही थीं, आकाश में बादलों का जमघट था और तूफ़ान आने को था। वह कार्य

साँझ के बाद देर रात में सम्पन्न हुआ था, जब वेनिस के लोग गहरी नींद में डूबे हुए थे।" अगर दर्शकों को समय की सूचना भी देनी हो, तो घंटाघर से ग्यारह बजाये जा सकते हैं। लेकिन, क्योंकि यह प्रभाव किसी विशेष मनोदशा को जगाने के लिए बहुत ही कम प्रयोग में लाया जाता है, इसलिए इसका प्रयोग भी बड़ी सावधानी से किया जाना चाहिए और जब तक बहुत ही ज़रूरी न हो जाय, उसका सहारा नहीं लिया जाना चाहिए।

उसके बाद सवाल उठाया गया है कि "कार्य कहाँ सम्पन्न होता है?" उत्तर है : "वेनिस में, शहर की शानदार नहर के पास आलीशान इलाक़े में, जहाँ बहुत से महल और बाग़ हैं। एक बहुत बड़े क्षेत्र में तो जल है और उसके किनारे एक पतली-सी पटरी है। पानी के पास बनी बस्तियों में सामान्यतः ऐसा ही होता है–महलों के द्वार के पास ही नावों और बजरों के ठहरने का स्थान हो; यह वांछनीय है कि महल के ऊपर और नीचे के भागों में खिड़कियाँ हों, जिससे कि दर्शकों को रात की रोशनियों, लालटेनों और भीतर लोगों के चलने-फिरने और उत्तेजना से सारे भवन के जाग उठने के प्रभाव संप्रेषित होते रहें।

छात्रों को इस विषय में सन्देह था कि मंच पर बहते हुए जल और चलते हुए बजरों का परिदृश्य अवतरित किया जा सकता है। लेकिन तोर्त्सोव ने कहा कि उनके पास इस सबके प्रदर्शन की तैयारी है। जल की लहरों का प्रभाव एक विशेष प्रकार के प्रोजेक्टर के साथ एक क्रोमोट्रोप अर्थात् प्रकाश अनुवर्ती यंत्र को जोड़कर उसे विभिन्न प्रकार की गतियों में चारों ओर संचालित कर उत्पन्न किया जा सकता है। यह प्रक्रिया वस्तुतः जादुई लालटेन के समान चारों ओर प्रकाश की चमकारों के बिम्ब भेजती है और पानी की लहरों के उठने-गिरने के प्रभाव को पूरी तरह से उत्पन्न करती है। लहरों के प्रभाव को उत्पन्न करने के लिए कुछ और भी यांत्रिक विधियाँ हैं। इन विभिन्न प्रकार की विधियों से लहरें अनेक दिशाओं से बजरे के तख़्तों से टकराती हुई लगती हैं जैसे वास्तविक जल ने उस बजरे को अपनी गोद में ले लिया हो।

तोर्त्सोव ने छात्रों से अगले दिन कहा कि अब हमें नाटक के मुश्किल से दिखायी देने वाले परिदृश्यों तथा बिल्कुल ही अस्पष्ट स्थलों पर दूरबीन को केन्द्रित करने का प्रशिक्षण लेना है, जिससे उनमें जीवन का संचार किया जा सके। इसके लिए तुम्हें फिर से गहराई में जाकर नाट्यालेख का अनुशीलन करना होगा। उन्हें डर था कि छात्र इसका विरोध करेंगे और कहेंगे कि उन्होंने

उसे पढ़ा है और उसे भली प्रकार जानते हैं। वे अनेक उदाहरणों के द्वारा सिद्ध करेंगे कि यद्यपि उन लोगों ने उस नाटक को कई बार पढ़ा है, फिर भी वे उसे भली प्रकार जानते-समझते नहीं हैं। केवल इतना ही नहीं, अनेक स्थलों पर वे नाट्यालेख की पदव्याख्या करने में भी सफल नहीं हुए। इसके अतिरिक्त उन स्थलों पर जिन्हें अत्यधिक प्रकाशमय कहा गया है; उनमें जो अभिव्यंजना है, उसका हल्का-सा अनुमान ही लगा पाये हैं।

तोर्त्सोव ने उसके बाद 'ऑथेलो' के एक बड़े ही प्रभावपूर्ण संभाषण को लिया था और छात्रों से उसका अर्थ, अन्तर्निहित आशय बताने को कहा। सवाल-जवाब और फिर परिपूरक सवाल-जवाब का क्रम चला। इस सारे कार्य-व्यापार की समीक्षा करते हुए उन्होंने कहा कि कुछ अपवादों को छोड़कर लगता है कि ऑथेलो के शब्दों में जो कुछ कहा गया है, छात्रों ने उसे लगभग औपचारिक रूप से समझा है। लेकिन उन पंक्तियों में शेक्सपीयर ने जो कुछ कहना चाहा है, वे उससे बहुत दूर रहे हैं। उनके वास्तविक अभिप्राय को समझने के लिए उनके अचेतन मुद्रित अक्षरों को लेकर न केवल उनमें फिर से विचारों की प्रतिष्ठा करनी होगी, वरन् उनके अन्तर्दर्शन, उनकी भावनाओं, अनुभूतियों और अगर शब्दशः कहा जाये, तो सारे औपचारिक आलेख में जो अन्तर्पाठ निहित है, उसे भी पूरी तरह से ग्रहण करना होगा। केवल तभी यह कहा जा सकेगा कि नाटक को केवल पढ़ा ही नहीं, वरन् समझा भी गया है।

उसके बाद उन्होंने छात्रों से कहा कि यह कहना भूल होगी कि नाटक की विषयवस्तु को दोहराते हुए बस वही कहा जाये कि हम उससे लम्बे समय से परिचित हैं—लेखक ने जो कुछ लिखा था, नाटक वर्तमान में बस, वैसा ही है। अब सवाल यह है कि उसका अतीत क्या था और उसके भविष्य की क्या सम्भावनाएँ हैं?

जवाब उन्होंने खुद ही दिया कि जो संकेत तुम्हें शब्दों के भीतर से पंक्तियों के बीच से मिल रहे हैं, उन्हें मत छिपाओ। उसे कहो, शेक्सपीयर जिस ओर इशारा कर रहे हैं, जिन्हें तुम नाटक में मानवीय चेतना के जीवन के रूप में देख, सुन और अनुभव कर रहे हो। फिर उन्होंने उद्बोधन प्रदान करते हुए कहा : "कथावाचक नहीं, रचनाकार बनो।"

यह कहते हुए उन्हें लगा कि शायद ग्रीशा इस भूमिका का निर्वाह कर सके। लेकिन उनके कहने पर ग्रीशा ने जवाब दिया कि मैं केवल वही कह पाऊँगा, जो लेखक ने कहा है। अगर वह आपको अच्छा नहीं लगता, विरस लगता है, तो उसका जवाब लेखक से ही पूछना चाहिए।

तोर्त्सोव ने बीच में टोककर कहा : "अरे, नहीं, लेखक ने तो केवल वही लिखा है, जो परदा उठने के बाद होता है; यानी नाटक में वर्तमान का प्रसंग, लेकिन वर्तमान का अस्तित्व क्या अतीत के बिना सम्भव है? अपने स्वयं के वर्तमान से पहले की सभी बातें अलग करने की कोशिश करो। एक क्षण के लिए कल्पना करो कि तुम यहाँ बैठे हुए अभिनेता बनने की तैयारी कर रहे हो, लेकिन तुम्हारे अतीत में कुछ भी ऐसा नहीं है जो तुम्हें इस वर्तमान की ओर ले आये। तुमने सपने में भी नहीं सोचा था कि तुम अभिनेता बनोगे, तुमने कभी अभिनय नहीं किया, कभी थिएटर से नहीं जुड़े। क्या तुम्हें नहीं लगता कि ऐसे वर्तमान का सारा महत्त्व समाप्त हो जायेगा, यह बिना जड़ का पौधा होगा, जिसकी फ़ितरत केवल मुरझाना और सूखना है।

वर्तमान का अस्तित्व अतीत और भविष्य के बिना सम्भव ही नहीं है। लोग कहेंगे कि वे अतीत को नहीं जान सकते और भविष्य के विषय में पहले से कुछ नहीं जान सकते, फिर भी हम यह कर सकते हैं। हमें उसकी वांछा करनी चाहिए और उसके सम्बन्ध में विचार भी बनाने चाहिए।

"ज़रा सोचो, यदि तुम रंगमंच पर जाने की तैयारी न कर रहे होते और तुम्हारा जीवन रंगमंच को समर्पित न होता, तो अभिनय-प्रशिक्षण की अनुपस्थिति में तुम्हारे वर्तमान का स्वरूप क्या होता?"

स्वभावतः हमारे वर्तमान के व्यवसाय बड़े ही रोचक हैं क्योंकि वे अपने में हमारी भविष्य की सफलता को छिपाये हुए हैं।

अगर सामान्य जीवन में बिना अतीत और भविष्य के वर्तमान सम्भव नहीं है तो रंगमंच में, जो जीवन को प्रतिबिम्बित करता है, इसके विपरीत होना सम्भव ही नहीं। यह सही है कि नाट्यलेखक हमें केवल वर्तमान ही देता है, लेकिन किन्हीं तरीकों से वह हमें अतीत और भविष्य के संकेत भी देता है। किसी पुस्तक का लेखक हमें कुछ अधिक ही प्रदान करता है। तथ्यतः वह हमें वास्तविक रूप में वर्तमान, भविष्य और अतीत—तीनों देता है। वह प्राक्कथन और उपसंहार भी लिखता है। इसमें कोई आश्चर्य नहीं है कि न तो उसे अपनी पुस्तक का विस्तार और न समय का विचार ही बाधित करता है।

लेकिन नाट्यलेखक की बात तो कुछ और ही होती है। वह नाटक की संकीर्ण सीमाओं के भीतर बन्दी होता है। ये सीमाएँ समय में स्थिर होती हैं और ये बहुत छोटी भी होती हैं। अधिक-से-अधिक वह चार या साढ़े चार घंटे ही ले सकता है—उसके बीच पन्द्रह-पन्द्रह मिनटों के तीन-चार अन्तराल भी होते हैं। वह रंगमंच को चालीस अथवा पैंतालीस मिनटों से अधिक समय तक पकड़े

नहीं रह सकता। यही समय की सीमा है जिसमें वह सामाजिकों के ध्यान को बाँधे रह सकता है। इस थोड़े समय में वह कितना कह सकता है और उसे कहना बहुत-कुछ होता है। इसलिए यही वह कार्य है जिसमें वह अभिनेताओं की मदद चाहता है; नाटक समयाभाव के कारण अतीत और भविष्य के सम्बन्ध में जो कह नहीं पाया, अभिनेताओं को उसकी संपूर्ति करनी होगी।

इसके जवाब में अभिनेता कह सकते हैं कि लेखक के शब्दों से और अधिक वे कुछ नहीं कह सकते। लेकिन यह ठीक ऐसा नहीं है। बहुत-सी ऐसी चीज़ें हैं, जिन्हें शब्दों के माध्यम से नहीं, दूसरे तरीकों से संप्रेषित किया जाता है।

लेखक ने इस सन्दर्भ को समझाने के लिए उदाहरण के रूप में एक प्रसंग लिया है : जब 'ला दाम ऑ कामेलिया' के अन्तिम अंक का प्रदर्शन चल रहा था, तब द्यूस ठीक अपने मरने के पहले अरमाँ के उस पत्र को पढ़ती है, जो उसने उसे पहला परिचय होने पर लिखा था। उस समय उसकी आँखें, उसकी वाणी, उसकी सम्पूर्ण चेतना उसे विश्वसनीय रूप में अभिव्यक्त करने को तत्पर हो उठी थी, जिसे उसने देखा, जाना और अपने अतीत के उस क्षण में अन्तिम बारीकी के साथ फिर से जी रही थी।

स्तानिस्लाव्स्की ने इस प्रसंग की व्याख्या करते हुए लिखा है कि यदि द्यूस स्वयं इन बारीकियों से परिचित न होती और नायिका के रूप में अपने मन की आँखों से देखकर उन चीज़ों के बारे में उसने स्वयं सोचा न होता, तो क्या उसे प्रस्तुति में वह सफलता प्राप्त होती!

तोर्त्सोव ने अपने छात्रों से उसके बाद कहा कि इतना कार्य करने के बाद तुम्हें यह लग रहा होगा कि आलेख में लिखे सभी शब्दों को और उनके पीछे के अन्तर्पाठ में जो कुछ छिपा हुआ है—विचार, भावनाएँ, देखी और सुनी चीज़ें—सभी को जानते हो।

इतना कुछ हो जाने के बाद भी तोर्त्सोव को यह नहीं लग रहा था कि काम पूरा हो गया है, अतः उन्होंने बात आगे बढ़ाते हुए कहा कि "अपने अनुभव के आधार पर मैं जानता हूँ कि नाट्यलेखक ऐसी बहुत सारी बातें नहीं कहता, जिन्हें जानना अभिनेता के लिए बहुत ज़रूरी होता है। उदाहरण के लिए, इयागो और रोदेरिगो कहाँ से आये? पाँच, दस, चालीस मिनटों, या एक दिन, एक महीने, एक साल पहले क्या हुआ था? क्या अभिनेता को यह जानना नहीं चाहिए? रोदेरिगो की भूमिका करने वाले अभिनेता के लिए यह जानना क्या फ़ालतू की बात होगी कि वह कहाँ, कब और कैसे देस्दीमोना से मिला था, उससे परिचित हुआ था और फिर प्रणय-निवेदन किया था? अगर वह इन तथ्यों से और इनसे

मिलते-जुलते मनःचित्रों से परिचित नहीं है, तो शेक्सपीयर ने जो पंक्तियाँ उसे दी हैं, उन्हें कैसे बोलेगा? नाट्यालेख में बड़े ही सूक्ष्म संकेत हैं और हमें उन पर विचार करना चाहिए, लेकिन और भी तो बहुत कुछ रह गया है, वह भी तो विचारणीय है; उसके सम्बन्ध में हमें कौन बतायेगा? तुम लेखक को फिर से जीवित नहीं कर सकते और दूसरा मिल नहीं सकता। शेष बची सभी बातों के सम्बन्ध में तुम्हें नाटक के निर्देशक पर निर्भर करना होगा। लेकिन सभी निर्देशक उस दिशा में नहीं जाना चाहते, जिधर हम जाना चाहते हैं। इसके अतिरिक्त, निर्देशक जो कुछ सोचता है, वह अभिनेता के विचारों का बिल्कुल विरोधी भी तो सिद्ध हो सकता है। इसलिए स्वयं पर निर्भर करने के अतिरिक्त कोई रास्ता शेष नहीं रह जाता। इसलिए चलो, हम काम करें। हम सपने देखना आरम्भ करें और लेखक ने जो शब्दों में नहीं कहा है, उसका आविष्कार करें। तुम्हें सह-लेखक बनना होगा और वह कुछ घेरकर लाना होगा, जो वह अपने नाम से नहीं कह सका है। कौन जानता है शायद हमें पूरा नाटक ही लिखना पड़े।''

इसी संदर्भ को आगे बढ़ाते हुए उन्होंने छात्रों से शिकायत की कि यह बहुत ग़लत बात है कि वे नाटक के सम्बन्ध में ख़ुद एक-दूसरे के साथ बहुत कम बातचीत और विचार-विमर्श करते हैं। वे स्वयं उन्हें कैसे उद्दीप्त कर सकते हैं? वाद-विवाद अभिरुचि को जगाने का, ग़लतफहमियों को दूर करने का और आधारभूत विषय तक पहुँचने का सबसे अच्छा साधन है। उन्होंने आश्वासन दिया कि मैं इस दिशा में तुम्हारी सहायता करूँगा।

तोर्त्सोव ने अगले दिन अपने छात्रों को एक बड़ी मेज़ के चारों ओर बिठलाकर उनसे 'ऑथेलो' के सम्बन्ध में विचार-विमर्श करने के लिए कहा। जब उनके बार-बार कहने पर भी कोई भी नहीं बोला तो उन्होंने स्वयं कहा :

''तुम सभी ने किसी समय किसी-न-किसी प्रकार 'ऑथेलो' को जल्दी-जल्दी या आकस्मिक रूप में पढ़ लिया। इससे तुम्हारे मन में कुछ स्थलों की याद शेष रह गयी। दूसरी बार पढ़ने ने उन मनःप्रभावों के साथ कुछ और जोड़ा है, लेकिन इस सबसे भी तुम्हारी भूमिका के लिए भीतरी सामग्री बहुत ही कम है। आज की यह वार्ता (तुम्हारे मनोजगत् को) सामग्री से भरने के लिए आयोजित है। इसीलिए मैं तुममें से हर एक से कह रहा हूँ कि इस नाटक के सम्बन्ध में अपनी धारणा को बहुत साफ़-साफ़ शब्दों में कहो।''

कोई भी कुछ नहीं बोला। लम्बे मौन के बाद तोर्त्सोव के सहयोगी रख़्मानव बोल उठे : ''मैं अब तक मौन रहा हूँ। मैंने तब भी कुछ नहीं कहा था, जब

कोस्त्या ने 'ऑथेलो' को इन दीवारों के भीतर लाने की बात कही थी, और तब भी नहीं जब तोर्त्सोव ने भूमिका पर काम करने की दृष्टि से इस नाटक के चुनाव का समर्थन किया था। मैं इससे असहमत होने के बावजूद मौन रहा हूँ। मैं इस चुनाव का क्यों विरोध कर रहा हूँ? पहले तो इसलिए कि यह नाटक छात्रों के लिए नहीं है, दूसरे–यही प्रधान कारण है कि यह त्रासदी शेक्सपीयर की सर्वोत्तम रचना नहीं है। वास्तव में यह दुःखान्तकी नहीं वरन् एक अतिनाटकीय रचना है। यही कारण है कि इसकी कथावस्तु और घटनाएँ इतनी असम्भाव्य हैं कि तुम उन पर विश्वास नहीं कर सकते। आप खुद सोचो–एक अश्वेत सेनापति! कोई नीग्रो सेनापति के रूप में हमें कहाँ दिखायी देता है? और यह बात हम आज के प्रगतिशील समय के विषय में नहीं कह रहे हैं, इसलिए हम वेनिस के सुदूर मध्ययुग के विषय में क्या कह सकते हैं? और यह अनुपस्थित अश्वेत सेनापति सर्वाधिक सुन्दर, विशुद्ध, भोली-भाली, अप्सरा-सी राजकुमारी देस्दीमोना का अपहरण कर लेता है। यह बिल्कुल ही असम्भाव्य है। कोई वहशी किसी अंग्रेज़ अथवा उसी स्तर के किसी अन्य व्यक्ति की बेटी का अपहरण तो करे! ज़रा भी कोशिश करेगा तो उस रोमियो के लिए वातावरण गरमा जायेगा।"

सभी उपस्थित लोगों ने रख़्मानव को रोकने की कोशिश की लेकिन वे इसके लिए पूरा साहस नहीं जुटा पाये। तोर्त्सोव ने भी अपने सहयोगी को रोकने की बहुत कोशिश की लेकिन नहीं रोक पाये। अन्ततः वे अपने दोनों हाथ ऊपर उठाकर इतना ही कह सके कि बस, इतना काफ़ी है! तुम कहना क्या चाहते हो? इस बात ने जलती हुई आग में घी डाल दिया और वह भड़क उठी। इस वाद-विवाद में कुछ लोगों ने अगर विरोध किया, तो एक-दो लोग समर्थन में भी बोले थे। इस शोर-गुल को सुनकर कभी-कभी तो यह लगने लगता था कि अध्यापकों ने जान-बूझकर यह गरमागरम बहस चलायी है। वाणी से उत्पन्न होती हुई ये चिनगारियाँ इतनी देर तक बरसती रहीं कि उस दिन फिर रिहर्सल नहीं हो पाई।

तोर्त्सोव ने अगले दिन अपने इस वक्तव्य के साथ कक्षा आरम्भ की कि खेत के जोते और बोये जाने के बाद अब यह देखा जाये कि क्या पैदा हुआ है। और फिर फसल को काटा जाये। इसी प्रसंग को आगे बढ़ाते हुए उन्होंने अपने छात्रों से पूछा कि इस लम्बे वाद-विवाद के बाद मनोजगत् में क्या नयी अनुभूतियाँ जागीं?

उन्हें जो जवाब मिले थे उनका सारांश यह है कि कुछ अनुभूतियाँ जागीं

तो अवश्य, लेकिन बड़ी अव्यवस्थित; उन्हें लेकर कुछ कह पाना सम्भव नहीं! इस सम्बन्ध में आगे कुछ और चर्चा चली, लेकिन उससे भी कोई व्यवस्थित स्वरूप सामने नहीं आया।

तोर्त्सोव ने तब अपने छात्रों से कहा कि अब यह देखा जाये कि स्मृतियाँ भले ही अव्यवस्थित हों, उनकी प्रकृति क्या है? कोस्त्या ने कहा कि मुझे ऑथेलो या किसी दूसरे चरित्र की वाणी नहीं सुनायी दे रही है, कुछ और दिखायी तो दे रहा है, लेकिन बड़ा ही अस्पष्ट है। यह पूछे जाने पर कि वह क्या है, उसने कहा कि उसे तो संगीत-नाटिका की एक गायिका की आकृति का आभास हो रहा है, जो अपनी सामान्य चारित्रिक शोभा के साथ बड़ी ही सौम्य लग रही है।

तोर्त्सोव ने कहा कि यह तो अच्छा नहीं है क्योंकि इस प्रकार के छायाभास में वास्तविक जीवन के समान कोई अनुभूति कभी खड़ी नहीं हो पायेगी। नाटक के इस भाग में इतनी विशद, जीवनमय, मानवीय, सामाजिक, जातीय, मनोवैज्ञानिक, नैतिक उत्तेजनाओं और भावनाओं का संघर्ष है कि उससे हमारा प्रभावित न होना सर्वथा असम्भव है। बाहरी कथावस्तु भी इतनी सुन्दर, अप्रत्याशित और मर्मस्पर्शी है कि वह हमें रुचि लेने को मजबूर करती है। परिस्थितियों की बुनावट बड़ी ही गहन है। युद्ध होने को है, देश को अपने एकमात्र प्राणरक्षक ऑथेलो की बड़े ही दर्द के साथ ज़रूरत है। शासक दल के साथ एक बड़ा ही भयंकर दुर्योग घटित हुआ है। एक अभिजात कन्या के अश्वेत, वहशी, अर्द्धनृशंस के साथ विवाह से रक्त सम्मिश्रण हो गया है। इस सब पर विश्वास करने की कोशिश करो और वेनिस के लोगों के स्वाभिमान, जातीय सम्मान और सच्चे देशप्रेमियों के अपने देश की सुरक्षा में तत्पर होने की भावना से किसी एक को चुनो। इस एक दृश्य में न जाने कितनी तरह के धागे एक-दूसरे के साथ बँध गये हैं, विलक्षण तकनीकी नाटकीय विवेचना के साथ त्वरा के साथ अग्रसर कार्य-व्यापार का योग हो गया है।

तोर्त्सोव ने उसके बाद छात्रों को निर्देश दिया कि अगर वे दृश्य में और अधिक ऊर्जा भरना चाहते हैं, तो उन्हें पहले के दो प्रसंगों के साथ एक पुल के माध्यम से इसे जोड़ना चाहिए। उन्होंने कहा—कल्पना करो कि वे कुछ इस प्रकार प्रदर्शित किये गये हैं कि तुम्हें लगता है इससे बड़ा लोकापवाद फैल गया है, जो रात में बिजली की गड़गड़ाहट के साथ फूट पड़ा है और उसने सारे शहर की नींद हराम कर दी है। जरा सोचो, जब तुम मीठी नींद में सो रहे थे तो अचानक भीड़ के भागने का शोरगुल तुम्हें सुनाई पड़ा। हथियारों से लैस, लोगों से भरे, तेज़ी से दौड़ते हुए, बजरों से टकराकर शोर करती हुई लहरें किनारों से

टकरा रही थीं। राजभवन की सभी खिड़कियाँ रोशनियों से भर उठी थीं और तुर्कों के आक्रमण की भयंकर अफ़वाह पूरे माहौल को दहशतज़दा बना रही थी। उसी समय अत्यन्त लोकप्रिय देस्दीमोना के एक अश्वेत द्वारा अपहरण की अफ़वाह को झंझा की तरह उठ रहे इन सभी दुर्योगों के साथ मिला दो। तुम्हें लगेगा कि तुम्हारे शहर वेनिस पर काफ़िरों का अधिकार हो गया है और जल्दी ही तुम्हारे घरों पर भी हमला होने जा रहा है।

इस तरह युद्ध के प्रसंग के जुड़कर देस्दीमोना का अपहरण घटनाक्रम को एकदम जटिल बना देता है। इन दोनों के साथ, अब इयागो के ऑथेलो से बदला लेने के प्रयासों ने भी कथावस्तु को उलझनों से और भर दिया है। इस सारे प्रज्वलित कथानक में रोदेरिगो भी एक महत्त्वपूर्ण भूमिका ग्रहण कर लेता है क्योंकि उसके मन में तो देस्दीमोना को पाने की चाहना रही है। ऑथेलो के प्रति विरोध के भाव को लेकर वह इयागो से भी मिल जाता है और इसी प्रकार घटनाएँ आगे बढ़ती रहती हैं।

तोर्त्सोव ने इस जटिल घटना-विधान की व्याख्या करते हुए छात्रों से कहा कि वे यह स्पष्ट रूप से देखें कि कैसे एक चरित्र या एक प्रसंग दूसरे को प्रभावित कर रहा है। आकाशगंगा में छोटे-बड़े तारों का जो समाहार देखने को मिलता है, इस घटना-विधान की उन्होंने उससे तुलना की है।

हमारे सामने जैसे ही ऑथेलो के राजसभा में खड़े होने के प्रसंग का दृश्य उपस्थित होता है, उससे सम्बन्धित और बहुत से प्रसंग भी मनोजगत् में अवतरित हो जाते हैं तथा न जाने कितने पिछले प्रसंगों पर नयी रोशनी पड़ने लगती है। स्तानिस्लाव्स्की ने इसी प्रसंग को आगे बढ़ाते हुए लिखा है कि जो घटनाएँ स्मृति-पटल पर शेष रह गयी हैं, उन पर जल्दी-जल्दी नज़र डालने के बाद हमें दिखायी देता है कि कुछ सुस्पष्ट आलोकित स्थल अपने ही जैसे अन्य स्थलों के साथ पहले से ही समाहित हैं, जबकि उनका एक तीसरा समुदाय अभी समाहित न होने पर भी उसी दिशा की ओर बढ़ रहा है। कुछ और–चौथे-पाँचवें- दसवें समुदाय पहले समुदाय से प्रतिबिम्बित प्रकाश प्राप्त करके अधिक स्पष्ट हो रहे हैं, जबकि हमारी स्मृतियों के अन्य सभी क्षण अभी मध्यम-मध्यम टिमटिमा रहे हैं–ठीक वैसे ही जैसे आकाशगंगा के तारे टिमटिमाते हैं।

फिर भी अगर सच कहा जाये, तो नये प्रकाशित अंशों की संरचना की दिशा में तथा अपनी भूमिकाओं के साथ उनके समायोजन के लिए अब तक किया गया कार्य हमारी चेतना में अभी अप्रविष्ट नाटक के विशेष स्थलों के प्रति हमारा उत्साह जगाने का काम कर रहा है।

अब जब हमने इन विलक्षण स्थलों को पुनः खोज लिया है तो अभिनेता का उत्साह सानुक्रम विश्लेषण की प्रक्रिया का एक उपकरण बन सकता है और आरम्भ किये कार्य में हमारी सहायता कर सकता है। यह उत्साह रचनाशीलता को उत्प्रेरित करने के अतिरिक्त और भी बहुत कुछ करता है। यह हमारे मन के छिपे हुए जल-स्रोतों की दिशा में हमें ले जाने में बुद्धिमान निर्देशक की भूमिका का भी निर्वाह करता है। यह बड़ा उत्साही और भीतर प्रवेश करके खोज करने को तत्पर, संवेदनशील आलोचक तथा प्रशंसक भी होता है।

असाधारण रचनात्मक सामर्थ्य से सम्पन्न शेक्सपीयर जैसे कवि हमें ऐसे नाटक देते हैं जो प्रतिभा से परिपूर्ण होते हैं; उनके साथ 'मायावी किन्तु' और प्रस्तावित परिस्थितियाँ भी जुड़ी होती हैं। किसी दूसरे व्यक्ति की विषयवस्तु को रचनाशीलता के साथ सम्पन्न करने के लिए हमें मुख्यतः नाटक की अन्तरंग रेखा के साथ-साथ बढ़ना चाहिए क्योंकि तथ्यों और घटनाओं की बाहरी रेखा स्वयं लेखक द्वारा पहले से ही खींच दी गयी है। साहित्यिक रचना में जो कुछ रहस्यात्मक रूप में अवस्थित है, उसे समझने तथा उसका मूल्यांकन करने के लिए हमारे पास कल्पना-शक्ति होनी चाहिए।

तोर्त्सोव ने इसके बाद एक प्रयोग के रूप में वान्या से 'ऑथेलो' का सारांश उपस्थित करने के लिए कहा।

उसने कहा—एक अश्वेत मूर ने एक गोरी लड़की का अपहरण कर लिया है। उसका पिता अपनी शिकायत लेकर राजसभा में जाता है लेकिन इसी बीच युद्ध आरम्भ हो गया है। मूर को भेजना होगा, पिता अब नगण्य हो गया है। ब्राबैन्शियो (सम्राट) कहते हैं—पहले हमारे सम्बन्ध में निर्णय लो। सभासद निर्णय देते हैं, वे उसी रात उस अश्वेत को युद्ध के लिए भेज देते हैं। मैं भी इनके साथ जाऊँगी, यह मेरा आग्रह है—बेटी कहती है। अतः वे चले जाते हैं। युद्ध में अन्ततः विजय होती है। वे एक महल में रहने लगते हैं।

तोर्त्सोव ने फिर अन्य छात्रों से पूछा कि क्या शेक्सपीयर के रचनाशीलता के साथ प्रस्तुत नये और मनमोहक विषय को वान्या ने समझा है और उसका सही मूल्यांकन भी किया है।

प्रायः सभी छात्र जवाब देने के स्थान पर हँस पड़ते हैं। तोर्त्सोव के कहने पर पॉल अपनी ओर से 'ऑथेलो' की कथावस्तु का सारांश उपस्थित करता है। ग्रीशा भी तथ्यात्मक वर्णन करता है।

तोर्त्सोव इन विवरणों को सुनकर कहते हैं कि यह सब एकदम नीरस हो

गया है, लगता है जैसे इतिहास की पुस्तक पढ़ी जा रही हो। विवरण में तोर्त्सोव को बहा ले जाने वाला कुछ नहीं मिला। कला और रचनाशीलता दोनों ही इस तथ्य पर आधारित होते हैं कि वे हमारी कल्पनाशीलता और भावनाओं को सक्रिय कर देते हैं। लेकिन इन वर्णनों में शेक्सपीयर की सामग्री की गरमाहट भरी रुचि बिल्कुल ही नहीं है। किसी साहित्यिक रचना की आधारभूत विषयवस्तु का वर्णन करना कोई आसान काम नहीं है।

एक-दो क्षण मौन रहने के बाद वे स्वयं शेक्सपीयर की विषयवस्तु को अपनी कल्पना के सहारे बड़ी कसीदाकारी के साथ उपस्थित करते हुए कहते हैं, "मैं वेनिस की एक बहुत सुन्दर युवा रूपसी को देख रहा हूँ। बड़े ही वैभव और विलासिता के बीच उसका पालन-पोषण हुआ है। वह बहुत उत्साही, स्वप्नदर्शिनी, स्वच्छन्द कल्पनाओं में विहार करने वाली है, वैसी ही जैसे बिना माँ के पली-बढ़ी युवतियाँ परीकथाओं और प्रेमाख्यानों को सुन-सुनकर बन जाती हैं। वह अर्द्ध प्रस्फुटित सुमन देस्दीमोना अपने अहंवादी तथा खुद को बहुत बड़ा समझने वाले पिता के मन की तरंगों के अनुरूप काम करते-करते तथा घरेलू उत्तरदायित्वों के निर्वाह में बन्दिनी-सी होकर बड़ी ही विरस अनुभूतियों से भर उठी है। वेनिस के उद्दण्ड और अक्खड़ स्वभाव के अनेक युवा विवाह के लिए उसका हाथ माँगने आते हैं, लेकिन वे स्वप्नदर्शिनी युवती को मोहित नहीं कर पाते। वह अनसुने, अनजाने गुणों से सम्पन्न ऐसे व्यक्ति की खोज कर रही है जो स्वच्छन्द प्रेम के मनोरम आख्यानों में उसे मिले हैं, वह परियों के राजकुमार, अत्यन्त सशक्त व्यक्तित्व के स्वामी अथवा किसी सम्राट् की प्रतीक्षा कर रही है, जो किसी विलक्षण दूर देश से आकर एक दिन उसके आगे खड़ा हो जायेगा। उसे परम सुन्दर, सुवीर, अजेय नायक होना चाहिए। वह अपने को उसके सामने समर्पित कर देगी और फिर एक सुन्दर जलयान में बैठकर किसी परीलोक में चली जायेगी।

तोर्त्सोव ने उसके बाद कोस्त्या से कहा कि इसी अनुक्रम से आगे बढ़ो। कोस्त्या ने पूछा कि कहाँ से और किस ओर?

तोर्त्सोव ने कहा कि मैं बता रहा हूँ, "क्या तुम अपने मन की आँखों के सामने उस स्थान को देख रहे हो जहाँ यह सब घटित हुआ था?"

"हाँ," कोस्त्या ने बड़ी त्वरा से रुचि के साथ कहा, "मैं कल्पना कर रहा हूँ कि वह कार्य-व्यापार वेनिस में घटित हो रहा है जो कि ठीक हमारे सेवस्तापोल में दिखायी देता है। किसी कारण से मैं गवर्नर के भवन को निझनी नवगोरद से भी वहाँ देख रहा हूँ। यही वह स्थान है जहाँ ब्राबैन्शियो रहते हैं।

वह दक्षिणी खाड़ी के तट पर है, जिसमें छोटे-छोटे स्टीमर चारों ओर चल रहे हैं, जैसे आज भी चलते हैं। फिर भी यह उन पुराने बजरों के अपने पालों को फहराते हुए सभी दिशाओं में आने-जाने में कोई रुकावट नहीं डालता।

कल्पना का यह चित्र-विधान कुछ और आगे चलता रहा। लेकिन अचानक कोस्त्या को लगा कि यह तो मेरी कल्पना की एकदम अनर्गल संरचना है। उसने तोर्त्सोव से यह कह भी दिया।

तोर्त्सोव ने उसे रोककर कहा कि अच्छा होगा इस मनःव्यापार को रोका न जाये। यह व्यक्ति की सामर्थ्य में नहीं है कि वह अपनी इच्छा के अनुरूप इन स्मृतियों को बुला सके। उसे उन्हें अपने आप सजीव होने देना चाहिए। एक शर्त बस यही है कि वे नाटक के आधारभूत कथानक में जैसा कि लेखक ने उसे लिखा है, उसके विरुद्ध न जायें।

तोर्त्सोव ने तब कोस्त्या की कल्पना को फिर से सक्रिय करने के लिए कुछ संकेत दिये। उन्होंने पहले उससे पूछा कि यह सब कहाँ हुआ था; और जब उसकी कोई प्रतिक्रिया नहीं हुई तो उन्होंने फिर प्रश्न किया कि यह सब कैसे हुआ? इसके बाद उन्होंने तुरन्त अपने सवाल को स्पष्ट किया कि मैं अन्तःव्यापार की रेखा को, क्रमशः उसकी प्रकृति और विकास को जानना चाहूँगा। अभी तक तो मैं उस सिरचढ़ी युवती देस्दीमोना को ही जानता हूँ जो वोल्गा के तट पर निझनी नवगोरद के महल में रहती है और वेनिस के किसी भी उद्दण्ड प्रकृति के युवक से विवाह नहीं करना चाहती। अब यह बताओ कि वह कैसे सपने देखती है? कैसे रहती है? और उसके बाद क्या होता है?

इस नये उत्प्रेरक का भी कोस्त्या पर जब कोई असर नहीं हुआ तो तोर्त्सोव ने बात को आगे बढ़ाया। उन्होंने उन मनोरम अफ़वाहों की चर्चा की जो कि उस मूर 'ऑथेलो' के आने के पहले ही लोक में प्रचलित हो गयी थीं।

तोर्त्सोव ने कोस्त्या को फिर उकसाया लेकिन वह मौन ही बना रहा क्योंकि उसे तोर्त्सोव का कल्पना-विलास बड़ा रोचक लग रहा था।

तोर्त्सोव ने आगे कहा कि 'ऑथेलो' एक बड़े जलयान में उस वेनिस के सेवस्तापोल में आये। उसके साहस की कथाएँ जनसाधारण में तब तक प्रचलित हो चुकी थीं, इसलिए घाट पर विशाल भीड़ इकट्ठी हो गई। ऑथेलो के रूपविन्यास और श्याम वर्ण ने लोगों के मन में बड़े कौतूहल का भाव जगा दिया। जब वह पैदल या घोड़े पर सवार होकर सड़कों पर चलता तो छोटे-छोटे बालक भीड़ की शक्ल में उसके पीछे दौड़ते। रास्ता चलते लोग अपनी अंगुलियों से उसकी ओर इंगित करते और उसके विषय में एक-दूसरे से फुसफुसाहट-भरे स्वरों में

बातचीत करते। भविष्य के उन दोनों प्रेमियों की पहली भेंट सड़क पर ही हुई और वह नवयुवती उससे बहुत प्रभावित हुई। ऑथेलो ने उसे अपनी वीरोचित मुद्रा से ही नहीं वरन् विशेष रूप से अपने वन्य व्यक्ति के भोले-भाले स्वभाव, अपनी शालीनता और सुशीलता से भी प्रभावित किया। उसकी आँखों में इसकी झलक स्पष्ट मिलती थी। इस शालीनता और सलज्जता ने शौर्य और निर्भयता के साथ मिलकर एकदम असाधारण और मनोरम सामंजस्य की रचना कर दी थी।

देस्दीमोना ऑथेलो को दूसरी बार एक सैन्य-दल के आगे-आगे चलते हुए देखती है जब वह किसी सैनिक अभ्यास से लौट रहा है। उसका घोड़े पर सहज रूप में सवार होना देस्दीमोना को बहुत अधिक प्रभावित करता है। यह पहला अवसर है जब वह कैसियो को अपने सेनापति के साथ घोड़े पर सवार देखती है।

देस्दीमोना के मन में इन दोनों भेंटों को लेकर जो कल्पनाएँ जागती हैं, वे उसे सोने नहीं देतीं; तभी एक दिन ब्राबैन्शियो अपनी बेटी के आगे यह घोषणा करता है कि उसने परम यशस्वी ऑथेलो को भोजन के लिए निमंत्रित किया है। उसका नाम सुनते ही उस बालिका को जैसे मूर्च्छा-सी आ जाती है। वह परिवार की ओर से मेहमाननवाज़ की भूमिका भी निभाती है।

यह कल्पना करना बड़ा ही आसान है कि उस अवसर के लिए देस्दीमोना ने कितनी सावधानी के साथ वस्त्राभूषण धारण किये होंगे, कितनी सुरुचि से भोजन तैयार करवाया होगा और फिर कैसे अपने नायक से मिलन की प्रतीक्षा की होगी।

उसकी आँखें ऑथेलो के मन में गहरे उतर गयी थीं। उन्होंने उसे परेशान कर दिया था और उसकी लज्जा के भाव को बढ़ा दिया था। लज्जा का यह भाव उस वीर पुरुष और उसकी अजेयता की ख्याति के अनुरूप ही था।

ऑथेलो ने, जिसने अब तक नारी के व्यक्तित्व की गरमाहट के उत्ताप का अनुभव ही नहीं किया था, अपनी मेज़बान का वह साधारण स्नेहाचार पहले समझा ही नहीं था। उसे तो इस समय तक एक आधिकारिक व्यक्तित्व के रूप में वेनिस के बड़े ही उच्च स्तर के सम्भ्रान्त नागरिकों के घरों में स्वागत-सत्कार का ही अभ्यास था। फिर भी जैसा मान-सम्मान मिला उसके रहते भी वह अपने को हमेशा एक गुलाम की ही अवस्था में अनुभव करता रहा था। किन्हीं दो विलक्षण आँखों ने उससे पहले कभी इतनी स्नेहमयी गरमाहट के साथ उसके काले शरीर और, जैसा वह समझता था, उसके कुरूप चेहरे को देखा ही नहीं था, जैसा कि अचानक उस दिन हो गया था।

ऑथेलो फिर उसके बाद कई रातें सो नहीं सका था। वह बड़ी ही बेचैनी के साथ ब्राबैन्शियो के दूसरे निमंत्रण का इन्तज़ार करता रहा था। उसके आने में बहुत देर नहीं हुई थी। शायद उस प्रेमातुर कन्या के उकसाने पर उसे फिर-फिर निमंत्रित किया गया था, जिससे वे उसके साहसिक अभियानों और युद्ध-यात्राओं में झेले गये कष्टों और कठिनाइयों की कहानियाँ सुन सकें। शराब के दौर के साथ बारजे पर बाहर बैठे हुए निझनी नवगोरद कगार के साथ लगे सेवस्तापोल बन्दरगाह का परिदृश्य देखते हुए ऑथेलो ने बड़ी शालीनता लेकिन सच्चाई के साथ अपने सैनिक अभियानों के वर्णन सुनाये थे, जैसा कि शेक्सपीयर ने स्वयं राजसभा में उसे बोलते हुए दिखाया था, तोर्त्सोव ने जिन्हें अपनी कल्पना से और भी अनुरंजित कर दिया था।

कोस्त्या को यह सब सुनकर वास्तव में विश्वास हो गया था कि ऐसी कहानी को सुनकर उस रोमानी प्रकृति और उत्साह से भरी नवयुवती का मन प्रभावित हो गया होगा।

तोर्त्सोव ने अपनी बात जारी रखते हुए कहा कि देस्दीमोना ऐसी युवती नहीं थी जिसने अपने जीवन को ठीक वैसे ही बनाया होता जैसा कि अन्य सभी युवतियाँ सम्भ्रान्त परिवार की संकीर्ण प्रणाली के अनुरूप बना लिया करती हैं। उसे तो असाधारण-सी परीकथाओं जैसे प्रसंगों की प्रबल लालसा थी। उस प्रज्वलित व्यक्तित्व की कन्या के लिए ऑथेलो से अधिक अच्छे नायक की परिकल्पना कोई कर ही नहीं सकता था।

ऑथेलो ब्राबैन्शियो के यहाँ जब होता तो उसे ऐसा महसूस होता जैसे वह अपने घर में हो। यह उसके लिए पहला अवसर था कि वह किसी घर से इतनी अधिक निकटता का अनुभव कर रहा था। एक रूपसी नवयुवती की उपस्थिति ने उस भवन को और भी मनोरम बना दिया था।

तोर्त्सोव ने इसके बाद प्रसंग बदलकर छात्रों से पूछा था कि क्या आप देख नहीं रहे हैं कि किसी नाटक की विषयवस्तु का इस प्रकार फिर से कहा जाना तथ्यों को दोहराने से कहीं अधिक रोचक होकर उसे विरसता से बचा देता है। अगर आपसे इस दुःखान्तकी की विषयवस्तु को दोहराने के लिए कहा जाता है तो पहले की तरह अब बाहरी रूपरेखा की अपेक्षा आन्तरिक व्यवस्था का अनुसरण अधिक करेंगे और कुछ सोच-विचारकर उसमें कुछ और भी जोड़ देंगे। अगर आपसे इसके बाद भी एक बार फिर इस कहानी को कहने के लिए कहा जाता है तो और सामग्री संगृहीत हो जायेगी तथा लेखक की शब्दावली में निहित कल्पनाशीलता का और भी अधिक विस्तार हो जायेगा। इस विस्तार

से 'जादुई परन्तु' का महत्त्व बढ़ जायेगा, जिनका उपयोग लेखक द्वारा प्रदत्त सामग्री का औचित्य सिद्ध करने के लिए होगा। इसीलिए उन्होंने छात्रों को निर्देश दिया कि वे उनके उदाहरण का अनुसरण करें; नाटक तथा शब्दचित्र जो उन्हें प्रदर्शन के लिए दिये गये हैं, उनकी विषयवस्तु को जितनी बार सम्भव हो, एक-दूसरे से सम्बद्ध करें। उन्हें स्वयं को उसके स्थान पर रखकर हर बार एक अलग दृष्टिकोण से अपनाने, स्वयं अपनी व्यक्तिगत दृष्टि से उनका उपयोग करने अथवा किसी चरित्र की दृष्टि से उसका उपयोग करने की सलाह दी गई।

"यह सब बहुत सुन्दर होगा, लेकिन बस एक शर्त है कि तुम्हारे पास बड़े विलक्षण रूप से स्वाभाविक और अत्यधिक विकसित कल्पना होनी चाहिए। तुम्हें यह भी सोचना है कि वह क्या है जो गर्भावस्था स्थित कल्पना को विकास की ओर ले जायेगा।"

तोर्त्सोव ने इस सन्दर्भ में अपने छात्रों को समझाया कि उन्हें अभी अनुतप्त अपनी कल्पना को उकसाने के लिए अन्य तरीकों की भी खोज करनी होगी।

कोस्त्या ने यह सुनकर कहा कि ठीक इसी सामर्थ्य का तो उनमें अभाव है और इसी को समझने की उन्हें विशेष ज़रूरत है।

तोर्त्सोव ने इस सीमा तक हुए कार्य का सिंहावलोकन करते हुए कहा, "मैंने विश्लेषण की प्रक्रिया तह-दर-तह आरम्भ की है और ऊपर से नीचे की ओर आगे बढ़ा हूँ। पहले मैंने उन विषयों को लिया है जो हमारी सचेतन भावनाओं को आसानी से उपलब्ध हैं और अब मैं उनकी ओर बढ़ रहा हूँ, जो धीरे-धीरे ही मिल पाती हैं। सबसे ऊपर की तह में नाटक की कथावस्तु, तथ्य और घटनाएँ आती हैं। हमने इन सभी को ले लिया है, लेकिन रंगमंच पर उन्हें फिर से प्रस्तुत करने के लिए केवल उनकी गणना ही की है। अब हम उनका अध्ययन और आगे बढ़ायेंगे। रंगकर्म की भाषा में अध्ययन का मतलब केवल तथ्यों को कहना, उन्हें देखना और समझना ही नहीं आता, वरन् हम उनका मूल्यांकन तथा उनके महत्त्व की विवेचना भी करते हैं। विश्लेषण की प्रक्रिया के इस पक्ष को हम तथ्यों का आकलन कहते हैं।

"अनेक नाटक हैं, यथा–कमज़ोर सुखान्तकी, अति नाटकीय रचनाएँ, प्रहसन, हास्य नाटक आदि, जिनके प्रदर्शन में अधिकांश में बाहरी कथावस्तु की ही अवतारणा की जाती है। इस तरह की रचनाओं में हत्या, मरण, विवाह अथवा किसी के सिर पर आटा डाल देने या पानी छिड़क देने आदि के दृश्य

ही आते हैं। इस प्रकार से समीक्षा बस ऊपर-ऊपर की ही होती है, उसे आसानी से समझ लिया जाता है और फिर हर कोई उसे स्वीकार कर लेता है।

"लेकिन दूसरी कोटि की रचनाओं की कथावस्तु और उनमें अन्तर्निहित तत्त्व अपने में विशेष महत्त्वपूर्ण नहीं होते। इन नाटकों में तथ्य नहीं वरन् विभिन्न चरित्रों के प्रति उनका जो दृष्टिकोण होता है उसी का केन्द्रीय महत्त्व होता है और वही दर्शकों की नाड़ियों को स्पन्दित करता है। वह अन्तर्निहित विषयवस्तु के उद्‌घाटन की ओर उन्मुख करता है।

"सर्वाधिक महत्त्वपूर्ण वे नाटक होते हैं जिनका रूप-विधान और विषयवस्तु सीधे एक-दूसरे से सम्बन्धित होते हैं, जो तथ्यों और कथावस्तु से सर्वथा अविच्छिन्न होते हैं। शेक्सपीयर के 'ऑथेलो' सहित अधिकांश नाटकों में सामंजस्य सम्पूर्ण रूप से मिलता है। यह पारस्परिक अन्तःप्रक्रिया बाहरी तथ्यात्मक रेखा और अन्तरंग रेखा के बीच ही सम्पन्न होती है।

"इन सर्वोत्तम प्रकृति के नाटकों में तथ्यों के मूल्यांकन का महत्त्व आधारभूत होता है। इस प्रक्रिया में उन बाहरी घटनाओं की परीक्षा की जाती है जो प्रदत्त परिस्थितियों के सम्पर्क में आती है और फिर तथ्यों को भी उठाती हैं। इन तथ्यों का अध्ययन करते हुए उनसे सम्बद्ध आन्तरिक कारणों की भी उपलब्धि होती है इसलिए इस प्रक्रिया में भूमिका के आध्यात्मिक जीवन में गहरे और सघन रूप में उतरना होता है; हम अन्तर्पाठ तक पहुँचते हैं और नाटक की उस अन्तर्निहित धारा तक भी हमारी पहुँच हो जाती है, जिससे नाटकीय व्यापार में उत्ताल तरंगें उठने लगती हैं।

"तथ्यों के मूल्यांकन को आरम्भ करना तो बहुत ही आसान होता है। शुरुआत में मूल्यांकन के तथ्य को मानसिक रूप से निरस्त कर दिया जाता है और तब यह जानने की कोशिश की जाती है कि यह प्रक्रिया तुम्हारी भूमिका की अन्तश्चेतना के जीवन को कैसे प्रभावित करती है।"

तोर्त्सोव ने उसके बाद वान्या और ग्रीशा से कहा कि अब वे इस प्रक्रिया की अपनी भूमिका में परीक्षा करें। पहला तथ्य जो नाटक में उनके सामने आयेगा, वह उनका ब्राबैन्शियो के महल के आगे पहुँचना होगा। अगर यह तथ्य उनके सामने न आये तो नाटक का पहला दृश्य ही ग़ायब हो जायेगा और वे उस दुःखान्तकी के आरम्भ में मंच पर उत्तेजना के साथ चारों ओर आने-जाने के स्थान पर प्रसाधन कक्ष में ही बैठे रह जायेंगे। यह प्रकट है कि ब्राबैन्शियो के महल के सामने उनके पहुँचने का तथ्य महत्त्वपूर्ण है। उन्हें उस पर विश्वास करना चाहिए और फिर उसके प्रभाव का भी अनुभव करना चाहिए।

पहले दृश्य में दूसरा महत्त्वपूर्ण तथ्य है रोदेरिगो के साथ झगड़ा, इयागो का अपने को निर्दोष सिद्ध करने का प्रयास, ख़तरे के घोषित किये जाने की ज़रूरत और फिर ऑथेलो के पीछा किये जाने की शुरुआत; इन सभी तथ्यों को निकाल दें तो क्या होगा? दोनों चरित्र उस दृश्य में बजरे पर बैठकर आयेंगे और तुरन्त ही ख़तरे का शोर मचाने लगेंगे। इसका नतीजा यह होगा कि दर्शक नाटक के मूलभूत घटना-विधान से अनभिज्ञ रह जायेंगे—उन्हें रोदेरिगो और देस्दीमोना, इयागो और ऑथेलो के बीच के सम्बन्धों का भान ही नहीं होगा। उन्हें यह जानकारी भी नहीं हो पायेगी कि इयागो की ऑथेलो से क्या शिकायत है और वह सैनिक षड्यंत्र क्या है जो उस पूरे दुःखान्तकी प्रसंग को खोलकर रख देता है।

यह सब उस ख़तरे की घोषणा के प्रदर्शन में प्रतिबिंबित होना चाहिए। कहीं पहुँचना, चिल्लाने लगना, गहरी नींद में सो रहे लोगों को जगा देना यह सब एक प्रसंग है। उससे बिल्कुल ही दूसरे प्रकार का प्रसंग है अपनी ज़िन्दगी के ग़ायब होते आनन्द को बचाने की कोशिश करना। रोदेरिगो के साथ यही घटित हो रहा है। वह अपनी होने वाली पत्नी को खोये दे रहा है, देस्दीमोना किसी और के साथ भागी जा रही है। खिलवाड़ मात्र के लिए एक झगड़ा खड़ा कर देना एक बात है और बदले की भावना से किया गया कार्य बिल्कुल ही दूसरी बात हो जाती है। इयागो के प्रसंग में यही बात है जो ऑथेलो के प्रति अपनी नफ़रत को प्रकट कर रहा है। प्रत्येक कार्य जो केवल किसी बाहरी कारण से ही नहीं किया जाता, बल्कि किसी आन्तरिक उत्तेजना से होता है, अतुलनीय प्रभावपूर्ण, कहीं अधिक सुआधारित और इसलिए उस अभिनेता के लिए जो उसे कर रहा हो, कहीं अधिक आन्दोलित करनेवाला होता है।

स्तानिस्लाव्स्की ने आगे चलकर स्पष्ट किया है कि तथ्यों का मूल्यांकन विश्लेषण की प्रक्रिया के एक अन्य पक्ष, तथ्यों के औचित्य के निर्धारण से सर्वथा जुड़ा हुआ रहता है। यह उस प्रक्रिया का ज़रूरी भाग है; क्योंकि बिना आधार के तथ्य हवा में झूलता रहता है। वह तथ्य जो अनुभव नहीं किया जाता, नाटक के अन्तरंग जीवन की रेखा में जो सन्निहित नहीं होता, उसके प्रति उसमें कोई अनुचेष्टा नहीं होती, वह उपयोगी नहीं होता और नाटकीय व्यापार के समुचित अन्तरंग विकास में वास्तव में बाधक हो जाता है। इस प्रकार औचित्यहीन तथ्य भूमिका में खालीपन पैदा कर देता है, उसे खण्डित कर देता है। वह जीवन्त आंगिक विधान में माँस के लोथड़े जैसा, चिकनी सड़क पर गहरे गड्ढे जैसा होता है। वह स्वच्छन्द गतिविधि और अन्तरंग भावनाओं के

प्रवाह को रोक देता है। तब यह ज़रूरी हो जाता है कि या तो उस गड्ढे को भरा जाये अथवा उस पर पुल बनाया जाये, इसीलिए तथ्यों में औचित्य की स्थापना बड़ी ज़रूरी है। एक बार जब कोई तथ्य उचित बन जाता है, तो वह अपने आप ही नाटक की अन्तरंग रेखा में, अन्तर्पाठ में समाहित हो जाता है। वह फिर भूमिका के आध्यात्मिक जीवन के स्वच्छन्द उद्घाटन को प्रोत्साहित करता है। वे तथ्य जो औचित्य लिये हुए होते हैं, वे भूमिका की अनुभूति में सतर्कता और क्रमिकता को प्रोत्साहित भी करते हैं और यह तो विदित है कि इन दोनों ही तथ्यों का रंगकर्म में कितना महत्त्व है।

स्तानिस्लाव्स्की ने उसी प्रसंग को और आगे बढ़ाते हुए अपने छात्रों से अपेक्षा की थी कि वे नाटक के पहले दृश्य के तथ्यों से परिचित हो चुके होंगे; और उससे भी अधिक उन्होंने उन्हें कम या सही रूप में चरितार्थ भी कर दिया होगा; लेकिन अभी तक उन्होंने उन तथ्यों की वास्तविक सच्चाई की गहराइयों की थाह नहीं ली होगी, और यह कार्य वे तब तक कर भी नहीं पायेंगे जब तक वे उन नयी परिस्थितियों के अनुरूप जो उन्होंने स्वयं प्रस्तावित की हैं; समुचित नहीं बना लेते। इसके लिए यह अनिवार्य है कि वे नाटक की घटनाओं को मानवीय चेतना के साथ देखें–केवल अभिनेता, आरम्भकर्त्ता और लेखक के रूप में, मात्र अनुकरणकर्त्ता के रूप में ही नहीं। इसके लिए स्तानिस्लाव्स्की ने उन तथ्यों को देखने, उनकी परीक्षा करने का प्रस्ताव रखा ताकि यह देखा जा सके कि कहाँ तक उन्होंने अपनी व्यक्तिगत मानवीय चेतना की दृष्टि से उनका मूल्यांकन किया है। यह मूल्यांकन पहले दृश्य की हर उस वस्तु का इस दृष्टि से होगा कि कहाँ तक उन्होंने अपने को रोदेरिगो और इयागो की भूमिका में रखा है। जहाँ तक तथ्यों के बाहरी रूपायन की बात है, छात्रों ने जो कुछ किया था, वह स्तानिस्लाव्स्की को विश्वसनीय लगता है। वे वैसे ही आये थे, जैसे तुम। उन्होंने घाट पर बजरे को जैसे बाँधा था, ठीक वैसे छात्रों ने किया था। ये सभी कार्य छात्रों ने जैसे-तैसे नहीं, वरन् विशेष प्रयोजन के साथ सम्पन्न किये। ख़तरे की सूचना दी जानी थी। उन्होंने ख़तरे का शोर मचाया, मन में किसी और तथा सुनिश्चित प्रयोजन के साथ उस मूर ऑथेलो का पीछा करना, और उसे गिरफ़्तार करना था तथा देस्दीमोना का उद्धार किया जाना था।

उन्होंने आगे कहा, ''लेकिन फिर भी तुम नहीं जानते–मेरा आशय है कि तुम अनुभव नहीं करते–कि ये दोनों काम तुम दोनों के लिए ही कितने ज़रूरी थे।''

स्तानिस्लाव्स्की ने उसके बाद अनेक सवालों और जवाबों के द्वारा छात्रों को स्पष्ट किया कि उन्होंने भीतर से औचित्य के साथ संप्रेषित होकर नहीं वरन् ऊपर-ऊपर से ही सब कुछ किया है। तब उन्होंने भीतर से वह कैसे किया जा सकता है, उसकी सैद्धान्तिक व्याख्या उपस्थित की कि "तथ्यों का मूल्यांकन बहुत बड़ा और जटिल कार्य है। वह केवल बुद्धि से ही नहीं, वरन् विशेष रूप से भावनाओं और रचनाशील इच्छा से सम्भव होता है। यह कार्य कल्पना के स्तर पर किया जाता है।"

नाटकीय तथ्यों के अपनी भावनाओं के द्वारा, अपने व्यक्तिगत आधार पर उनके साथ अपना जीवन्त सम्बन्ध बनाते हुए, अभिनेता के रूप में उन्हें खुद से यह सवाल पूछना होगा : "मेरे अपने अन्तरंग जीवन की कौन-सी परिस्थितियां–कौन-सी मेरी व्यक्तिगत मानवीय भावनाएँ, इच्छाएँ, कोशिशें, विशेषताएँ, जन्मजात क्षमताएँ और कमज़ोरियाँ–एक आदमी या अभिनेता के रूप में हमें मजबूर कर सकती हैं कि हम लोगों के प्रति और घटनाओं के लिए रूपायित किये जाने वाले चरित्र के अनुरूप दृष्टिकोण ग्रहण करें?"

इस सवाल के जवाब में उन्होंने कहा कि उदाहरण के लिए 'ऑथेलो' में शेक्सपीयर ने तथ्यों और घटनाओं की जो पूरी शृंखला उपस्थित की है, उसका मूल्यांकन होना चाहिए। वेनिस के लोगों के सम्बन्ध में हर कोई जानता है कि वे बहुत गरम प्रकृति के, घमण्डी और अधिकार-लोलुप होते हैं। वेनिस के लोगों ने अपने विजय-अभियानों से मोरितानिया, साइप्रस, कैन्डिया जैसे उपनिवेश बनाये हैं। उन जनजातियों को जो इन देशों में निवास करती हैं, उन्हें वेनिस के ये लोग मनुष्य ही नहीं समझते हैं। उन्हीं लोगों में से एक व्यक्ति ने वेनिस के सबसे चमकदार आभूषण को अभिजात वर्ग के सर्वाधिक प्रभावपूर्ण और अहं भावना से ओतप्रोत व्यक्ति की बेटी देस्दीमोना का अपहरण कर लिया है। इस दुर्योग, अपराध, शर्मनाक प्रसंग, परिवार के इस अपमान का, जो वस्तुतः पूरे अहंवादी शासक-समुदाय का ही अपमान है, मूल्यांकन करो!

स्तानिस्लाव्स्की उसके बाद कहते हैं कि लो, अब एक और नया तथ्य तुम्हारे सामने है : अचानक आसमान से उतरती बादलों की गड़गड़ाहट की तरह यह ख़बर आ रही है कि तुर्कों का एक जहाजी बेड़ा साइप्रस की ओर बढ़ रहा है, जो पहले उनके अधिकार में था और अब वे उसे वापस लेना चाहते हैं। इस तथ्य को और भी अधिक गम्भीरता से मूल्यांकन के लिए उसे तुलनात्मक दृष्टि से देखना चाहिए। स्तानिस्लाव्स्की ने छात्रों को उस भयंकर दिन की याद दिलाई जब यह सूचना सुनकर हमलोग जागे थे कि रूस का

जापान के साथ युद्ध चल रहा है; और उससे भी भयंकर यह हुआ था कि रूसी जलसेना के जहाज़ी बेड़े का अधिकांश भाग डूब गया था।

वह कुछ वैसा ही, वरन् कुछ उससे भी अधिक बड़ा दुर्योग था जिसने उस भयंकर रात में वेनिस और उसके सभी निवासियों को जकड़ लिया था। युद्ध आरम्भ हो गया। उस भयंकर तूफ़ान की रात में ही वे जल्दी से सुरक्षा अभियान की तैयारी करते हैं। किसे भेजा जाये, किसे उस अभियान का संचालक बनाया जाये? उस प्रख्यात, अपराजेय, मूर (ऑथेलो) के अलावा किसे? उसे राजदरबार में बुलाया जाता है।

इसी बीच एक के बाद एक और भी कई ताज़ी घटनाएँ उस दुर्योग की रात को घटित हो गयीं।

एक नया तथ्य उस चित्रावली में प्रवेश करता है जो परिस्थिति को बहुत तीक्ष्ण बना देता है। स्वाभिमान पर चोट खाया ब्राबैन्शियो केवल अपने परिवार के मान-सम्मान की ही नही, वेनिस के पूरे शासक वर्ग के लिए न्याय और सुरक्षा की पुनः स्थापना की माँग करता है।

"इस वस्तुस्थिति में सरकार की जो स्थिति है, उसे पूरी तरह से देखो और इन सभी घटनाओं से जो गाँठ बन गयी है, उसे खोलने की कोशिश करो। एक ही आघात में अपनी बिटिया के खो देने तथा अपने परिवार की प्रतिष्ठा के नष्ट हो जाने से एक पिता को जो कष्ट भोगने पड़ रहे हैं, इस तथ्य को तोलो, घटनाओं के दबाव से अपने स्वाभिमान को दबाकर जो समझौता करने के लिए मजबूर हैं, राजदरबार के उन लोगों की स्थिति को भी तोलो; इन घटनाओं का मूल्य मुख्य चरित्रों, यथा ऑथेलो, देस्दीमोना, इयागो, कैसियो आदि की दृष्टि से भी आँको। एक तथ्य से दूसरे तथ्य, एक घटना से दूसरी घटना और एक कार्य से दूसरे कार्य की ओर जाते हुए तुम्हें पूरे नाटक के आदि से लेकर अन्त तक जाना होगा; केवल तभी तुम कह सकोगे कि तुम उसकी कथावस्तु को जानते हो और फिर उसका वर्णन भी कर सकते हो।" छात्रों को इसके बाद सलाह दी गयी कि नाटक के कार्य की रेखा अर्थात् लेखक की रचना का विश्लेषणात्मक अध्ययन कर लेने के अनन्तर उन्हें निर्देशक दृश्य के योजनाकार तथा प्रदर्शन में योग देने वाले अन्य सभी व्यक्तियों द्वारा प्रस्तावित सभी परिस्थितियों को दोहराने की प्रक्रिया अपनानी चाहिए।

वस्तुतः सर्वाधिक महत्त्वपूर्ण परिस्थितियाँ वे होती हैं जिन्हें लेकर अभिनेता रंगमंच पर अपनी रचनाशीलता के लिए अपनी भूमिकाओं को स्वयं ही भरते हैं। इसके साथ ही हर अभिनेता को उन परिस्थितियों की ओर भी ध्यान देना

होता है जिन्हें वह अपने अथवा अपने विरोध में अभिनय कर रहे व्यक्ति के साथ संकल्पित करता है, जिन पर बहुत अधिक निर्भर करना पड़ता है।

इसके अतिरिक्त परिचय के क्षेत्र में आ चुके बाहरी तथ्यों के साथ आरम्भ करना सबसे अधिक आसान होता है, जिन्हें हम तब भी नहीं छोड़ते जब हमारी आध्यात्मिक अर्थात् मनोवैज्ञानिक सामग्री की अभिवृद्धि करने की प्रक्रिया चल रही होती है।

रंगकर्म के सम्बन्ध में सैद्धान्तिक अध्ययन की इतनी चर्चा हो जाने के बाद तोर्त्सोव ने कहा कि अब हमें नाटक के ऊपर से लेकर नीचे तक विभिन्न तलों के व्यावहारिक अनुशीलन में लगना चाहिए। इसके लिए उन्होंने पहले दृश्य से ही आरम्भ किया। नाटक की कथावस्तु और तथ्यों की ऊपर की तह का अध्ययन पूरा किया जा चुका था। दूसरे तल में उन्हें वेनिस के जीवन, आचार-व्यवहार का अवलोकन करना था। उन्होंने विषय में छात्रों का विचार भी जानना चाहा।

लेकिन कोई भी छात्र इस सम्बन्ध में कुछ नहीं कह सका। तोर्त्सोव ने उन्हें उकसाया, सुझाव दिये और संकेत भी प्रदान किये। इस प्रयास में भी वे अपने छात्रों से बहुत थोड़ा ही निकाल सके। अधिकांशतः उन्हें ही बोलना पड़ा।

उन्होंने छात्रों से पूछा कि ये रोदेरिगो और इयागो कौन हैं? उनका सामाजिक स्तर क्या है?

उत्तर मिला : इयागो तो एक अफ़सर है और रोदेरिगो एक सम्भ्रान्त व्यक्ति।

तोर्त्सोव ने कहा कि वे लोग उनकी ज़रूरत से ज़्यादा तारीफ़ कर रहे हैं। इयागो तो एक अपरिपक्व अफ़सर है और रोदेरिगो अभिजात व्यक्ति होने के बावजूद ग्रामीण मनोवृत्ति का है। इसलिए यह अधिक उपयुक्त है कि इन दोनों के सामाजिक स्तरों को थोड़ा-सा घटा दिया जाये। इयागो तो सामान्य सैनिक के पद से छोटे-मोटे अफ़सर के पद तक पहुँचा है। रोदेरिगो भी इसी प्रकार कोई अभिजात व्यक्ति नहीं, वरन् मात्र तनिक अमीर व्यापारी वर्ग का है।

इयागो की भूमिका कर रहे ग्रीशा ने, जो हमेशा सम्भ्रान्त चरित्रों के प्रदर्शन में ही रुचि लेता था, अपना विरोध प्रकट किया। उसने कहा कि इयागो के चरित्र में बड़ी ही सूक्ष्म मनोवैज्ञानिकता है, जो सामान्य सैनिक में कम ही देखने को मिलती है। अनेक सहपाठियों ने उसे समझाने का प्रयास किया कि अक्सर किसी सामान्य व्यक्ति में भी बड़ा ही असाधारण बुद्धि-वैभव देखने को

मिल जाता है। मोलियर के अनेक अनुचरों के चरित्र ऐसे ही हैं। इयागो आरम्भ से ही शैतानी चरित्र का है। यह सही है कि उसका यह शरारती व्यक्तित्व बड़ा ही सूक्ष्म है और उसके सामाजिक स्तर अथवा प्रशिक्षण से सर्वथा ही अलग है।

जब सहपाठियों के प्रयास से भी ग्रीशा इयागो के सामाजिक स्तर को लेकर आश्वस्त नहीं हुआ तो तोर्त्सोव ने उसके सम्बन्ध में कुछ विस्तार से उसे समझाना आरम्भ किया। उन्होंने कहा कि मूलतः तो वह सामान्य सैनिक है। अपने बाहरी स्वरूप में तो वह बड़ा ही सीधा-सादा, सद्भावना से ओत-प्रोत, ईमानदार और निष्ठावान प्रतीत होता है; लेकिन उसका व्यक्तित्व दोहरा है—एक, जैसा वह दिखायी देता है, और दूसरा, जैसा कि वह वास्तव में है। तोर्त्सोव को इसके बाद भी इयागो के चरित्र के दोहरेपन को समझाने में बहुत समय लगा था। तब भी ग्रीशा आश्वस्त हो पाया था या नहीं, कह पाना सम्भव नहीं है।

रोदेरिगो की भूमिका कर रहे वान्या ने बड़ी आसानी से और लगभग तुरन्त यह मान लिया था कि रोदेरिगो मात्र एक छोटा-सा व्यापारी ही था। तोर्त्सोव ने रोदेरिगो के चरित्र-विकास की जो रूपरेखा रखी थी, वान्या ने उसका अनुसरण करते हुए भी अपनी कल्पना से उसमें बहुत-कुछ जोड़ा था। उसका यह योग रोदेरिगो के सरल तथा सहज स्वभाव के सर्वथा अनुरूप रहा था।

दुर्भाग्य से रोदेरिगो की कभी-कभी पीने की भी आदत है। एक बार जब वह इसी प्रकार शराब पी लेने के बाद नौका-विहार कर रहा था तो उसने देखा कि रूपसी देस्दीमोना अपनी सेविका के साथ गिरजाघर जा रही है। उसकी साँस जैसे थम-सी गयी। उसने अपने बजरे को रुकवा दिया और बहुत देर तक बड़े ध्यान से जाती हुई देस्दीमोना को ही देखता रहा। फिर गिरजाघर तक उसने उसका पीछा किया। वहाँ पहुँचने पर उसने प्रार्थना में भाग नहीं लिया। बस, बैठा हुआ देस्दीमोना को ही देखता रहा। परिचारिका ने कोशिश की कि उसे इस प्रकार देखने से रोक दे, लेकिन देस्दीमोना को रोदेरिगो का खिलवाड़-भरा यह व्यवहार अच्छा लग रहा था।

संयोग से धार्मिक अनुष्ठान के चलते ब्राबैन्शियो भी आ गये। परिचारिका ने रोदेरिगो के उस अशोभन व्यवहार के विषय में उन्हें बताया। उन्होंने बड़ी कड़ी नज़र से रोदेरिगो को देखा, लेकिन उस बेशर्म पर उनकी उस कठोर दृष्टि का कोई भी असर नहीं हुआ। उस धार्मिक कार्यक्रम के समाप्त होने के बाद ब्राबैन्शियो ने अपनी बेटी को खुद जाकर बजरे पर बैठाया। रोदेरिगो उनके पहले ही चल पड़ा और उसने बजरे के तल पर फूल बिछवा दिये। देस्दीमोना को यह अच्छा

लगा, लेकिन ब्राबैन्शियो ने उन सारे फूलों को नहर में फिंकवा दिया।

इस पहली मुलाकात के बाद रोदेरिगो का दिमाग़ तो जैसे फिर ही गया। वह सारी-सारी रात अपने बजरे पर देस्दीमोना के भवन की खिड़की के नीचे पड़ा रहने लगा, इस आशा के साथ कि वह कभी-कभी झाँककर उसे देख लेगी। एक-दो बार वह झाँकी भी, लेकिन मात्र शरारत या नाज़-ओ-नखरे के लिए। देस्दीमोना के परिवार के एक-दो लोगों ने उसे डराया-धमकाया भी, लेकिन वह बड़ी ढिठाई के साथ वहाँ पड़ा ही रहा। एक-दो बार तो उसने देस्दीमोना के बजरे का पीछा भी किया और उसके पास पहुँचकर अपना पुष्पोहार तथा स्नेह-निवेदन का पत्र उसकी ओर फेंका भी, लेकिन कैसा दुर्योग, देस्दीमोना ने उसकी तरफ नज़र भी नहीं उठायी। उसने अपने हाथ से उसका पुष्पोहार तथा प्रेम-पत्र दोनों ही पानी में फेंक दिये और फिर दूसरी ओर मुँह घुमा लिया। रोदेरिगो को लगा जैसे कि उस पर वज्रपात हुआ है और फिर उसे कोई और बात नहीं सूझी। कुछ दिनों के लिए वह वहाँ से चला ही गया।

कुछ ऐसी ही वस्तुस्थिति थी, जब ऑथेलो मंच पर अवतरित हुआ था। रोदेरिगो उस भीड़ में था जब देस्दीमोना ने पहली बार ऑथेलो को देखा था। ऑथेलो के विजेता के रूप में आने से सारा वेनिस बड़ा उत्साहित था। वहाँ के लोग सैनिकों का तो विशेष आदर-सत्कार करने लगे थे। रोदेरिगो ने भी उनके स्वागत-सत्कार में अपने बहुत से पैसे खर्च किये थे। इसी प्रसंग में एक-दो बार उसका कुछ सैनिकों से झगड़ा भी हो गया। इयागो ने बड़ी गर्मजोशी के साथ बीच-बचाव किया और इस प्रकार दोनों के बीच मित्रता आरम्भ हो गयी।

इस बीच ऑथेलो और देस्दीमोना की प्रणय-क्रीड़ा आरम्भ हो चुकी थी और वह परवान चढ़ रही थी। कैसियो उनका सम्बन्ध और घनिष्ठ बनाने में लगा रहता था। उसे ज्ञात था कि रोदेरिगो देस्दीमोना के प्रति सम्मोहन से ग्रस्त है। इस प्रसंग में वह उसके ऊटपटाँग व्यवहार का मज़ाक भी बनाया करता था। इयागो ने उसे इस प्रसंग में मदद देने की बात भी कही थी।

लेकिन रोदेरिगो ने जब देस्दीमोना और ऑथेलो के विवाह की सूचना सुनी, तो वह बेचारा बच्चों की तरह रो पड़ा। उस भावावेग से मुक्त होने के बाद उसने इयागो के लिए बहुत-से अपशब्दों का प्रयोग किया। इयागो ने उसे समझाने की कोशिश की कि वह सारे शहर में इतना शोरगुल और हलचल पैदा कर दे कि वे परेशान होकर सम्बन्ध-विच्छेद कर दें, अथवा जनसाधारण उनके विवाह को मानने से ही इनकार कर दे। फिर वह रोदेरिगो को मजबूर करके बजरे पर बिठा ब्राबैन्शियो के भवन के पास ले आया।

सर्वेक्षण और समाहार

स्तानिस्लाव्स्की ने 'ऑथेलो' के प्रदर्शन की अपनी कार्य-योजना की प्रक्रिया के समाहार से पहले सर्वेक्षण किया। अब तक उन्होंने अपने पहले से प्रशिक्षणरत छात्रों से ही बातचीत की थी, अब उन्होंने नये छात्रों से चर्चा आरम्भ की। एक नये छात्र से उन्होंने कई प्रश्न पूछे : यह घटनाक्रम कहाँ घटित हुआ था? कब हुआ था? किस समय हुआ था? किस ऋतु में हुआ था? तब रात थी या दिन? ठीक समय क्या था?

जवाब मिले थे : सोलहवीं शताब्दी में; शरद् के अन्तिम दिनों में; रात को; लगभग आधी रात को।

एक और सवाल : तुम्हें किसने जगाया था?

जवाब (एक और छात्र की ओर इशारा करते हुए); पेत्रूशिन ने।

–उसी ने क्यों?

जवाब : रख़्मानव ने उसे द्वारपाल की भूमिका दी थी।

–जागने के बाद तुम्हारे मन में क्या आया था?

जवाब : कुछ अनहोना हो गया है और मुझे कहीं जाना होगा क्योंकि मैं बजरे का चालक हूँ।

–तुमने फिर क्या किया?

जवाब : मैंने जल्दी-जल्दी कपड़े पहने।

–तुम्हारी और ज़िम्मेदारियाँ क्या हैं?

जवाब : मुझे बजरे का रख-रखाव करना होता है। उसमें अनेक कमरे हैं–कोई सोने का, कोई स्वागत का, कोई भोजन करने का। मुझको सभी की देख-रेख करनी पड़ती है। इसके अतिरिक्त बजरे के संचालन की व्यवस्था, उसके साज-सामान आदि को भी देखना पड़ता है।

–उसके बाद तुमने क्या किया?

जवाब : मैं नीचे की ओर दौड़ा। वहाँ शोर-गुल सुनकर मुझे बड़ा ताज्जुब

हुआ। कुछ कह रहे थे कि कहीं आग लगी है; कुछ का कहना था कि दुश्मन का आक्रमण होने को है। उसी हलचल के बीच किसी ने सूचना दी कि अपहरण हो गया है।

तब पूछा गया कि तुम्हें यह बात कैसी लगी।

जबाब : मुझे बड़ा बुरा लगा। उस युवती के प्रति मेरे मन में प्यार की भावना है। मैं ही उसे बाहर अथवा गिरजाघर ले जाता हूँ। मुझे इस बात का गर्व है क्योंकि प्रत्येक व्यक्ति उस नवयुवती के सौन्दर्य की सराहना करता है। उसी के कारण वेनिस में मेरा नाम है। मैं हमेशा आकस्मिक रूप से उसके आगे कोई फूल डाल देता हूँ और वह जब उसे उठाती है अथवा अपने पास रख लेती है तो मुझे आनन्द का अनुभव होता है। अगर वह उसे छूकर वहीं छोड़ देती है तो मैं उसे उठाता हूँ, अपने होंठों से लगाता हूँ और फिर यादगार के रूप में उसे अपने पास रख लेता हूँ।

–उसके अपहरण की सूचना मिलने के बाद तुमने क्या किया?

जवाब : मैं तेज़ी से नीचे गया। दरवाज़े खुले हुए थे। हथियार निकाले जा रहे थे; लोग ज़िरहबख्तर पहन रहे थे और हथियार हाथ में ले रहे थे। मैंने भी हथियार हाथ में ले लिया। मुझे भी तो लड़ना था। जब सब लोग इकट्ठे हो गये, तो मैं बजरे पर सवार होकर उसे चलाने के आदेश का इन्तजार करने लगा।

–तुमने किसके साथ मिलकर इस भूमिका की तैयारी की थी?

–प्रास्कूरव के साथ और फिर रख़्मानव ने उसकी जाँच-परख की थी।

तोर्त्सोव ने कहा कि सब कुछ बिल्कुल ठीक था, बड़ा ही तर्कपूर्ण और तारतम्य लिये हुए। उसके बाद उन्होंने नये-पुराने सभी छात्रों को मंच पर इकट्ठा किया और पहले दृश्य की आदि से लेकर अन्त तक की योजना की व्याख्या उपस्थित की।

उन्हें बोलते सुनकर ऐसा लग रहा था कि प्रदर्शन के अभ्यास के समय ही अपहरण की सूचना, उसके बाद की घटनाओं, उस दृश्य के सर्वाधिक ज़रूरी–बाहरी तथा आन्तरिक क्रियाओं के सम्बन्ध में उन्होंने विशेष रूप से सोच-विचारकर लिख लिया था और अब वे उसी के अनुसार पूरे दृश्य को उसके सारे क्रिया-कलापों के साथ बता रहे थे।

कोस्त्या ने उस दिन जो कुछ भी उन्होंने बताया था, उसका विवरण इस रूप में लिखा था–इयागो और रोदेरिगो बजरे में आते हैं। एक ओर बजरे का चालक बैठा हुआ है। दृश्य दो व्यक्तियों के धीमे स्वर में संवाद के साथ आरम्भ

होता है। दर्शकों की दृष्टि से यह प्रसंग बायीं ओर आरम्भ होता है। चालक चप्पू चला रहा है। उसकी छपछपाहट का शब्दों के साथ कोई ताल-मेल नहीं है। चालक पहले बायीं ओर दिखायी देता है। बजरा जैसे ही ब्राबैन्शियो के भवन के सामने विश्राम घाट पर पहुँचता है, पहली छः पंक्तियों का उच्चारण बड़ी उत्तेजना के साथ होता है।''

रोदेरिगो त्वरा के साथ कहता है कि काश, अगर मैंने स्वप्न में भी यह देखा होता! उसके बाद लम्बा मौन। वे घाट पर पहुँचते हैं, चालक उतरता है, कुछ ज़ंजीरों को खनखनाता है, इयागो उसे रोकता है। रंग-संकेत : मौन अभी कुछ और देर चलना चाहिए। वे चारों ओर देखते हैं। खिड़कियों पर कोई भी नहीं है। गरमागरम बहस आरम्भ हो जाती है, जैसे कि मौन के पहले थी : लेकिन आवाज़ें दबी-दबी-सी हैं। इयागो यह सुनिश्चित करता है कि आवाज़ बहुत उठने न पाये। इयागो अपने को छिपाये रखने का प्रयत्न करता है जिससे खिड़की से कोई उसे देख न ले।

इयागो अपना संवाद बोलता है : ''मेरा तिरस्कार करो, अगर मैं...,'' लेकिन अपनी दुर्भावनाओं और चरित्रगत दुर्बलता को रेखांकित करने के लिए नहीं, जैसा सामान्यतः किया जाता है। वह अन्दर ही अन्दर जला-भुना हुआ है और ऑथेलो के प्रति अपनी घृणा की भावना को कुछ इस प्रकार रंगने की कोशिश कर रहा है कि रोदेरिगो को मजबूर करके शोर मचवाने और गुल-गपाड़ा खड़ा करने का उसका तात्कालिक उद्देश्य सिद्ध हो।

रोदेरिगो थोड़ा-सा घूम गया है। उसने अपना आधा चेहरा इयागो की ओर कर लिया है। इयागो निश्चयात्मक मुद्रा में खड़ा होता है और रोदेरिगो को ऊपर उठने में सहायता देने के लिए अपना हाथ बढ़ाता है। वह उसे बजरे की पतवार पकड़ाता है जिससे वह नाव को एक ओर खटखटा सके। इयागो स्वयं को भवन के आगे की मेहराब के पीछे छिपा लेता है।

रोदेरिगो के इन शब्दों के साथ ''क्या आप है, ब्राबैन्शियो! महोदय, ब्राबैन्शियो आप ही है!'' खतरे की सूचना का दृश्य आरम्भ हो जाता है। उसे जल्दबाज़ी में नहीं, पूरी तरह से प्रदर्शित किया जाना चाहिए। वह कुछ इस प्रकार प्रस्तुत किया जाना चाहिए कि हर चीज़ उचित लगे और यह विश्वास उत्पन्न हो सके कि उन्होंने सोये हुए सारे घर को वास्तव में जगा दिया है। यह काम आसान नहीं है। इसके लिए अगर कुछ पंक्तियाँ बार-बार दोहराना पड़ें तो भी घबराने की कोई बात नहीं है। पंक्तियों के बीच मौन के क्षण आने दो--उससे दृश्य बढ़ेगा। शोरगुल के बीच मौन भी उपस्थित होने दो। उदाहरण

के लिए रोदेरिगो पतवार से खट-खट की आवाज़ करता है और फिर कुछ समय बाद ज़ंजीरों को खम्भे पर पटककर आवाज़ करता है। वह मल्लाह से भी कह सकता है कि तुम भी ज़ंजीरों से खटखट करो। इयागो भी डण्डे से बारजे के नीचे दरवाज़े को खटखटाये, क्योंकि उन दिनों दरवाज़ों पर घंटियों की व्यवस्था नहीं हुआ करती थी।

स्तानिस्लाव्स्की ने इसके बाद ब्राबैन्शियो के घर के सारे लोगों को देस्दीमोना के अपहरण की सूचना देने के लिए जगाये जाने के प्रसंग के दृश्य का सानुक्रम स्वरूप उपस्थित किया है : (अ) नेपथ्य से आवाज़ें सुनायी देती हैं; दूसरे तल पर एक खिड़की खुलती है; (आ) एक नौकर उस खिड़की के एक पल्ले से अपना मुँह सटाये नीचे झाँकता है; (इ) दूसरी खिड़की से देस्दीमोना की धाय का चेहरा दिखाई देता है। वह अधसोयी हुई दिखाई देती है और गाउन पहने हुए है; (ई) तीसरी खिड़की खुलती है और ब्राबैन्शियो उससे नीचे देखते हैं। इन सभी के प्रकट होने के बीच के विरामों में घर के लोगों के जागने की आवाज़ें सुनाई देती रहती हैं।

यह दृश्य जैसे-जैसे बढ़ता जाता है, क्रमशः सभी खिड़कियाँ खुलती रहती हैं और लोग उनसे झाँकने लगते हैं। वे सभी सोये-सोये-से लगते हैं और कपड़े भी उन्होंने आधे-परधे ही पहने हुए हैं। यह रात का दृश्य अपहरण की सूचना के फैलने का है।

लोगों के वहाँ जमा होने का भौतिक उद्देश्य हर किसी को चारों ओर देखने के लिए उकसाना और यह समझने की कोशिश करना कि उस शोरगुल का कारण क्या है।

रोदेरिगो इयागो को शोर मचाने के लिए इतना अधिक उकसाता है कि हर कोई डर जाये और फिर उपस्थित समस्या की ओर ध्यान दे। इस प्रकार यह पहला भीड़ का दृश्य ब्राबैन्शियो के आने के पहले का है।

उसके बाद भीड़ का, लोगों के दूसरी बार इकट्ठे होने का दृश्य आरम्भ होता है। ब्राबैन्शियो पूछते हैं : तुम कौन हो? रोदेरिगो अपना नाम बताता है। लोग फिर इकट्ठे होते हैं, बड़े ही झुंझलाए हुए हैं। उन्हें ज्ञात है कि यह वही रोदेरिगो है जो देस्दीमोना के पीछे पड़ा था। संतरे के छिलके और कूड़ा-करकट उस पर फेंका गया। अब वही आधी रात को फिर आ गया है, बड़ा ही बेशर्म है, उसके साथ क्या किया जाये? ब्राबैन्शियो उसे डांटते-डपटते हैं। और लोग भी बहुत कुछ कहते-सुनते हैं। रोदेरिगो दुर्योग की सूचना देने के लिए भूमिका बनाता रहता है लेकिन स्पष्टतः कुछ कह नहीं पाता।

कुछ देर तक यही नाटक चलता रहता है। रोदेरिगो तब साहस बटोरकर कहता है : 'मान्यवर, मैं आपके हर सवाल का जवाब दूँगा...' घबराहट भरी संतुलित वाणी में वह रात की सारी घटनाओं का विवरण देना आरम्भ करता है। उसका यह कार्य दर्शकों के आगे घटना-क्रम के उद्घाटन के लिए नहीं है। वह तो ब्राबैन्शियो के सामने अपहरण का बड़ा ही भयंकर और दुराचारपूर्ण दृश्य उपस्थित करना चाहता है जिससे वह आवेश में आकर कोई बहुत बड़ा कदम उठाये। इसीलिए वह विवाह के प्रसंग को ज़बर्दस्ती अपहरण का रूप देकर बताता है। वह बड़े ही तीखे व्यंग्य के साथ बोलता है, जिससे अपने वास्तविक उद्देश्य का भली प्रकार निर्वाह कर सके। वह चाहता है कि जल्दी ही सारा शहर जाग उठे और उस अश्वेत ऑथेलो से देस्दीमोना को अलग करा दे।

स्तनानिस्लाव्स्की ने इसके बाद संकेत दिया है कि रोदेरिगो इन शब्दों–'राज्य की सारी न्याय-व्यवस्था मेरे पीछे लगा दो' के कहने के अनन्तर, रुक जाता है। यह विराम अपने भीतर स्तंभित हो जाने की आकुलता लिये हुए है। यह विराम मनोवैज्ञानिक रूप से ज़रूरी है। वहाँ उपस्थित लोगों के मन में बड़ी ही उथल-पुथल चल रही है। ब्राबैन्शियो के लिए, धाई माँ के लिए और उस घर के अन्य सभी लोगों के लिए भी देस्दीमोना बालिका से अधिक नहीं है। यह सभी का जाना-बूझा सत्य है कि परिवार के लोग कभी यह नहीं समझ पाते कि कब उनकी छोटी-सी बालिका युवती बन गयी है। यह अनुभव करने के लिए कि देस्दीमोना अब बच्ची नहीं रही, युवती हो चुकी है। वह वेनिस के किसी सम्भ्रान्त व्यक्ति से विवाह न करके किसी काले-कलूटे, भद्दे मूर की परिणीता बन गई है; इस एहसास को समझने के लिए वह घर से जा चुकी है और घर अब उसकी अनुपस्थिति में खाली-सा है; इस तथ्य का अभ्यस्त होने के लिए कि पिता और धाय से उनकी सर्वाधिक मूल्यवान वस्तु छिन गई है; उनके मन को अव्यवस्थित करने वाली भयानक स्थिति के रहते सन्तुलन और सामंजस्य स्थापित करने में कुछ समय तो लगेगा ही। यह तो वज्रपात होगा कि ब्राबैन्शियो, धाय, घरेलू नौकरों की भूमिका करने वाले अभिनेता नाटकीय दृश्य के इस क्षण को जल्दी से बीत जाने दें।

स्तानिस्लाव्स्की का कहना है कि यह अत्यन्त महत्त्वपूर्ण संक्रामक कदम है क्योंकि यह विराम अभिनेताओं को नाटकीय दृश्य की ओर ले जाता है; बशर्ते वे उसे सतर्कता के साथ और क्रमशः अनुभव करें। अनुभूति की इस अवस्था को पाने के लिए उन्हें मन की आँखों से यह देखना होगा कि देस्दीमोना उस काले दानव के बाहुपाश में है। वह कमरा, जो किशोरी बालिका

के रूप में उसका था, अब खाली है। उसके परिवार के साथ एक अपवाद जुड़ गया है और सारे शहर में उसकी प्रतिक्रिया हो रही है। अगर ब्राबैन्शियो न्यायाधिकारी और सभी सीनेटरों की आँखों में इस विषम परिस्थिति के साथ समझौता कर लेने वाला और उन सभी बातों को महसूस करता है जो किसी इन्सान और पिता को अव्यवस्थित कर सकती हैं, धाय माँ को नौकरी से निकाला जा सकता है, अदालत में घसीटा जा सकता है। इस प्रसंग के प्रदर्शन के संदर्भ में स्तानिस्लाव्स्की ने कहा है कि अभिनेताओं का लक्ष्य यह याद रखना, समझना और निश्चय करना होना चाहिए कि उन्हें उस समय क्या करना है, जब नाटक में वर्णित बातें उनके साथ घटित हो रही हों, यानी वे जीवंत व्यक्तियों के साथ घटित हो रही हों, मात्र नाटक के चरित्रों के साथ नहीं। दूसरे शब्दों में कहा जाये तो अभिनेताओं को यह कभी नहीं भूलना चाहिए कि विशिष्ट नाटकीय परिदृश्यों में उन्हें हमेशा आत्मरूप में रहना है और अपनी भूमिका से उन्हें प्रस्थान बिन्दु के रूप में उन प्रदत्त परिस्थितियों के अतिरिक्त और कुछ नहीं लेना है, जिनमें वह नाटक घटित हो रहा है। इसलिए जिस लक्ष्य को पाना है वह है कि हर अभिनेता ईमानदारी से केवल इस सवाल का जवाब दे कि नाट्य-लेखक, निर्देशक, दृश्य अभिकल्पक, स्वयं अभिनेता ने अपनी कल्पना से, प्रकाश व्यवस्थापक तथा अन्य पार्श्वकर्मियों ने जो परिस्थितियाँ निर्मित की हैं, उन्हीं में उसे भौतिक चेष्टाओं का कैसे प्रदर्शन करना है और कैसे अभिनय करना है। अभी भावना का सवाल ही नहीं है। जब सभी भौतिक चेष्टायें साफ-साफ परिभाषित हो जाती हैं, तो अभिनेता के लिए बस यही कुछ बच रहता है कि वह उन्हें प्रदर्शित करे। यहाँ विशेष रूप से ध्यान देने की बात यह है कि भौतिक चेष्टायें बस की जाती हैं, उन्हें अनुभव नहीं किया जाता है, क्योंकि अगर वे भली प्रकार की जाती हैं तो भावनायें अपने आप सहज रूप में उत्पन्न हो जाती हैं। अगर उलटी दिशा में कार्य किया जाता है, भावनाओं के सम्बन्ध में सोचा जाने लगता है और अपने भीतर से उन्हें निचोड़ने की कोशिश की जाती है तो नतीजे में ज़बर्दस्त विकृति देखने को मिलती है, अपनी भूमिका के अनुभव की चेतना अति नाटकीय हो जाती है, अभिनय यांत्रिक हो जाता है और सारी गतिविधियाँ एकदम गड़बड़ा जाती हैं।

स्तानिस्लाव्स्की ने इसके बाद भी रोदेरिगो के शब्दों 'राज्य की सारी न्यायिक व्यवस्था मेरे पीछे लगा दो', के अनन्तर जिस विराम की बात कही थी, उसकी व्याख्या जारी रखी है। उन्होंने इस सम्बन्ध में कुछ प्रेरणा भी दी है और संकेत भी दिया है कि ब्राबैन्शियो जैसा व्यक्ति उस विराम के बाद क्या करेगा :

(1) वह समझने की कोशिश करेगा कि जो भयंकर समाचार उसे दिया गया है, उसमें वह कितना कुछ स्वीकार कर सकता है; (2) दूसरे ही क्षण जब ख़बर देने वाला अपनी सूचना के सबसे अधिक ख़तरनाक बिन्दु पर पहुँचता है, वह जल्दी से उसे रोकता है, जैसे कि वह आते हुए आघात से अपने को बचाने के लिए ढाल आगे कर रहा हो; (3) वह चारों ओर मदद पाने के लिए देखता है; वह पास खड़े सभी लोगों के अन्तर्मन की थाह लेना चाहता है कि वे इस ख़बर को कैसे ग्रहण करते हैं—उसे स्वीकारते हैं अथवा नकारते हैं; वह बड़ी विनय के साथ उन्हें देखता है, जैसे उनसे प्रार्थना कर रहा हो कि वे कहें कि यह सब अनर्गल है, निराधार है; तब वह देस्दीमोना के कमरे की ओर देखता है और यह कल्पना करने की कोशिश करता है कि वह खाली है; उसके बाद उसके विचार पूरे घर में बिजली की तरह दौड़ते हैं, वह भविष्य की कल्पना करने और ज़िन्दग़ी में किसी लक्ष्य को पाने की कोशिश करता है। ये सभी विचार उसे किसी और जगह ले जाते हैं, जो उसे एक बड़े ही अव्यवस्थित कमरे के रूप में दिखाई देती है और उसमें एक गन्दी दुरात्मा है जिसे उसकी कल्पना एक मानवीय व्यक्तित्व के रूप में नहीं; एक जानवर, एक गोरिल्ला के रूप में देखती है। इस सबके साथ वह अपना समझौता नहीं कर पाता। इसलिए बाहर जाने का केवल एक ही रास्ता बच रहता है—यथाशीघ्र और भले ही कुछ भी खर्च क्यों न करना पड़े, देस्दीमोना का उद्धार किया जाये। यह सब बड़े तार्किक क्रम में अनुभव करने के बाद ब्राबैन्शियो के मुख से अनायास ये पंक्तियाँ फूट पड़ती हैं :

'रोशनी करो, ऐ! मुझे मशाल दो!
मेरे सभी लोगों को बुलाओ!...'

इन शब्दों के बाद : 'रोशनी, मैंने कहा, रोशनी!' एक हलचल भरा विराम होता है। यह नहीं भूलना चाहिए कि यह हलचल, यह शोरगुल घर के भीतर होता है, इसीलिए आवाज़ें बड़ी दबी-दबी रहती हैं—यह इसलिए कि इयागो इसी पृष्ठभूमि में बोलता है।

इयागो बड़ी ही त्वरा के साथ कहता है : "अलविदा, क्योंकि अब मुझे जाना ही चाहिए!" यह बात वह जल्दी-जल्दी कहता है क्योंकि अगर उसकी पोल खुल जाती है, तो उसकी योजना, षड्यन्त्र सबके आगे खुल जायेगा। स्तानिस्लाव्स्की ने इस स्थल पर सवाल उठाया है कि आदमी जल्दी में अपना आखिरी निर्देश दे देने के बाद क्या करता है! वह बहुत असाधारण विशदता, सटीकता, गरमजोशी से तथा सोच-समझकर बोलता है। यह महत्त्वपूर्ण है कि वह अस्पष्ट न हो या बहुत तेज़ी से न बोले, यद्यपि वह भीतर ही भीतर काँप

रहा है और इस वस्तुस्थिति से यथाशीघ्र निकल जाना चाहता है, लेकिन वह अपनी घबराहट को रोकता है और यथासम्भव अपने को हर किसी की समझ के योग्य तथा संकुलित दिखाने की कोशिश करता है। यह इसलिए क्योंकि वह जानता है कि जो कुछ उसे कहना है, उसे फिर से कहने का उसके पास समय बिल्कुल नहीं है।

स्तानिस्लाव्स्की ने इसके बाद इयागो की भूमिका करने वाले अभिनेता को सलाह दी है कि उसे अपने अधिकार से परिचालित होना चाहिए और उसका लक्ष्य साधारणतम मानवीय उद्देश्य को ही पूरा करने वाला होना चाहिए। वह उद्देश्य है हर वस्तु की बड़ी साफ़ व्याख्या की जाये और जो भी कदम उठाये जाने हैं, उनमें परस्पर सामंजस्य हो।

भीड़ का दृश्य अब शक्तियों के एकत्र होने के लिए अन्तराल का काम करता है। इयागो के अन्तिम शब्दों के साथ ही जनता के सामने रहस्योद्घाटन हो चुका है, मध्यम रोशनीवाले लैंपों और हंडों से रोशन खिड़कियों के पीछे घर के इर्द-गिर्द असमंजस-भरी हरकतें शुरू हो जाती हैं। रह-रहकर होने वाली रोशनी की चमक की यदि अच्छी तरह से रिहर्सल की जाये, तो वह परेशानकुल वातावरण की सृष्टि कर सकती है। इसी बीच नीचे के भाग में दरवाज़े का ताला खोला जाता है, लोहे की बड़ी कुण्डी खोली जाती है। धातु के कब्ज़े किरकिराते हैं और फिर महल का मुख्य द्वार खुलता है। दरबान लालटेन हाथ में लिये बाहर निकलता है, नौकर भी बाहर निकल पड़ते हैं। वे दहलीज़ के खम्भों के बीच दौड़ते-से दिखाई देते हैं। वे दौड़ते-दौड़ते बड़े विचित्र-से कपड़े पहन रहे हैं; जल्दी-जल्दी उनके फीते बाँध रहे हैं। कुछ दाहिनी ओर दौड़ते हैं और कुछ बायीं ओर। वे फिर लौटते हैं और जिन बातों को उन्होंने समझा नहीं है, उनके सम्बन्ध में बातचीत करते हैं। तब वे फिर भीतर दौड़ जाते हैं। वास्तविकता यह है कि वे सभी अतिरिक्त अभिनेता हैं। वे फिर महल के भीतर चले जाते हैं—हेल्मेट पहनने के लिए, ज़िरहबख़्तर धारण करने के लिए, हथियारों को हाथों में लेने के लिए और इस प्रकार अपना रूप बदलकर दर्शकों की पहचान का हिस्सा बने बिना उसी दरवाज़े से बाहर आ जाते हैं। इस तरह थोड़े से अतिरिक्त अभिनेता ही अपने बहुसंख्य होने का भ्रम उत्पन्न कर देते हैं।

इस बीच लोग कपड़े पहनते-पहनते और अस्त्र-शस्त्र धारण करते बाहर आते रहते हैं। वे अपने हथियारों के साथ घाट पर रोदेरिगो के बजरे के अलावा जो और बजरे खड़े हैं, उन पर चढ़ते जाते हैं। अपना सामान वे वहाँ रख देते हैं, लौट जाते हैं और फिर बहुत सारे हथियार लेकर आते हैं।

अतिरिक्त अभिनेताओं का एक और समुदाय भी है जिसे महल के ऊपरी भाग में देखा जा सकता है। इस समुदाय ने सभी खिड़कियाँ खोल रखी हैं; वे सदरियाँ पहन रहे हैं, मोज़े चढ़ा रहे हैं या इसी तरह के कामों में व्यस्त हैं। इस बीच वे नीचे स्थित लोगों से बातचीत भी करते रहते हैं। इधर-उधर इशारे भी करते हैं लेकिन शोरगुल इतना है कि उनके शब्द समझ में नहीं आते। वे सवालों को दोहराते हैं, चीखते-चिल्लाते हैं, उत्तेजित होते हैं, नाराज़गी ज़ाहिर करते हैं, एक-दूसरे से लड़ते हैं।

बूढ़ी धाय माँ तो बहुत ही घबराई हुई है। अर्द्ध-विक्षिप्त-सी वह भावावेग में बड़बड़ाती हुई द्वार के सामने के खम्भों के बीच आती-जाती दिखाई देती है। एक और औरत भी, जो शायद नौकरानी है, घबराई हुई मनोदशा में उसके साथ है। ऊपर एक खिड़की में एक और औरत घबराहट में कुछ बड़बड़ाती है, नीचे हो रहे कार्य-व्यापार को देख रही है। शायद वह उन आदमियों में से किसी एक की बीवी है, जो चले गये हैं। कौन जानता है कि वह वापस आयेगा या नहीं, अन्ततः युद्ध तो होगा ही।

'ओ अभागी लड़की—वह मूर के साथ है। तुमने यही कहा था न?' ब्राबैन्शियो इन शब्दों को बोलने के साथ ही तलवार हाथ में लिये आगे बढ़ता है। वह व्यावसायिक दृष्टि से रोदेरिगो को जाँचता-परखता है। रोदेरिगो ने ब्राबैन्शियो के लिए अपना बजरा लगा दिया है और उसने दूसरों को आदेश देना भी शुरू कर दिया है।

ब्राबैन्शियो भी अपने आदमियों को आदेश देता है। कुछ से वह एक दिशा में जाने के लिए कहता है और दूसरों को दूसरी दिशा। उसके बाद वह मौन हो जाता है, मात्र इशारा देता है कि वे अपने बजरे को दर्शकों के बायीं ओर नहर की दिशा में ले जायें। कुछ और लोगों को वह अपने घर के पीछे बनी हुई सड़क से मंच के बाहर जाने का संकेत करता है।

ब्राबैन्शियो अपने लोगों से कहता है, 'कुछ अच्छे योद्धा मेरे साथ आओ।' उसके बाद वह बजरे में सवार एक सेवक से कुछ कहता है। सेवक नाव से कूदकर नीचे उतरता है और महल की ओर जाने वाली सड़क पर दौड़ता है।

ब्राबैन्शियो फिर रोदेरिगो के पास उसके बजरे में जाता है और कहता है कि अब आप मुझे ले चलें। अपने लोगों से वह हथियार सँभाल लेने को कहता है। वे अपने-अपने हथियार उठाकर उसे दिखाते भी हैं। तब रोदेरिगो उसके संकट में यथासम्भव उसकी सेवा में तत्पर रहने की बात कहता है। सैनिकों से

भरा उसका बजरा भी चल पड़ता है।

तोर्त्सोव ने अगले दिन छात्रों से कहा कि अब मैं पहले दृश्य के प्रदर्शन की काफ़ी तैयारी करा चुका हूँ और अब उन्हें जाँची-परखी कार्यविधि को अपनाते हुए अपनी भूमिकाओं के आन्तरिक और शारीरिक दोनों ही स्वरूपों के जीवन का अभ्यास करना चाहिए। उन्होंने यह भी समझाया कि अभ्यास करते समय वे अधिक से अधिक स्वयं अपने जीवन को उसमें उतारने की कोशिश करें और यह प्रयास भी करें कि वह अधिक से अधिक उनकी प्रकृति के अनुरूप बनता जाये।

उन्होंने आगे कहा कि इस प्रदर्शन का विषय अब स्वयं अभिनय नहीं होगा। उन्होंने 'ऑथेलो' का चयन इस दृष्टि से किया था कि भूमिकाओं में प्रयोग के लिए कुछ नयी पद्धतियों और तकनीकों का अभ्यास कराया जाये। इसलिए अब जबकि पहले दृश्य के प्रदर्शन के सारे प्रयोग पूरे किये जा चुके हैं, तो यह समझने की कोशिश की जाये कि ख़तरे की सूचना के प्रसार और उससे निपटने के दृश्य में आधारभूत रूप में इस पद्धति और सिद्धान्त का प्रयोग किया गया है। मतलब यह है कि अब सिद्धान्त पक्ष को देखा जाये, जिससे कि यह देखा जा सके कि जो कुछ अब तक अभ्यास हुआ है, उसका मूलाधार क्या रहा है।

इस सन्दर्भ में उन्होंने स्मरण दिलाया कि आरम्भ में उन्होंने सभी छात्रों से नाटक की प्रतियाँ ले ली थीं और उनसे वादा भी करा लिया था कि कुछ समय तक वे उन्हें नही देखेंगे।

उन्हें यह ताज्जुब की बात नहीं लगी थी कि पुस्तक को रख देने के बाद छात्र 'ऑथेलो' की विषयवस्तु का वर्णन नहीं कर सकेगा। फिर भी उन्होंने जो बातचीत की थी, उससे लगा था कि नाटक के उस पहले सम्पर्क से कुछ बातें उनके मन में बनी रह गयी हैं। 'ऑथेलो' के विभिन्न भागों से जो थोड़े-बहुत प्रकाशित स्थल शेष रह गये थे, वे मृग-मरीचिका जैसे थे। तोर्त्सोव ने उन पर विशेष बल दिया था तथा स्मृति में उन्हें मज़बूती से जमाने की कोशिश की थी।

उसके बाद पूरा नाटक स्मृतियों को फिर से ताज़ा करने के लिए पढ़ा गया था। इस पाठ ने नये प्रकाशित क्षेत्र तो नहीं बनाये थे लेकिन दुःखान्तकी की विषयवस्तु की सामान्य रेखा को उन्होंने स्पष्ट कर दिया था। छात्रों ने पहले कुछ तथ्यों और बाद में कुछ विशिष्ट कार्यों को भी उनके तार्किक और क्रमिक रूप में फिर से याद किया था। छात्रों ने 'ऑथेलो' की कथावस्तु का स्वीकार-योग्य

विवरण देने के बाद उन्हें लिख भी लिया था। तब उन्होंने पहले दृश्य को प्रदत्त तथ्यों के अनुसार एवं भौतिक व्यापारों की शब्दावली में प्रदर्शित भी किया था; लेकिन उनके प्रदर्शन में सच्चाई नहीं थी और रंगकर्म में सच्चाई की संरचना ही सबसे मुश्किल भाग होता है।

प्रदर्शन के इस प्रयास में ज़िन्दगी की सामान्यतम और सुपरिचित चीज़ों को प्रस्तुत करना सबसे अधिक ध्यान और लगन की माँग करता है। छात्रों ने बहुत से व्यावसायिक छात्रों की तुलना में रंगमंच पर बहुत ही अच्छा रूपायन उपस्थित किया था, लेकिन वे मानवीय चेतना के अनुरूप प्रदर्शन नहीं कर सके थे। इस प्रदर्शन में कमी इसलिए रही थी क्योंकि अभिनेताओं ने रंगमंच के बाहर की परिचित वस्तुओं का अभ्यास नहीं किया था, यथा—चलना, देखना, सुनना तथा इसी प्रकार के कुछ अन्य कार्य। छात्रों को यह सब बड़ा मुश्किल लगा था, लेकिन अन्ततः उन्होंने उस दृश्य को सम्पूर्ण सच्चाई की अवस्था तक पहुँचा दिया था। पहले तो केवल थोड़े से ही स्थलों पर लेकिन बाद में नाटकीय कार्य-व्यापार की सम्पूर्णता में। छात्र जब किसी सच्चाई के बड़े भाग को समुचित रूप से प्रदर्शित नहीं कर पाते तो छोटे-छोटे भागों में उन्हें अवतरित करते थे, फिर उन्हें जोड़कर एक बड़ी इकाई बना देते थे।

स्तानिस्लाव्स्की का कहना है कि इस कार्य-पद्धति से सच्चाई के साथ-साथ उसके अनिवार्य सहगामी—भौतिक चेष्टाओं की वास्तविकता में विश्वास और भूमिका की सारी भौतिक चेतना में निष्ठा सम्मलित हो जाते हैं। इस प्रकार नाटक के हर क्षेत्र की अन्तर्निहित दोनों प्रकृतियों की रचना हो जाती है। बार-बार दोहराये जाने की इस प्रक्रिया का सुपरिणाम यह होता है कि भौतिक चेतना सुदृढ़ हो जाती है। पहले जो कठिन लगता था वह अब स्वभाव बन जाता है और स्वभाव आसान हो जाता है। अन्ततः भूमिका का भौतिक स्वरूप अभिनेता के अधिकार में आ जाता है और लेखक तथा निर्देशक ने जो भौतिक कार्य बताये हैं, वे अपने आप उसमें समाहित हो जाते हैं। इसीलिए तो अभिनेता उन्हें इतनी रुचि के साथ तैयार करता है।

यह कोई आश्चर्य की बात नहीं है कि अभिनेता जल्दी ही शब्दों के प्रयोग की ज़रूरत अनुभव करने लगे थे और यह इसलिए हुआ था क्योंकि उनके हाथ में लेखक का मूल पाठ नहीं था जिसका वे सहारा ले सकें। अभिनेताओं को शब्दों की सहायता की ज़रूरत केवल बाहरी उद्देश्यों की सम्पूर्ति के लिए ही नहीं पड़ी थी, उनका उपयोग वे इसलिए भी करना चाहते थे कि जो विचार उनके मन में उत्पन्न हो रहे थे, उन्हें अभिव्यक्त कर सकें

तथा जो अनुभूतियाँ उनके मन में उमड़ रही थीं, उन्हें वाणी दे सकें। इसी ज़रूरत ने उन्हें मजबूर किया था कि वे नाटक की ओर फिर से लौटें ताकि वे उसके विचारों को तथा जो भावनायें उनके मन में अदृश्य रूप से थीं, उन्हें अभिव्यक्त कर सकें।

तोर्त्सोव ने फिर उन्हें बताया था कि इन्हीं भावों, विचारों और अनुभूतियों को उन्होंने बड़ी ही सतर्कता से, तारतम्य के साथ, दृश्य के सन्दर्भ में अपने सुझावों, बार-बार दोहराये जाने की प्रक्रिया और परिश्रम से उनके भीतर बिना उनके जाने ही कलमबन्द कर दिया है। यह प्रक्रिया तब तक चलती रही थी, जब तक कि रिहर्सल में अन्ततः उन्होंने प्रथम दृश्य के सारे कार्य-व्यापार पर अधिकार प्राप्त नहीं कर लिया था। अब लेखक द्वारा निबद्ध दूसरों के कार्य-व्यापार और निश्चित रूप से उनकी भूमिकाओं के आध्यात्मिक जीवन उनके अपने बन गये थे, और उन्होंने बड़ी प्रसन्नता के साथ उन्हें आत्मसात कर लिया था।

अब तोर्त्सोव सवाल उठाते हैं कि क्या तब अगर भौतिक चेतना के साथ ही उनकी भूमिकाओं की आध्यात्मिक चेतना विकसित न होने पर भी यही परिणाम निकलता, तब दूसरा सवाल अनिवार्यतः उठता है कि क्या पहले के बिना दूसरे का तथा दूसरे के बिना पहले का होना सम्भव है?

जवाब में कहा गया था कि इससे भी अधिक वास्तविकता तो यह है कि जीवन के दोनों ही स्रोत 'ऑथेलो' के आलेख से ही प्राप्त हुए थे; इसलिए नैसर्गिक रूप में वे एक-दूसरे के विरोधी हो ही नहीं सकते थे। इसके विपरीत उनकी सजातीयता और आत्मीयता अनिवार्य थी। इस नियम पर स्तानिरलाव्स्की ने विशेष बल दिया है और यह भी कहा है कि यही उनकी अभिनय की मनोवैज्ञानिक तकनीक का आधार है।

स्तानिस्लाव्स्की ने इस नियम को व्यावहारिक दृष्टि से भी बड़ा उल्लेखनीय माना है, क्योंकि उन अवसरों पर जब भूमिका सहज रूप में अन्तःप्रेरणा से सजीव नहीं होती, मनोवैज्ञानिक साधनों से उसका विकास ज़रूरी हो जाता है। यह तो बड़े ही सौभाग्य की बात है कि यह व्यावहारिक मनोवैज्ञानिक तकनीक हमें उपलब्ध है, ज़रूरत पड़ने पर चिन्तन के सहारे हम उसके भौतिक स्वरूप के माध्यम से उसके आध्यात्मिक स्वरूप को प्राप्त कर सकते हैं। रचनात्मक अभिनय की दृष्टि से यह सिद्धान्त इसीलिए बहुत मूल्यवान है।

स्तानिस्लाव्स्की ने इसके बाद बताया है कि अभिनय की इस पद्धति का सबसे बड़ा लाभ भूमिका के विचारों, शब्दों और अभिव्यंजना के विधान को

लेकर है। इस वस्तुस्थिति को स्पष्ट करने के लिए उन्होंने अभिनेताओं से कक्षा के क्षणों को याद करने के लिए कहा। जब उनसे यह कहा गया था कि वे अपनी भूमिकाओं के विचारों को अपने ही शब्दों में कहें। उन्होंने यह भी याद दिलाया कि उस अवसर पर यह भी कहा गया था कि जो भी उन्हें याद आ रहा हो अथवा प्रसंग के अनुरूप जो भी विचार उनके मन में उठ रहे हों, उन्हें स्पष्ट करें। छात्रों ने उस समय उनके सुझावों को बड़ी उत्सुकता से ग्रहण किया था क्योंकि इस प्रकार वे शेक्सपीयर द्वारा खुद अपने नाटक में विचारों की व्यवस्थित तर्क-परम्परा के अधिक से अधिक अभ्यस्त होते गये थे।

ठीक ऐसी ही बात भूमिकाओं के अपने शब्दों के संदर्भ में भी देखने को मिली थी। छात्रों ने पहले तो आम जिन्दगी की तरह, जो शब्द उनके मन तथा सहज रूप में ज़बान पर आये, शब्दों के सुनिश्चित उद्देश्य को पूरा करने के लिए जो कुछ भी उन्हें सबसे अधिक मददगार लगा था, उसे अपना लिया था। इस प्रकार उनका वाचन और भूमिका अत्यन्त सामान्य परिस्थितियों और सक्रियता के साथ और प्रभावपूर्ण रूप में विकसित हुई थी। उन्हें इस विशिष्ट स्थिति में बड़े लम्बे समय तक रखा गया था; उस समय तक जब तक कि उनकी भूमिकाओं की पूरी स्वरलिपि भली प्रकार व्यवस्थित नहीं हो गयी और उद्देश्यों, कार्यों तथा विचारों की सही रेखा दृढ़ता के साथ स्थापित नहीं हो गयी।

यह सारी तैयारी हो जाने के बाद ही तोर्त्सोव ने उनको नाटक के मुद्रित पाठ पर लौटने के लिए कहा था। छात्रों को अपनी भूमिका की पंक्तियों पर कम ही कार्य करना पड़ा था, क्योंकि उन्हें अग्रिम रूप में शेक्सपीयर के अपने शब्द सुझाये जाते रहे थे, जबकि वे इस शाब्दिक उपलब्धि या उस उद्देश्य की सिद्धि के लिए उनकी खोज में तत्पर रहे थे। छात्रों ने भूखों के समान उन शब्दों को पकड़ा था कयोंकि वे प्रसंग के अनुरूप विचार तथा कार्यखण्ड को उनसे कहीं अधिक अच्छी तरह सम्पन्न करते थे।

छात्रों को शेक्सपीयर के शब्द इसलिए बड़ी आसानी से याद हो गये थे, क्योंकि वे उन्हें प्यार करने लगे थे और वे उनके लिए बहुत जरूरी हो गये थे।

इस सबका परिणाम यह हुआ कि और लोगों के शब्द पूरी तरह से उनके अपने बन गये। वे बड़े सहज रूप में बिना किसी प्रकार के दबाव के अभिनेताओं के मनोजगत् में प्रति स्थापित हो गये और केवल इसी कारण वे अपना सबसे अधिक महत्त्वपूर्ण गुण–जीवन्तता, बनाये रख सके। छात्र अब अपनी भूमिका के शब्दों को बड़बड़ाते नहीं थे, वरन् नाटक के आधारभूत

उद्देश्य को परिपूर्ण करने के लिए ही वे शब्दों का उच्चारण करते थे। यही तो वह कार्य था जिसके लिए नाटक उन्हें दिया गया था।

तोर्त्सोव ने इसके बाद छात्रों से कहा कि वे सोच-समझकर बतायें कि अगर उन्होंने रंग सस्थाओं की परिपाटी का अनुसरण करते हुए नाटक की शब्दावली पर सीधे-सीधे विशेष परिश्रम के साथ कार्य किया होता, तो क्या उन्हें वैसा ही लाभ हुआ होता, जैसा इस नई कार्य-पद्धति के अनुसरण से हुआ है? जवाब उन्होंने खुद ही दिया कि मैं पहले से ही कह रहा हूँ कि उत्तर में 'नहीं' ही सुनने को मिलेगा। छात्रों ने मूल पाठ को यांत्रिक रूप में याद कर लिया होता और अपने वाचन के अंगों की माँसपेशियों को अलग-अलग शब्दों एवं शब्दावलियों की ध्वनियों को फिर से उच्चारण का प्रशिक्षण भी ले लिया होता। इस प्रक्रिया में उनकी भूमिका के जो अन्तर्निहित विचार हैं, वे क़ाफूर हो गये होते और उनका वाचन नाटक के उद्देश्यों और कार्यों से बिल्कुल अलग हो गया होता।

उसके बाद उन्होंने अपनी कार्य-पद्धति की तुलना रंगशालाओं में सामान्य रूप से प्रचलित प्रणाली के साथ की थी। वहाँ नाटक पढ़ा जाता है, फिर विभिन्न भूमिकायें इस निर्देश के साथ बाँटी जाती हैं कि तीसरे-चौथे अथवा दसवें रिहर्सल के बाद हर किसी को अपनी भूमिका मन से याद हो जानी चाहिए। वे नाटक पढ़ना आरम्भ करते हैं और तब वे सभी हाथ में आलेख पकड़े हुए मंच पर जाकर अभिनय करने लगते हैं। निर्देशक उन्हें बताते हैं कि क्या करना चाहिए और अभिनेता उसे याद करके वैसा ही प्रदर्शन करने की कोशिश करते हैं। पहले से निर्धारित समय के बाद पुस्तकें उनसे ले ली जाती हैं और प्रॉम्प्टर अर्थात् संकेतवाचक की सहायता से वे अपनी संवाद बोलते हैं। यह प्रक्रिया तब तक चलती रहती है, जब तक कि वे अपनी भूमिकाओं में अक्षरशः पूर्णता नहीं प्राप्त कर लेते। हर चीज़ जैसे ही व्यवस्थित हो जाती है, प्रदर्शन की जल्दी होने लगती है; क्योंकि वे नहीं चाहते कि उनकी भूमिका घिसी-पिटी हो जाये। कार्यक्रम के अनुसार पहला सपरिधान रिहर्सल होता है, और तब प्रदर्शन की तिथि की सूचना दे दी जाती है। तब प्रदर्शन होता है–आलोचक उसे सफल करार देते हैं। उसके बाद नाटक में उनकी अभिरुचि क्षीण होने लगती है और दैनिक कार्यक्रम के रूप में प्रस्तुतियाँ होती रहती हैं।

समाहार के रूप में कहा जाए तो भौतिक चेष्टाओं के वास्तविक बिन्दु की अवस्थिति आभ्यन्तर नहीं होती, वरन् उन स्थितियों, प्रस्तावित परिस्थितियों

और भावनाओं में होती है, जिन्हें वे जगाती हैं। यह तथ्य कि नायक आत्महत्या कर लेता है, इतना महत्त्वपूर्ण नहीं जितना उसके आत्मघात का आन्तरिक कारण। अगर वह स्पष्ट नहीं होता अथवा उसमें मर्मस्पर्शिता का अभाव होता है, तो उसकी मौत, बिना कोई प्रभाव्व छोड़े गुज़र जाती है। रंगमंच का कार्य-व्यापार और उसे उत्प्रेरित करने वाली वस्तु के बीच अटूट सम्बन्ध होता है। अन्य शब्दों में, भूमिका के भौतिक स्वरूप और मनोवैज्ञानिक चेतना के बीच पूर्ण सामंजस्य होता है। यही वह है जिसका मनोवैज्ञानिक तकनीक में बिना किसी विकल्प के प्रयोग किया जाता है। अब तक छात्रों ने जो भी रंगकर्म किया है, उसमें यही होता रहा है।

स्तानिस्लाव्स्की ने इसके बाद स्पष्ट किया है कि प्रकृति हमारी उपचेतना, अन्तःवृत्ति, अन्तःप्रेरणा, स्वभाव आदि में परस्पर सम्बद्ध भौतिक कार्यों की एक श्रृंखला जगाती है। उन्हीं के माध्यम से हम भौतिक कार्यों को उत्पन्न करने वाले कारणों को समझने की कोशिश करते हैं। उन्हीं के द्वारा हम भावात्मक अनुभूतियों के एकल क्षणों और भावनाओं की तार्किकता तथा औचित्य को नाटक में प्रदत्त परिस्थितियों के सन्दर्भ में समझते हैं। जब हम उस परिव्याप्त दिशा की खोज कर लेते हैं, तो हमें भौतिक क्रियाओं के अन्तर्निहित अर्थ की भी जानकारी हो जाती है। यह जानकारी बौद्धिक नहीं, वरन् अपने मूल में भावनात्मक होती है क्योंकि हम अपनी भावनाओं से अपनी भूमिका के मनोविज्ञान को भी समझ लेते हैं। इसीलिए हम भौतिक कार्यों की सहज लभ्य भूमि पर दृढ़ता से खड़े हो पाते हैं और पूरी मज़बूती से उनकी तार्किकता और औचित्य का निर्वाह करने में भी समर्थ होते हैं। उनकी संरचना अन्य भावनाओं की आन्तरिक संरचना के साथ घनिष्ठ रूप में बँधी हुई होती है, इसीलिए हम उनके माध्यम से भावों तक पहुँच जाते हैं। यह संरचना भूमिका की स्वरलिपि का अनिवार्य अंग बन जाती है।

तोर्त्सोव ने उसके बाद अपने छात्रों से कहा कि अब आपने नाट्यकर्म की अन्तःप्रक्रिया का अनुभव कर लिया है। यह प्रक्रिया नाटक के बहिरंग स्वरूप से भीतर की ओर जाती है। इस बन्धन को उन्हें सुदृढ़ बनाना चाहिए : यह भूमिका की भौतिक चेतना की संरचना के बार-बार दोहराये जाने से ही संभव है। यह प्रयास भौतिक चेष्टाओं को सुदृढ़ करेगा, लेकिन उसके साथ ही उनके प्रति भावात्मक प्रतिक्रियाओं को भी मजबूत करेगा। उनमें से समयानुकूल चरित्र में सचेतन भी हो सकती है तथा भौतिक चेष्टाओं को फिर से याद करने का निश्चय किया जाये तो उनके साथ जुड़ी चेतनाओं का इस्तेमाल भी किया

जा सकता है। लेकिन कुछ ऐसे आन्तरिक उत्प्रेरक तत्त्व भी हैं, जो कभी भी पूरी तरह से तुम्हारी पकड़ में नहीं आयेंगे। इसके लिए तुम्हें दुःखी नहीं होना चाहिए; क्योंकि उनकी चेतना उनकी प्रभावात्मकता को समाप्त भी कर सकती है।

फिर भी सवाल बचा रहता है कि कौन से ऐसे आन्तरिक अवरोध हैं जिन्हें व्यक्ति को पकड़े रहना चाहिए और कौन से ऐसे हैं जिन्हें छूना भी नहीं चाहिए? लेकिन इस सवाल का जवाब खोजना तुम्हारे लिए ज़रूरी नहीं है। यह कार्य प्रकृति पर छोड़ दो। केवल प्रकृति ही उस प्रक्रिया में अपना रास्ता बना सकती है। तुम्हारा कार्य है बताई गई रंगकर्म पद्धति का प्रयोग करना। जब तुम रचना के क्षण में पहुँचते हो, तो आन्तरिक उत्प्रेरणा का रास्ता न खोजो–तुम्हारी भावनाएँ, तुम्हारी अनुभूतियाँ, जितना तुम उन्हें बता सकते हो, उससे अधिक क्या करना है उसे जानती हैं। तुम उससे अधिक उन्हें बता नहीं सकते–लेकिन उनकी चिन्ता करने के स्थान पर तुम अपनी भूमिका की भौतिक चेतना के साथ जुड़े रहो, यही तुम्हारे लिए सर्वाधिक लाभप्रद होगा।

भाग : तीन

गोगोल : इंस्पैक्टर जनरल

स्तानिस्लाव्स्की ने 'इंस्पैक्टर जनरल' की प्रस्तुति (1934–) के दौरान नाटक के मंचन के विषय में अपनी रंगमंडली के सामने जो चिंतन रखा, उसने बाद में उनकी पहली दो रचनाओं–'ऐन ऐक्टर प्रिपेयर्स' और 'बिल्डिंग ए कैरेक्टर' तथा तीसरी रचना–'क्रिएटिंग ए रोल' के बीच एक पुल की भूमिका निभाई।

भौतिक चेष्टाओं से जीवन्त स्वरूप की ओर

तोर्त्सोव ने गोगोल के 'इंस्पैक्टर जनरल' के प्रदर्शन की चर्चा आरम्भ करते हुए अपने छात्रों से कहा कि वे इस नाटक को बिना पढ़े, उसके विषय में बिना विचार-विमर्श किये रिहर्सल की शुरुआत करें। सामान्यतः छात्रों को यह सुनकर बड़ा आश्चर्य हुआ। एक ने उनसे पूछा भी कि यह होगा कैसे? उन्होंने जवाब दिया कि रंगमंच पर इससे भी कहीं अधिक होता है : बिना लिखा नाटक भी प्रदर्शित किया जाता है। उनके इस कथन को सुनकर छात्र कुछ कहने में असमर्थ तथा स्तम्भित-से हो गये।

तोर्त्सोव ने तब स्वयं कहा : तुम्हें विश्वास नहीं हो रहा है? चलो, हम इसकी परीक्षा करें। मेरे मन में एक नाटक है; मैं उसकी कथावस्तु प्रसंगों में बताऊँगा और तुम उसका अभिनय करोगे। मैं उसे सुनूँगा और देखूँगा, जो कुछ तुम अपने आशु अभिनय में कहोगे करोगे; और जो कुछ भी सर्वाधिक सफल होगा, उसे मैं लिख लूँगा। इस प्रकार सम्मिलित प्रयास से हम उस नाटक को लिखेंगे और खेलेंगे, जिसने अभी पुस्तक का रूप भी नहीं ग्रहण किया है। उससे जो लाभ होगा, उसे हम समान रूप से बाँटेंगे।"

छात्र यह सुनकर और भी ताज्जुब में पड़ गये क्योंकि वे समझ नहीं पाये कि उनसे क्या कुछ करने के लिए कहा जा रहा है।

तोर्त्सोव ने तब वस्तुस्थिति स्पष्ट की : "तुम सभी अपने अनुभव से सुपरिचित हो कि अभिनेता को मंच पर उस समय कैसा लगता है, जब वह रचनाशील मनोदशा में होता है। वह उन सभी तत्त्वों को एक सम्पूर्ण रूप में इकट्ठा करता है जो उसे सावधान करते हैं तथा रचना की ओर अग्रसर करते हैं।"

इसी विषय को और आगे बढ़ाते हुए उन्होंने कहा कि आरम्भ में तुम्हें यह लगेगा कि यह मनोदशा एक नये नाटक और नयी भूमिका तक पहुँचने के लिए और उनके विस्तार से अध्ययन के लिए पर्याप्त होगी, लेकिन यह काफ़ी

नहीं है। एक नाटककार की रचना को समझने और अध्ययन के लिए, उसके सम्बन्ध में विचार बनाने के लिए अभी कुछ और चाहिए—कुछ ऐसी वस्तु जो अभिनेता को उत्प्रेरित और रचना के लिए, उसकी आन्तरिक ऊर्जा को सक्रिय करने के लिए जरूरी है। उस 'कुछ' के बिना उसका नाटक और भूमिका का विश्लेषण मात्र बौद्धिक ही रहेगा।

तोर्त्सोव ने इसके बाद स्पष्ट किया कि बुद्धि को तो कभी भी सक्रिय किया जा सकता है, लेकिन वह पर्याप्त नहीं होगा। अभिनेता को अपनी भावनाओं, इच्छाओं और रचनाशील मनोदशा के सभी तत्त्वों का सीधा और उत्साह से भरा सहयोग चाहिए। उन्हीं की सहायता से वह अपने भीतर अपनी भूमिका के वास्तविक जीवन की संरचना कर सकता है। इसके बाद नाटक के विश्लेषण की प्रक्रिया केवल बुद्धि के सहारे नहीं, वरन् अभिनेता की सम्पूर्ण चेतना के सहारे चल पड़ेगी।

ग्रीशा ने इन शब्दों को सुनकर अपने तर्कशील स्वभाव के अनुसार सवाल उठाया कि यह सम्भव कैसे होगा? किसी भी भूमिका को उसकी सजीवता के साथ अनुभव करने के लिए उस नाटक के मूल पाठ को जानना ज़रूरी होता है और उसके लिए उसे पढ़ा जाना चाहिए, लेकिन कहा यह गया है कि नाटक को पढ़ने के पहले ही उसकी एक भूमिका का अनुभव किया जाये।

तोर्त्सोव ने उसकी समस्या का समाधान करते हुए कहा कि यह तो सही है कि अभी नाट्यालेख की जानकारी नहीं हुई है, लेकिन किसी भी परिस्थिति में उसे ठंडेपन से नहीं ग्रहण करना चाहिए। अभिनेता को पहले से ही तैयार की गयी अपनी रचनाशील मनोदशा में अपनी भूमिका की वास्तविक अनुभूतियों को केवल मनोवैज्ञानिक ही नहीं; भौतिक संवेदनाओं को भी भर देना चाहिए।

इसके बाद तोर्त्सोव ने स्पष्ट किया कि जैसे ख़मीर उत्तेजना पैदा करता है, वैसे ही यह प्रक्रिया की संवदेना अभिनेता के मन में एक प्रकार की आन्तरिक ऊष्मा, एक तरह का उफान उत्पन्न करती है, जो उसकी रचनाशील प्रक्रिया के अनुभव के लिए बहुत ज़रूरी होता है। अभिनेता जब इस रचनाशील मनोदशा में पहुँच जाता है, केवल तभी वह नाटक या भूमिका के प्रदर्शन के विषय में सोच सकता है।

एक छात्र ने यह सुनकर जानना चाहा कि कोई व्यक्ति भूमिका के जीवन की मनोवैज्ञानिक और भौतिक भावनाओं तक कैसे पहुँचता है? जवाब मिला कि आज के पाठ में इसी विषय पर विचार-विमर्श किया जायेगा।

तोर्त्सोव ने इसके बाद कोस्त्या से कहा कि वह मंच पर जाये और दूसरे अंक में ख़्लेस्ताकोव के प्रवेश का प्रदर्शन करे।

कोस्त्या ने पूछा कि मैं यह कार्य किस तरह करूँ, क्योंकि मैं तो यह जानता ही नहीं कि क्या करना है।

तोर्त्सोव ने तब उसे समझाते हुए कहा कि यह तो सही है कि तुम इस विषय की हर चीज़ नहीं जानते, लेकिन कुछ तो जानते हो, बस उस कुछ का ही प्रदर्शन करो। भूमिका के जीवन के उन छोट-छोटे भौतिक उद्देश्यों को ही रूपायित करो, जिन्हें ईमानदारी और सच्चाई के साथ, स्वयं अपने व्यक्तिगत रूप में चरितार्थ कर सकते हो।

कोस्त्या ने कहा कि मैं कुछ भी नहीं कर सकता, क्योंकि मैं कुछ जानता ही नहीं। तोर्त्सोव ने तब कुछ नाराज़ी-भरे स्वर में कहा कि क्या तुम सराय के कमरे में प्रवेश करना नहीं जानते? मंच पर आओ और फिर बिछौने पर इधर-उधर करवट बदलो। जैसे ओस्सिप को ख़्लेस्ताकोव डांटता है, वैसे ही डाँट-डपट करो। क्या उसे डाँटना भी नहीं आता? उसे डाँटने के बाद कहो कि वह बाहर से खाने-पीने को कुछ ले आये। क्या तुम यह भी नहीं जानते कि किसी को कहकर कोई काम कैसे कराया जाता है? बस कोस्त्या को उन्हीं चीज़ों का प्रदर्शन करना था, जिनकी सच्चाई को वह अनुभव करता है तथा जिन पर उसका विश्वास है।

कोस्त्या ने तब जानना चाहा कि किसी नयी भूमिका में शुरुआत में अभिनेता के पास होता ही क्या है? तोर्त्सोव ने स्वीकार किया कि अभिनेता के पास समय बिल्कुल थोड़ा-सा होता है। अभिनेता कथावस्तु के बाहरी रूप को, उसके प्रसंगों के साथ उसके साधारण तथा भौतिक उद्देश्यों को लेकर प्रस्तुत कर सकता है। अगर इससे कुछ और ज़्यादा करने की कोशिश की जाये तो अभिनेता अपनी शक्ति से बाहर के उद्देश्यों की ओर चला जायेगा; उसका नतीजा यह होगा कि वह भटक जायेगा, अतिनाटकीय अभिनय करने लगेगा और यह उसकी सहज प्रकृति के प्रति अत्याचार होगा। इसलिए आरम्भ में बहुत मुश्किल उद्देश्यों से सावधान रहना चाहिए—अभिनेता अभी अपनी भूमिका की अन्तरात्मा में बहुत गहरे उतरने के लिए तैयार नहीं होता; इसीलिए उसे अपने को भौतिक चेष्टाओं की संकरी सीमाओं में भी मजबूती के साथ बाँधे रखना चाहिए। उसे भौतिक चेष्टाओं की सतर्कता और तारतम्य की खोज करनी चाहिए और अपनी भूमिका में 'मैं हूँ' की मनोदशा को पाने की कोशिश करनी चाहिए।

कोस्त्या ने तब तर्क दिया कि मुझसे कहा जा रहा है कि मैं कथावस्तु को और बड़ी ही आसान-सी भौतिक चेष्टाओं को सम्प्रेषित करूँ, लेकिन कथावस्तु तो स्वयं जैसे-जैसे नाटक खुलता जाता है, अपने आप सम्प्रेषित होती जाती है। उस कथावस्तु की रचना तो लेखक ने की थी।

तोर्त्सोव ने तब कहा कि यह तो सही है कि कथावस्तु की रचना तो लेखक करता है, अभिनेता नहीं। चलो, उसकी कथावस्तु को छोड़ो। अब जो ज़रूरी है, वह है उसके प्रति तुम्हारा दृष्टिकोण। मंच पर जाओ और ख़्लेस्ताकोव के प्रवेश की प्रस्तुति करो। लियो ओस्सिप की भूमिका करेगा और वान्या शराबघर के बैरे की।

लियो और वान्या ने अपनी-अपनी भूमिकाएं सहर्ष स्वीकार कर ली थीं, लेकिन कोस्त्या ने कहा कि मैं नहीं जानता कि कौन-से शब्द मुझे बोलने हैं; अतः मेरे पास कुछ भी कहने को नहीं है।

तोर्त्सोव ने उसकी इस हठवादिता को देखकर कहा कि तुम शब्दों को तो नहीं जानते, लेकिन बातचीत की सामान्य दिशा को तो समझते हो, उसी के आधार पर बोलो। कोस्त्या ने स्वीकार किया कि हाँ, उसे तो मैं थोड़ा-बहुत जानता हूँ और तब तोर्त्सोव ने उसे निर्देश दिया कि वह अपने शब्दों में बोले। वे स्वयं उसके बोलने में विचारों की जो परम्परा होनी चाहिए उसके सम्बन्ध में संकेत देंगे। इससे वह ख़ुद उनके तर्क और पारम्परिकता को जल्दी-से समझ लेगा।

कोस्त्या ने फिर आपत्ति की कि मैं नहीं जानता कि कौन-सा क्या बिम्ब या स्वरूप प्रदर्शित करना है।

तोर्त्सोव ने तब उसे समझाया कि वह रंग-कर्म का यह महत्त्वपूर्ण नियम तो जानता ही है कि अभिनेता जो भी भूमिका प्रस्तुत कर रहा हो, उसे हमेशा अपने अधिकार से और उत्तरदायित्व पर प्रस्तुत करना चाहिए। अगर वह ख़ुद को उस भूमिका में अनुभव नहीं करता तो वह उस काल्पलिक चरित्र का हत्या कर देगा, क्योंकि वह उसे अपनी ख़ुद की सजीव भावनाओं से वंचित कर देगा। उन सजीव भावनाओं को ख़ुद अभिनेता ही उस चरित्र को प्रदान कर सकता है जिसकी वह रचना कर रहा है। इसलिए अभिनेता को अपनी हर भूमिका को लेखक द्वारा दी गयी परिस्थितियों में अपने अधिकार से प्रस्तुत करना चाहिए; इसके लिए उसे सबसे पहले अपनी भूमिका की भावनाओं को अपने भीतर अनुभव करना चाहिए। जब यह हो जाता है तो पूरी भूमिका को अपने भीतर विस्तार देना मुश्किल नहीं रह जाता। अभिनेता को चाहिए

कि वह वास्तविक मानवीय भावनाओं को अपनी भूमिका में जिये—यही उसके उद्देश्य की सिद्धि के लिए अच्छी भूमि है।

तोर्त्सोव ने उसके बाद यह दिखाया था कि कमरे में एक सराय को कैसे रेखांकित करना चाहिए; उसके बाद लियो दीवान पर लेट गया और कोस्त्या नेपथ्य में चला गया। फिर उसने संभ्रान्त परिवर के एक अधभूखे युवक जैसा रूप धारण कर मंच पर प्रवेश किया। वह धीरे-धीरे आया और फिर उसने विश्वसनीय रीति से लियो को अपनी छड़ी और हैट पकड़ाये। दूसरे शब्दों में कहा जाये तो इस भूमिका के साथ परम्परा से चली आने वाली सारी परिपाटियों के समूह को उसने दोहराया था।

लेकिन तोर्त्सोव को उसके प्रदर्शन से सन्तोष नहीं हुआ। उन्होंने कहा कि मुझे कुछ समझ में नहीं आया। मैं यह भी नहीं जान पाया कि तुम कौन हो।

कोस्त्या ने कहा कि वह मैं था—मैं खुद ही तो था।

तोर्त्सोव ने कहा कि तुम खुद अपनी तरह तो बिल्कुल ही नहीं दिखायी दे रहे थे। वास्तविक जिन्दग़ी में तो तुम बिल्कुल ही वैसे नहीं दिखायी देते जैसे अभी रंगमंच पर दिखायी दे रहे थे। तुम खुद भी स्वयं को उस रूप में देखना नहीं चाहोगे, जिस रूप में तुमने कमरे में प्रवेश किया था।

कोस्त्या ने तब जानना चाहा था कि फिर कैसे आऊँ? तोर्त्सोव ने उसे समझाया कि तुम्हें अपने मन में कुछ लेकर अपने भीतर किसी उद्देश्य के साथ कुतूहल की भावना से आना चाहिए, लेकिन उस तरह खाली नहीं, जैसे तुम आये थे। रंगमंच के बाहर तो स्वाभाविक बातचीत के सभी विरामों और भंगिमाओं की तुम्हें पूरी तरह से जानकारी है। तुमने रंगमंच पर एक अभिनेता के रूप में प्रवेश का प्रदर्शन किया था, लेकिन मैं चाहता हूँ कि तुम एक सामान्य व्यक्ति के रूप में कमरे में प्रवेश करो। रंगमंच के बाहर तो सक्रियता के लिए और भी उत्प्रेरक होते हैं। अब रंगमंच पर उन्हें खोजो। अगर तुम उद्देश्य के साथ प्रवेश करते हो अथवा—ख़्लेस्ताकोव के प्रसंग में जैसा था—बिना किसी उद्देश्य के, ठीक जैसे तुम्हें कुछ करना ही नहीं है तो वे कौन से कार्य होंगे जो मनोदशा को सर्वथा उसके अनुरूप सबसे अच्छे ढंग से जगायेंगे?

तोर्त्सोव ने इसके बाद उसे समझाया कि उसका ठीक उसी समय का प्रवेश बड़ा ही नाटकीय रहा था। वह बड़े ही सामान्य रूप में प्रस्तुत किया गया था। उसकी गतिविधि में न तो सतर्कता थी, न तारतम्य। उसने अनेक ज़रूरी बिन्दुओं को उलझा दिया था। उदाहरण के लिए वास्तविक जीवन में

जब हम कहीं जाते हैं, हम सबसे पहले साग्रह उसकी खोजबीन करते हैं, जो कुछ वहाँ हो रहा है। फिर उसके प्रति अपने दृष्टिकोण और व्यवहार का निश्चय करते हैं। लेकिन कोस्त्या ने तो ओस्सिप अथवा बिछौने की तरफ यह कहने के पहले देखा ही नहीं था कि वह फिर उसके बिस्तर पर लोट-पोट करता रहा है। यह बहुत ही खेद का विषय है कि उसने दरवाज़े को ऐसे बन्द किया था, जैसे परदे वाले, दृश्यबंधों वाले रंगमंच पर किया जाता है। उसे न यह याद रहा कि दरवाज़ा कितना भारी है और न उसने इसका संकेत किया था। उसने दरवाजे के हत्थे को खिलौने की तरह पकड़ा था। तोर्त्सोव ने उसे समझाया कि ये सभी छोटे-छोटे भौतिक व्यापार कुछ विशेष ध्यान और समय की माँग करते हैं।

कोस्त्या ने अपनी घबराहट का बहाना बनाने की कोशिश करते हुए तर्क दिया कि यह सब इसलिए हुआ क्योंकि मुझे यह जानकारी नहीं थी कि मैं कहाँ से आया हूँ।

तोर्त्सोव ने समीक्षा करते हुए कहा कि ऐसा नहीं है। वस्तुतः मंच पर यह कहा ही कैसे जा सकता है कि कोई कहाँ से आया है और कहाँ पहुँचा है। ये दोनों बातें ऐसी हैं जिन्हें अभिनेता को पहले से ही पूरी तरह से जानना चाहिए। रंगमंच पर 'बाहरी अन्तरिक्ष' से आना कभी सम्भव ही नहीं है।

कोस्त्या ने तब यह जानना चाहा कि मैं कहाँ से आया? जवाब में तोर्त्सोव ने पूछा कि मैं यह कैसे जान सकता हूँ, यह तो तुम्हारा काम है। इसके अलावा ख़्लेस्ताकोव ने खुद ही कहा है कि वह कहाँ रहा है। लेकिन जब तुम्हें यह याद नहीं है तो यह अच्छा ही है।

कोस्त्या ने तब जानना चाहा कि इस बात से जानकार न होना कि मैं कहाँ से आया है, अच्छा क्यों है?

तोर्त्सोव ने उसे समझाया था कि यह इसलिए अच्छा है क्योंकि ऐसी स्थिति में अभिनेता भूमिका को लेखक के निर्देशों के आधार पर या परम्परारूपी सभी प्रकार की रबड़ की मुहरों के सहारे नहीं, वरन् ज़िन्दग़ी से सीधे अपने व्यक्तिगत रूप से पाने में सफल होगा। इससे उसे अनुमति मिलेगी वह स्वतन्त्र रूप से अपने विचारों के अनुरूप अपने बिम्ब अथवा स्वरूप को सम्प्रेषित करने में समर्थ हो। अगर वह केवल मुद्रित निर्देशों को लेकर ही आगे बढ़ेगा तो जो लक्ष्य उसके सामने रखा गया है, उस तक नहीं पहुँचने देगा क्योंकि तब वह लेखक ने जो कुछ कहा है, उसी का अंधानुकरण कर रहा होगा। वह हर चीज़ को उसी पर दाँव में लगा देगा, वह तोते की तरह पंक्तियाँ बोलेगा।

वह उन व्यापारों को बन्दर की तरह प्रस्तुत करेगा जो उसके आत्मीय नहीं हैं। लेखक ने जो स्वरूप बनाया है, वह उसी के अनुरूप बिम्ब-योजना करने के स्थान पर और ही कुछ करेगा।

उन्होंने कोस्त्या को फिर नाटक द्वारा दी हुई परिस्थितियों से अपने को आवृत्त करने का निर्देश दिया और पूछा कि अगर तुम्हें ख़ुद को इस निराशापूर्ण स्थिति से बाहर निकलना हो तो तुम ख़ुद (ख़्लेस्ताकोव नहीं क्योंकि इससे तो अभी तुम्हारा परिचय है ही नहीं) क्या करोगे। कोस्त्या ने कहा कि जब किसी व्यक्ति को खुद ही विषम परिस्थितियों से बाहर निकलना होता है और लेखक का अन्धानुकरण नहीं करना होता तो उसे बहुत कुछ सोचना-विचारना पड़ता है...लेकिन यह पहली बार है जब मैं अपने को उन परिस्थितियों में स्थानान्तरित अनुभव कर रहा हूँ, जिनमें गोगोल ने अपने चरित्रों को रखा था। दर्शकों के लिए ये स्थितियाँ हस्यास्पद हैं; लेकिन ख़्लेस्ताकोव और ओस्सिप के लिए निराशापूर्ण। कोस्त्या ने उसके बाद कहा कि आज मैं खुद को पहली बार आश्वस्त अनुभव कर रहा हूँ, यद्यपि मैं पहले भी अनेक बार नाटक पढ़ चुका हूँ और उसे रंगमंच पर देख भी चुका हूँ।

तोर्त्सोव ने तब उसे स्पष्ट किया कि यह इसलिए सम्भव हुआ है क्योंकि तुमने सही रास्ता अपनाते हुए गोगोल द्वारा इन चरित्रों के लिए दी गयी स्थितियों और परिस्थितियों को अपनी शब्दावली में रूपान्तरित कर लिया है। यह बहुत महत्त्वपूर्ण है और विलक्षण भी। किसी भूमिका की ओर कभी ज़बर्दस्ती रास्ता नहीं बनाना चाहिए। किसी दबाव में उसका अध्ययन कभी आरम्भ नहीं होना चाहिए। अभिनेता को अपनी भूमिका के छोटे-छोटे अंशों को चुनना और उन्हें क्रियान्वित करने में तत्पर होना चाहिए। यह कार्य सहज उपलब्ध भूमिका के अंशों से आरम्भ किया जाना चाहिए। तोर्त्सोव ने तब कोस्त्या से कहा कि तुम अब यही करो, यह करते हुए तुम्हें लगेगा कि तुम कुछ छोटे-छोटे आयामों में भूमिका को अपने भीतर अनुभव कर रहे हो।

कोस्त्या कोई जवाब नहीं दे सका क्योंकि वह बड़ी उलझन में था, तब तोर्त्सोव ने उसे उकसाने के लिए कहा कि यह सोचने की कोशिश करो कि दिन कैसे बिताआगे।

उसके बाद कोस्त्या के मन का प्रवाह चल पड़ा—

वह देर से उठा है। पहली चीज़ वह यह करेगा कि ओस्सिप को इस बात के लिए राज़ी करे कि वह सराय के मालिक से उनके लिए चाय तैयार करने के लिए कहे। तब एक लम्बे कार्यक्रम की परम्परा चलेगी—टॉयलेट जाना,

नहाना, कपड़ों को ब्रश से साफ़ करना, पहनना, अपने को सजाना-सँवारना और फिर चाय पीना। तब वह घूमने-फिरने के लिए सड़कों पर निकल पड़ेगा, क्योंकि उस तैयारी के बाद बन्द कमरे में बैठे रहना उसे बर्दाश्त नहीं होगा। उसे लगता है कि उसका नागरिक वेश-विन्यास ग्रामीण परिवार के लोगों को उसके प्रति आकर्षित करेगा।

तोर्त्सोव ने मज़ाक में जोड़ा कि विशेष रूप से ग्रामीण महिलाएं तो यह देखकर आकर्षित होंगी ही।

कोस्त्या पर इसका क्या प्रभाव पड़ा? "यह और भी अच्छा होगा। मैं कोशिश करूँगा कि किसी से जान-पहचान बना लूँ और फिर उसे खाने-पीने के लिए निमंत्रित करूँ, तभी मैं बाज़ार में खाने-पीने की दुकानों की ओर देखूँगा।"

कोस्त्या जब यह सब कह रहा था, तो अचानक उसे लगने लगा कि वह थोड़ा-थोड़ा ख़्लेस्ताकोव जैसा हो गया है; तब वह उसी की तरह बातचीत करने लगा। "जब भी सम्भव होगा मैं फेरीवालों या खाने-पीने की दुकानों पर कुछ-न-कुछ चखने लगूँगा। निश्चय ही यह मेरी भूख शान्त नहीं करेगा, उलटे उसे कुछ और बढ़ायेगा। उसके बाद मैं डाकखाने जाऊँगा यह पूछने के लिए कि मेरा मनीऑर्डर अभी आया है या नहीं।"

"वह नहीं आया है," तोर्त्सोव ने छेड़ने के लिए भविष्यवाणी की और बात आगे बढ़ायी।

कोस्त्या बोला–"अब तक मैं काफ़ी गरम हो चुका हूँ और मेरा पेट खाली है। अब मेरे पास इसके अलावा कोई रास्ता नहीं है कि मैं सराय लौटूँ और एक बार फिर कोशिश करूँ कि ओस्सिप को भेजकर भोजन लाने के लिए कहूँ।"

तोर्त्सोव ने उसे बीच में रोककर कहा, "अब वह यही सब है जो लेकर तुम दूसरे अंक में प्रवेश करते हो। मंच पर एक ज़िन्दा आदमी की तरह आने के लिए, एक अभिनेता के रूप में नहीं। तुम्हारे लिए जानना बड़ा ज़रूरी है कि तुम कौन हो? तुम्हारे साथ क्या हुआ है? किन परिस्थितियों में तुम यहाँ हो? तुमने अपना दिन कैसे बिताया है? तुम कहाँ से आ रहे हो? और बहुत-सी अनुमानित परिस्थितियाँ हैं, जिनका तुमने अब तक आविष्कार नहीं किया है, लेकिन जिन सबने मिलकर तुम्हारे कार्यों को प्रभावित किया है। संक्षेप में कहा जाये तो मात्र मंच पर आने के लिए यह बहुत ज़रूरी है कि तुम्हारे भीतर नाटक के जीवन-प्रवाह की और उसके साथ तुम्हारे सम्बन्ध की चेतना जागृत हो।

तोर्त्सोव ने उसके बाद भी कोस्त्या के साथ ख़्लेस्ताकोव की भूमिका पर काम जारी रखा था। उन्होंने उससे कहा था कि अब तुम जानते हो कि मंच पर प्रवेश करने से पहले तुम्हारे पास क्या कुछ होना चाहिए जो तुम्हें सम्प्रेषण की स्वाभाविक प्रक्रिया को उचित रूप में, जनसाधारण के मनोरंजन के लिए नहीं, वरन् उसका ध्यान उद्देश्य की ओर खींचने और फिर अपने भौतिक लक्ष्यों को अग्रसर करने में संलग्न कर सके।

तुम्हें ख़ुद से यह भी पूछना चाहिए कि जब तुम शहर में बिना मतलब चहलकदमी करने के बाद सराय पहुँचते हो, तो उसका क्या अर्थ है? फिर तुम अपने से एक और सवाल पूछो : 'अगर तुम ख़्लेस्ताकोव के स्थान पर हो तो लौटने के बाद और क्या करोगे? ओस्सिप को पहले की तरह बिस्तर पर लेटा पाकर उसके साथ कैसा व्यवहार करोगे? फिर कैसे उसे मनाकर राज़ी करोगे कि वह सराय के मालिक के पास जाकर कहे कि उनके लिए जल्दी से जल्दी खाना तैयार कर दे? इस कोशिश का क्या नतीजा निकला, यह जानने के लिए कैसे इन्तज़ार करोगे यानी इस बीच के वक़्त में क्या करोगे? खाना आ जाने के बाद तुम्हारा व्यवहार कैसा होगा? और उसके बाद? और फिर उसके बाद?'

संक्षेप में कहा जाये तो उन्होंने उसे समझाया था कि वह उस अंक के हर प्रसंग को अपने मन में लाये; यह समझे कि प्रत्येक प्रसंग में उसे क्या-क्या करना है; फिर वह उनमें से प्रत्येक कार्य का बड़ी सतर्कता के साथ और अनुक्रम से अनुसरण करे।

कोस्त्या ने इस बार जब उस दृश्य को दोहराया तो उसने उसमें छोटी-से-छोटी और दूसरे स्तर की बारीकी को भी नहीं छोड़ा। इस तरह उसने यह सिद्ध किया कि पहले से नियोजित भौतिक व्यापारों में से हर एक की स्वाभाविक प्रकृति को उसने अच्छी तरह समझा था और पिछले दिन की असफलता के बाद उसने अपने को फिर से स्थापित कर लिया था।

तोर्त्सोव ने इसके बाद कोस्त्या को पिछले परीक्षण के समय किसी साज़-ओ-सामान के बिना किये गये कार्य की याद दिलायी थी। वह उसके लिए इसलिए स्मरणीय हो गया था क्योंकि उससे उस समय बिना सिक्कों के हवा में ही गिनती करा ली गयी थी। तोर्त्सोव ने तब उसे समझाया था कि इस कार्य में पहले उसे जितना वक़्त लगाना पड़ा था, उसी से मिलते-जुलते कार्य को आज उसने कितना जल्दी कर लिया है।

उसके कुछ देर बाद उन्होंने उससे कहा कि अब जब तुमने इन भौतिक

कार्यों की तार्किकता और तारतम्य को अच्छी तरह समझ लिया है, इनकी सच्चाई का भी अनुभव कर लिया है; और जो कुछ तुम रंगमंच पर कर रहे थे, उसके प्रति विश्वास भी जमा लिया है, तो नाटक में प्रदत्त और कल्पना द्वारा विस्तृत की जाने योग्य दूसरी परिस्थितियों को भी उसी अनुभव से दोहराना तुम्हारे लिए मुश्किल नहीं होगा। इसके बाद तोर्त्सोव ने पूछा कि शहर में बेमतलब घूमने-फिरने के बाद सराय के कमरे में लौटकर कोस्त्या क्या करेगा? वह सब शुरू कर देने की हिदायत तोर्त्सोव ने दी। कोई अभिनय नहीं करना था। बस ईमानदारी के साथ, सहजता के साथ सब कुछ निश्चयपूर्वक बताना था।

कोस्त्या ने जानना चाहा था कि अभिनय क्यों नहीं जबकि यह बड़ा ही आसान काम होगा।

जवाब मिला था, ''निश्चय ही आसान होगा। रंगमंच पर सच्चाई के साथ कार्य करने की तुलना में पुरानी रबड़ की मुहरों को लेकर अभिनय करना हमेशा बड़ा ही आसान होता है।''

कोस्त्या ने तोर्त्सोव को आश्वासन देना चाहा कि मैं घिसी-पिटी पद्धतियों का अनुसरण नहीं करूँगा। उन्होंने तब उसे समझाया कि इस समय तो तुम इसी तरह से बात कर सकते हो। वस्तुतः रबड़ की मुहरों के ठप्पे तो बने-बनाये होते हैं, लेकिन सच्चाई के साथ किया जाने वाला कार्य, मांगलिक उद्देश्य से सम्पन्न कार्य अन्तःप्रवृत्तियों से प्रोत्साहित होता है। उसे पहले जीना होता है और यही करने की कोशिश भी होनी चाहिए।

लियो पंलग पर लेट गया। वान्या अपने को होटल के बैरे के रूप में प्रवेश करने के लिए तैयार करने लगा। तोर्त्सोव ने कोस्त्या को मंच पर खड़ा कर दिया और निर्देश दिया कि वह ख़ुद से ऊँचे स्वर में बातचीत करे।

कोस्त्या ने ख़ुद से बोलना आरम्भ किया, ''मैं अपनी भूमिका की अतीत और वर्तमान की दी हुई परिस्थितियों को याद कर रहा हूँ। जहाँ तक भविष्य की बात है, वह मुझसे सम्बन्धित है, मेरी भूमिका से नहीं। ख़्लेस्ताकोव भविष्य को नहीं जान सकता, लेकिन मैं उसे अनिवार्यतः जानता हूँ। यह मेरा कर्तव्य है कि एक अभिनेता के रूप में मैं जिस पहले दृश्य को प्रस्तुत कर रहा हूँ, उसी से उस भविष्य की तैयारी करूँ। सराय के इस विस्मयकारी कमरे में मेरी स्थिति बड़ी ही निराशापूर्ण है और उससे भी अधिक असंभावित, अजीबोग़रीब, अविश्वसनीय और जटिलताओं से भरा नगरपति का घर होगा जहाँ मैं जाऊँगा, जहाँ विवाह का प्रस्ताव भी मुझे झेलना पड़ेगा।

कोस्त्या ने उसके बाद उस पूरे अंक को उसके विभिन्न प्रसंगों के साथ

याद किया। उसने तब सभी दृश्यों की गणना की और फिर जल्दी ही अपनी खोजी हुई परिस्थितियों पर उन्हें आधारित किया। जब उसने यह कार्य पूरा कर लिया तो उस पर अपना ध्यान केन्द्रित किया और उसके बाद वह रंगमंच के एक ओर से बाहर चला गया। जाते-जाते वह अपने से कहता गया कि अगर सराय के कमरे में लौटते हुए पीछे से सराय-मालिक की आवाज़ सुनाई दी तो मैं क्या करूँगा।

अभी उसने यह 'जादुई अगर' कहा ही था, उसे लगा कि पीछे से किसी ने उसे धक्का दिया है। वह दौड़ने लगा, बिना यह जाने कि वह क्या कर रहा है; और फिर अचानक उसने अपने को सराय के अपने कल्पित कमरे में पाया।

तोर्त्सोव ने हँसते हुए उसकी सराहना के स्वर में कहा कि यह उसका मौलिक प्रयास था। इसके बाद उन्होंने उसे किन्हीं नयी परिस्थितियों में उसी तरह का व्यवहार दोहराने का आदेश किया।

कोस्त्या यह सुनकर मंच के एक ओर से बाहर चला गया और फिर कुछ विराम के बाद अपने को तैयार करके उसमें दरवाज़ा खोला। वहाँ वह बड़े ही अनिश्चय की पीड़ा लिये खड़ा था—बिना यह समझे कि वह अन्दर आये या नीचे खाने के कमरे में चला जाये। लेकिन वह भीतर ही आ गया और उसकी आँखें उसके उस अपने कमरे में कुछ खोजती-सी दिखाई दीं। उसने इस बीच दरवाज़े की दरार से बाहर झाँका भी। जब उसे समझ में आ गया कि उसे क्या करना है, उसने अपने को परिस्थिति के अनुरूप बना लिया और मंच के बाहर चला गया।

कुछ देर बाद फिर आया—सनकी-सा, किसी बड़ी कठिनाई में पड़े हुए व्यक्ति की मुद्रा में; किसी बिगड़े हुए जीवधारी की तरह उसने चारों ओर कुछ समय बड़ी घबराहट से साथ देखा, फिर सोचते-विचारते अपने को फिर से परिस्थिति के अनुकूल बनाते हुए मंच के बाहर चला गया।

कुछ देर तक वह इसी तरह आता-जाता रहा और फिर उसने ख़ुद से कहा—अब मैं जान गया हूँ कि अगर मैं ख़्लेस्ताकोव की भूमिका में हूँ, तो भीतर आते समय मुझे अपने साथ क्या लाना है।

तोर्त्सोव ने कोस्त्या से पूछा, "क्या तुम्हें मालूम है कि तुम जो कुछ अब तक करते रहे हो, वह क्या है?" कोस्त्या ने जवाब दिया, "मैं, कोस्त्या नज़्वानव, उन परिस्थितियों में ख़ुद को रखकर विश्लेषित कर रहा था, जो ख़्लेस्ताकोव के इर्द-गिर्द हैं।"

तोर्त्सोव तब आश्वस्त हो गये कि कोस्त्या यह समझता है कि भूमिका को किसी अन्य के रूप में ग्रहण करना तथा अपनी व्यक्तिगत चेतना के साथ उसे समझने और अपनाने में कितना अन्तर है : किसी भूमिका को लेखक या निर्देशक या नाट्य-समीक्षक की नज़र से देखने के बदले, ख़ुद अपनी आँखों से देखने में क्या फ़र्क है।

अभिनेता जब व्यक्तिगत चेतना के साथ किसी भूमिका को ग्रहण करता है तो वह उसे जीता है; लेकिन जब दूसरे व्यक्ति के रूप में वह उसे ग्रहण करता है तो वह उसके साथ मात्र खिलौने की तरह खेलता है। उसका अभिनय खेल होता है। अपनी व्यक्तिगत चेतना के साथ वह भूमिका को अपनी बुद्धि से, अपनी भावनाओं से, अपनी इच्छाओं से और अपनी अन्तर्चेतना के सभी तत्त्वों से ग्रहण करता है; लेकिन दूसरे व्यक्ति के रूप में वह अधिकांश अवसरों पर उसे अपनी बुद्धि से ही पकड़ता है, किसी भूमिका को समझने के लिए तर्कशील व्याख्या मात्र ही ज़रूरी नहीं होती।

स्तानिस्लाव्स्की का सुनिश्चित विचार है कि अभिनेता को उस काल्पनिक चरित्र को अपनी भौतिक और आध्यात्मिक सभी प्रकार की चेतनाओं से आत्मसात् करना चाहिए। रंगमंच पर मूल चरित्र के ग्रहण की केवल यही रीति उन्हें स्वीकार है।

तोर्त्सोव अगले दिन बड़ी ही चिन्तनशील मुद्रा में कक्षा में आये। ऐसा लग रहा था जैसे वे अपने से कुछ बातचीत कर रहे हों। उनका वह चिन्तन शब्दों में प्रवहमान हो रहा था। छात्रों के बीच आने पर भी वे बोलते जा रहे थे।

"क्या कर सकता हूँ उसके विषय में? मौखिक सम्प्रेषण तो व्यवहार में बड़ा ही अरुचिकर, नीरस और अविश्वसनीय होता है। मैं स्वयं व्याख्या करूँ इससे कहीं अच्छा होगा कि मैं तुम्हीं से कराऊँ और तुम स्वयं चीज़ों को व्यक्तिगत रूप में अनुभव करो; लेकिन दुर्भाग्य से तुम सब अभी कल्पना की चीज़ों को सम्भालने की तकनीक में कुशल नहीं हो, फिर भी तुम उसे कर सकते हो और मेरा विश्वास है कि वह ज़रूरी भी है। मुझे ख़ुद मंच पर जाना होगा और तुम्हें दिखाना होगा कि कैसे तुम बड़े ही साधारण-से उद्देश्यों और कार्यों से आरम्भ करके भूमिका के भौतिक जीवन की संरचना की ओर बढ़ सकते हो, और फिर वहाँ से भी आगे बढ़कर भूमिका के आध्यात्मिक जीवन की रचना कर सकते हो। फिर वे दोनों मिलकर तुम्हारे भीतर नाटक और भूमिका के वास्तविक जीवन की चेतना उत्पन्न कर देते हैं। वह चेतना

फिर अपने को उस रचनाशील मनोदशा में रूपान्तरित कर लेती है, जिससे तुम सभी भली प्रकार परिचित हो।"

तोर्त्सोव उसके बाद मंच पर गये और फिर वहाँ से एक ओर पार्श्व में चले गये। वहाँ वे कुछ देर तक रहे, उस बीच बस लियो का मन्द स्वर ही सुनाई दे रहा था। वह इसी विषय में तर्क-वितर्क कर रहा था कि कहाँ रहना अच्छा होगा—सेन्ट पीटर्सबर्ग में अथवा किसी ग्रामीण क्षेत्र में।

अचानक तोर्त्सोव दौड़कर मंच पर आये। उनका इस प्रकार प्रवेश इतना अचानक और असंभावित था कि कोस्त्या उनके इस व्यवहार को देखकर एकदम काँप उठा। तोर्त्सोव ने दरवाज़ा बन्द किया और फिर दरवाज़े की दरार से बाहर की ओर देखते रहे। साफ़ था कि वे कल्पना कर रहे थे कि वे सराय के मालिक से बचकर भागे हैं।

तोर्त्सोव ने जो कुछ किया था, उससे वे स्वयं सन्तुष्ट नहीं थे। उन्होंने खुद माना था कि कुछ ज़्यादा ही हो गया था। सब सहजता से होना चाहिए था। सवाल यह भी था कि क्या वह ख़्लेस्ताकोव के लिए उचित होगा? आखिर वह पीटर्सबर्ग का निवासी था और अपने को गंवई गाँव के किसी भी व्यक्ति से बड़ा समझता था।

तोर्त्सोव फिर सशब्द सोचने लगे थे : वह क्या था जिसने मुझे इस प्रकार प्रवेश का सुझाव दिया था? कौन-सी स्मृतियाँ थीं? वे सोच नहीं पा रहे थे। शायद वह शेखी के साथ भीरुता और उसके साथ जवानी के कच्चे मिथ्याचरण का सम्मिश्रण था, जो वस्तुतः ख़्लेस्ताकोव के आन्तरिक चरित्र की कुंजी थी। फिर उनके मन में प्रश्न उठा था कि जिन संवदेनाओं का उन्हें अनुभव हुआ था, उनका स्रोत क्या था?

इस सम्बन्ध में कुछ देर सोचने-विचारने के बाद उन्होंने छात्रों से कहा : "मैंने अभी, बिल्कुल अभी क्या किया? मैंने अभी इसका विश्लेषण किया जो कुछ मैंने अचानक किया और अकस्मात् भावनाओं के फलस्वरूप अचानक मुझसे हो गया। भूमिका द्वारा दी गयी परिस्थितियों में अपने भौतिक व्यवहार की मैंने विवेचना की। लेकिन यह विवेचना अपने ठंडे दिमाग से नहीं की, मेरी अन्तर्चेतना के सभी तत्त्वों ने उसमें सहयोग दिया था। मैंने अपनी शारीरिक और आत्मिक चेतना के प्रयोग करके व्याख्या की थी।"

इसी प्रकरण में उन्होंने आगे कहा कि अब मैं विवेचना की उस प्रक्रिया को आगे बढ़ाऊँगा और बताऊँगा कि वह क्या था जिसने मुझे उत्तेजित किया। उन्होंने इसका श्रेय तार्किकता को दिया। अगर ख़्लेस्ताकोव में शेखी का भाव

है, वह भीरू है और अपने मन में होटल के मालिक से मिलने से डरता है, लेकिन वह अपने को बाहर से बहादुर और प्रशान्त दिखाना चाहता है। वह अपनी प्रशान्त भावना को अतिरंजित भी करता है यद्यपि उसे लगता है कि उसका दुश्मन उसे पीछे से देख रहा है और उससे उसका रीढ़ तक काँप जाती है।

तोर्त्सोव उसके बाद फिर मंच के एक ओर बाहर चले गये, ख़ुद को तैयार किया और तब उन्होंने अपने सामने जो प्रस्तावना रखी उसे विलक्षण बौद्धिकता के साथ क्रियान्वित किया। सवाल है कि उन्होंने यह कैसे किया? क्या वे उसे पूरी तरह से अपनी भौतिक चेष्टाओं की सच्चाई की चेतना के साथ कर सके? अन्य सभी, यथा भावनाओं ने स्वभावतः पुनः अनुकरण किया था। अगर ऐसा हुआ था तो उनकी कार्यपद्धति को बड़ा ही चमत्कारिक माना जाना चाहिए।

तोर्त्सोव कुछ देर खड़े रहने के बाद बोले, "तुम लोगों ने देखा कि मैंने यह सब मात्र बौद्धिक विश्लेषण के आधार पर ही नहीं किया, वरन् मैंने भूमिका द्वारा स्थापित परिस्थितियों के सन्दर्भ में ख़ुद अपना अध्ययन किया। यह कार्य मैंने सारी आन्तरिक मानवीय भावनाओं के सीधे सहयोग तथा भौतिक क्रियाओं के स्वाभाविक भावावेग के माध्यम से सम्पन्न किया। मैं अपने कार्य को व्यापक रूप में अन्त तक नहीं ले गया क्योंकि मुझे डर था कि मैं घिसी-पिटी युक्तियों में फँस जाऊँगा। फिर भी यह याद रखना होगा कि सर्वाधिक महत्त्वपूर्ण बिन्दु ख़ुद कार्य नहीं है, वरन् कुछ करने की अन्तःप्रेरणा का स्वाभाविक उन्मेष है।

"अपने प्रतिदिन के मानवीय अनुभव एवं ज़िन्दगी से मैं भौतिक उद्देश्यों और कार्यों की खोज करता हूँ। उनकी प्रामाणिकता पर विश्वास के लिए मुझे उन्हें एक आन्तरिक आधार देना पड़ता है और नाटक द्वारा उपस्थित की गयी परिस्थितियों में उनका औचित्य सिद्ध करना होता है। जब मैं उस औचित्य को खोजता हूँ और उसे अनुभव करता हूँ, तो मेरी अन्तश्चेतना एक सुनिश्चित सीमा तक मेरी भूमिका में समाहित हो जाती है।

तोर्त्सोव ने उसके बाद उसी प्रक्रिया को दोहराते हुए दृश्य के प्रत्येक अंश को प्रस्तुत किया और खाने के लिए कुछ लाने के लिए कहा। ओस्सिप के जाने के बाद शुरू हुआ उनका आत्मसंवाद, बैरे के साथ का दृश्य और फिर भोजन। इसके बाद तोर्त्सोव आत्मलीन हो गये; लगा कि जैसे वे सारे कार्य का पुनरावलोकन कर रहे हैं। उसके बाद उन्होंने छात्रों से कहा, "मुझे लगता है कि हमने भूमिका में प्रस्तावित भौतिक कार्यों के भावावेगों की बड़ी

ही धुँधली रेखा बनायी है। अब उन्हें लिख लिया जाना चाहिए—ठीक वैसे, जैसे हमने नाटकीय निष्क्रयता के दृश्य में किया था। हम लोगों ने उस सबको मनोविज्ञान से जोड़ा था। अब मैं वही कुछ ख़्लेस्ताकोव के इस दृश्य में करूँगा।''

तोर्त्सोव उसके बाद क्रियाशीलता के सभी उल्लेखनीय भावावेगों का स्मरण करने लगे और कोस्त्या ने उन्हें लिख लिया। ग्रीशा ने इस अवसर पर उन कार्यों में से एक के विषय में आपत्ति उठायी और कहा कि वह तो कोई भौतिक चेष्टा नहीं, वरन् विशुद्ध मनोवैज्ञानिक प्रयास था।

तोर्त्सोव ने तब उसे निर्णय का स्मरण करवाया कि शब्दों को लेकर उनमें कोई तर्क-वितर्क नहीं होगा। इसके अतिरिक्त यह भी निर्णय किया गया कि हर मनोवैज्ञानिक कार्य के साथ बहुत कुछ भौतिक कार्य भी होता है और इसी प्रकार भौतिक कार्य के साथ बहुत-सा मनोवैज्ञानिक व्यापार चलता है। भूमिका के भौतिक कार्यों की शब्दावली में संचरण करते समय केवल उन्हीं का उल्लेख होना चाहिए। इसका नतीजा क्या होगा, उसे भविष्य पर छोड़ दिया जाना चाहिए।

तोर्त्सोव यह समझाने के बाद फिर से लिखाने लगे। जब वह पूरा हो गया तो छात्रों से उन्होंने कहा, ''एक व्यक्ति नाटक के मूल पाठ से उसमें अन्तर्निहित भौतिक उद्देश्यों की सूची भी बना सकता है। अगर पहले बनायी गयी सूची से उसकी तुलना की जाये तो दोनों में कुछ स्थलों पर सफलताएँ मिलेंगी और कुछ में असामान्यताएँ दिखायी देंगी।''

तोर्त्सोव ने इसके बाद समझाया कि समानताएँ वहाँ मिलेंगी जहाँ अभिनेता अपने को अपनी भूमिका में स्वभावतः समाहित कर देता है तथा असमानताएँ उन स्थलों में मिलती हैं जहाँ काई भूल हो जाती है अथवा जहाँ अभिनेता की वैयक्तिकता भूमिका के रास्ते से अलग चल पड़ती है।

तोर्त्सोव ने यह भी कहा कि आगे का कार्य अभिनेता के साथ निर्देशक का होता है—अभिनेता जिन क्षणों में अपने व्यक्तित्व को अपनी भूमिका में समाहित करता है, वे संवर्द्धन के क्षण होते हैं, लेकिन जब वह रास्ते से विचलित हो जाता है तो निर्देशक उसे वापस लाता है...सर्वाधिक महत्त्वपूर्ण वे बिन्दु हैं जिनमें अभिनेता स्वयं को अपनी भूमिका में समाहित करता है। ये सजीव सम्पर्क एक अभिनेता को नाटक में खींच लाते हैं। वह फिर ख़ुद को नाटक की ज़िन्दगी से एक बाहर का व्यक्ति नहीं समझता और उसकी भूमिका के कुछ विशिष्ट स्थल तो उसकी अपनी भावनाओं के बहुत ही पास आ जाते हैं।

तोर्त्सोव ने स्पष्ट किया कि अपनी कार्यसूची को देखते हुए हम एक सर्वनिष्ठ अपवर्त से अपने उद्देश्यों की परीक्षा करते हैं : अपने से पूछते हैं कि हमने यह और वह क्यों किया?

अपने कार्य का विश्लेषण और समाहार करते हुए तोर्त्सोव इस निष्कर्ष पर पहुँचे कि उनका मूलभूत उद्देश्य और कार्य था—अपनी भूख को दूर करने के लिए वे कुछ खाना चाहते थे। इसीलिए वे यहाँ आये थे, इसी के लिए उन्होंने ओस्सिप को राज़ी किया, उनका व्यवहार बैरे के साथ भी अच्छा रहा था, उससे लड़ाई बाद में हुई थी। भविष्य में इन दृश्यों में उनकी सारी चेष्टाएँ एक इसी उद्देश्य की ओर अग्रसर होंगी—कि कुछ खाने को मिले।

तोर्त्सोव ने उसके बाद सूची द्वारा समर्थित सभी कार्यों को दोहराने का निश्चय किया। उन्होंने अब तक अपने कार्यों को उनकी विषयवस्तु, उद्देश्य और सच्चाई की दृष्टि से तैयार नहीं किया। तोर्त्सोव ने अपने स्वभाव को निर्धारित करने हेतु उचित उद्देश्य और कार्यों को भौतिक शब्दावली में चरितार्थ किए बिना एक कार्य से दूसरे कार्य की ओर सहजता से प्रयाण करने का निश्चय किया। आन्तरिक आवेगों को बार-बार दोहराकर व्यवस्थित करने की आवश्यकता उन्हें महसूस हुई थी। जहाँ तक कार्यों का सम्बन्ध है, वे स्वयमेव विकास करते हैं, क्योंकि हमारी चमत्कारी क्रियाशील प्रवृत्ति उन्हें इसी दिशा में ले जाती है।

तोर्त्सोव ने उसके बाद अपने भौतिक कार्यों की परम्परा को बार-बार दोहराया। दूसरे शब्दों में कहा जाए तो उन्होंने इसके स्थान पर इस प्रकार के कार्य के लिए ज़रूरी आन्तरिक आवेगों को बारम्बार जगाया। उन्होंने किसी आंगिक चेष्टा की कोशिश नहीं की, लेकिन जो कुछ उनके भीतर हो रहा था, उसे उन्होंने अपनी आँखों, मुख की अभिव्यंजना और अपनी अंगुलियों के पोरों से सम्प्रेषित किया। उन्होंने इसे बार-बार दोहराया जिससे कि यह व्यापार अपने आप विकसित हो सके। उनका यह मानना था कि जब एक बार ये कार्य के आन्तरिक आवेगों को स्थापित कर लेते हैं तब उन्हें किसी प्रकार व्यवहारतः रोका नहीं जा सकता।

उन्होंने अपने काम में व्यवधान डाले बिना कहा कि मुझे लगता है प्रत्येक कार्य का समय अलग-अलग रूप से बढ़ता जा रहा है और इन कालावधियों से कार्यों की तार्किकता और तारतम्य की पूरी रेखा बनती जा रही है। वे आगे बढ़ रहे हैं, गतिविधि उत्पन्न कर रहे हैं और वह गतिविधि एक सच्चे अन्तरंग जीवन का संचार कर रही है। इस जीवन के अनुभव में मुझे उसकी

सच्चाई का बोध हो रहा है और यह सच्चाई निष्ठा जगा रही है। जितनी बार मैं उस दृश्य को दोहराता हूँ, रेखा उतनी ही सुदृढ़ होती जाती है। गतिविधि, जीवन और उसकी सच्चाई और सशक्त होती जाती है, उसके प्रति उसकी निष्ठा बढ़ती जाती है। हमें याद रखना चाहिए कि भौतिक व्यापारों की इस अविच्छिन्न रेखा को तोर्त्सोव ने भौतिक चेतना की रेखा कहा है। यह कोई छोटी बात नहीं है लेकिन यह भूमिका के जीवन की केवल आधी बात है और यह वस्तुतः उसका अधिक महत्त्वपूर्ण अर्द्धांश नहीं है।

कुछ देर रुकने के बाद तोर्त्सोव ने विषय को आगे बढ़ाया। उन्होंने कहा कि अब जब भूमिका के भौतिक स्वरूप की रचना कर ली गयी है, तो और अधिक महत्त्वपूर्ण कार्य के विषय में सोचा जाना चाहिए–वह है भूमिका के आध्यात्मिक स्वरूप की रचना। इस विषय में उन्होंने स्पष्ट किया–मुझे लगता है कि वह आध्यात्मिक स्वरूप अपने आप ही बिना मेरी इच्छा और चेतना के भीतर अस्तित्व में आना आरम्भ हो गया है। जैसा तुम लोगों ने कुछ देर पहले देखा है कि मैंने अपने बौद्धिक व्यवहारों को बड़े औपचारिक तथा विरस रूप में प्रस्तुत किया है। लेकिन उस प्रस्तुति में जीवन्तता थी, जिससे वे बौद्धिक व्यवहार बड़ी जीवन्तता के साथ आन्तरिक औचित्य को लेकर सामने आये हैं। यही मेरी बात का प्रमाण है। सवाल यह है कि यह सब हुआ कैसे? जवाब में वे कहते हैं कि यह बिल्कुल स्वाभाविक रूप में होता है। उनकी दृष्टि में शरीर और आत्मा में सम्बन्ध अविभाज्य है। एक का जीवन दूसरे को जीवन्त करता है और इसी प्रकार दूसरे का जीवन पहले को जीवन्त बनाता है। प्रत्येक भौतिक कार्य में, यदि वह पूर्णतः यांत्रिक नहीं है, तो कुछ अन्तरंग व्यापार और भावनाएं अन्तर्निहित होती हैं। इसी तरह भूमिका के भीतरी और बाहरी दोनों तलों के जीवन दोनों तलों से बनते हैं। वे भीतर से एक साथ गुँथे होते हैं। सामान्य उद्देश्य उन्हें एक-दूसरे के निकट लाता है, उनमें फिर से जीवन-शक्ति का संचार करता है और उन्हें अटूट बन्धन में बांध देता है।

तोर्त्सोव ने इसके बाद अपने छात्रों को पहले सत्र के पागल आदमी के प्रसंग में आशु अभिनय की याद दिलायी और उनसे कहा कि उस समय तुम सभी की पूरी कोशिश अपने को बचाने की रही थी और सुरक्षा के लिए सच्चाई के साथ किये गये सभी कार्य अविभाज्य रहते हुए एक-दूसरे के समानान्तर चले थे, लेकिन इन दोनों तलों के एक अलग तरह के समायोजन की कल्पना करो : एक तो आत्मरक्षा का प्रयास कर रहा होगा और दूसरा उसी समय ख़तरे को और बढ़ाने की कोशिश कर रहा होगा, यानी हिंसा के लिए उतारू

पागल आदमी को आज़ादी के साथ कमरे में घुसने दे रहा होगा। क्या यह सम्भव है कि कोई इन दोनों कार्य की भीतरी और बाहरी एक-दूसरे का विनाश करने को तत्पर रेखाओं को एक साथ जोड़ सके? यह सिद्ध करने की कोई ज़रूरत नहीं है कि यह सम्भव नहीं है, क्योंकि शरीर और आत्मा का बन्धन अविभाज्य है।

तोर्त्सोव ने अन्तरंग और बाह्य कार्यों के समन्वय की पद्धति को स्पष्ट करने के लिए 'इंस्पैक्टर जनरल' के उस दृश्य को स्वयं पुनः प्रस्तुत करने का प्रस्ताव किया। लेकिन उनके प्रस्ताव में महत्त्वपूर्ण बात यह थी कि यह पुनरावृत्ति यांत्रिक नहीं, भूमिका की भौतिक चेतना का पूर्ण औचित्य स्थापित करते हुए होनी थी। प्रस्तुति के दौरान उन्होंने अभिनय के साथ-साथ अपनी भावनाओं का विवेचन भी किया :

"मैं अभिनय करते हुए स्वयं को सुन भी रहा हूँ और मुझे लग रहा है कि मेरे भौतिक कार्यों की अविच्छिन्न रेखा के साथ समानान्तर रूप में मेरी भूमिका के आध्यात्मिक जीवन की एक और रेखा भी दौड़ रही है; वह भौतिकता से उत्पन्न हुई है और उसके अनुरूप भी है, लेकिन ये भावनाएँ अभी पारदर्शी हैं; ज़्यादा उत्तेजना पैदा करने वाली नहीं; उन्हें परिभाषित करना अथवा उनमें रुचि लेना अभी मुश्किल है। लेकिन यह कोई दुर्भाग्य नहीं है। मैं सन्तुष्ट हूँ क्योंकि अपनी भूमिका के आध्यात्मिक जीवन के आरम्भ होने की चेतना का मुझे अनुभव हो रहा है। भौतिक जीवन को मैं जितना अधिक फिर से जिऊँगा, आध्यात्मिक जीवन की रेखा उतनी ही सुनिश्चित और सुदृढ होती जायेगी। इन दोनों रेखाओं के एक-दूसरे में समाहित होने का जितना अधिक मैं अनुभव करूँगा, इस मनोदशा की मनोभौतिक सच्चाई में मेरा उतना अधिक विश्वास बढ़ेगा। वह अधिक सबल होती जायेगी और अपनी भूमिका के दोनों तलों को मैं और अधिक दृढ़ता के साथ अनुभव कर सकूँगा। भूमिका का भौतिक स्वरूप उसके भौतिक स्वरूप के बीज के बोये जाने तथा उसके बढ़ने की बड़ी अच्छी भूमि है। इस तरह के बीजों को और बिखराओ।"

कोस्त्या ने जिज्ञासा रखी कि बिखराने का क्या तात्पर्य है।

उन्होंने समझाया, "कुछ और 'जादुई अगर', प्रस्तावित परिस्थितियाँ और काल्पनिक विचार बनाओ, वे तुरन्त सजीव हो उठेंगे और तुम्हारी भूमिका के भौतिक स्वरूप में समाहित हो जायेंगे। वे भौतिक चेष्टाओं को आधार भी देंगे और उन्हें और अधिक सजग भी करेंगे।"

यह कार्य करते हुए तोर्त्सोव को यह नहीं लग रहा था कि उनके भौतिक

ही नहीं, मनोवैज्ञानिक, सत्याधारित, उद्देश्यपूर्ण और रचनात्मक कार्य उनके चेहरे के भावों, उनकी आँखों, उनके शरीर, उनकी आवाज़ के उतार-चढ़ाव, उनकी अँगुलियों की मुद्राओं में बाह्य आकार ग्रहण कर रहे हैं। प्रत्येक पुनरावृत्ति में उनके कार्य का 'सत्य' वृहद् होता जा रहा था और उसी के साथ उस 'सत्य' में उनका विश्वास भी। इसलिए उनका अभिनय उत्तरोत्तर विश्वसनीय होता गया।

स्तानिस्लाव्स्की ने कोस्त्या के माध्यम से लिखा है कि मैं उनकी आँखों को देखकर विस्मित हो उठा। वे वही थीं, लेकिन फिर भी वैसी नहीं थीं। उनमें नासमझी थी, मनमौजीपन था, सहजता थी और दूरस्थ दृष्टि के अभाव के कारण वे बारम्बार बिना ज़रूरत के झपकती रहती थीं। वे अपनी नाक के आगे भी नहीं देख सकते थे। उन्होंने कोई आंगिक चेष्टाएँ नहीं की थीं, केवल उनकी अँगुलियाँ ही अनजाने चलती-फिरती और बहुत कुछ कहती रही थीं। उन्होंने शब्दों में कुछ नहीं कहा, लेकिन जब और तब उनके मुख से कुछ अजीब-से बोल फूट पड़े थे और उन्होंने बहुत कुछ कह दिया था।

उन्होंने जितनी बार तथाकथित भौतिक कार्यों की इस परम्परा को, अथवा सटीक रूप में कहा जाये तो, कार्य के आन्तरिक उत्प्रेरकों को दोहराया, उनकी अनजानी गतिविधियाँ और बढ़ती गयीं। वे चलने लगे, बैठ गये, अपने मेरुदण्ड को सीधा किया, अपने जूतों की सराहना की; अपने नाखूनों को साफ़ करने के लिए उन्होंने अपने हाथों का इस्तेमाल किया, लेकिन जब भी उन्हें किसी क्रिया का आभास हुआ वे प्रत्यक्षतः इस डर से कि कहीं वह उनकी आदत ही न बन जाये, रुक गये।

लेकिन दसवीं आवृत्ति के बाद यह लगा कि जैसे उनका अभिनय अपनी पूर्णावस्था को पहुँच गया है। उन्होंने उसे पूरी तरह अनुभव किया; गतिविधियों की मितव्ययता के कारण वह बड़ा ही अनुशासित था। उन्होंने जीवन की संरचना उसकी सच्चाई, उद्देश्य के प्रति निष्ठा और मांगलिक भावनाओं की चेष्टाओं के साथ कर ली थी।

कोस्त्या उनकी सफलता को देखकर आश्चर्यचकित हो उठा था और उसने उसकी मुक्तकण्ठ से सराहना भी की थी। इस कार्य में और लोगों ने भी उसका साथ दिया।

तोर्त्सोव इस व्यवहार को देखकर विस्मित हो उठे। उन्होंने तब अभिनय रोक दिया और पूछा, "क्या बात है, क्या हो गया है?"

कोस्त्या ने कहा कि हुआ बस यही था कि आपने अब तक कभी

ख़्लेस्ताकोव की भूमिका नहीं की थी, न कभी उस भूमिका का रिहर्सल ही किया था, लेकिन आप मंच पर गये और उस भूमिका को प्रदर्शित और जीवन्त कर दिया। तोर्त्सोव ने जवाब में कहा, "तुम भूल कर रहे हो। मैंने कुछ भी अनुभव नहीं किया है। मैंने स्वयं को ख़्लेस्ताकोव में प्रदर्शित ही नहीं किया और कभी करूँगा भी नहीं, क्योंकि वह भूमिका मेरी सामर्थ्य के बाहर है, फिर भी मैं कार्य के आन्तरिक उत्प्रेरकों को सही रूप में प्रदर्शित कर सकता हूँ और लेखक द्वारा प्रस्तावित परिस्थितियों में सच्चे, मांगलिक और उद्देश्यनिष्ठ कार्यों क़ा आविष्कार भी कर सकता हूँ। इस छोटे-से प्रयास ने ही बस तुम्हें रंगमंच पर वास्तविक जीवन की चेतना प्रदान कर दी।

इसके बाद उन्होंने समझाया कि अगर उनकी नाटक-मंडली के सभी सदस्य ऐसे ही तैयार हों, तो दूसरी या तीसरी रिहर्सल के बाद ही भूमिकाओं का वास्तविक विश्लेषण और अध्ययन सम्भव हो जायेगा। यह प्रयास हर शब्द और गति के साथ भूमिका को उसकी ज़िन्दगी से ही निकाल देने वाली दिमाग़ी कसरत नहीं होगी; वरन् नाटक के जीवन की निरन्तर बढ़ती हुई वास्तविक चेतना होगी–कुछ ऐसा अनुभव जैसा हमें शरीर के साथ और अन्तश्चेतना को लेकर होता है।

छात्रों ने तब यह जानना चाहा कि यह सब उन्होंने किया कैसे? उनका जवाब था, "मैंने यह सब बिना किसी रंग-सामग्री के कार्यों के निरन्तर, व्यवस्थित तथा पूर्णतः प्रामाणिक एवं सुसंगत अभ्यासों के द्वारा किया।"

तोर्त्सोव ने वस्तुस्थिति को और अधिक स्पष्ट करने के लिए कहा, "मुझे ही उदाहरण के रूप में लो। मैं बड़े लम्बे समय तक मंच पर रहा हूँ, फिर भी आज सहित प्रतिदिन मैं अनेक प्रकार को विविध काल्पनिक रूपात्मक परिस्थितियों में इसी प्रकार के अभ्यास में अपने दस-बीस मिनट लगाता हूँ। अगर सच कहूँ तो मैं यह काम पूरे उत्तरदायित्व के साथ करता हूँ। अगर ऐसा न होता तो ख़्लेस्ताकोव के इस दृश्य में मुझे भौतिक कार्यों की प्रकृति और उनके अंगभूत भागों को समझने में कितना समय देना होता!"

यह तयशुदा बात है कि अगर एक अभिनेता इस प्रकार के अभ्यासों में बराबर लगा रहता है तो वह सभी मानवीय कार्यों को उनके अंगभूत भागों, उनकी ताकिर्कता तथा तारतम्य की दृष्टि से व्यावहारिक रूप से जान लेता है; लेकिन यह कार्य रियाज़ की तरह हर दिन बराबर होते रहना चाहिए। उसके बाद उन्होंने कहा था कि जो कुछ मैंने आज और अभी दिखाया है, उससे सभी छात्रों को यह समझ लेना चाहिए कि यह बहुत ज़रूरी है।

यह अकारण नहीं है कि तोर्त्सोव अभिनेताओं को अपने अभ्यासों पर विशेष घ्यान देने के लिए कहते हैं। जब वे लम्बे प्रशिक्षण के माध्यम से विकसित तकनीक बना लेंगे, तो वे भी यह सब कर सकेंगे, जो कुछ तोर्त्सोव ने किया। जब वे अभ्यास से ऐसी ही सफलता पा लेंगे, तो चेतना के क्षेत्र से परे लगने वाला आन्तरिक रचनाशील जीवन उनके भीतर अपने आप स्पन्दित हो उठेगा। उनकी उपचेतना, उनकी अन्तःप्रेरणा, उनके जीवन के अनुभव, रंगमंच पर अपनी मानवीय विशेषताओं को अभिव्यक्त करने का उनका स्वभाव उनके शरीर और आत्मा में उनके लिए सक्रिय हो उठेगा और फिर उनके लिए रचना भी करेगा, तब उनका प्रदर्शन हमेशा ताज़ा होगा। उनके अभिनय में घिसी-पिटी उक्तियाँ बहुत कम होंगी और उसमें अधिकाधिक सच्चाई होगी।

तोर्त्सोव ने फिर अपने छात्रों को इसी रीति से पूरे नाटक के अभ्यास में संलग्न होने और आरम्भ करने के लिए प्रदत्त सभी परिस्थितियों, दृश्यों, इकाइयों, उद्देश्यों और एकत्रित की गई हर चीज़ से गुज़रने के लिए कहा। तोर्त्सोव ने यह भी कहा कि हम मान लेते हैं कि यदि वस्तुस्थिति के अनुरूप सभी व्यापार तुम्हें मिल जाते हैं, तब तुम अपनी भूमिका को सतर्कता और तारतम्य के साथ प्रस्तुत करने में अभ्यस्त बनाओ। यह कार्य नाटक के आरम्भ से लेकर अन्त तक सम्पन्न करो। तब तुम्हें लगेगा कि तुमने अपनी भूमिका के बाहरी भौतिक स्वरूप की संरचना कर ली है।

इसके बाद उन्होंने अपने छात्रों से पूछा कि ये सारे कार्य अब किसके हैं—उनके अथवा उनकी भूमिका के?

कोस्त्या ने जब यह कहा कि ये मेरे अपने हैं तो उन्होंने समझाया कि भौतिक स्वरूप और गतिविधियाँ तो उसी की हैं, लेकिन उद्देश्य और दी हुई परिस्थितियाँ समान रूप से उसकी और उसके मूल चरित्र, दोनों की ही हैं। फिर उन्होंने सवाल उठाया कि कहाँ अभिनेता का कार्य समाप्त होता है और कहाँ से उसका मूल चरित्र आरम्भ होता है।

उलझन से भरे वान्या को तोर्त्सोव के इस कथन पर संदेह हुआ। तोर्त्सोव ने तब वस्तुस्थिति को स्पष्ट करते हुए कहा कि यह नहीं भूलना चाहिए कि जिन कार्यों को तुमने देखा-पहचाना है, वे मात्र बाहरी नहीं हैं। तुम्हारी भावनाएं उन्हें भीतर से न्याय-सिद्ध कर रही हैं। तुम्हारा खुद पर विश्वास उनमें फिर से शक्ति का संचार कर रहा है। उन्हें जीवन्त बना रहा है। इसके अलावा तुम्हारे भीतर भौतिक कार्यों की रेखा के समानान्तर भावात्मक क्षणों की एक

अविराम प्रवहमान रेखा की भी रचना हुई है जो तुम्हारी उपचेतना तक पहुँच रही है। इन दोनों ही रेखाओं के बीच पूरा समन्वय है। तुम सब यह जानते हो कि अपने भीतर बिल्कुल अलग प्रकार के अनुभव समेटे ईमानदारी के साथ सीधे रूप में अनुभव प्राप्त नहीं कर सकते। अब सवाल उठता है कि वे भावनाएँ तुम्हारी हैं अथवा तुम्हारी भूमिका की हैं।

वान्या कोई जवाब नहीं दे पाया। तब उन्होंने कहा कि तुम लोग अपने असमंजस को पहचान सकते हो। यह बड़ी ही अच्छी बात है क्योंकि इससे पता चलता है कि तुम्हारी भूमिका और तुम्हारे भीतर अवस्थित बहुत-कुछ इतना घुल-मिल गया है कि तुम आसानी से उन्हें अलग-अलग करके यह नहीं बता सकते कि अभिनेता कहाँ से शुरू करता है और भूमिका कहाँ समाप्त हो जाती है। जब तुम इस अवस्था में पहुँच जाते हो तो अपनी भूमिका के निकट, बहुत निकट पहुँच जाते हो; तुम उसे अपने भीतर अनुभव करते हो और अपने को उसके भीतर पाते हो।

अगर तुम अपनी पूरी भूमिका से इसी तरह संलग्न रहोगे, तो तुम्हें उसके जीवन का एक आभास मिल जायेगा; लेकिन यह कार्य विशुद्ध बौद्धिक अथवा औपचारिक रीति से नहीं, वरन् यथार्थ के साथ भौतिक रूप में और मनोवैज्ञानिक पद्धति से होना चाहिए, क्योंकि एक का अस्तित्व दूसरे के बिना सम्भव ही नहीं है। कोई बात नहीं, अगर यह जीवन आरम्भ में सतही, छिछला और भीतर से भरा-पूरा नहीं होता, फिर भी उसमें मांस और रक्त तो होता ही है और थोड़ा-सा स्पन्दन, जीवन्त आत्मा और वह आत्मा भी मानवीय-चैतन्य-अभिनेता-मूल चरित्र की होती है।

अगर अभिनेता अपने मूल चरित्र के प्रति यह दृष्टिकोण ग्रहण कर ले तो वह उसकी जिन्दग़ी के सम्बन्ध में तृतीय पुरुष के रूप में नहीं, प्रथम पुरुष के रूप में बोल सकता है। यह भूमिका पर व्यवस्थित तथा विस्तृत कार्य के सन्दर्भ में बहुत महत्त्वपर्णू होगा। इसके फलस्वरूप हर वह वस्तु जो तुम इकट्ठी करोगे, तुरन्त अपनी सही जगह, अपना निजी स्वरूप और अपने टिकने का सहारा पा जायेगी। वह फिर तुम्हारे दिमाग़ में बेमतलब चक्कर नहीं लगायेगी जैसा कि उन अभिनेताओं के साथ होता है, जो केवल शब्दों को ही खाते-पीते हैं। अभिनेता को स्वयं को यह समझाना चाहिए कि चरित्र को अमूर्त रूप में ग्रहण नहीं करना है, जैसा तृतीय पुरुष करेगा, वरन् मूर्त रूप में ग्रहण करना है, जैसे वह ख़ुद को ही संबोधित कर रहा हो। अभिनेता जब अपनी भूमिका के भीतर अपने होने की चेतना पा लेता है, जब वह उसे अपने भीतर अनुभव

करने लगता है, जब उसकी भूमिका अपने आप उपचेतना के कगार पर खड़ी उसकी आंतरिक रचनाशील मनोदशा में समाहित हो जाती है, तो फिर उसे आत्मविश्वास के साथ आगे बढ़ना चाहिए।

इसके लिए ज़रूरी है कि वह सारे भौतिक व्यापारों की सूची बना ले, जिन्हें स्वयं को काल्पनिक चरित्र की परिस्थिति में पाने पर क्रियान्वित करना होगा। यही कार्य फिर उसे मूल कार्य की भूमिका के साथ भी करना चाहिए यानी उसे उन कार्यों की सूची बना लेनी चाहिए जो उसका चरित्र नाटक की कथावस्तु के अनुरूप बनाता है। तब दोनों सूचियों की तुलना करनी चाहिए अथवा एक के ऊपर दूसरी को उसी प्रकार रख देना चाहिए जैसे रेखाकृति उतारने के कागज को मूल आकृति पर यह देखने के लिए रख दिया जाता है कि उसकी पंक्तियाँ सर्वथा मेल खाती हैं या नहीं।

अगर नाट्यलेखक ने अपना कार्य सुमेधा के साथ किया है और उसने मानवीय प्रकृति और अनुभव तथा भावनाओं के जीवन्त स्रोतों से अपने नाटक की कथावस्तु ग्रहण की है, और अगर अभिनेता ने भी अपनी जीवन्त मानवीय प्रकृति की प्रेरणा से अपनी सूची बनायी है, तो दोनों सूचियों में अनेक बिन्दुओं पर, विशेष रूप से सभी आधारभूत तथा प्रधान स्थलों पर समानुरूपता होगी। यह तुम्हारी भूमिका के साथ तुम्हारे समाकलन के क्षण होंगे। भावनाएँ इन क्षणों को एक साथ बाँधेंगी। अपनी भूमिका के साथ अंशतः अनुभव भी करना और भूमिका में खुद को अंशतः देखना बहुत बड़ी उपलब्धि है। यह अपनी भूमिका के साथ समाहित होने और उसे जीने की दिशा में पहला कदम है। भूमिका के अन्य भागों के लिए भी, जिनमें अभिनेता अपने को अभी तक अनुभव नहीं करता, मानवीय प्रकृति की कुछ अभिव्यक्ति होगी; अगर भूमिका भली प्रकार बनी है, तो वह हमारी ही तरह मानवीय होगी क्योंकि एक मनुष्य दूसरे की चेतना का सहज रूप में अनुभव करता है।

अगले दिन भी तोर्त्सोव ने भौतिक स्वरूप के माध्यम से भूमिका के आध्यात्मिक जीवन की संरचना की मनावैज्ञानिक तकनीक को और स्पष्ट किया। पहले की ही तरह उस दिन भी उन्होंने अपने विचारों की चित्रात्मक रूप में ही विवेचना की। यात्राओं के दौरान उन्होंने छात्रों से रात्रि में बाहर और भीतर दोनों स्वरूपों में होने वाले परिवर्तनों के बारे में पूछा। फिर उन्होंने पूछा कि क्या आपने कभी ध्यान से देखा है कि ख़ुद ट्रेन भी उन प्रदेशों के अनुसार भीतर और बाहर दोनों तरह से बदलती रहती है जिनकी भूमि पर वह दौड़

रही होती है। ट्रेन का हिलना-डुलना और पहियों का स्पन्दन लोरी जैसा प्रभाव उत्पन्न करता है, तुम्हें नींद आने लगती है...फिर यात्री के रूप में तुम्हें रेल की पटरियाँ नहीं वरन् ट्रेन में बाहर से और भीतर से जो तुम्हें घेरता है, वह रुचिकर लगता है; रेल-मार्ग पर चलते हुए तुम्हारे सामने नयी-नयी जगहें आती हैं और तुम्हें बहुत से नये अनुभव मिलते हैं। तुम उन्हें महसूस करते हो, वे तुम्हें उत्साहित करते हैं या उदासी में घेर लेते हैं, वे तुम्हें उत्तेजित करते हैं, क्षणभर के लिए तुम्हारे मन को बदल देते हैं, यहाँ तक कि स्वयं तुम्हें भी बदल देते हैं।

कुछ ऐसा ही रंगमंच पर भी होता है। क्या है जो रेल की पटरियों का रूप ले लेता है? हम उन पर नाटक के एक छोर से दूसरे छोर तक कैसे जाते हैं?

सबसे पहले यह लगेगा कि इस्तेमाल करने योग्य सबसे अच्छा सामान तो वास्तविक और सजीव भावनाएँ हैं; उन्हें अपना संचालन करने दो, लेकिन मानसिक वस्तुएँ तो क्षणभंगुर हैं; उन्हें दृढ़ता से जमाना मुश्किल है। उनसे हम मज़बूत 'पटरियाँ' नहीं बना सकते। हमें कुछ और ठोस 'सामान' चाहिए। इस प्रयोजन के लिए भौतिक उद्देश्य सबसे अधिक कारगर होते हैं क्योंकि वे शरीर द्वारा सम्पादित होते हैं, जो तुलनात्मक दृष्टि से हमारी भावनाओं से कहीं अधिक ठोस हैं।

जब तुमने भौतिक उद्देश्य की पटरियाँ बिछा ली हो, तो गाड़ी पर चढ़ो और नयी भूमियों की ओर चल दो। अन्य शब्दों में कहा जाये तो नाटक की ज़िन्दगी के रास्ते पर तुम बराबर आगे बढ़ते रहोगे—एक स्थान पर रुकते हुए नहीं, न अपनी बुद्धि से विभिन्न विषयों पर सोचते-विचारते ही रहोगे, तुम सक्रिय हो उठोगे।

भौतिक कार्यों की यह अविच्छिन्न रेखा नट-बोल्टों के बदले निर्धारित उद्देश्य से मज़बूती से बँधी हुई ठीक वैसे ही हमारे लिए ज़रूरी है जैसे यात्री के लिए रेल की पटरियाँ हैं। अभिनेता भी उसी की तरह अनेक भूमियों से गुज़रता है जो कि बदलती हुई प्रदत्त परिस्थितियाँ होती हैं। यह यात्रा 'जादुई अगरों' तथा कल्पना के अन्य आविष्कारों के माध्यम से सम्पन्न होती है। फिर उसी की तरह हम बदलती हुई परिस्थितियों में गुज़रते हैं, जो अनेक प्रकार के मनोभाव जगाती हैं। नाटक के जीवन में अभिनेता की नये लोगों से मुलाकात होती है। ये नये लोग अन्य चरित्र हैं, जो उसके साथ अभिनय करते हैं। वह उनके साथ सामान्य जीवन में प्रवेश करता है और यह जीवन भी

उसके भीतर भावनाएँ जगाता है।

जैसे यात्री को खुद रेल की पटरियों में विशेष रुचि नहीं होती, वरन् केवल उन नये प्रदेशों और स्थलों में होती है जिनके बीच पटरियाँ दौड़ती हैं, उसी तरह अभिनेता की रचनात्मक ऊर्जा भी स्वयं भौतिक क्रियाओं में समाहित नहीं होती, वरन् अन्तरंग अवस्थाओं और परिस्थितियों से संलग्न होती है जो भूमिका के बाहरी जीवन को न्याय-संगत बनाती हैं। हमें अपनी कल्पना के मनोरम मनो-आख्यानों की ज़रूरत होती है, जो रूपायित होने वाले चरित्रों को जीवन प्रदान करते हैं। यही वे भावनाएँ हैं, जो रचनाशील अभिनेता के मन में उमड़ती हैं। हमें आकर्षक उद्देश्यों की ज़रूरत होती है जो पूरे नाटक से गुज़रते हुए छायाभास के रूप में हमारे आगे-आगे चलते हैं।

तोर्त्सोव इतना कहने के बाद मौन हो गये, लेकिन ग्रीशा भाव-विह्वल हो उठा। उसने पहले अस्फुट स्वर में और फिर जैसे उद्घोषणा करते हुए कहा कि अब हम कला के संवहन की समस्याओं को अच्छी तरह समझते हैं...मेरा मतलब है कि अच्छे कलाकार ज़मीन पर बिछी पटरियों पर दौड़ने वाली रेलगाड़ियों के डिब्बों में बैठकर यात्रा नहीं करते वरन् वे हवाई जहाज़ में बैठकर बादलों के भी पार चले जाते हैं।

तोर्त्सोव ने पहले दिन तो ग्रीशा की उस उपमान-योजना की तारीफ़ की, लेकिन दूसरे दिन उन्होंने उसकी आलोचना करते हुए कहा कि हवाई जहाज़ हवा में उड़ता तो है, परन्तु उसे पहले ठोस धरती पर बनी हवाई पट्टी पर निर्धारित दूरी तक दौड़ना पड़ता है। उन्होंने स्पष्ट किया कि आकाश में उड़ने के लिए भी धरती की ज़रूरत होती है। जैसे वायुयान-चालक को धरती की ज़रूरत होती है, वैसे ही अभिनेताओं को उच्चतर क्षेत्रों में उठने के लिए भौतिक क्रियाओं के पथ पर चलना ज़रूरी होता है।

स्तानिस्लाव्स्की ने इसके बाद लिखा है कि यंत्र-वैज्ञानिकों ने अब ऐसी युक्तियाँ खोज ली हैं, जिनसे हवाई जहाज़ बिना हवाई पट्टी पर गुज़रे सीधे आकाश में उड़ान भर सकता है, लेकिन अभिनेता अपने लिए अभी तक ऐसी कोई तकनीक विकसित नहीं कर सके हैं, जिससे वे सीधे उपचेतना के क्षेत्र में प्रवेश कर सकें। फिर भी इसकी सम्भावना तो है कि अगर अंतश्चेतना की भँवर उन्हें पकड़ ले तो उनका रचनाशील वायुयान हवाई पट्टी पर बिना दौड़े ही ऊपर उठती हुई रेखा में आकाश में बादलों के बीच पहुँच जायेगा। लेकिन दुर्भाग्य से इस प्रकार की प्रेरणात्मक उड़ानें हम पर निर्भर नहीं करतीं,

उनके लिए हम कोई नियम नहीं बना सकते। हमारी सामर्थ्य बस इतनी ही है कि हम ज़मीन को अच्छी तरह तैयार कर लें और उस पर पटरियाँ बिछाएँ। रंगकर्म के सम्बन्ध में कहें तो सच्चाई और निष्ठा के साथ नयी शक्ति भरकर अपनी भौतिक क्रियाओं को गतिशील करें।

स्तानिस्लाव्स्की ने इसके बाद यह भी स्पष्ट किया है कि हवाई जहाज़ की उड़ान तब शुरू होती है जब उसकी मशीन ज़मीन से ऊपर उठती है, लेकिन अभिनेता की उड़ान वहाँ से शुरू होती है जहाँ यथार्थ अथवा 'अति स्वाभाविकता' समाप्त होती है।

उन्होंने इसके बाद 'अति स्वाभाविकता' शब्द की व्याख्या करते हुए लिखा है कि इस शब्द से उनका आशय आध्यात्मिक और भौतिक प्रकृतियों की उस मनोदशा से है जिसे पूरी तरह स्वाभाविक और सामान्य माना जाता है और जिसमें हम ईमानदारी के साथ और जैविक रूप में विश्वास करते हैं। हम जब इस मनोदशा में होते हैं, केवल तभी हम अपने आध्यात्मिक जीवन को व्यापक रूप में खोलते हैं और फिर मुश्किल से दिखायी देने वाली उनकी जीवनधाराएँ सतह पर आती हैं; उस सच्ची जैविक रचनाशील भावना के संकेतों, भंगिमाओं और सुगंध की अभिव्यक्ति होती है जिसकी प्रकृति अत्यन्त संकोची तथा जल्दी अव्यवस्थित हो जाने वाली है।

कोस्त्या ने जानना चाहा था कि तोर्त्सोव क्या यह कहना चाहते हैं कि भावनाएँ केवल तभी उत्पन्न होती हैं जब अभिनेता अपनी भौतिक और आध्यात्मिक प्रकृति के कार्यों की सामान्यता और औचित्य पर पूरी ईमानदारी से विश्वास करता है?

तोर्त्सोव ने सकारात्मक जवाब दिया। उन्होंने कहा कि हमारी आध्यात्मिकता के गहरे जीवन-स्रोत तभी विस्तार के साथ प्रवहमान होते हैं जब अभिनेता की अन्तरंग और बहिरंग भावनाएँ स्वयं द्वारा निर्धारित नियमों के अनुसार बह चलती हैं। यह प्रक्रिया विशेष रूप से तब सम्पन्न होती है, जब कोई दबाव नहीं होता; उसमें सामान्यतः कोई विचलन देखने को नहीं मिलता, किसी घिसी-पिटी युक्ति अथवा किसी प्रकार की पारम्परिक पद्धति का अनुसरण नहीं होता–संक्षेप में कहा जाये तो जब हर वस्तु अति स्वाभाविकता की सीमाओं तक सच्चाई लिये हुए होती है।

स्तानिस्लाव्स्की ने इसके बाद सावधान करते हुए लिखा है कि अगर कोई अपनी प्रकृति की सामान्य ज़िन्दगी के साथ छेड़छाड़ करता है तो वह उपचेतना के अनुभव की सभी अगोचर बारीकियों को नष्ट कर देने के लिए

काफ़ी होता है। यही कारण है कि बहुत अनुभवी अभिनेता भी अपनी प्रशिक्षित मनोवैज्ञानिक तकनीक को लेकर मंच पर आते हुए डरते हैं कि कहीं उनकी सुविकसित मनोवैज्ञानिक तकनीक में कोई छोटी-सी झूठी भावना भी अनजाने फिसलकर न आ जाये अथवा उनकी भौतिक क्रियाओं में कोई मिथ्याचार न सरक आये। भावनाएँ डरकर भाग न जाएँ इसलिए वे अपनी अन्तरंग भावनाओं में अपनी बद्धि का संचार नहीं होने देते, वरन् अपनी भौतिक चेतना में अपना ध्यान केन्द्रित करते हैं।

तोर्त्सोव ने उसके बाद विचारणीय विषय का समाहार करते हुए कहा कि अब तक स्पष्ट हो चुका होगा कि हमारी भौतिक क्रियाओं में सच्चाई और उनमें हमारा विश्वास हमारे लिए यथार्थवाद या प्रकृतिवाद की दृष्टि से ज़रूरी नहीं है। हमें उनकी ज़रूरत अपनी भूमिकाओं की आंतरिक भावनाओं को मानसिक रूप में प्रभावित करने के लिए है। उनकी ज़रूरत हमें इसलिए भी है कि हमारी भावनाएँ हमसे डरकर भागें नहीं, उनके साथ किसी प्रकार की ज़बर्दस्ती भी न हो। उनकी अपेक्षा हमें उनके मौलिक गुण, उनकी ताज़गी तथा उनकी पवित्रता की सुरक्षा के लिए तथा जिन चरित्रों को हम रूपायित कर रहे हैं, रंगमंच पर उनके सजीव, मानवीय तथा आध्यात्मिक चेतना को सम्प्रेषित करने के लिए ही है।

इसीलिए उन्होंने सलाह दी है कि अभिनेता जब मुक्त आकाश में उड़ान भरने को तत्पर हो तो इस ठोस धरती की उपेक्षा न करें; जब वे उपचेतना की तरंगों में अपना जलयान आगे बढ़ा रहे हों, वे अपने भौतिक कार्यों को न छोड़ें।

उन्होंने यह भी कहा कि अभिनेता के लिए केवल ऊपर उड़ना ही काफ़ी नहीं है, उसे अपने को उस उड़ान के अनुकूल भी बना लेना चाहिए। वहाँ उपचेतना के क्षेत्रों में कोई राजपथ, रेलमार्ग एवं सिग्नल कैबिन नहीं है। वहाँ अपना रास्ता भूल जाने या गलत मोड़ पकड़ लेने की सम्भावना बहुत अधिक है। इस अनजाने क्षेत्र में अभिनेता कैसे अपने को अनुकूल बना सकता है? वह अपनी भावनाओं को वहाँ कैसे ले जा सकता है क्योंकि उसकी चेतना वहाँ प्रवेश ही नहीं करती? हवाई उड़ान में उन जहाज़ों को, जो बिना चालक के अगम्य क्षेत्रों में जाते हैं, रेडियो तरंगें भेजी जाती हैं। हमारे रंगकर्म में भी कुछ उससे मिलता-जुलता किया जाता है। हमारी भावनाएँ जब हमारी चेतना के लिए अगम्य क्षेत्रों में ऊपर उठती हैं, तो हमें उनके साथ उत्प्रेरकों तथा प्रलोभनों की सहायता से परोक्ष रूप में कार्य करना होता है। उनमें

रेडियो तरंगों जैसी प्रकृति की कुछ चीज़ें होती हैं जो अन्तःप्रेरणा को प्रभावित करती हैं और हमारी भावनाओं में अनुक्रियाएँ भी जगाती हैं।

तोर्त्सोव ने अगले दिन की कक्षा इस वक्तव्य के साथ आरम्भ की कि सामान्यतः भौतिक यथार्थनिष्ठ कार्यों की शृंखला में यह सामर्थ्य होती है कि वे भूमिका के मानवीय चेतना के जीवन की बड़े उदात्त रूप में संरचना कर लेती हैं। यह वस्तुतः उन छोटे-छोटे यथार्थनिष्ठ कार्यों से नहीं, वरन् उनकी सम्पूर्ण रचनाशील परम्परा से सम्भव होता है। इस परम्परा का किस रचनाशीलता के साथ उन्मेष होता है, यह समझाने के लिए ख़्लेस्ताकोव की भूमिका की सरंचना में किए प्रयोगों की उन्होंने विवेचना की।

उन्होंने कहा, ''तुम लोगों ने देखा कि न तो मैं स्वयं और न कोस्त्या ही रंगमंच पर सामान्य मनुष्य या अभिनेता की तरह तब तक आ पाए; जब तक कि हमने पहले से ही काल्पनिक परिस्थितियों की पूरी परम्परा में, 'जादुई अगरों' में साधारण भौतिक कार्य के लिए औचित्य की खोज नहीं कर ली। तुमने यह भी देखा कि इन छोटे कार्यों की मांग थी कि हम उन दृश्यों की इकाइयों और उद्देश्यों का विभाजन करें। इसके लिए हमें अपने कार्यों और भावनाओं में सतर्कता और तारतम्य का विकास करना पड़ा, हमें उनमें सच्चाई की खोज करनी पड़ी तथा उनमें अपने विश्वास एवं 'मैं हूँ' की चेतना को प्रतिष्ठित करना पड़ा। लेकिन यह सब पाने के लिए हम मेज़ पर क़िताब में सिर झुकाकर नहीं बैठे, हमने पेंसिल हाथ में लेकर, नाटक के आलेख को बाँटा भी नहीं, हम मंच पर बने रहे और अभिनय करते रहे। हमने कार्य की खोज की और अपने उद्देश्य को पाने के लिए जो भी ज़रूरी था, उसके लिए हमने खुद अपने स्वाभाविक जीवन में टटोला और ढूँढ़ा।

''अन्य शब्दों में अपने कार्यों को अपने तर्क से ठंडक के साथ वैचारिक रूप में विश्लेषण भी नहीं किया; वरन् उन्हें व्यवहार में, जीवन की दृष्टि से, मानवीय अनुभव, अपने निज के स्वभाव, अपनी कलात्मक एवं अन्य चेतनाओं, अपनी अन्तःप्रेरणा तथा अपनी उपचेतना से पाने की कोशिश की। अपने कार्यों को करने के लिए जो भी मदद हमें चाहिए थी, उसकी हमने खुद तलाश की। इस सम्बन्ध में हमारी प्रकृति हमारी मार्गदर्शक बनी और उसने हमारा मार्ग-निर्देशन किया। इस प्रक्रिया के सम्बन्ध में सोचो तो तुम्हें अनुभव होगा कि मनुष्य के रूप में यह खुद हमारी ही अपनी भूमिका के जीवन की परिस्थितियों में अन्तरंग और बहिरंग स्वरूपों का विश्लेषण था।

"जिस प्रक्रिया के विषय में बात की जा रही है, वह एक साथ सभी बौद्धक, आध्यात्मिक और हमारी प्रकृति की सभी बौद्धिक शक्तियों में सम्पन्न होती है। यह वैचारिक नहीं, वरन् भौतिक चेष्टाओं में प्राप्त प्राणिक उद्देश्य के लिए व्यावहारिक खोज है। तात्कालिक भौतिक क्रियाओं में डूबकर हम न तो उसके सम्बन्ध में सोचते-विचारते हैं और न हमें अदृश्य रूप में अपने भीतर चलने वाली विश्लेषण की आन्तरिक प्रक्रिया की जटिलता की जानकारी ही होती है।"

स्तानिस्लाव्स्की ने इसका सम्यक् विश्लेषण किया है। उनके अनुसार भूमिका के भौतिक स्वरूप के निर्माण की उनकी पद्धति का रहस्य और नयी विशेषता इस तथ्य में निहित है कि छोटे-से-छोटे भौतिक व्यापार रंगमंच पर सम्पन्न करते समय अभिनेता खुद अपनी अन्तःवृत्तियों, हर प्रकार की काल्पनिक संरचनाओं और पूरे नाटक द्वारा प्रस्तावित परिस्थितियों के अनुसार तथा 'अगरों' को लेकर सरंचना करे।

अगर छोटे-से-छोटे भौतिक कार्य की निष्पत्ति के लिए कल्पना की इतना ज़बर्दस्त भूमिका है, तो एक पूरी भूमिका के भौतिक स्वरूप की रूपरेखा के निर्माण के लिए बड़ी लम्बी और अविराम काल्पनिक संरचनाओं की शृंखलाएँ तथा पूरे नाटक के लिए प्रस्तावित परिस्थितियों की संयोजना ज़रूरी होगी। इन्हें केवल रचनात्मक प्रकृति की सभी आंतरिक शक्तियों द्वारा सम्पन्न विस्तृत विश्लेषण की सहायता से ही तैयार किया जा सकता है। स्तानिस्लाव्स्की की कार्यपद्धति इस विश्लेषण की प्रक्रिया के नैसर्गिक साधनों के माध्यम से ही सम्पन्न होती है। इसीलिए उन्होंने नैसर्गिक रूप से सम्प्रेरित आत्मविश्लेषण की नयी तथा सौभाग्य से प्राप्त विशिष्ट प्रक्रिया पर विशेष बल दिया है।

भूमिका के भौतिक स्वरूप की रचना पर यह विचार-विमर्श लम्बा है। तोर्त्सोव ने सवाल उठाया कि अगर मैं अपने को ख़्लेस्ताकोव की स्थिति में पाता हूँ, तो क्या करूँगा। जवाब में उन्होंने कहा कि मुझे इस कार्य को सम्पन्न करने के लिए एक अभिनेता की सभी आंतरिक तथा भौतिक प्रवृत्तियों को अपनी सहायता के लिए जगाना होगा। यह भूमिका को केवल समझने में ही नहीं, उसे अनुभव करने में भी सहायक होगा। पूरे नाटक में नहीं तो कम-से-कम उसके परिव्याप्त मनोभाव तथा उसके परिवेश के निर्माण में तो मदद करेगा ही।

अब सवाल उठाता है कि वे कौन से साधन हैं जो हमारी रचनात्मक प्रकृति को इतना उत्प्रेरित कर सकते हैं कि वह पूरी स्वच्छंदता के साथ कार्य

करने को तत्पर हो सके? इस कार्य में भी कार्य-पद्धति ही सहायक होती है।

स्तानिस्लाव्स्की ने कहा है कि अभिनेता जब भौतिक चेष्टाओं की ओर अग्रसर होता है तो वह अपनी उपचेतना के जीवन से अलग हो जाता है। इस प्रकार वह कुछ करने के लिए स्वच्छंद हो जाता है और उसे रचनाशील कार्य की प्रेरणा मिलती है। प्रकृति और उसकी उपचेतना का यह कार्य इतना सूक्ष्म और गम्भीर होता है कि रचनाशील व्यक्ति भी उससे अनभिज्ञ रहता है।

तोर्त्सोव ने इसी रचनाशीलता की व्याख्या करते हुए अपने छात्रों को बताया कि "जब मैं ख़्लेस्ताकोव की भूमिका के साथ अपने प्रयोग कर रहा था तो अपनी भूमिका के भौतिक स्वरूप की संरचना के लिए भौतिक कार्यों से ही शुरुआत की थी। मुझे यह ज्ञान नहीं था कि उनके भीतर क्या हो रहा है। मैंने बड़े भोलेपन के साथ कल्पना की थी कि मैं ही भौतिक कार्यों की सरंचना कर रहा हूँ और मैं ही उन्हें व्यवस्थित कर रहा हूँ; लेकिन वास्तव में वे उस रचनात्मक कार्य की प्रतिच्छायाएँ मात्र थीं, जो मेरी चेतना के परे मेरे भीतर मेरी प्रकृति की उपचेतन शक्तियों द्वारा संचालित हो रहा था।"

वस्तुतः रहस्यात्मक कार्यों को सम्पन्न कर पाना मानवीय चेतना के कार्यक्षेत्र में नहीं है इसलिए जो कुछ हमारी शक्ति के बाहर होता है, उसे हमारी नैसर्गिक प्रवृत्ति स्वयं करती है। लेकिन वह क्या है जो प्रकृति को यह कार्य करने के लिए उत्प्रेरित करता है?

स्तानिस्लाव्स्की के अनुसार भूमिका के भौतिक स्वरूप के जीवन की सरंचना की यह पद्धति अभिनेता की अन्तःप्रकृति को उत्प्रेरित करती है। उनकी यह पद्धति एकदम सामान्य और स्वाभाविक्र साधनों के माध्यम से प्रकृति की सूक्ष्मतम रचनात्मक शक्तियों को सक्रिय होने के लिए आकर्षित करती है। इन शक्तियों का आकलन भी कठिन है। उन्होंने इसके बावजूद अपनी इस कार्य-पद्धति की नयी व्यवस्था पर विशेष बल दिया है।

लेकिन रंगकर्मी के सामने बड़ा सवाल यह है कि इस पद्धति का प्रयोग कैसे किया जाये। तोर्त्सोव के अनुसार मंच पर किसी कार्य को सम्पन्न करते समय, नाटक की शब्दावली के उद्देश्य के अनुरूप अपने ध्यान को व्यवस्थित करते हुए, मन को पूर्णतः उस विषय के संप्रसार में लगाना चाहिए जिसे वास्तविक, विशद और चित्रात्मक रूप में सम्प्रेषित करना है। कोशिश यह करनी चाहिए कि सह-अभिनेता भी एक ही तरह से अनुभव करें, एक ही तरह से सोचें, देखें और सुनें। सबसे महत्त्वपूर्ण बात अभिनेता में उद्देश्य को प्राप्त करने की वांछा और विश्वास है। यही वह प्रक्रिया है, जो भौतिक कार्यों

में ध्यान लगाये रखने में सहायक है। अपेक्षित यह भी है कि अभिनेता अपनी भौतिक चेष्टाओं को पूरी मज़बूती से पकड़े क्योंकि अभिनेता की अपनी प्रकृति ही निरीक्षण से स्वच्छंद होकर वह कार्य कर सकती है, जो किसी भी मनोवैज्ञानिक तकनीक के सचेतन प्रयास से भी सम्पन्न नहीं होगा। भौतिक चेष्टाएँ ही विलक्षण कलाकार–रचनात्मक प्रकृति–की कुँजी हैं और अभिनेता की भावनाओं को सभी प्रकार के दबावों से सुरक्षित रखती हैं। तोत्सोंव ने विचार व्यक्त किया कि अभिनेता अपने भीतर जिस मानवीय आत्मा के जीवन का अनुभव करता है, उसके पीछे सतर्कता और तारतम्य के साथ भूमिका के भौतिक स्वरूप के जीवन की संरचना होती है। उस मानवीय सामग्री का अनुभव वाकई एक विलक्षण और जादुई क्रीड़ा है, जिसे लेखक अपने जीवन और अन्य लोगों की मानवीय प्रकृति से ग्रहण करता है।

तोत्सोंव के अनुसार यह इसलिए और भी अधिक महत्त्वपूर्ण है क्योंकि अभिनेता जो भी रचनात्मक कार्य करता है, उसमें वह परिपाटी निहित और नाटकीय उपलब्धियों को ही नहीं देखता, वरन् प्रामाणिक मानवीय सामग्री की खोज भी करता है और यह सामग्री एक रचनात्मक कलाकार की आत्मा में पायी जा सकती है।

उदाहरण के रूप में तोत्सोंव ने कहा कि जब मैं ख़्लेस्ताकोव की भूमिका में सक्रियता के साथ आंतरिक आवेगों का अनुभव करना आरम्भ कर रहा था, तो कोई भी मुझ पर बाहर अथवा भीतर से दबाव नहीं डाल रहा था और न कोई मेरा निर्देशन ही कर रहा था। इससे भी अधिक मैं स्वयं अपने को परम्परा से चली आ रही नाट्य रीतियों से अलग रखने की कोशिश कर रहा था, जो इस कालजयी भूमिका के चारों ओर इकट्ठी हो गयी थीं।

उन्होंने समझाया कि समय के साथ-साथ जैसे-जैसे अभिनेता भूमिका में गहरे उतरता जाता है, उसे नाटक के विषय में अधिकाधिक और विविध सामग्री की आवश्यकता होती है। ऐसी कोई भी सलाह या सूचना उसे सहज स्वीकार होनी चाहिए, जो उसकी भावनाओं के विरोध में भी न जाती हो और सामने खड़े सवाल को हल करने में या प्रस्तावित कार्य की सफलता में जिसका व्यावहारिक उपयोग हो सके। लेकिन जब तक वह किसी ऐसे आधार का निर्माण नहीं कर लेता जिस पर खड़ा होकर वह विश्वास से अपना काम कर सके, तब तक उसे प्रत्येक उस चीज़ से बचना चाहिए जो उसका ध्यान बँटाने की क्षमता रखती हो।

स्तानिस्लाव्स्की ने कहा है कि अभिनेता को इस तथ्य के महत्त्व को

भली प्रकार याद रखना चाहिए कि आरम्भ में वह स्वयं अपनी अपेक्षाओं, ज़रूरतों, अपनी अन्तःवृत्तियों के आधार पर औरों की सहायता की तलाश करता है और उनका मार्ग-निर्देशन चाहता है, लेकिन यह सहायता उसके ऊपर ज़बर्दस्ती नहीं होती। पहले तो वह अपनी आज़ादी बनाये रखना चाहता है, लेकिन उसके बाद वह उसे खो देता है। कोई भी रचनात्मक सामग्री यदि कहीं और से ली गई हो और अपने व्यक्तित्व में न अनुभव की गई हो, तो वह बड़ी ठंडी, बौद्धिक तथा कायिक होती है। उसकी तुलना में स्वयं व्यक्तिगत अनुभव से ली गयी सामग्री तुरन्त अपनी जगह बना लेती है और फिर क्रियाशील भी हो उठती है। कोई भी ऐसी वस्तु जिसे अभिनेता खुद अपनी ज़िन्दगी के अनुभव से लेता है, वह वस्तु जो उसके भीतर प्रतिक्रिया जगाती है, कभी उसकी विरोधी नहीं हो सकती। उसे बनावटी ढंग से पैदा भी नहीं किया जा सकता। वह पहले से ही अभिनेता के भीतर होती है, अपने आप फूट पड़ती है और भौतिक क्रियाओं में प्रकट होने की जैसे प्रार्थना करती है। एक अभिनेता की अपनी इन सभी भावनाओं को उसकी भूमिका में अन्तर्निहित भावनाओं के सर्वथा सानुरूप होना चाहिए।

स्तानिस्लाव्स्की ने जो कार्यपद्धति अपनाने योग्य बतायी है उसकी तुलना दुनिया के अधिकांश रंगमंचों में प्रयोग में लायी जाने वाली पद्धतियों से करने पर ही उसका महत्त्व भली प्रकार समझा जा सकेगा।

उसके बाद उन्होंने देश-विदेश के अन्य रंगमंचों पर निर्देशन की प्रचलित पद्धतियों की आलोचना करते हुए कहा कि निर्देशकों का एक वर्ग ऐसा भी मिलता है जो नाटक को अपने कार्यालय में बैठकर पढ़ता है और पहले ही रिहर्सल के समय एक बनी-बनायी योजना लेकर आता है। वास्तविकता यह है कि उनमें से बहुत-से नाटक को गम्भीरता से पढ़ते भी नहीं, वरन् मात्र अपने अनुभव पर विश्वास करते हैं। अपने हाथ के एक घुमाव से, मात्र अपनी बन-बनायी आदत से ये 'तथाकथित' अनुभवी अभिनेता वह दिशा निर्धारित कर देते हैं जिस पर नाटक को चलना है।

कुछ और अधिक गम्भीर प्रकृति के निर्देशक अपनी साहित्यिक अभिरुचि के साथ, अपने कमरे में बैठकर नाटक को गम्भीरता से पढ़ने के बाद कार्य की एक बौद्धिक रेखा बनाते हैं। वह रेखा अपने साथ सच्चाई लिये हुए तो होती है, लेकिन उसमें मन को रमाने की सामर्थ्य नहीं होती और इसलिए वह रचनाशील अभिनेता के लिए व्यवहार के योग्य नहीं होती।

जो निर्देशक अभिनेताओं को व्यवहारतः यह दिखाता है कि वे कैसे

अपनी भूमिका का प्रदर्शन करें, वह अत्यन्त असाधारण सुमेधा का स्वामी होता है। उसका प्रदर्शन जितना प्रतिभा से परिपूर्ण होता है, उतना ही गहरा उसका प्रभाव होता है, और अभिनेता भी उतने ही अधिक उसके दास बन जाते हैं। निर्देशक जितनी कुशलता से किसी भूमिका को प्रदर्शित करता है, अभिनेता उसी कुशलता से उसको प्रदर्शित करना चाहता है। गृहीत प्रभाव उस पर से आसानी से मिटता नहीं। वह विवशतः अपने सामने प्रस्तुत प्रतिमान का अनुसरण करता है, परन्तु उसका पूर्णतः रूपायन उसके लिए सम्भव नहीं होता, क्योंकि वह उसकी सामर्थ्य के बाहर होता है। ऐसे प्रतिमान के बाद अभिनेता अपनी स्वतन्त्रता खो देता है और भूमिका के सम्बन्ध में उसकी अपनी धारणा भी मिट जाती है।

इसलिए हर अभिनेता को केवल अपनी सामर्थ्य के अनुसार ही प्रदर्शन करना चाहिए और उसे चीज़ का पीछा कभी नहीं करना चाहिए जो उसकी रचनात्मक शक्ति के सर्वथा परे है। एक अच्छे मॉडल (आदर्श) रूप की दरिद्र-सी प्रतिकृति द्वितीय स्तर की अच्छी और मौलिक संरचना से भी कहीं ख़राब होती है।

उन्होंने ऐसे निर्देशकों को सलाह दी है कि वे अपने अभिनेताओं पर जबरन कुछ भी न लादें। जो अभिनेताओं की क्षमता के क्षेत्र के बाहर है उसकी ओर उन्हें आकर्षित न करें, लेकिन अभिनेताओं को इस दिशा में प्रोत्साहित करें कि वे अपने भौतिक कार्यों को सहजता के साथ सम्पन्न करने के लिए अनिवार्य सूचनाओं की खोज स्वयं करें।

अभिनेताओं को यह भली प्रकार जानना चाहिए कि अपनी भूमिका के रूपायन के लिए सच्ची भूख कैसे जगानी है।

स्तानिस्लाव्स्की ने इस प्रसंग का समाहार करते हुए रचनाशील कलाकार की स्वच्छन्दता की सुरक्षा को अपनी कार्य-पद्धति की सबसे बड़ी विशेषता का दर्जा दिया है।

स्तानिस्लाव्स्की ने अपनी कार्य-पद्धति के सम्बन्ध में अनेक वरिष्ठ अभिनेताओं के साथ तोर्त्सोव के वाद-विवाद को उद्धृत किया है।

तोर्त्सोव आरम्भ में कहते हैं कि मेरे लिए यह आसान नहीं होगा कि मैं उन जैसे प्रतिष्ठित अभिनेताओं के साथ बातचीत का आरम्भ अन्त से करूँ और फिर उन्हें पहले के कार्यों की ओर ले जाऊँ। फिर भी उन्होंने कहा : ''तुम सभी एक पूरी तरह से संरचित और परिपूर्ण भूमिका की भावनाओं से तो भली प्रकार सुपरिचित हो। ये सभी भावनाएँ ऐसी हैं, जिन्हें नये अभिनेता

नहीं समझते। अब तुम अपनी भूमिकाओं में से किसी एक को लेकर, जिसे तुमने अनेक बार उपस्थित किया हो और जो अच्छी तरह से व्यवस्थित हो, अपनी भावनाओं में, अपने विचारों में, अपनी अनुभूतियों में गहरे उतरो और तब बताओ कि पहले से क्या कुछ तुम्हारे साथ है, तुम अब अपने को किसके लिए तैयार कर रहे हो, तुम्हें क्या पूर्वाभास हो रहा है, तुम्हारे उद्देश्य क्या हैं, कौन-सी क्रिया तुम्हारा ध्यान आकर्षित करती है और जब तुम एक सुपरिचित भूमिका के प्रदर्शन के लिए परिधान कक्ष से निकलकर मंच पर जाते हो, तो तुम्हारे मन में क्या होता है?

लब्धप्रतिष्ठ अभिनेताओं से और पूछा भी क्या जा सकता था?

एक वरिष्ठ अभिनेता ने कहा कि मैं प्रारम्भ में अपने पहले उद्देश्य के सम्बन्ध में सोचता हूँ, उसके बाद दूसरे, फिर तीसरे और चौथे के बारे में।

दूसरे ने कहा कि मैं कार्य की परिव्याप्त रेखा से आरम्भ करता हूँ। वह मेरे सामने एक सीमाहीन राजमार्ग की तरह खुलती जाती है, जिसके अन्त में अपने चरम लक्ष्य को एक प्रकाशमान गुम्बद के रूप में देखता हूँ।

तोर्त्सोव ने यह सब सुनकर चरम लक्ष्य को पाने अथवा उस तक पहुँचने की प्रक्रिया के बारे में पूछा। जवाब मिला, ''सतर्कता से, एक के बाद दूसरा उद्देश्य प्राप्त होता है।''

तोर्त्सोव ने तब कहा कि, ''तुम सक्रिय होते हो और फिर अपनी सक्रियता से चरम लक्ष्य के निकट, और भी निकट होते जाते हो।''

''हाँ, निश्चय ही यही होता है, जैसे कोई अपनी स्वरलिपि के साथ करता है।''

तोर्त्सोव का अगला प्रश्न था, ''सुपरिचित भूमिका में इन कार्यों के विषय में क्या अवधारणा होती है? क्या वे कार्य बड़े ही मुश्किल, जटिल और अस्पष्ट लगते हैं?''

''वे पहले लगा करते थे, लेकिन आखिर में उन्होंने लगभग दस कार्यों का रूप ले लिया—बड़े ही स्पष्ट, यथार्थनिष्ठ, समझे-बूझे और सहज करणीय, जिन्हें नाटक और भूमिका की सुव्यवस्थित धाराएँ कहा जा सकता है।''

तोर्त्सोव ने जानना चाहा कि वे क्या हैं—सूक्ष्म, मनोवैज्ञानिक कार्य?

''निश्चय ही वे इसी प्रकृति के हैं लेकिन पुनरावृत्ति की प्रक्रिया और भूमिका के जीवन तथा उनके बीच अटूट बन्धन के कारण उनका मनोविज्ञान एक सीमा तक मांसलता ग्रहण कर लेता है और उनके माध्यम से व्यक्ति भावनाओं के अन्तर्निहित सार-तत्त्व तक पहुँच सकता है।''

तोर्त्सोव ने इस बार उस अनुभवी अभिनेता से पूछा, "लेकिन ऐसा क्यों है?"

"मुझे लगता है, अस्वाभाविकता इसका करण है। मांस साकार और सुलभ होता है। व्यक्ति को सर्वतः बस सतर्कता और तारतम्य से कार्य करना होता है और भावना अपने आप उसके पीछे चल पड़ती है।"

तोर्त्सोव ने उसकी अभिव्यंजना को पकड़ते हुए कहा कि "तब अन्ततः तुम सहज भौतिक कार्य तक पहुँचोगे और हम इसी से आरम्भ करते हैं। तुम खुद कहते हो कि उस बाहरी कार्य का भौतिक स्वरूप सर्वाधिक सुलभ होता है। तब क्या यह अधिक अच्छा नहीं होगा कि भूमिका पर तुम सर्वाधिक सुलभ रचनात्मक कार्य से आरम्भ करो यानी भौतिक कार्यों से? तुमने अभी खुद कहा है कि परिपूर्ण और अच्छी तरह से तैयार कार्य के पीछे भावना अपने आप चल पड़ती है। फिर भी आरम्भ में भूमिका की संरचना के भी पहले भावना तार्किक क्रियाओं के पथ पर पीछे-पीछे चल पड़ती है। इसलिए जब तुम पहला कदम बढ़ा रहे हो, तभी आरम्भ में क्यों न उसे उकसाकर बाहर निकाल दो। महीनों मेज़ पर बैठकर क्यों अपनी निष्क्रिय भावना को ज़बर्दस्ती सक्रिय करने की कोशिश की जाये? सक्रियता से सर्वथा अलग हो चुके को फिर से सजीव करने की कोशिश क्यों? मंच पर आकर तुरन्त सक्रिय हो उठना कहीं अच्छा है। कहने का आशय यह है कि वह करो, जो कुछ उस समय तुम्हारी पहुँच के भीतर है। उस सक्रियता के बाद उस समय जो कुछ भी तुम्हारी भावनाओं की पहुँच के भीतर होगा, वह तुम्हारे शरीर के साथ सामंजस्य स्थापित करते हुए सहज रूप से बाहर आ जायेगा।"

कोस्त्या को यह देखकर बड़ा आश्चर्य हो रहा था कि छात्र के रूप में जो उसे बड़ा सरल, सामान्य और नैसर्गिक रूप में सच्चा लगता है, उसे पकड़ पाना उन अनुभवी अभिनेताओं के लिएं क्यों मुश्किल हो रहा है? उसने यह सवाल पूछ भी लिया।

एक युवा अभिनेता ने जो रंग-संस्थान के एक रंगमण्डल में सक्रिय होने के बावजूद निराशावादी था, जवाब दिया कि काम की भीड़-भाड़ नये नाटकों की शुरुआत, रंगमण्डल के कार्यक्रम, रिहर्सल, प्रदर्शन, भूमिकाओं के अनुशीलन, अदला-बदली, वाचन के अतिरिक्त अभ्यास, आधे तैयार कार्य—ये सभी अभिनेता के जीवन में रुकावटें खड़ी करते हैं। धुएं का पर्दा खड़ा हो जाने पर जैसे लोग सामने की चीज़ नहीं देख पाते, वैसे ही ये अभिनेता कला के क्षेत्र में जो कुछ हो रहा है, उसे ग्रहण नहीं कर पाते। इसके बाद उसने यह भी कहा कि हम

सौभाग्यशाली हैं कि रंगकर्म में पूरी तरह से डूबे हुए हैं।

सभी छात्रों के मन में उन वरिष्ठ अभिनेताओं के प्रति ईर्ष्या का गहरा भाव था।

स्तानिस्लाव्स्की ने अब तक गोगोल के 'इंस्पैक्टर जनरल' को लेकर अपनी नाट्य-पद्धति की जो विवेचना की थी, उसका समाहार करते हुए उन्होंने तोर्त्सोव की भूमिका में छात्रों से कहा :

''अभिनेता जब अपनी भूमिका के भौतिक और आध्यात्मिक जीवन की रेखा की रचना कर लेता है, तो जिस रचनाशील मनोदशा में वह उसकी रचना करता है उसी में उसका प्रतिफल देखा जाना चाहिए। तुममें से बहुतों ने रंगमंच पर आकस्मिक रूप में या मनोतकनीक की सहायता से उस वास्तविक-आन्तरिक रचनाशील मनोदशा को स्थापित करने में सफलता पा ली है, लेकिन जैसा मैं तुम से पहले बता चुका हूँ, यह काफ़ी नहीं है। तुम्हें अपनी आंतरिक रचनाशील मनोदशा में नाटक द्वारा प्रदान की गयी परिस्थितियों के अनुरूप अपनी भूमिका के जीवन की प्रामाणिक चेतना को भरने में समर्थ होना चाहिए। यह एक अभिनेता की भावनाओं में एक विलक्षण परिवर्तन, रूपान्तर या देहान्तर उत्पन्न करता है।

''अब ज़रा यह सुनो : जब मैं युवा था तो मैं प्राचीन युग के जीवन से बहुत से सम्मोहित था। मैंने उसके विषय में पढ़ा, विशेषज्ञों से बातचीत की; पुस्तकें, मूर्तियाँ, चित्रांकन, फ़ोटोग्राफ, पोस्टकार्ड इकट्ठे किये और मुझे यह लगा कि मैं केवल इस युग से परिचित ही नहीं था, बल्कि उसे वास्तव में अनुभव भी कर रहा था।

''तब...मैं पाम्पेआई पहुँचा। वहाँ मैं उन्हीं सड़कों पर वैसे ही चला, जैसे प्राचीन युग में लोग चला करते थे। मैं उस शहर की संकरी छोटी-छोटी गलियों को खुद अपनी आँखों से देखा, मैं उन घरों में गया जो अभी तक साबुत खड़े थे, मैं संगमरमर की पाटियों पर बैठा जहाँ उस आदिकाल के वीर पुरुष बैठे थे, मेरे हाथों ने उन चीज़ों को छुआ जिन्हें किसी युग में उनके हाथों ने छुआ था और पूरे एक सप्ताह उस अतीत काल के आध्यात्मिक और भौतिक जीवन का मैं गहराई से अनुभव करता रहा।

''इस सब के फलस्वरूप मेरी सभी अनोखी पुस्तकों और छोटी-छोटी सूचनाओं का स्थान निर्धारित हो गया। सामान्य समन्वित स्वरूप में वे साकार हो उठीं; तब मैं समझा कि वास्तविक प्रकृति और उसके पोस्टकार्डों के बीच

ज़िन्दग़ी के एक भावात्मक अनुभव तथा उसकी किताबी, दिमाग़ी अवधारणा के बीच, वैचारिक बिम्ब और भौतिक संपर्क के बीच कितने फ़ासले हैं।

"बिल्कुल ऐसी ही बात तब होती है जब हम भूमिका के निकट पहली बार पहुँचते हैं। भावात्मक जानकारी की दृष्टि से उसके साथ का एक सतही परिचय बड़ा ही धुँधला प्रभाव उत्पन्न करता है, उससे कुछ ज़्यादा नहीं, जो एक पुस्तक या दूसरे के द्वारा बताया गया उस युग का विवरण हमें दे सकता है।

"नाट्यलेखक की रचना के साथ उसके प्रभाव हमारे मनोजगत् में कुछ टुकड़ों की तरह अलग-अलग क्षणों के रूप में अक्सर विशद अविस्मरणीय रूप में ही शेष रह जाते हैं, जो नाटक पर आगे के सभी कार्य को रंग प्रदान करते हैं। फिर भी ये अलग-अलग प्रकार के बिन्दु, जिनका नाटक के बाहरी स्वरूप के अलावा और कोई अन्तर्सम्बन्ध नहीं होता, जिनमें भीतरी सामंजस्य का अभाव होता है, हमें पूरे नाटक की चेतना प्रदान नहीं करते।

"हम नाटक की बौद्धिक अवधारणा के परे जो बिन्दु है उस पर हम तब पहुँचते हैं, जब अपनी भूमिका से मिलते-जुलते भौतिक कार्यों को सम्पन्न कर लेते हैं, नाटककार द्वारा प्रस्तुत परिस्थितियों से मिलती-जुलती परिस्थितियों में हम तभी अपने चरित्र के स्पन्दनशील जीवन की पहचान पा सकते हैं, उसे अनुभव कर सकते हैं।

"अगर तुम अपनी सारी भूमिका के व्यापक स्वरूप में अपनी भौतिक चेतना की रेखा को ले जा सकते हो और अगर उसमें अपनी जीवन्त आत्मा को अनुभव कर सकते हो, तो सभी अलग-अलग और सुस्पष्ट बिन्दु तथा संवदेनाएँ एक स्थान में जुड़कर एक नया और प्रामाणिक अर्थ ग्रहण कर लेंगी।

"यही वस्तुस्थिति रचनात्मक कार्य के लिए सुदृढ़ आधारबिन्दु बनती है।

"जब हम इस आधारबिन्दु को प्राप्त कर लेते हैं तो बाहर से मिली कोई भी सूचना, चाहे वह निर्देशक से ली गयी हो अथवा किसी अन्य स्रोत से, अस्वीकार हो जाती है।

"यह नाट्य-कर्म बौद्धिक चेतना द्वारा ही नहीं वरन् तुम्हारी सभी रचनात्मक शक्तियों, रंगमंच पर तुम्हारी आंतरिक रचनाशील मनोदशा के सभी तत्त्वों, नाटक के इस जीवन की वास्तविक चेतना के साथ मिलकर सम्पन्न होता है।

"मैंने तुम्हें अपने भीतर नाटक के जीवन की भौतिक एवं आध्यात्मिक चेतना को सक्रिय करना सिखाया है। यह अर्जित भावना अपने आप तुम्हारे भीतर उपस्थित तुम्हारी आन्तरिक रचनात्मक मनोदशा के साथ समाहित हो

जाती है और फिर वे दोनों मिलकर अत्यन्त सूक्ष्म रूप में सक्रिय रचनाशील मनोदशा की रचना करते हैं। जब तुम इस मनोदशा में होते हो तो मात्र अपनी बुद्धि की नहीं वरन् अपनी सारी आध्यात्मिक और भौतिक रचनात्मक शक्तियों के सहयोग से अपनी भूमिका का अध्ययन और विश्लेषण कर सकते हो।

"मैं इस पर विशेष बल देता हूँ : एक नये नाटक की ओर पहुँचने के तुम्हारे पहले कदम उतनी ही बुद्धि के साथ उठने चाहिए, जितने भावनाओं के साथ। अभिनेता और मानवीय दोनों स्वरूपों में तुम्हारी उपचेतना और अन्तःप्रेरणा तभी ताज़ा और स्वच्छन्द बनी रहती है। तुम्हारी भूमिका की आत्मा तुम्हारी जीवन्त आत्मा के अंशों, तुम्हारी इच्छाओं और आकांक्षाओं तथा कल्पना से रूपायित होगी। अगर तुम यह रचनात्मक कार्य पर लेते हो तो तुम्हारे द्वारा रूपायित प्रत्येक चरित्र रंगमंच पर सजीव होगा और उसमें उसका व्यक्तिगत रंग होगा।

"ख़्लेस्ताकोव का प्रदर्शन करते हुए मुझे अक्सर यह लगा है कि मैं बस उसकी आत्मा के भीतर हूँ। एक दूसरी भूमिका के साथ इस भावना का स्थानान्तरण अवश्य हुआ जब मुझे लगा कि भूमिका का आत्मांश मेरे भीतर प्रवेश कर गया है। यही कोस्त्या के साथ उस समय हुआ था, जब उसे लगा था कि वह वास्तव में फेरीवाले की छाबड़ी से कोई चीज़ उठाकर खा सकता है। वही एक क्षण था जब वह पूरी तरह से अपनी भूमिका में समाहित हो गया था और उसने अपने भीतर ख़्लेस्ताकोव की कुछ प्रवृत्तियों को अनुभव किया था। जब मैं और गहरे उतरा तो मैंने जीवन की बाहरी और भीतरी परिस्थितियों में सम्पर्क के बड़े ही ताज़े बिन्दु पाये जो मेरे अपने चरित्र से बहुत मिलते-जुलते थे। ये मिलती-जुलती घड़ियाँ बारम्बार अधिक, और भी अधिक मिलने लगी जब तक कि उन्होंने भौतिक और आध्यात्मिक दोनों प्रकार की चेतना की एक अविच्छिन्न रेखा नहीं बना ली। अब जबकि मैं रचना की प्रारम्भिक कालावधि से गुज़र चुका हूँ तो मैं बड़ी दृढ़ता से कह सकता हूँ कि अगर मैं अपने को ख़्लेस्ताकोव की परिस्थिति में पाऊँ तो मैं वास्तविक जीवन में बिल्कुल वैसे ही सक्रिया होऊँगा जैसे वह उस भौतिक चेतना में होता है जो मैंने उसके लिए बनायी है।

"जब मैं यह अनुभव करता हूँ तो मैं 'मैं हूँ' की स्थिति के निकट होता हूँ और मुझे कुछ भयभीत नहीं करता। उस सुदृढ़ आधार से मैं भ्रमित होने या आधार खोने के भय से मुक्त रहकर अपनी भौतिक और आध्यात्मिक प्रकृति को परिचालित कर सकता हूँ। अगर मैं ग़लत रास्ते पर भटक जाऊँ, तो भी

मैं असानी से लौट सकता हूँ और फिर से सही रास्ते पर चलने की कोशिश कर सकता हूँ। जब मैं रंगमंच पर होता हूँ तो इसी आधार पर अपनी प्रशिक्षित आदतों के सहारे मैं अपना बाहरी चारित्रिक स्वरूप धारण कर सकता हूँ। उपस्थित परिस्थितियों के चौखटे में तथा तार्किक भावनाओं को लेकर मैं उस आंतरिक सामग्री का उपयोग कर सकता हूँ, जो मैंने किसी भी आन्तरिक चारित्रिक स्वरूप को उत्पन्न करने के लिए अर्जित की है। अगर ये बाहरी और भीतरी दोनों ही चारित्रिक स्वरूप सच्चाई पर आधारित हों, तो वे अनिवार्यतः तादात्मय स्थपित करके एक सजीव बिम्ब का विधान खड़ा कर देंगे।

"इस प्रकार भौतिक स्वरूप की संरचना की मेरी यह पद्धति अपने आप नाटक का विश्लेषण कर लेती है; वह अपने आप जैविक प्रकृति को उकसाती है कि वह अपनी महत्त्वपूर्ण आन्तरिक रचनात्मक शक्तियों को क्रियाशील करके हमें भौतिक चेष्टाओं के लिए प्रोत्साहित करे। वह अपने आप हमारे भीतर की सजीव मानवीय सामग्री को जगाकर कार्य के लिए प्रेरित करती है। जब हम कोई नया नाटक उठाते हैं, तब भी वह उसके सामान्य वातावरण और मनोदशा को समझने में हमारी सहायता करती है। मेरी कार्य-पद्धति की ये नयी और महत्त्वपूर्ण सम्भावनाएँ हैं।"

परिशिष्ट

अ. भूमिका की संरचना : परिपूरक

कार्य योजना

1. नाटक की कथावस्तु का वाचन (बहुत विस्तार से नहीं)।

2. नाटक की बाहरी कथावस्तु का भौतिक कार्यों की शब्दावली में प्रदर्शन। जैसे, कमरे में प्रवेश। लेकिन यह तब तक नहीं हो सकता, जब तक तुम्हें यह न मालूम हो कि तुम कहाँ से आ रहो हो, कहाँ जा रहे हो और क्यों, कथानक के बाहरी तथ्य क्या हैं। भौतिक क्रियाओं को समुचित आधार प्रदान करने के लिए यह सब अनिवार्य है। यह सब प्रारंभिक रूपरेखा के रूप में ही होना चाहिए। यह प्रदत्त परिस्थितियों की बाहरी रूपरेखा के औचित्य का विवेचन मात्र होगा (प्रारम्भिक रूपों की अनगढ़ संकल्पना-मात्र); कार्य तो नाटक से ही ग्रहण किये जाने हैं; जो नहीं है, उसकी नाटक की मूल चेतना के अन्तर्गत खोज करनी होगी : अगर मैं यहाँ, आज ही, बस इसी क्षण अपने को नाटक की कथावस्तु के समरूप परिस्थितियों में पाता हूँ, तो क्या करूँगा?

3. अतीत और भविष्य की संभावनाओं को लेकर आशु-अभिनय का प्रदर्शन करो (वर्तमान रंगमंच पर होता है)। मैं कहाँ से आया हूँ, मैं कहाँ जा रहा हूँ, उस मध्यावधि में क्या हुआ, जब मैं मंच पर था?

4. उसमें नाटक के कथानक की भौतिक क्रियाओं के विवरण के साथ कथा-कथन (अपेक्षाकृत विस्तार से)। परिस्थितियों के सूक्ष्मतर रूप को अधिक गम्भीर आधार देकर विस्तार दो, यह कार्य 'जादुई अगरों' को लेकर होना चाहिए।

5. एक अस्थायी परिभाषाः कुछ लगभग जैसी शब्दावली में जिसमें चरम लक्ष्य की अनगढ़-सी बाहरी रूपरेखा हो।

6. इस एकत्र सामग्री के आधार पर एक अनगढ़ रूपाकार वाली आद्यन्त कार्य-व्यापार की एक संकल्पित रेखा का निर्माण, यह कहते हुए कि मैं क्या करूँगा "अगर...?"

7. इस उद्देश्य के अन्तर्गत नाटक का बड़ी भौतिक इकाइयों में विभाजन (इन बड़ी भौतिक इकाइयों और भौतिक क्रिया-कलापों के बिना कोई नाटक नहीं होता)।

8. मैं क्या करूँगा "अगर...?" प्रश्न पर आधारित अनगढ़ रूप में रचित भौतिक चेष्टाएँ उत्पन्न हो जाती हैं। उनका प्रदर्शन (अभिनय)।

9. अगर बड़ी इकाइयाँ प्रदर्शन की दृष्टि से बहुत मुश्किल लगें, तो उन्हें अस्थायी रूप में मध्यम आयाम की इकाइयों में विभाजित करना अथवा ज़रूरी होने पर उन्हें छोटी, और भी छोटी इकाइयों में बाँटना। इन भौतिक क्रियाओं की प्रकृति का अध्ययन। इन बड़ी इकाइयों और उनके आंगिक अंशों की सतर्कता और तारतम्यता का पूरी दृढ़ता के साथ अनुसरण और फिर उन्हें एक बड़े कार्य-व्यापार में जोड़ना। यह कार्य हमेशा मंचीय साज-सामान के बिना ही होना चाहिए।

10. जैविक और भौतिक क्रियाओं की एक तार्किक और अविराम अग्रसर रेखा खींचना। उसे लिखना और अनेक बार अभ्यास करके उसे दृढ़ता से स्थापित करना। फ़ालतू चीज़ों से मुक्ति--यह प्रक्रिया तब तक चलनी चाहिए जब तक वह वास्तव में विश्वसनीय न बन जाये। इन भौतिक कार्यों की तार्किकता और निरन्तरता सच्चाई और निष्ठा की ओर ले जाने वाली होगी। यह सच्चाई की प्रतिष्ठा की कोशिशों से नहीं, वरन् सतर्कता और निरन्तर अभ्यास से सम्भव होगी।

11. चैतन्य स्वरूप में सतर्कता, निरन्तरता, सच्चाई और निष्ठा की यहाँ आज ही, इसी क्षण प्रतिष्ठा अब अपनी और सुदृढ़ आधारभूमि बनाकर स्थापित हो जायेगी।

12. ये सभी एक साथ मिलकर मैं 'मूल चरित्र हूँ' की मनोदशा उत्पन्न करते हैं।

13. 'मैं 'मूल चरित्र' हूँ' की मनोदशा प्राप्त कर लेने के बाद जैविक प्रकृति और उसकी उपचेतना तक पहुँचना सम्भव होगा।

14. अपने शब्दों के इस प्रकार प्रयोग के बाद नाट्यालेख का पहला पाठ। ज़रूरी शब्दावली को ग्रहण करना, उन्हें लिखना और उसे फिर अपने स्वच्छन्द पाठ के साथ जोड़ना। नाट्यालेख के दूसरे और बाद के पाठों तक पहुँचने पर कुछ और टिप्पणियाँ लिखना, अपने निर्मित पाठ में जोड़ने के लिए कुछ और शब्दों का चयन। इस प्रकार पहले छोटे-छोटे टुकड़ों में, फिर पूरी शब्दावलियों में, भूमिका धीरे-धीरे नाटककार की अपनी शब्दावली में भर जाती

है। जो खाली स्थान बचते हैं, वे भी नाटक को अपनी शैली, अपने भाव और शब्द-विन्यास के अनुसार, नाटक के मूल पाठ से भर जाते हैं।

15. इसके बाद नाटक के मूल पाठ का अध्ययन और मन में उसे स्थापित करना। लेकिन यह पाठ ज़ोर से नहीं होना चाहिए, जिससे वह मशीन की तरह बड़बड़ाहट न लगे अथवा शब्दों की नट-क्रीड़ा की शृंखला ही न खड़ी हो जाये। अनेक पुनरावृत्तियों और तार्किकता, भौतिक क्रियाओं के तारतम्य, सच्चाई, निष्ठा, 'मैं हूँ' के जैविक सत्य और उपचेतना की परम्परा का दृढ़ता के साथ स्थापन। इन सभी कार्यों को भौतिक आधार प्रदान करते हुए हमेशा यह लगेगा कि मन में बड़ी ताज़ी, नयी और सूक्ष्मतर परिस्थितियाँ आ रही हैं और सुसंगठित कार्यों की गम्भीर, परिव्याप्त, सब कुछ को समाहित करने में समर्थ चेतना का अविर्भाव हो रहा है। इस प्रक्रिया के दौरान नाटक की विषय-वस्तु की निरन्तर बढ़ रही बारीकियों में बारम्बार प्रवेश। इस प्रकार अनजाने ही अपनी भौतिक क्रियाओं के लिए आधार मिल जाता है। यह तुम्हारी प्रस्तावित परिस्थितियों, कार्य की आद्यन्त रेखा और चरम लक्ष्य के कारण बड़ी ही मनोवैज्ञानिक बारीकियाँ लिये हुए होता है और इसलिए कुछ जटिल भी नहीं होता।

16. स्थापित अनुक्रम को जारी रखना। शब्दों के विषय में विचार, लेकिन अभिनय के समय उनकी जगह उच्चारण में लयात्मकता लाना (त्र-ला-ला-ला)।

17. अपनी भौतिक क्रियाओं को औचित्य प्रदान करने के व्यापार में नाटक के प्रदर्शन के सच्चे आन्तरिक विधान को और भी दृढ़ता से जमाना जिससे वाचिक पाठ स्वच्छन्द होकर मात्र यांत्रिक बड़बड़ाहट बनने के स्थान पर अधिकार में आ जाये। लयात्मक स्वर-विन्यास के साथ नाटक का प्रदर्शन जारी रखना, अपनी ही शब्दावली में विचारों की परम्परा को और नाटक के दृश्यात्मक स्वरूप को दोहराना, अपने साथ अभिनय कर रहे अभिनेताओं के साथ अन्तःसंवाद और अन्तरंग व्यापार की अवस्था निर्मित करने के निमित्त व्याख्या करना। यही आधारभूत व्यवस्थाएँ भूमिका का अन्तर्पाठ बनाती हैं। इन्हें यथासम्भव दृढ़ आधार देना और उन्हें बराबर बनाये रखना।

18. इस व्यवस्था के निश्चित हो जाने के बाद, एक साथ बैठकर बिना हाथ-पाँव हिलाये लेखक के शब्दों में नाटक को पकड़ना, साथी अभिनेताओं को निर्मित व्यवस्थाओं, निश्चित किए गए कार्यों तथा नाटक की निर्मित स्वरलिपि से यथासम्भव समुचित ज्ञान कराना।

19. इन सब कार्यों की पुनरावृत्ति मेज़ के चारों ओर बैठे हुए, अपने हाथों और शरीर के विभिन्न अंगों को स्वच्छन्द करके अस्थायी प्रदर्शन के लिए जिन व्यापारों को छोड़ दिया गया था, उनमें से भी कुछ का इस्तेमाल।

20. अस्थायी प्रदर्शन के समय बचाकर रखे गये कार्य-व्यापारों के साथ इन सबकी रंगमंच पर पुनरावृत्ति।

21. दृश्यबंध की योजना और फिर उसे (चारों दीवारों के भीतर) प्रतिष्ठित करना। प्रत्येक व्यक्ति से पूछना कि वह (उस दृश्य विधान में) क्या चुनेगा और क्या प्रदर्शित करेगा? हर एक को अपनी योजना बताने की छूट देना। अभिनेताओं द्वारा प्रस्तावित योजनाओं से जो सहमति बनती है, उसी से दृश्यबन्ध का स्वरूप खड़ा होता है।

22. रंगमंच पर विभिन्न व्यापारों को सम्पन्न करना और फिर उन्हें लिखना। सर्वस्वीकृत योजना के अनुसार दृश्यबन्ध की व्यवस्था करना और अभिनेताओं को उसमें प्रवेश करने का अवसर देना। अभिनेताओं से पूछना कि कहाँ खड़े होकर वे अपने प्यार की उद्घोषणा करना चाहेंगे; कहाँ खड़े होकर वे अपने साथी अभिनेता से मन की बात कहेंगे, कहाँ उनके लिए यह सुविधाजनक होगा कि वे एक ओर जाकर अपने अन्तर की मनोव्यथा को अभिव्यक्त करें। नाटक की अपेक्षा के अनुसार अभिनेताओं को इधर-उधर जाकर अपने कार्यों को सम्पन्न करने की छूट—अलमारियों में पुस्तकों की खोज, खिड़कियों को खोलना, आग जलाना, आदि-आदि।

23. रंगमंच के चारों ओर की दीवारों में से किसी एक को खोलकर नाटकीय व्यापारों की बनी व्यवस्था की परीक्षा करना।

24. मेज़ के पास बैठकर साहित्यिक, राजनैतिक, कलागत तथा नाटक के अन्य पक्षों को लेकर बातचीत की शृंखलाएं चलाना।

25. चरित्र-चित्रण : इस सीमा तक किये गये कार्य से चरित्र-चित्रण के अन्तरंग स्वरूप की अभिव्यक्ति होती है। इस बीच चरित्र के बाहरी स्वरूपों का उद्घाटन थोड़ा-बहुत अपने आप ही हो जाता है, लेकिन अगर ऐसा नहीं होता है तो? पहले से निश्चित हो चुके की पुनरावृत्ति और उसके साथ कुछ और क्रियाओं को जोड़ना, यथा विरस या मनोरम संभाषण, हाथों अथवा पैरों की कुछ विशेष भंगिमाएँ, किन्हीं विशिष्ट स्वभावों एवं आदतों के अनुसार शरीर का स्वरूप; यदि फिर भी चरित्र-चित्रण के ये बाहरी विधान सहज रूप में प्रकट नहीं होते तो उनहें बाहर से प्रत्यारोपित करना।

आ. 'ऑथेलो' के आशु प्रदर्शन

'ऑथेलो' के प्रदर्शन से सम्बन्धित ये दो छोटे अध्ययन 'क्रिएटिंग ए रोल' ('भूमिका की संरचना') के रूसी भाषा के संस्करण के साथ प्रकाशित हुए थे। इनका सम्बन्ध 'ऐन ऐक्टर प्रिपेयर्स' ('अभिनेता का आत्मनिर्माण') से अधिक है, भूमिका की रचना से कम। इसमें पॉल इयागो की भूमिका में है जैसे वह 'अभिनेता' में था। विचारणीय दृश्य भी, इस खंड की भाँति 'ऑथेलो' का प्रारंभिक दृश्य नहीं, वरन् तीसरे अंक का तीसरा दृश्य है।

स्तानिस्लाव्स्की ने पूर्व-परम्परा के अनुसार अपने को कोस्त्या की भूमिका में रखकर तोर्त्सोव की उस विशेष कक्षा का विवरण लिखा है :

आज तोर्त्सोव ने यह निर्णय किया कि वे आशु-अभिनय पर लौटेंगे और हमसे कुछ लघु प्रसंगों की पूरी रंग-शृंखला का अभिनय करायेंगे, लेकिन अभी कुछ छात्र आये नहीं थे, इसलिए उन्होंने सीधे कोस्त्या से ही कहा कि वह रंगमंच पर जाये और ऑथेलो का आशु-अभिनय आरम्भ करे।

कोस्त्या ने पहले तो बिना तैयारी के अभिनय करने से इनकार किया, लेकिन वह मन से अभिनय करना चाहता था, इसलिए मंच पर जाकर अभिनय करने लगा। वह उस समय बहुत उत्तेजित था इसलिए वह यह भी नहीं समझ पाया कि उसे क्या करना है, बस आवेश के साथ कुछ करने लगा।

तोर्त्सोव ने उसके प्रयास की समीक्षा करते हुए कहा कि उसके इस उत्तेजनापूर्ण प्रदर्शन ने यह सोचने के लिए मजबूर किया है कि एक मोटर साइकिल का चालक राजमार्ग पर दनदनाता हुआ चला जा रहा है और चिल्ला रहा है, "रोको मुझे नहीं तो मैं किसी दुर्घटना का शिकार हो जाऊँगा।"

कोस्त्या ने अपने बचाव में कहा, "जब मैं उत्तेजित होता हूँ तो अपने होश-हवास खो बैठता हूँ और अपने को नियंत्रित नहीं कर पाता।"

तोर्त्सोव ने उसे समझाया, "यह इसलिए होता है क्योंकि तुम्हारे पास

कोई रचनात्मक उद्देश्य नहीं होते। तुम त्रासद प्रसंग को बड़े 'सामान्य रूप में' प्रस्तुत करते हो और कोई भी सामान्यता कला के सन्दर्भ में बड़ी ख़तरनाक़ होती है; जो कुछ भी किया जाता है, वह पूरी ईमानदारी से किया जाना चाहिए..उसके लिए सर्वाधिक उपयुक्त होगा कि तुम किसी भूमिका के प्रदर्शन के एक और केवल एक ही चरम लक्ष्य तक सीमित रखो, जिसमें अन्य प्रकार की सभी छोटी-बड़ी इकाइयाँ और उद्देश्य अन्तर्निहित होते हैं; लेकिन केवल प्रतिभा-सम्पन्न व्यक्ति ही इसका निर्वाह कर सकता है। एक ही चरम लक्ष्य में नाटक के सभी जटिल आध्यात्मिक तत्त्वों को अनुभव कर लेना आसान काम नहीं है। यह सामान्य मरणशील प्राणियों की सामर्थ्य के सर्वथा बाहर है। अगर हम एक अंक में अपने उद्देश्यों की संख्या पाँच तक सीमित कर लें, तो पूरे नाटक को लेकर उनकी संख्या कुल मिलाकर बीस या पच्चीस हो जायेगी और उन सब में ही कुल मिलाकर नाटक का सारतत्त्व निहित होगा : उनके समायोजन से ही सर्वोत्तम लाभ पाया जा सकता है।''

तोर्त्सोव ने इसी प्रसंग को आगे बढ़ाते हुए कहा कि हमारा रचनात्मक मार्ग रेलमार्ग जैसा होता है, जिसमें बड़े और छोटे स्टेशन तथा केवल झण्डी के सहारे नियोजित विश्राम-स्थल होते हैं—यही हमारे उद्देश्य होते हैं, हमारे प्रदेशों की राजधानियाँ होती हैं और हमारे राजनगर, छोटे-बड़े कस्बे या विश्राम स्थल जो थोड़ा बहुत ध्यान चाहते हैं। हम किसी एक्सप्रेस ट्रेन की गति से इन सभी स्टेशनों से दनदनाते हुए गुज़र सकते हैं अथवा मेल ट्रेन की गति से बड़ी तेज़ी के साथ इन तक पहुँच सकते हैं। हम सभी स्टेशनों पर रुक सकते हैं या चाहें तो, केवल बड़ों पर ही। हमारे विश्राम लम्बे हो सकते हैं या छोटे। आज तुम दनदनाते हुए बीच के किसी स्टेशन पर बिना रुके एक्सप्रेस ट्रेन की तरह चलते गये। वे सभी स्टेशन तार के बहुत से खम्भों की तरह गुज़रते गये। तुमने उनकी ओर ध्यान भी नहीं दिया, उनमें रुचि भी नहीं ली, और यह इसलिए हुआ क्योंकि तुम्हें अपनी मंज़िल की जानकारी ही नहीं थी।

कोस्त्या ने अपना औचित्य सिद्ध करने के लिए कहा कि उसे जानकारी इसलिए नहीं थी क्योंकि उसे इस सम्बन्ध में कुछ बताया ही नहीं गया था। तोर्त्सोव अभी इस विषय में नहीं बोले थे क्योंकि उसके लिए अभी उचित समय नहीं आया था। आज उन्होंने इस सम्बन्ध में बोला क्योंकि अब उसकी जानकारी ज़रूरी हो उठी है। सर्वप्रथम तो हमें यह देखना चाहिए कि जो लक्ष्य निर्धारित किया जाये वह स्पष्ट, सच्चा और सुपरिभाषित हो। वह सुदृढ़ आधार पर स्थित हो। वही विचार का पहला विषय होना चाहिए। उसके प्रति हमें

अपनी सभी इच्छाओं और कोशिशों को अग्रसर करना चाहिए, अन्यथा हम रास्ता भूल जायेंगे, जैसा कि कोस्त्या ने अभी किया था। लक्ष्य अथवा उद्देश्य केवल सुनिश्चित ही नहीं, वह आकर्षक और प्रेरणात्मक भी होना चाहिए। लक्ष्य शिकार के लिए रखे गये जीवन्त चारे की भाँति होना चाहिए जिसे कि हमारी रचनात्मक इच्छा मछली के चारे की तरह रखे। वह चारा बड़ा ही सुस्वाद होना चाहिए; उद्देश्य को भी उसी की तरह सारगर्भित और मनोरम होना चाहिए। इन विशेषताओं के बिना वह ध्यान आकर्षित करेगा ही नहीं। इच्छा अपने में तब तक अशक्त होती है जब तक कि वह आवेगात्मक इच्छाओं से सम्प्रेरित न हो। किसी उत्तेजनात्मक उद्देश्य में ही उसे उत्प्रेरित करने की सामर्थ्य होती है। वह हमारी रचनात्मक इच्छा के पीछे उत्प्रेरक शक्ति के रूप में होता है। वही उसका सबसे बड़ा चुम्बक होता है।

यह बड़े असाधारण महत्त्व की बात है कि उद्देश्य सच्चा होना चाहिए। इस प्रकार का उद्देश्य सच्ची इच्छाओं को जगायेगा और फिर कालान्तर में सच्ची कोशिश के लिए प्रेरित करेगा। इस सच्ची कोशिश का ही परिणाम होगा सच्चा कार्य।

शेप्किन ने कहा है कि यह महत्त्वपूर्ण नहीं है कि तुम अच्छा या ख़राब अभिनय करते हो; महत्त्वपूर्ण यह है कि तुम सच्चाई के साथ अभिनय कर रहे हो। सच्चाई के साथ अभिनय करने के लिए ज़रूरी है कि तुम सच्चे उद्देश्य के रास्ते पर चलो। ये सच्चे उद्देश्य मार्गदर्शक खम्भों की तरह होते हैं।

तोर्त्सोव ने इसके बाद अपने छात्रों से कहा कि आगे बढ़ने से पहले, हमें भूलों का सुधार कर लेना चाहिए। इसके लिए पहले तुम पूरे दृश्य को फिर से करो, लेकिन उसके पहले अच्छा होगा कि उसे बीच के छोटे-बड़े उद्देश्यों में बाँट लिया जाये। हमें बहुत विस्तार में नहीं उलझना, इसलिए तुम सबसे बड़ी इकाइयों और उद्देश्यों को लेकर उस दृश्य का प्रदर्शन करो। ऑथेलो और इयागो के उद्देश्य क्या हैं?

पॉल ने जवाब दिया कि इयागो उस मूर (ऑथेलो) के मन में ईर्ष्या की भावना को उत्तेजित करना चाहता है।

तोर्त्सोव ने पूछा कि इसके लिए वह क्या करता है?

पॉल ने जवाब दिया कि वह उसके प्रति धूर्त्ततापूर्ण व्यवहार करता है, उस पर झूठे आरोप लगाता है और इस प्रकार उसके आराम में ख़लल डालता है।

तोर्त्सोव ने उसमें जोड़ा कि और वह सब इसलिए करता है ताकि ऑथेलो

उस पर विश्वास कर ले। फिर उन्होंने पॉल से मंच पर जाकर जितनी अच्छी तरह हो सके इस उद्देश्य का प्रदर्शन करने के लिए कहा—ऑथेलो में विश्वास जगाने के लिए नहीं वरन् सामने बैठे कोस्त्या को आश्वस्त करने के लिए। उसके लिए इतना कर लेना काफ़ी था।

उसके बाद तोर्त्सोव ने कोस्त्या से उसके उद्देश्य के बारे में पूछा।

जवाब मिला कि ऑथेलो उसकी बात पर विश्वास नहीं करता।

तोर्त्सोव ने वस्तुस्थिति स्पष्ट करते हुए कहा कि पहला तत्त्व यह कि ऑथेलो का अभी अस्तित्व ही नहीं है, उसकी रचना ही नहीं की गयी है, अभी तो वहाँ केवल कोस्त्या ही है। दूसरे, अगर तुम इस पर विश्वास नहीं करते, जो इयागो तुमसे कह रहा है तो त्रासदी होगी ही नहीं। उसके बदले समापन प्रसन्नता को लेकर होगा। क्या तुम नाटक की कथावस्तु से मिलती-जुलती कोई बात नहीं सोच सकते?

कोस्त्या : इयागो जो कुछ कहता है, उस पर मैं विश्वास नहीं करना चाहता।

तोर्त्सोव ने फिर उसे समझाते हुए कहा कि प्रथमतः तो यह नाटक का एक उद्देश्य नहीं है और दूसरे, तुम्हें इस विषय म्रें कोशिश नहीं करनी है। उस मूर (ऑथेलो) के मन में देस्दीमोना के प्रति इतना विश्वास है कि सामान्यतः उसके मन में अपनी पत्नी के प्रति विश्वास की ही प्रतिक्रिया होती है। यही कारण है कि उसके प्रति ऑथेलो के विश्वास को खण्डित करना इयागो के लिए बड़ा मुश्किल काम है। तुम्हारे (कोस्त्या के) लिए भी जो कुछ वह खलनायक कह रहा है, उसे समझना मुश्किल है और अगर उसने यह भयंकर सूचना इयागो के अलावा अपने किसी बड़े ईमानदार और आत्मीय व्यक्ति से सुनी होती तो वह उस पर व्यंग्य के साथ हँसा होता और उसे षड्यंत्रकारी समझकर वहाँ से भगा दिया होता; बस वहीं पर यह घटना समाप्त हो गयी होती।

कोस्त्या ने नया विकल्प उपस्थित करते हुए कहा कि इस वस्तुस्थिति में तो शायद उस मूर का उद्देश्य होगा जो कुछ इयागो कह रहा है उसे समझने की कोशिश करना।

तोर्त्सोव ने समर्थन करते हुए कहा, "निश्चय ही। इसके पहले कि तुम इस पर विश्वास कर सको तुम्हें इस असंभाव्य बात को समझने की कोशिश करनी चाहिए, जो अपनी पत्नी पर विश्वास करने वाले मूर से कही जा रही है। केवल तभी उसे फैलाये जा रहे उस अपवाद को झूठा सिद्ध करने की ज़रूरत महसूस होती है। उसके मन में देस्दीमोना की पवित्र आत्मा का स्वरूप जागता

है। इयागो, उसके साथ जो अन्याय कर रहा है वह तथा अन्य बातें उसके मन में आती हैं इसलिए शुरुआत में केवल इयागो के निहित उद्देश्य को समझने की कोशिश होनी चाहिए।''

तोर्त्सोव ने उपसंहार करते हुए कोस्त्या से कहा कि वह शुरुआत में केवल उसे समझने की कोशिश करे, जो पॉल उसे घबरा देने के लिए कह रहा है। इन दोनों उद्देश्यों की सिद्धि से उसका प्रदर्शन सन्तोषजनक होने की सम्भावना थी। उसके बाद तोर्त्सोव एक-एक करके गौण आनुषंगिक उद्देश्यों को लेने और उन्हें फिर कार्य की आद्यन्त रेखा कहलाने वाले सामान्य उद्देश्य के साथ बाँधने और अन्ततः फिर उसे अपेक्षित चरम लक्ष्य के साथ बकल्स की तरह जोड़ने की सलाह दी। उनके अनुसार यह कर लेने के बाद ही अभिनेताओं का रूपायन समाकलित, सुन्दर, अर्थगर्भित और शक्ति से परिपूर्ण हो सकता है।

तोर्त्सोव ने इसके बाद अपने दोनों छात्रों से उद्देश्य के अन्तर्गत कार्य के आद्यन्त व्यापार के साथ, और फलस्वरूप चरम उद्देश्य की संयोजना के अनुरूप दृश्य फिर से प्रस्तुत करने को कहा। तोर्त्सोव ने इस प्रदर्शन के बाद उसकी समीक्षा में प्रदर्शन को बहुत सफल कहा। उन्होंने उद्देश्यों के अनुसार आद्यन्त कार्य-व्यापार और चरम उद्देश्य के सम्बन्ध में सोचते-विचारते उस दृश्य विधान को रूपायित किया, लेकिन...सोचने का अर्थ यह नहीं बनता कि मूल लक्ष्य की दृष्टि से कार्य सम्पन्न हो गया है। चरम लक्ष्य तक पहुँचना विचारों के सहारे बुद्धि के द्वारा सम्भव ही नहीं है। चरम लक्ष्य की संप्राप्ति के लिए पूर्ण समर्पण, प्रबल इच्छा, असंदिग्ध कार्य बड़ा ज़रूरी है। नाटक के आधारभूत उद्देश्य तक पहुँचने के लिए हर आंशिक, हर अलग उद्देश्य ज़रूरी है : ''उन्हें चरम लक्ष्य के साथ जुड़कर चलना ही चाहिए। तुम्हें सीधे अपने लक्ष्य की ओर बढ़ना चाहिए और अपने को इधर-उधर भटकने तथा आद्यन्त रेखा से विचलित होने से बचाना चाहिए। तुम्हें ऐसे साधन जुटाने चाहिए कि अपने चरम लक्ष्य की ओर आवेग के साथ सप्रयास, बड़ी लगन से उद्देश्य के औचित्य के बारे में सोचते हुए आगे बढ़ो, लेकिन उसी सीमा तक, जहाँ तक वे चरम लक्ष्य और कार्य के आद्यन्त व्यापार के लिए ज़रूरी हों। यह प्रयास आज की तरह एक-एक उद्देश्य को अलग-अलग रखते हुए नहीं होना चाहिए। अपनी सामर्थ्य के अनुरूप इस बात को समझो और फिर पूरा मन लगाकर कार्य करो। चरम लक्ष्य से आरम्भ करो, फिर इच्छा, प्रयास, कार्य की आद्यन्त रेखा की ओर बढ़ो और फिर वापसी चरम लक्ष्य तक।''

छात्रों को यह सुनकर बड़ा ताज्जुब हुआ। उन्होंने कहा कि यह कैसे सम्भव है कि चरम लक्ष्य से आरम्भ किया जाये और फिर अन्त में उसी तक वापस पहुँचा जाये?

तोर्त्सोव ने समझाया : "हाँ, यह ठीक ऐसे ही होता है। चरम उद्देश्य, जो नाटक के मुख्य आधारभूत तथ्य को अभिव्यक्त करता है, वह अभिनेता की रचना की इच्छा को, उसकी कोशिशों को, उसकी क्रियाशीलता को जगाने वाला होना चाहिए जिससे वह अन्त में चरम उद्देश्य को अपने अधिकार में कर ले, जिसने कि आरम्भ में रचना की प्रक्रिया का सूत्रपात किया था।"

नाटक के पाठ से उपपाठ की ओर

तोर्त्सोव ने छात्रों से कहा कि अब जब उन्होंने अपनी रचनाशीलता के आधारभूत रहस्य को समझ लिया है, तो बेहतर होगा कि 'ऑथेलो' का एक अंश प्रदर्शित किया जाये।

कोस्त्या और पॉल यह सुनकर मंच पर गये और उन्होंने इयागो और ऑथेलो के बीच के एक दृश्य का प्रदर्शन आरम्भ किया।

कितने लम्बे समय तक तोर्त्सोव ने कोस्त्या के साथ उस दृश्य को प्रस्तुत करते हुए उसके अभिनय में संशोधन किये। कोत्स्या को लगा कि उसकी मेहनत बेकार नहीं गई, लेकिन मेहनत तो बेकार हो गई थी। उसने अपनी पंक्तियाँ बोलना आरम्भ ही किया कि वह अपने पुराने ढर्रे पर चलने लगा।

कोस्त्या ने स्वयं आत्म-विश्लेषण करते हुए सोचा कि ऐसा हुआ क्यों? यह इसलिए हुआ क्योंकि वह अभिनय करते समय उसके विषय में पर्याप्त चैतन्य नहीं था। उसके मन में पहले के कुछ आकस्मिक उद्देश्य थे। अगर सच कहा जाये तो इन उद्देश्यों ने उसे एक पूर्वनिर्धारित बिम्ब प्रदर्शित करने के लिए मजबूर कर दिया था। इसके फलस्वरूप उसका अभिनय अतिरंजित हो गया था और उसका औचित्य सिद्ध करने के लिए उसने प्रदत्त परिस्थितियों और व्यापारों को बदल दिया था। जहाँ तक शब्दों और विचारों की बात है, उन्हें उसने अनजाने ही यांत्रिक रूप से उच्चरित किया था–ठीक वैसे, जैसे हम कुछ करते हुए या नाव चलाते हुए कोई गीत गाते हैं। क्या लेखक के अभिप्राय से इसका कोई सामंजस्य हो सकता था? पाठ तो एक काम करने के लिए कह रहा था और अभिनेता के उद्देश्य उससे कुछ और करा रहे थे। शब्द कार्य को बाधित कर रहे थे और कार्य शब्दों में व्याघात डाल रहा था। तोर्त्सोव ने उसी समय उन्हें रोक दिया और कहा कि वे अभिनय नहीं कर रहे हैं वरन् मात्र

मिलते-जुलते कार्य-व्यापार बना रहे हैं। कोत्स्या ने उन्माद के स्वर में कहा कि मैं यह जानता हूँ, लेकिन करूँ क्या?

तोर्त्सोव ने कुछ आवेश में आकर कहा, "क्या? तुम पूछ रहे हो क्या किया जाये; और वह भी तब, जब कि मैं तुम्हें रचनाशीलता का प्रधान रहस्य बता चुका हूँ...तुम्हारी भावनाएं अभी कहाँ थीं? तुम्हारे सामने जो रचनात्मक चुनौती है उससे प्रभावित होकर क्या वे कुछ करने को तत्पर नहीं हुईं? अगर नहीं, तो फिर तुम्हें क्या करना चाहिए था?"

तोर्त्सोव को जब अपने किसी भी सवाल का जवाब नहीं मिला तब उन्होंने खुद वस्तुस्थिति को समझाना आरम्भ किया : "जब भावनाएं रचनाशीलता की चुनौती से अपने आप प्रभावित नहीं होतीं, तो तुम्हें उन्हें अकेले छोड़ देना चाहिए क्योंकि वे किसी दबाव से झुकेंगी नहीं। ऐसे अवसरों पर तुम्हें (क्रियाशीलता के) त्रिक के अन्य सदस्यों—मन और इच्छा की ओर उन्मुख होना चाहिए। तुम्हारा मन तुम्हारे लिए सर्वाधिक उपलब्ध है। इसलिए बस उसी से आरम्भ करो।"

तोर्त्सोव ने उसके बाद बड़ी ही शान्ति से समझाने के लिए बात जारी रखी : "तुम नाट्यालेख को बड़ी सावधानी से पढ़ना आरम्भ करते हो। वह कागज पर स्थायी रूप में लिखा तुम्हारे सामने है और अपने इस विन्यास में वह एक विलक्षण कलाकृति है। 'ऑथेलो' की त्रासदी रचनात्मक अभिनय के लिए बड़ी विलक्षण सामग्री है। क्या यह तर्कसंगत नहीं है कि इस सामग्री का उपयोग किया जाये और क्या यह सम्भव है कि इस प्रकार की विषयवस्तु तुम्हें उत्साहित न करे। तुम खुद यह भली प्रकार जानते हो कि शेक्सपीयर ने जो रचना की है उससे बेहतर वस्तु का तुम आविष्कार भी नहीं कर सकते ... इसलिए उसे परीक्षा के रूप में लेने से इनकार क्यों?"

क्या यह अधिक आसान और स्वाभाविक नहीं होगा कि तुम उस विलक्षण प्रतिभा की इस नाट्यरचना के पाठ के प्रयोग पर कार्य आरम्भ करो। वह तुम्हारे लिए बड़ा ही साफ़-सुथरा और सुन्दर रचना का मार्ग बनाता है, उसके लिए ज़रूरी उद्देश्यों और क्रियाओं का भी संकेत देता है, प्रस्तावित परिस्थितियों की संरचना के लिए भी वह निर्देश प्रदान करता है; और सबसे बड़ी बात यह है कि वह अपने शब्दों में नाट्यरचना के आध्यात्मिक सार-तत्त्व को भी रख देता है। इसलिए नाट्यालेख से आरम्भ करो और अपने मन को उसकी गहराइयों को समझने में लगाओ। तुम्हारी भावनाएँ तुम्हारे मन के साथ जाने में हिचकिचायेंगी नहीं और तुम्हें उपपाठ की गहराई तक ले जायेंगी, जहाँ

लेखक ने रचना की प्रेरणा देने वाले अभिप्रायों को छिपा रखा है। नाटक का पाठ इस प्रकार उसके उपपाठ को जन्म देता है, जिससे उसके पाठ की फिर से रचना की जा सके।

कोस्त्या और पॉल ने यह सुनने के बाद नाटक की शब्दावली की गहराइयों में उतरे बिना उसका उच्चारण आरम्भ किया। इस दिशा में वे अधिक सफ़ल नहीं हो पाये। तोर्त्सोव ने तब उन्हें रोककर कहा कि आप दोनों जो कुछ भी कर रहे हैं, वह किसी प्रकार विश्वसनीय नहीं बन पा रहा है। उन्होंने कहा कि कोस्त्या ने कभी देस्दीमोना के मन पर विजय पाने की कोशिश नहीं की थी, फिर पॉल की ओर घूमकर कहा कि वह भी जिन सवालों को पूछ रहा है, उनमें वास्तव में उसकी थोड़ी-सी भी रुचि नहीं है। उसे वास्तव में उनके जवाबों की ज़रूरत भी नहीं है। वह सवाल पूछता है लेकिन ऑथेलो के जवाबों को सुनता ही नहीं। प्रकट है कि उन दोनों ने इस साधारण-से सत्य का भली प्रकार अनुभव नहीं किया है कि हर शब्द जो बोला जाता है, उसका आधार, उसका औचित्य किन्हीं कल्पना-प्रदत्त परिस्थितियों में, किसी 'जादुई अगर' में होना ही चाहिए।

कोस्त्या ने इस प्रकार का कार्य उद्देश्यों और अनेक क्रियाओं को तैयार करते समय पहले भी अनेक बार किया था, लेकिन यह पहला अवसर था जब उसे दूसरे व्यक्ति के वास्तविक शब्दों के साथ वह सब करने के लिए कहा जा रहा था। इसके अतिरिक्त अपने आशु अभिनय का उसने जब प्रदर्शन किया तो जो भी विचार और शब्द सामने आये, उनका भी प्रयोग किया। जब भी ज़रूरत हुई वे विशेष उद्देश्य और कार्य उनके मन में झाँके थे और उनकी वाणी में आ गये थे। अपने ही शब्दों और विचारों को अभिव्यक्त करना एक बात है और किसी और के शब्दों को अपनी वाणी में लाना दूसरी बात; जो स्थायी रूप में स्थित है जैसे किसी ने उन्हें काँसे में ढाल दिया हो। उन्हें परिवर्तित नहीं किया जा सकता। प्रथमतः वे किसी दूसरे के होते हैं–विलक्षण, दूरस्थ और अवसर समझ के भी परे, लेकिन उन्हें फिर से जन्म लेना होता है, जीवन्त रूप से कोई ज़रूरी वस्तु बनना होता है, तुम्हारी अपनी सहज, वांछनीय–तुम्हारी अपनी आत्मचेतना से प्रवहमान शब्द जिन्हें तुम बदलना नहीं चाहोगे।

कोस्त्य और पॉल को दूसरे व्यक्ति के शब्दों को आत्मसात करने की प्रक्रिया में पहली बार संलग्न होना पड़ रहा था। अचेतन ध्वनियों का उनका वह नौसिखुओं जैसा उच्चारण, जैसा वे दोनों 'ऑथेलो' की शानदार शब्दावली के साथ कर रहे थे, निश्चित रूप से ग्राह्य नहीं था।

कोस्त्या अवसर के महत्त्व को समझते हुए बहुत उत्तेजित और परेशान था। इस तरह की मनोदशा में अपने ध्यान और विचारों को बाँध पाना बड़ा मुश्किल होता है। इसलिए कोस्त्या और पॉल ने तोर्त्सोव से आग्रह किया कि उस दिन का कार्य वहीं पर बंद कर दिया जाये जिससे कि उन्हें सोचने-विचारने और घर पर तैयारी करने के लिए समय और अवसर मिल जायेंगे। वे चाहते थे कि मन को ऐसी स्वच्छन्द उड़ानें भरने दें कि वे प्रदत्त परिस्थितियों से कुछ ऐसा रूप प्रदान कर सकें जिससे बहुत से निर्जीव पड़े शब्द अपना औचित्य प्राप्त कर लें तथा वाचन की सारी पंक्तियाँ जिजीविषा से परिपूर्ण हो उठें।

तोर्त्सोव ने सहर्ष अनुमति दे दी थी।

पॉल उस शाम कोस्त्या के घर गया था और वहाँ दोनों ने मिलकर यह विचार-विमर्श किया था कि वे कौन-सी परिस्थितियाँ हो सकती हैं जिनमें 'ऑथेलो' में उनकी भूमिका के शब्द औचित्यपूर्ण लगने लगेंगे। तोर्त्सोव के आदेश के अनुसार उन्होंने पहले पूरे नाटक का अवलोकन किया और फिर उसके बाद वे सावधानी के साथ अपने दृश्य में अन्तर्निहित विचारों के अध्ययन में लग गये। इस प्रकार उन्होंने रचनाशीलता के त्रिकों में से सर्वाधिक समर्थ अपने मन को सक्रिय कर दिया।

उन्होंने पहले इयागो और ऑथेलो की अपनी भूमिकाओं के अभ्यास के लिए उनके कुछ संवाद पढ़े :

"इयागो : मेरे परम सौम्य स्वामी...

ऑथेलो : क्या कह रहे हो तुम, इयागो?

इयागो : जब आप हमारी उस दिव्य कुमारी से प्रणय निवेदन कर रहे थे, क्या माइकेल कैसियो आपकी प्रेम-भावना को जानता था?"

ऑथेलो को अतीत के उस प्रसंग को याद करवाने के लिए नाटक में मन की स्वच्छन्द उड़ान किस सीमा तक लाने की अपेक्षा थी? वह अपने जीवन के प्रारम्भिक दिनों के विषय में देस्दीमोना से पहली भेंट के सन्दर्भ में, उसके प्रति प्रेम-विभोर हो उठने के विषय में, अपहरण के सम्बन्ध में थोड़ा-बहुत जानता है। यह सारी सामग्री पहले अंक के विभिन्न दृश्यों में है और सीनेट में दिये गये ऑथेलो के भाषण में भी है।

लेकिन नाटक आरम्भ होने के पहले जो कुछ हुआ है, उसमें बहुत-कुछ लेखक ने छोड़ दिया है। विभिन्न दृश्यों के बीच अन्तरालों में और इसके साथ रंगमंच के बाहर के व्यापारों में भी विशेष कुछ नहीं आ पाया है।

यह सब जो शेक्सपीयर ने अनकहा छोड़ दिया था, पॉल और कोस्त्या ने उसे भरने का उत्तरदायित्व सम्भाल लिया।

इस सन्दर्भ में कल्पना के सहारे क्रमचयन और संचय की पद्धति से जो अनेक समायोजन उन दोनों के मन में बने थे, उन सभी को स्तानिस्लाव्स्की ने नहीं लिखा है। केवल इतना ही उल्लेखनीय है कि कैसियो की सहायता से देस्दीमोना के साथ मिलने की घड़ियाँ किस प्रकार सम्भव हुई थीं। बहुत-सी बातें उनके मन में उभरीं जिन्होंने उन्हें उत्तेजित किया था, उनकी आँखों को बड़ी ही काव्यात्मक तथा सुन्दर भी लगी थीं। वे दोनों युवा थे और इस वय के लोगों को इस प्रकार के प्रणय के प्रसंग हमेशा भावात्मक दृष्टि से उत्तेजनात्मक लगते हैं, चाहे बाद में कैसा भी स्वरूप क्यों न ग्रहण करे लें।

उन दोनों ने उस रूपसी के सम्बन्ध में ऑथेलो की भावनाओं के विषय में भी कुछ लम्बी बातचीत की थी जिसने उसके प्रणय प्रदर्शन को, उसके चुंबनों को और उस अश्वेत गुलाब के गोपन आलिंगनों को भी स्वीकार कर लिया था।

उसके बाद वे दोनों इस सन्तोष की भावना को लेकर विदा हुए थे कि उन्होंने उस दृश्य के प्रारंभिक स्वरूप की सही संरचना कर ली है और उसे प्रस्तावित परिस्थितियों के आधार पर समुचित दृढ़ता के साथ खड़ा कर लिया है।

उसके बाद जब कोस्त्या और पॉल तोर्त्सोव से मिले तो उन्होंने 'ऑथेलो' के अपने उस दृश्य के लिए प्रस्तावित परिस्थितियों की खोज का कार्य जारी रखा। उन्होंने पहले नाटक के पाठ को बड़ी सावधानी से पढ़ा, उसका विश्लेषण किया और फिर यह निश्चय किया कि उन्हें शेक्सपीयर के खलनायक के कालजयी स्वरूप के अतीत की खोज करनी चाहिए। इस नाटक में उसके सम्बन्ध में बहुत ही कम कहा गया है, यह उन्हें बड़े लाभ की बात लगी क्योंकि इसने उनकी कल्पना के लिए क्षेत्र खुला छोड़ा दिया था।

कोस्त्या के भीतर यह इच्छा उठ रही थी कि वह इयागो को एक अनाकर्षक व्यक्ति के रूप में नहीं बल्कि बाहर से बड़े आकर्षक स्वरूप में देखे। उसके बिना यह सम्भव ही नहीं होगा कि वह ऑथेलो के रूप में उसके शब्दों में विश्वास कर सके। इस लक्ष्य की संप्राप्ति के लिए ज़रूरी था कि इयागो के स्वरूप को समुचित दृश्यात्मक आधार दिया जाये। इयागो को, जो वास्तव में खलनायक है, भोले-भाले मन का स्वामी बनाया जाये। अगर वह कोस्त्या के सामने भी परम्परागत ज़हरीली आँखों और विकृत मुद्राओं के साथ व्यावहारिक

खलनायक के रूप में प्रकट होगा तो ऑथेलो के रूप में कोस्त्या जबरन उसकी ओर से मुख मोड़ लेगा अथवा अपने को बड़ी बेहूदी स्थिति में पड़ा हुआ अनुभव करेगा।

कोस्त्या के सामने परेशानी यह है कि पॉल स्वभावतः एक ऐसा व्यक्ति है जो किसी भी चीज़ को क्षमा कर सकता है; इस प्रसंग में उसका झुकाव इयागो को क्षमा कर देने की ओर है। इसके लिए वह अपनी! पत्नी एमीलिया और ऑथेलो के प्रति ईर्ष्या की भावना से भर उठता है और यह मान लेता है कि उनके बीच अवैध प्रणय-प्रसंग चल रहा है। अपने इस निश्चय के लिए वह आलेख में संकेत भी खोज लेता है। प्रस्थान बिन्दु के रूप में उनका अशंतः प्रयोग इयागो की आत्मा में बसी दुर्भावना, घृणा, प्रतिशोध की प्यास तथा अन्य सभी दुर्गुणों का औचित्य स्थापित किया जा सकता है। लेकिन कोस्त्या का परी-कथा का नायक तो पवित्र शान्तिदूत कपोत है। उसे तो किसी स्त्री के साथ अनुचित सम्बन्ध से सर्वथा मुक्त होना चाहिए। इयागो के सन्देह झूठे होने चाहिए। उनका कोई तथ्यात्मक आधार नहीं।

इसलिए अगर पॉल को ठीक लगता है तो इयागो को अपने ईर्ष्या भाव के साथ नाराज़ होने की छूट है। लेकिन कोस्त्या की माँग है कि जो अभिनेता यह भूमिका कर रहा है, उसे सतत प्रयत्न और चतुराई से अपने को इस प्रकार के चिह्नों से मुक्त रखना चाहिए जो अन्तरात्मा में पल रही इन विकृत भावनाओं को उद्घाटित करती हों।

कोस्त्या इस बात को भी अनुभव करता है कि इयागो अपने अपार बुद्धि-कौशल के बावजूद बड़ी सहज प्रकृति का है, अन्यथा वह ऑथेलो की भूमिका में उसके भोले-भाले संदेह पर हँस कैसे पड़ता। वह तो इयागो को बहुत बड़ा, सुदृढ़ संकल्प से परिपूर्ण, भोला-भाला तथा स्वामिभक्त सैनिक के रूप में देखना चाहता है। बाहरी रूप से एक अनगढ़, सुशील, सहजमना भोले-भाले सैनिक के भीतर खलनायक का छिपा होना आसान है और ऐसे व्यक्ति का मुखौटा उठाना उसके लिए मुश्किल भी होगा।

कोस्त्या ने एक सीमा तक अपने इस दृष्टिकोण से पॉल को सहमत करा लिया।

कोस्त्या बस सोने जाने को ही था कि उसके मन में सवाल उठा—अब तक हमने नाटक की पंक्तियों के बिना अपने सभी रूपायनों में प्रस्तावित परिस्थितियों से शुरू किया था और भौतिक उद्देश्यों तक पहुँच का प्रयास किया अथवा इसके ठीक विपरीत उद्देश्यों से प्रस्तावित परिस्थितियों की ओर गये। आज उन्होंने

बिल्कुल अलग ढंग का अभिनय किया था। उन्होंने लेखक के पाठ से आरम्भ किया था और अन्ततः बिल्कुल वैसी ही प्रस्तावित परिस्थितियों तक पहुँचे थे। क्या इसका यह मतलब लिया जाय कि सारे रास्ते रोम को ही जाते हैं? हम किसी भी छोर–उद्देश्य, नाट्य-पाठ, बुद्धि अथवा इच्छा से शुरू करें, इससे क्या कोई अन्तर पड़ता है...

कोस्त्या अगले दिन की कक्षा के लिए जैसे उड़ता हुआ गया। उसका यह व्यवहार इसलिए था, क्योंकि उसने उस दिन अच्छी तरह से तैयारी नहीं की थी।

तोर्त्सोव ने पहले पॉल और कोस्त्या को बुलाया और फिर उनसे कहा कि वे पहले अपने को मन से तैयार करें और फिर उन परिस्थितियों के सम्बन्ध में सोचते-विचारते वे मंच पर जाकर प्रस्तावित परिस्थितियों के उस स्वरूप का प्रदर्शन करें जिसकी तैयारी वे पहले कर चुके हैं।

कोस्त्या लिखता है कि जैसे हमसे आशा की गयी थी, हमने रचनाशीलता को प्रोत्साहित करने वाले त्रिकों में सर्वाधिक प्रभावशाली मन को सक्रिय किया। इस प्रयास से तथ्यों, मूल चरित्रों के जीवन के अन्तर्निहित विचारों, ऑथेलो और इयागो के जीवन की परिस्थितियों का, जैसा पॉल ने सोचा था वैसा ही आविर्भाव हुआ। इस प्रक्रिया ने उन दोनों को तुरन्त उस रास्ते में लगा दिया और जो कुछ पाठ में अन्तर्निहित है, उसे सीधे और स्वभावतः समझने की दिशा में आगे बढ़ा दिया।

कोस्तया को आराम महसूस हुआ। रंगमंच पर रहना उसे बड़ा रुचिकर लगा। उसे यह भी लगा कि वहाँ रहने, शब्दों को बोलने और जो कुछ स्वभावतः उसके मन में आ रहा है, उसे करने का उसको अधिकार है। उसे यह भी लगा कि नाटक के मूल पाठ से प्रस्तावित परिस्थितियाँ रिबन की तरह उसके आगे खुलती जा रही हैं। ऑथेलो की भूमिका अपने आशु-अभिनय में करते हुए पहले कभी-कभार ही उसे यह अनुभव हुआ था। अब वह पूरी तरह आराम से था और बड़े लम्बे समय तक यह अनुभूति बनी रही।

इस अनुभव का मुख्य बिन्दु यह था कि पहले उसे जब ऐसा लगा था, तो वह सर्वथा अचेतन और आकस्मिक था। क्या इसे उसकी सफलता नहीं कहा जा सकता?

कोस्त्या ने अपनी इस मनोदशा की रमणीयता को परिभाषित करने की भी कोशिश की और फिर यह भी बताया कि किन कदमों के सहारे आगे

बढ़कर वह इस अवस्था को पहुँचा है।

उस दिन के प्रारम्भिक प्रयास में पॉल सम्भवतः बड़ी ही चतुराई के साथ इयागो के चरित्र का बाहरी रूप एक सहजमना व्यक्ति के रूप में अवतरित कर सका था। कोस्त्या की दृष्टि में उसके इस रूपान्तरण पर उसे विश्वास हो गया था।

इयागो ने तब कहा था : "जब आप हमारी उस दिव्य कुमारी से प्रणय निवेदन कर रहे थे, क्या माइकेल कैसियो आपकी प्रेम-भावना को जानता था?"

कोस्त्या ने जब उसके इस सवाल के विषय में सोचा, तो उसे सहज रूप में अपने वेनिस–सेवस्तापोल–नीझनी नवगोरद भवन की याद हो आयी, जो वोल्गा के तट पर था। उसे वहाँ देस्दीमोना के मनोहर स्वरूप, स्नेहशील स्वभाव, खेल-कूद की मनोवृत्ति आदि की भी याद हो आई। उसे मिलन के वे गोपनीय क्षण भी स्मरण हो आये, जिनकी व्यवस्था आदि से अन्त तक उनके रहस्यों को जानने वाले कैसियो की सहायता से हुई थी।

इन विचारों और मनःचित्रों को अपने मन में लिये हुए कोस्त्या ने बड़ी प्रसन्नता के साथ इयागो के सवालों का जवाब दे दिया, क्योंकि उसे उससे बहुत कुछ कहना था। उसके लम्बे सवालों का जवाब देने में भी उसने प्रसन्नता का अनुभव किया। इस कार्य में अन्तःप्रेरणा से उसके होंठों पर जो मुस्कान आ रही थी, उसे रोक पाना उसे बड़ा मुश्किल लगा था। शायद वह उसे ग्रहण नहीं कर पा रहा था जो जीवित ऑथेलो ने अनुभव किया था; फिर भी उसने उसके विचारों और संवेदनाओं के चरित्र को समझा था और उन पर विश्वास भी किया था।

स्तानिस्लाव्स्की ने इस पर टिप्पणी करते हुए कहा है कि रंगमंच पर मूल चरित्र के विचारों और भावनाओं पर विश्वास बहुत बड़ी बात होती है। उन वाक्यांशों और विचारों को वाणी देना बड़े ही सन्तोष का विषय होता है, जिनमें बहुत सारी सामग्री चलचित्रों की तरह खुलने वाले आन्तरिक परिदृश्यों की एक अविच्छिन्न रेखा होती है।

स्तानिस्लाव्स्की के अनुसार यह सब किसी और तक पहुँचाने के लिए हर एक उपलब्ध साधन और सर्वोपरि शब्दों का प्रयोग करना है। इस सन्दर्भ में शेक्सपीयर के अपने शब्द सर्वाधिक उपयुक्त और अभिव्यंजनाशील हैं। पहले तो इसलिए कि वह एक प्रतिभावान कवि है; और दूसरे अभिनेता को जिसकी ज़रूरत होती है, वह उसे उन शब्दों में मिल जाता है। उनमें जो सार-तत्त्व निहित होता है, उसे उनसे अधिक अच्छी तरह कौन प्रस्तुत कर सकता है। इन

परिस्थितियों में अभिनेता को दूसरे के शब्द बहुत ज़रूरी, प्रिय और अपने पास के लगते हैं, वे उसके अपने ही हो जाते हैं। वे अपने आप स्वभावतः उसके मुख से निकलने लगते हैं। वे शब्द जो अब तक खाली रहे थे, कलात्मक आविष्कारों और कल्पना के चित्रों से अब भरे-पूरे हो जाते हैं और अभिनेता उनमें विश्वास कर सकता है।

संक्षेप में अभिनेता में अब उनसे नाटक के आध्यात्मिक सारतत्त्व की चेतना आ गयी है : वह उन्हें अब अपना ही अनुभव लगता है। नाटक के पाठ ने उपपाठ की सृष्टि कर दी है और उपपाठ ने पाठ में फिर से जीवन का संचार कर दिया है।

कितनी विलक्षण है यह प्रक्रिया; और यह प्रकृति की अपनी रचनात्मक प्रणाली के कितने सन्निकट है।

कोस्त्या को यह लिखते हुए लगा था कि जैसे उसने पके फल का एक बीज ले लिया है और फिर उससे बिल्कुल मूल जैसा फल उत्पन्न कर लिया है। उसे यह भी लगा जैसे उसने नाटककार के पाठ से उसमें अन्तर्निहित सारतत्त्व ले लिया हो और फिर उसे उसी के शब्दों में, जो अब उसके हो गये थे, ताज़गी से भर दिया हो। वे अब उसके लिए ज़रूरी हो गये थे, इसलिए नहीं कि इस बार उसने उनके मूल भाव तक पहुँचने का निश्चय किया था, वरन् इसलिए कि उस सारतत्त्व को शाब्दिक रूप में रखने के लिए उसे उनकी ज़रूरत हुई।

कोस्त्या ने इसके बाद अपना सारा ध्यान इस दृष्टि से एकत्र किया कि वह इयागो की सारी पंक्तियों के अर्थ को अच्छी तरह से समझ सके। उसके विषभरे सवालों में अन्तर्निहित दुष्प्रवृत्तियों की उसे अच्छी तरह से जानकारी थी। उसे उनकी शैतानी शक्ति, सतर्कता की सामर्थ्य और त्रासदी की ओर ले जाने वाली गतिविधि की भी समझ थी। वह यह भी समझता था कि पॉल जैसे नौसिखुये के हाथों में पड़कर अपवाद और षड्यन्त्र क्या रूप ग्रहण कर सकते हैं?

वह पहली बार यह समझ और अनुभव कर रहा था कि बड़ी चुतराई से भरे हुए शब्दों में पूछे गये सवालों और बड़ी ही सतर्कता से, षड्यन्त्र की तरह संयोजित विचारों की श्रृंखला से कोई खलनायक अपने शिकार के पैरों तले की मज़बूत ज़मीन को भी उलट-पलट सकता है, सारे वातावरण को ज़हरीला बना सकता है और फिर उसे विस्मय और घबराहट से भरकर भ्रान्ति की ओर ले जा सकता है; और फिर सन्देह जगाकर, संत्रास उत्पन्न करके विषाद, ईर्ष्या, घृणा, उन्माद और अन्ततः प्रतिशोध की ओर ले जा सकता है।

ऑथेलो का यह भयानक मनोवैज्ञानिक रूपान्तर केवल दस छोटे-छोटे छपे हुए पृष्ठों में ही कह दिया गया है। शेक्सपीयर की प्रतिभा की आन्तरिक संरचना के इस कालजयी स्वरूप ने अपनी पूरी शक्ति से पहली बार कोस्त्या को प्रभावित किया था।

उसने यह नहीं जाना था कि उसने ख़राब अभिनय किया या अच्छा; लेकिन इस तथ्य के विषय में उसके मन में कोई सन्देह नहीं था कि पाठ का उसने पहली बार प्रदर्शन किया था। पहली बार उसने उसके भीतर देखा था और उसके उपपाठ का भी अनुशीलत किया था। फिर भी लगा था कि शायद उसकी भावनाएँ उतनी दूर नहीं पहुँची हैं; केवल उसका ध्यान ही वहाँ तक पहुँचा है। शायद इस मनोदशा का अर्थ वास्तव में अपनी भूमिका में जीना नहीं था, उसका प्रस्तुतीकरण मात्र था। फिर भी यह निर्विवाद तथ्य है कि इस बार नाटक की पंक्तियों ने उसे अपने वशीभूत कर लिया था और वे उसे अपने साथ खींचकर सतर्कता से अनुक्रम के साथ अपनी अन्तरात्मा तक ले गयी थीं।

कोस्त्या और पॉल को उस दिन स्पष्ट ही बहुत बड़ी सफलता मिली थी। तोर्त्सोव और रख़्मानव ने ही नहीं, उनके सहपाठियों ने भी उनकी सराहना की। सबसे विलक्षण बात यह थी कि ग्रीशा ने भी कोई आपत्ति नहीं उठायी और न ही आलोचना की। यह प्रशंसा से भी बढ़कर था। कोस्त्या इस सब से परम प्रसन्न था।

सवाल उठा कि क्या यह सफलता लेखक की पंक्तियों के समुचित वाचन से सम्भव हुई थी?

रख़्मानव का विचार था, ''हाँ'', और फिर उसने कोस्त्या के पास जाकर कहा, ''आज तुमने शेक्सपीयर पर विश्वास किया। पहले तुम उनके शब्दों को छिपा लेते थे, लेकिन आज तुम उनका स्वाद लेने में डरे नहीं। शेक्सपीयर ने अपना प्रभाव अन्त तक बनाये रखा। तुम भी उसने प्रति आश्वस्त बने रहे।''

अपनी सफलता से अत्यन्त प्रसन्न कोस्त्या और पॉल काफी समय तक गोगोल की प्रतिमा के पास बैठे रहे। वहाँ फिर हर वह प्रक्रिया क्रमशः दोहरायी, जो उन्होंने उस दिन के पाठ में की थी।

पॉल ने उसके बाद कहा, ''आओ, अब हम शुरू से उस प्रसंग का रिहर्सल करें, जब इयागो ऑथेलो को चिढ़ाता है।''

मेरी पंक्तियाँ हैं :

''अगर मेरे मन की तसल्ली की बात न हो; तो और चोट नहीं।''

अथवा, कोस्त्या ने साफ़-साफ़ बात आगे बढ़ाई :

"हे ईश्वर, इसने तो कह दी मेरे मन की बात, जैसे छिपी बैठी हो इसके मन में कोई दुरात्मा इतनी भयानक कि दिखाई दे तो..."

पॉल ने इस पर सहमति प्रकट करते हुए कहा कि यह बड़ी उपयुक्त बात है। उसे ऐसा लगा जैसे कोस्त्या ने अपने को बड़ा सहज और मन में हल्का अनुभव किया।

कोस्त्या ने उसका संकेत पकड़कर कहा : "हाँ, यह एकदम सही रहा; जानते हो क्यों?...हुआ यह कि मुझे अचानक यह लगा कि तुम वैसे ही भले स्वभाव के सैनिक हो जिसे मैं हमेशा इयागो में देखने की इच्छा करता रहा हूँ। मैंने तुम पर विश्वास किया और मुझे तुरन्त यह लगा कि मंच पर होने का मुझे अधिकार है। तब, इन पंक्तियों पर :

"और जब तुमने भींचकर सिंकोड़ लीं भौंहें
जैसे बना ली हो दिमाग़ में अपने
कोई भयंकर दुर्योजना..."

कोस्त्या तब परम प्रसन्न हो उठा और फिर पाल से जैसे मज़ाक करने के लिए कोई विचित्र-सी परिहास की बात कहनी चाही, जो दोनों को उल्लास से भर दे।

पॉल ने तब बड़ी रुचि के साथ पूछा, "मुझे एक बार फिर बताओ कि वह कौन-सा स्थल था, जहाँ मैं तुम्हें मज़ाक करने से रोकने में सफल हुआ और तुम्हें गम्भीर बना दिया?"

कोस्त्या ने कहा, "मैंने तुम्हारे शब्दों को सुनना आरम्भ किया या शायद शेक्सपीयर के शब्दों को सुनना आरम्भ किया, उसी स्थान से जहाँ तुम कहते हो :

पुरुषों को वैसा ही होना चाहिए जैसे वे लगते हैं;
वैसे नहीं जो वे लगना न चाहें!"

और फिर जब तुम पहेलियों में बात करते हो :

"तब क्यों मुझे लगता है कैसियो ईमानदार।"

या, जब तुम भले होने का बहाना करते हुए सवालों से बचने की कोशिश करते हुए कहते हो :

"क्षमा करना, मुझे स्वामी।
हालाँकि मैं बंधा हूँ अपने फ़र्ज़ से
नहीं हूँ मज़बूर बाक़ी ग़ुलामों की तरह..."

इन शब्दों में मुझे वह संकेत मिला, जो पहले से ही दुष्टता के ज़हर में

लिपटा हुआ था; और तब मैंने सोचा, कैसा साँप है यह इयागो! यह नाराज़ होने का बहाना कर रहा है, जिससे उस पर जल्दी ही विश्वास कर लिया जाये। इसके साथ ही मुझे यह भी लगा कि इस तरह का जवाब बिना चुनौती के नहीं हो सकता; फिर भी कथावस्तु की दलदल में जितना गहरे तुम फँसोगे उतनी ज़्यादा तुम्हें व्याख्या की ज़रूरत पड़ेगी। शेक्सपीयर की प्रतिभा से मैं विस्मय-विभूत था।

पॉल ने सन्देह के साथ कहा, ''मुझे लगता है कि तुमने नाटक को जीने की अपेक्षा उसके सम्बन्ध में दार्शनिक की तरह अधिक सोचा-विचारा है।''

कोस्त्या ने स्वीकार करते हुए कहा, ''मुझे लगता है मैंने दोनों ही काम किये हैं, लेकिन अब जब मैं तुमसे इतने सवाल पूछ रहा था, तो उसमें ग़लत क्या है?''

पॉल ने भी उन्मुक्त होकर कहा कि मैंने भी तो यही किया। मैं तुम्हारे सवालों की घबराहट से छुटकारा पाने की कोशिश कर रहा था और तुम्हें आश्चर्यचकित भी कर रहा था। यह तो मेरा उद्देश्य था।

कोस्त्या ने कुछ सोचा और फिर भावविभोर होकर कहा : ''उद्देश्य! वाह! कितनी विलक्षण सफलता है! ध्यान से सुनो, यही हो हम लोगों के साथ भी हुआ था।''

कोस्त्या ने उसके बाद कोशिश करके उन सभी संवेदनाओं और विचारों को फिर से पकड़ने की कोशिश की, जिन्हें अभी तक वह भली प्रकार समझने और आकलन करने में सफल नहीं हुआ था। उसके बाद उसने पॉल से कहा, ''हमने अपने सभी अभ्यासों और आशु-प्रदर्शनों में जैसे कि पागल कुत्ते तथा आग जलाने के प्रसंगों में उद्देश्य से शुरुआत की थी, जिसने सहज रूप में विचारों और शब्दों का संचार कर दिया था; वह एक प्रकार का आकस्मिक पाठ था, जो प्रदत्त परिस्थितियों को रूपायित करते समय, हमारे लिए बड़ा ही जीवनप्रद हो गया था।

''आज तो हमने लेखक के मूल पाठ से आरम्भ किया था और फिर मूल उद्देश्य तक पहुँचे थे।

''अच्छा रुको; पहले हम इस रास्ते को रेखांकित करें। कल से एक दिन पहले जब हम अपने कमरे में ही काम कर रहे थे, हम पाठ से प्रस्तावित परिस्थितियों की ओर गये थे। यही हुआ था न?'' उसने कुछ सोचते हुए पूछा और फिर आगे कहा, ''आज हम बिना उसके प्रति चैतन्य हुए, पाठ से प्रस्तावित परिस्थितियों में गुज़रते हुए, अपने रचनात्मक उद्देश्य तक पहुँचें!''

"आओ, हम उसकी परीक्षा करें और देखें कि यह कैसे सम्भव हुआ।"

स्तानिस्लाव्स्की ने उसके बाद कोस्त्या के रूप में अपने उस प्रयास का विवरण दिया है : "हम जब उस दृश्य को पुनः प्रस्तुत कर रहे थे, तो हमने अन्तर्निहित भावनाओं को फिर से याद करना आरम्भ किया। पहले पॉल मेरा ध्यान अपनी ओर खींचने की कोशिश करने लगा। दूसरे, उसने यह चाहा कि मैं यह समझूँ कि वह बड़ा ही भला सैनिक है। मैं भी उसे इसी रूप में देखना चाहता था। जहाँ तक सम्भव हो सका, उसने अपने को उसी रूपी में प्रस्तुत करने की कोशिश की। जब वह उसमें सफल हुआ तो उसने मेरे मन में एक के बाद दूसरा विचार डालने का प्रयत्न किया जो कैसियो और देस्दीमोना—दोनों के एक-दूसरे के प्रति लगाव को प्रकट करता था। इस बीच उसकी विचार-परम्परा उपपाठ के साथ बड़ी दृढ़ता से जुड़ी हुई थी।

"जहाँ तक मेरी बात है, मेरे उद्देश्य प्रत्यक्षतः इस प्रकार के थे : पहले मैं केवल विदूषक बना, मैंने अपने साथ और इयागो के साथ भी मज़ाक किया। लेकिन जब उसने मुझे उत्तेजित किया, तब मैंने बातचीत गम्भीरता की ओर मोड़ दी। मैं उस खलनायक के शब्दों-शायद उसके विचारों को अच्छी तरह समझना चाहता था। उसके बाद, मुझे याद आता है, मैंने ऑथेलो के अकेलेपन के दुर्भाग्य की आशंका की एक मानसिक तस्वीर बनाने की कोशिश की। अन्ततः जब मैं एक विशेष सीमा तक यह कर पाने में सफल हो गया, तो तुझे लगा कि धोखे का शिकार हुआ वह मूर अपने मनोजगत् में पैदा दृश्यावलियों से भयाक्रान्त होकर जल्दी ही इस दुष्ट प्रकृति के ज़हरीले इयागो से छुटकारा पाना चाहेगा और फिर उसे भगा भी देगा।

"ये सभी उद्देश्य स्वयं पाठ ने उत्पन्न किये थे। नाटक में आरम्भ से अन्त तक उनका अनुसरण करते हुए हम कुछ और गम्भीर पंक्तियों, अन्य प्रस्तावित परिस्थितियों तथा उद्देश्यों तक पहुँचे थे, जो स्वभावतः सहज रूप में और अनिवार्यतः नाट्य-पाठ और उपपाठ से उठ खड़े हुए थे। इस प्रयास में पाठ और उपपाठ के बीच एक भी वैसा खेदजनक विचलन नहीं हुआ, जैसा कि ऑथेलो की भूमिका के पहले प्रदर्शन के समय, यानी परीक्षण-प्रदर्शन के अवसर पर हुआ था।

"आज हम इस निष्कर्ष पर पहुँचे कि रचनाशीलता का सही, या कहा जाये कि सर्वाधिक गरिमामय प्रवाह पाठ से मनोजगत् की ओर अग्रसर होता है, मनोजगत् से प्रस्तावित परिस्थितियों को ओर, प्रस्तावित परिस्थितियों से उपपाठ की दिशा में, उपपाठ से भावनाओं के पथ पर, भावनाओं से उद्देश्य,

इच्छा-शक्ति और इच्छा-शक्ति से फिर ढंके रूप में कार्य-व्यापार, शब्दों, आंगिक चेष्टाओं की ओर लौटता है।

तोर्त्सोव के साथ अगले दिन एक पाठ और होना था, इसलिए कोस्त्या ने पॉल के साथ 'ऑथेलो' के अपने उसी दृश्य पर प्रस्तावित परिस्थितियों से लेकर उद्देश्य तक कुछ और अभ्यास किया। वे उसे केवल आरम्भ से अन्त तक ले जाने में ही सफल नहीं हुए, वरन् जो कुछ उन्होंने पहले किया था, उसे दोहराया भी। फलस्वरूप उन्होंने प्रस्तावित परिस्थितियों से लेकर उद्देश्य तक की कार्य-रेखा को यथासंभव भली प्रकार भर लिया।

उन्हें लगा कि उन्होंने बहुत बड़ा काम कर लिया है और तोर्त्सोव को उसे देखना ही चाहिए। तभी उनके मन में सवाल उठा कि क्या हम इस प्रसंग को कक्षा में पाठ के समय सफलता के साथ प्रस्तुत कर सकेंगे?

उन्हें अगले दिन तोर्त्सोव से यह पूछना नहीं पड़ा कि वे उस प्रसंग को उपस्थित करें। उन्होंने अपनी ओर से ही उसे प्रस्तुत करने का प्रस्ताव किया और फिर प्रस्तुत भी किया।

लेकिन उस प्रदर्शन में उन्हें सफलता बिल्कुल भी नहीं मिली। उन्हें बड़ा ताज्जुब हुआ क्योंकि उन्होंने बड़ी रचनाशील मनोदशा में वह प्रदर्शन किया था।

उनकी मनोव्यथा सुनने के बाद तोर्त्सोव ने उन्हें समझाया कि उन्हें परेशान होने ज़रूरत नहीं। उनके साथ यह दुर्योग इसलिए हुआ है क्योंकि उन्होंने पाठ को बहुत भारी-भरकम बना दिया है। तोर्त्सोव ने उन्हें याद दिलाया कि बहुत पहले उनके प्रसंग-परीक्षण के अवसर पर उन्हें डॉट भी पड़ी थी, क्योंकि उन्होंने उस समय पाठ को ग़ैरज़रूरी छिलकों की तरह थूका था लेकिन आज तुलनात्मक दृष्टि से उन्होंने पाठ को न सिर्फ़ बोझिल बनाया था, उपपाठ की जटिलता तथा अनावश्यक विस्तार के कारण उसे भारी-भरकम भी बना दिया था।

इसके बाद उन्होंने स्पष्ट किया था कि जब शब्द अपने भीतर बहुत ही सारगर्भित विषयवस्तु लिये हुए होता है, तब वह भारी होने के कारण धीरे-धीरे बोला जाता है। यह तब होता है जब अभिनेता अपनी आन्तरिक भावनाओं, विचारों, अन्तःदृश्यावलियों की अपार राशि, संक्षेप में कहा जाये तो उपपाठ की सारी अन्तर्वस्तु को संप्रेषित करने के लिए मूल पाठ पर बल देना आरम्भ करता है।

उन्होंने आगे कहा कि एक खाली शब्द, सूखी फली के दाने की तरह खड़खड़ाता है, जबकि एक भरा-पूरा शब्द पारे से भरे गोलक की तरह धीरे-धीरे इधर-उधर लुढ़कता है।

अन्त में निष्कर्षतः उन्होंने कहा : "दुःखी मत हो, यह तो तुम्हारे लिए प्रसन्नता का कारण होना चाहिए। सबसे मुश्किल काम हमारे लिए सारगर्भित उपपाठ की रचना करना होता है। उसी से तुम्हारे लिए बहुत भारी बोझ उत्पन्न हो गया था। कालान्तर में यह अन्तर्वस्तु सुव्यवस्थित और समाहित हो जायेगी, स्फटिक बन जायेगी और भली प्रकार समायोजित हो जायेगी, फिर बिना अपने सारतत्त्व को खोये हल्की होकर सहज रूप प्रवहमान होगी।"

❑❑❑